高等学校交通运输与工程类专业教材建设委员会规划教材

Analysis and Design of Bridge Structures

桥梁结构分析与设计

赵　煜　主编
贺拴海　主审

人民交通出版社股份有限公司
北　京

内 容 提 要

本书紧密结合桥梁工程中所涉及的分析计算问题，介绍了大跨径桥梁、复杂体系桥梁及异形桥梁上部结构设计、计算理论与方法。全书共8章，主要内容包括绪论、桥梁结构整体分析方法、连续梁桥设计计算、组合体系拱桥与钢管混凝土拱桥设计计算、缆索承重桥梁设计计算、薄壁箱梁分析、斜桥、弯桥。

本书可作为高等学校土木工程专业桥梁工程方向、道路桥梁与渡河工程专业用教材，也可供从事桥梁工程分析与设计的工程技术人员参考使用。

图书在版编目(CIP)数据

桥梁结构分析与设计／赵煜主编. —— 北京：人民交通出版社股份有限公司，2022.12
ISBN 978-7-114-18242-6

Ⅰ.①桥… Ⅱ.①赵… Ⅲ.①桥梁结构—结构分析—教材②桥梁结构—结构设计—教材 Ⅳ.①U443

中国版本图书馆 CIP 数据核字(2022)第 181848 号

高等学校交通运输与工程类专业教材建设委员会规划教材
Qiaoliang Jiegou Fenxi yu Sheji

书　名：	桥梁结构分析与设计
著作者：	赵　煜
责任编辑：	卢俊丽　　闫吉维
责任校对：	赵媛媛　　魏佳宁
责任印制：	张　凯
出版发行：	人民交通出版社股份有限公司
地　　址：	(100011)北京市朝阳区安定门外外馆斜街3号
网　　址：	http://www.ccpcl.com.cn
销售电话：	(010)59757973
总 经 销：	人民交通出版社股份有限公司发行部
经　　销：	各地新华书店
印　　刷：	北京虎彩文化传播有限公司
开　　本：	787×1092　1/16
印　　张：	19.75
字　　数：	483 千
版　　次：	2022 年 12 月　第 1 版
印　　次：	2022 年 12 月　第 1 次印刷
书　　号：	ISBN 978-7-114-18242-6
定　　价：	65.00 元

(有印刷、装订质量问题的图书，由本公司负责调换)

前言

"桥梁结构分析与设计"是道路桥梁与渡河工程专业桥梁工程方向的一门专业必修课。根据教学大纲的要求，学生在学习结构力学、结构设计原理、桥梁工程等必修课的基础上，通过对本课程的学习，掌握大跨径桥梁、复杂体系桥梁及异形桥梁上部结构设计、计算理论与方法，初步具备桥梁结构相关计算分析的能力。

本教材共8章。第1章为绪论，主要介绍桥梁结构分析理论的历史和发展，以及桥梁结构的体系特征。第2章为桥梁结构整体分析方法，介绍了桥梁结构的有限元法的基本原理、内容、方法和步骤，重点介绍桥梁结构有限元建模要点及特殊处理方法，最后简要给出了桥梁结构非线性分析方法和步骤。第3章为连续梁桥设计计算，以连续梁为研究对象，阐述了不同施工方法下的超静定结构恒载内力计算原理与计算方法，并介绍了结构次内力计算方法。第4章为组合体系拱桥与钢管混凝土拱桥设计计算，主要介绍了大跨径及复杂体系拱桥的受力和计算特点，重点介绍了组合体系拱桥和钢管混凝土拱桥的计算特点及简化计算方法。第5章为缆索承重桥梁设计计算，按照斜拉桥、悬索桥分类阐述了缆索承重体系桥梁的结构非线性计算特点、计算理论和计算方法，重点介绍了斜拉桥和悬索桥的正装与倒拆计算步骤以及结构非线性影响。第6章为薄壁箱梁分析，阐述了薄壁箱梁的受力特征和箱梁分析理论与方法，重点介绍了箱梁的剪力滞效应，简要介绍了箱梁扭转、畸变的计算方法。第7、8章分别介绍了斜桥、弯桥的受力特点和构造特点，讨论了斜桥、弯桥的计算理论和简化计算模式。各主要章节均给出了对应内容的计算实例，便于读者学习参考和实际应用。

本教材由赵煜主编，贺拴海主审。其中第1、6章由赵煜编写，第2章由张岗编写,第3章由韩万水编写,第4章由陈峰编写,第5章由李加武编写,第7、8章由周勇军编写。全书由赵煜负责统稿。教材在编写过程中得到了宋一凡教授、任伟副教授、闫磊副教授等的指导,景媛博士为本教材的统稿和校对付出了辛勤的劳动。在文字和插图整理中,研究生赵洋、胡宇、刘亚豪、李珍等做了大量工作,谨在此表示诚挚的感谢。

由于编者水平有限,教材中难免存在谬误与不足,敬请读者批评指正,并将意见反馈至:zhaoyu@chd.edu.cn。

编 者

2020年10月

目录

第1章 绪论 ··· 1
 1.1 概述 ··· 1
 1.2 桥梁结构体系特征 ·· 4
 1.3 桥梁计算方法 ··· 9
第2章 桥梁结构整体分析方法 ·· 12
 2.1 概述 ·· 12
 2.2 桥梁结构分析的有限元法 ·· 13
 2.3 桥梁结构分析方法和步骤 ·· 21
 2.4 桥梁结构分析的内容和特点 ··· 23
 2.5 桥梁结构分析的建模方法 ·· 27
 2.6 桥梁结构非线性分析简介 ·· 30
 2.7 计算实例 ··· 34
 本章参考文献 ··· 48
第3章 连续梁桥设计计算 ··· 49
 3.1 恒载内力计算 ··· 50
 3.2 结构次内力计算 ··· 56
 3.3 计算实例 ··· 78
 本章参考文献 ··· 85
第4章 组合体系拱桥与钢管混凝土拱桥设计计算 ······································ 86
 4.1 拱桥计算方法概述 ·· 87
 4.2 组合体系拱桥计算 ·· 90
 4.3 拱片拱桥计算 ··· 103
 4.4 钢管混凝土拱桥设计及计算 ··· 109
 4.5 计算实例 ·· 128

本章参考文献……………………………………………………………………………… 151

第5章　缆索承重桥梁设计计算……………………………………………………… 153
　5.1　斜拉桥……………………………………………………………………………… 154
　5.2　悬索桥……………………………………………………………………………… 194
　　本章参考文献……………………………………………………………………………… 235

第6章　薄壁箱梁分析…………………………………………………………………… 236
　6.1　薄壁箱梁截面受力特征…………………………………………………………… 237
　6.2　薄壁箱梁对称挠曲时的弯曲应力………………………………………………… 239
　6.3　薄壁箱梁的剪力滞效应…………………………………………………………… 243
　6.4　薄壁箱梁的扭转与畸变简介……………………………………………………… 253
　6.5　计算实例…………………………………………………………………………… 261
　　本章参考文献……………………………………………………………………………… 269

第7章　斜桥……………………………………………………………………………… 270
　7.1　斜桥的基本概念及分类…………………………………………………………… 270
　7.2　斜板桥的受力特点与计算………………………………………………………… 272
　7.3　斜梁桥的受力特点与计算………………………………………………………… 277
　7.4　计算实例…………………………………………………………………………… 285
　　本章参考文献……………………………………………………………………………… 288

第8章　弯桥……………………………………………………………………………… 289
　8.1　弯桥的基本概念及分类…………………………………………………………… 290
　8.2　弯桥的受力特点与计算…………………………………………………………… 291
　8.3　计算实例…………………………………………………………………………… 306
　　本章参考文献……………………………………………………………………………… 310

第1章 绪论

1.1 概 述

桥梁作为交通网中核心节点和枢纽,承担着跨越河流、沟谷或其他交通线路的重要作用,是保证区域交通网络畅通的关键。桥梁作为结构工程的一个分支,其发展不仅与建筑材料有关,而且与设计理论、计算手段、施工方法等密切相关。

回顾桥梁技术的发展,大致经历了以下三次飞跃:

(1)19世纪中叶钢材的出现,这是人工建筑的重大突破。桥梁应用优质钢材使得桥梁结构形式有了较大发展,特别是钢桁架结构的应用,使得桥梁主跨由百米左右飞跃到500m左右,这是桥梁技术发展的第一次飞跃。此期间的标志性桥梁如美国纽约的布鲁克林桥(悬索桥,主跨486m,1883年)和苏格兰福斯湾铁路桥(悬臂钢桁桥,主跨520m,1890年),如图1-1-1、图1-1-2所示。

(2)20世纪开始,钢筋混凝土及预应力混凝土技术得到大规模应用,极大地推动了现代混凝土桥梁的发展,使得桥梁发展产生第二次飞跃。钢筋混凝土和预应力混凝土桥梁充分发挥了混凝土和钢材的优良特性,具有受力性能好、结构刚度大、耐久性好、施工简单、易于就地取材、经济性好等突出的优点。目前,我国各类混凝土桥梁比重超过90%,是应用最广泛的桥梁类型。

图 1-1-1　美国纽约的布鲁克林桥　　　　　　　图 1-1-2　苏格兰福斯湾铁路桥

(3) 20世纪50年代以后,随着第二次世界大战的结束,各国经济迎来恢复发展时期。随着计算机和有限元技术的迅速发展,解决了大规模结构计算问题,使得工程师们爆发出巨大的创造力,计算理论和方法不断取得突破,由此带来桥梁工程发展的第三次飞跃。在这个阶段,桥梁向着大跨径和复杂体系发展,出现了许多闻名世界的桥梁,如主跨1 991m的日本明石海峡大桥(钢悬索桥,1998年),主跨1 624m的丹麦大海带桥(钢悬索桥,1997年),主跨890m的日本多多罗桥(钢斜拉桥,1999年)和主跨856m的法国诺曼底桥(钢斜拉桥,1994年),如图1-1-3~图1-1-6所示。

图 1-1-3　明石海峡大桥　　　　　　　　　　　图 1-1-4　大海带桥

图 1-1-5　多多罗大桥　　　　　　　　　　　　图 1-1-6　诺曼底桥

中国桥梁建设发展起步较晚,但发展较快。自20世纪90年代以来,中国桥梁技术发展迅猛,建设规模不断增大,桥梁在路线中所占比重也日益增大。桥梁跨径不断增长,体系不断创新,跨海、跨江等桥梁集群工程不断涌现。杭州湾跨海大桥(图1-1-7)、青岛海湾大桥、舟山连岛工程以及港珠澳大桥(图1-1-8)等一批超级工程成为中国由桥梁大国不断迈向桥梁强国的重要标志。

图1-1-7　杭州湾跨海大桥

图1-1-8　港珠澳大桥

桥梁工程的迅猛发展、桥梁跨度纪录的不断刷新、新结构体系和复合材料的应用以及施工工艺的发展,与桥梁结构计算理论和计算方法的发展密不可分。结构计算的三大方法有解析法、实验法和有限元法。早期的解析法、实验法,初步解决了简单体系桥梁结构的分析计算问题,但无法解决复杂体系和超大跨径桥梁的结构分析问题。随着计算理论的发展和电子计算机的推广应用,有限元法成为复杂体系桥梁计算的主要方法,几乎可以解决所有桥梁结构的精细化计算问题,如柔性体系结构的几何非线性问题、特殊桥梁的施工控制问题、桥梁的抗风与抗震问题、钢筋混凝土结构的材料非线性分析和钢桥细节构造的疲劳分析等问题。

桥梁设计方法和计算理论的发展与进步对于保证结构安全和推动桥梁向着大跨径发展具有重要作用。19世纪以前,基于线弹性理论,欧洲和美洲修建了一些大跨径悬索桥,其中具有代表性的桥梁如1869年约翰·罗布林设计建造的纽约布鲁克林桥(Brooklyn Bridge)。该桥主跨486m,横跨美国纽约州纽约东河,连接着纽约的布鲁克林区和曼哈顿岛,是当时世界上最长的悬索桥,被誉为工业革命时代的建筑工程奇迹之一。布鲁克林桥之后,工程界发现,基于现有的计算理论,桥梁跨径很难再有大的突破。到了19世纪末,米兰(Melan)在悬索桥分析中提出了考虑几何非线性的挠度理论。之后,非线性理论和计算方法不断发展。1931年,基于非线性理论修建了连接纽约市曼哈顿与新泽西州李堡,跨越哈得孙河的华盛顿大桥(George Washington Bridge),主跨达到1067m。这是世界上有史以来第一座跨度超过1000m的桥梁。1998年建成通车的日本明石海峡大桥主跨跨径已经达到1991m,是目前世界上最大跨径的悬索桥。

历史上常有因设计方法或计算理论缺陷导致的桥梁垮塌事故。1907年建造的加拿大魁北克桥,由于主桥墩锚孔根部的下弦杆设计不合理,采用的容许应力水平太高,导致下弦杆失稳而全桥倒塌。该桥于1917年重新建成并通车(图1-1-9)。

随着桥梁跨径的逐渐增大,薄壁箱形截面主梁被大量采用。由于箱梁的顶底板、腹板厚度相对于腹板间距和梁高而言越来越小,箱梁内部应力分布与传统初等梁理论不同,导致弯曲、扭转等计算方法也不相同。1969—1971年在欧洲不同地方相继发生了四起箱梁失稳或破坏事故。事故发生后,许多桥梁专家对桥梁的设计和计算方法进行了深入研究,认为这四座桥的计算方法存在严重缺陷,其中很重要的一条就是没有考虑箱梁正应力沿横桥向的不均匀分布问题(剪力滞效应),导致腹板与顶、底板相交处应力远大于初等梁理论计算得到的平均应力,造成箱梁局部破坏而引起全桥失稳或破坏。

1940年,美国塔科马大桥在通车4个月后,在风力作用下,桥梁产生振动,最终由于扭曲变形过大而发生垮塌(图1-1-10)。其原因就是设计者只考虑了桥梁的静荷载效应,而忽略了桥梁的动荷载效应,特别是风力作用下的桥梁振动效应。在塔科马桥风毁之前,工程界对桥梁风致振动问题的严重程度、基本机理、减振方法等认识不足,没有相应的设计理论和方法。塔科马桥风毁事件的贡献就是使技术人员开始重视结构的空气动力学问题,并产生了一门新的学科——风工程学科。

图1-1-9　倒塌后重建的加拿大魁北克桥　　　　图1-1-10　美国塔科马桥风毁

以上桥梁安全事故时刻警示着人们要重视结构分析在桥梁设计中的重要作用。

1.2　桥梁结构体系特征

桥梁结构分析与桥梁的结构体系特征密不可分,结构体系不同,计算分析理论与方法也有所区别。下面按照梁桥、拱桥、刚架桥、悬索桥及组合体系桥简要介绍桥梁的体系受力特征。

1.2.1　梁桥

梁桥在竖向荷载作用下,主梁支承处仅产生竖向反力,而无水平反力(推力)。荷载作用方向通常与梁的轴线相垂直,主梁主要通过抗弯来承受荷载,横截面上只产生弯矩和剪力,并将上部结构承受的荷载通过支座传递至下部结构。典型梁桥构造如图1-2-1所示。

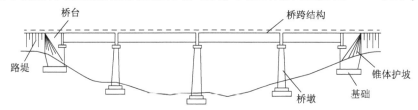

图1-2-1　多跨简支梁桥立面布置示意

梁桥可分为简支梁桥、连续梁桥、悬臂梁桥。简支梁桥的计算跨径小于25m时一般采用钢筋混凝土材料,而跨径大于25m时,多采用预应力混凝土结构或钢结构。预应力混凝土简支梁桥的经济跨径为20~50m。连续梁桥和悬臂梁桥由于其跨间支座上的存在负弯矩,其各跨跨中的弯矩减小,由此提高了跨越能力。梁桥的超静定次数较低,结构较为简单,常规的线弹性理论就可以基本解决计算问题。

1.2.2 拱桥

拱桥在竖向荷载作用下,桥墩或桥台除承受竖向反力外,还将承受水平推力。水平推力将显著降低荷载引起的拱圈(或拱肋)横截面内的弯矩(图1-2-2)。设计时如采用合理的拱轴线,使拱轴线与荷载作用下的压力线重合,则拱圈主要承受轴向压力,而没有弯矩。此时,主拱圈横截面内任一点仅产生压应力,不产生拉应力。正因为拱桥的这些受力特点,可以采用抗压能力强而抗拉能力差的石料、混凝土等圬工材料和钢筋混凝土来建造。对于特大跨径的拱桥,也可以建成钢拱桥、钢-混凝土组合截面的拱桥,通过减轻自重,增大跨越能力。

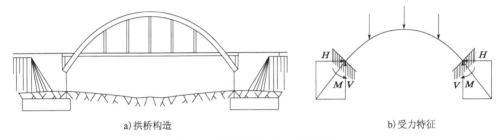

a) 拱桥构造　　　　　　　　　　b) 受力特征

图1-2-2　拱桥构造与受力特征示意

拱桥受力合理、跨越能力强、承载力高、外形美观,在200～500m内具有很强的竞争力。目前,世界最大跨径的石拱桥是2000年建成的山西晋城丹河大桥,主跨跨径达到146m;世界最大跨径的钢筋混凝土拱桥是2018年建成的位于中国贵州省的沪昆高铁北盘江特大桥(图1-2-3),该桥为上承式劲性骨架钢筋混凝土拱桥,主跨跨径达到445m;世界最大跨径的钢拱桥是2009年建成通车的中国重庆跨越长江的朝天门大桥(图1-2-4),该桥为钢桁架拱桥,主跨达到552m。

图1-2-3　北盘江特大桥(2018年)

图1-2-4　朝天门大桥(2009年)

1.2.3 刚架桥

刚架桥的主要特点是墩梁固结,外荷载作用下主梁与桥墩共同受力。主梁以受弯为主,承受较小的水平推力;桥墩以受压为主,承受较小的弯曲效应。由于墩梁固结,梁端部承受负弯矩,使得梁跨中弯矩减小,跨中截面尺寸也可相应减小,从而降低了建筑高度,或增大桥梁跨越能力。

根据刚架桥的受力特点,设计时常常采用钢筋混凝土或预应力混凝土材料建造。实践表明,普通钢筋混凝土刚架桥在梁柱交接处较易产生裂缝,所以设计时要多配构造钢筋避免裂缝的产生。如图 1-2-5 所示的门式刚架桥,是一种典型的刚架桥梁,由于墩梁固结,主梁承受一定水平推力,因此其受力状态介于梁桥与拱桥之间。刚架桥是超静定结构,温度变化或基础不均匀沉降会使主梁和桥墩产生较大的附加应力,设计时必须考虑。

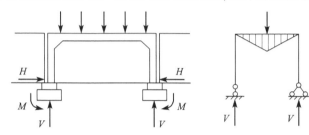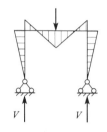

图 1-2-5　门式刚架及其受力特征

大跨径刚架桥目前较多采用预应力混凝土连续刚构体系。该桥梁结构体系由于跨越能力大、施工方便、经济性好,在跨径 50～300m 之间具有极强的竞争力。但是,该类桥梁运营中多数出现了跨中下挠及开裂等问题,成为限制该桥型发展的瓶颈。目前,世界最大跨径预应力混凝土连续刚构桥为位于中国广东省 G5411 高速公路上的虎门大桥辅航道桥[图 1-2-6a)],该桥建成于 1998 年,主跨达到 270m。2006 年,中国重庆建成跨越长江的石板坡长江大桥复线桥[图 1-2-6b)],该桥采用连续刚构体系,主跨跨中采用 108m 钢箱梁段及钢-混凝土组合梁段,其余均为预应力混凝土结构,主跨达到 330m。

a)虎门大桥辅航道桥(1998年)　　　　　　b)石板坡长江大桥复线桥(2006年)

图 1-2-6　连续刚构桥示意

1.2.4　悬索桥

传统的悬索桥由基础、桥塔、锚碇、主缆、吊索、加劲梁及桥面结构组成。主缆是悬索桥的主要受力构件,主要承受吊索传递过来的拉力,并通过主塔将其传递至锚碇和基础。桥跨荷载由加劲梁承受,通过吊索将其传至主缆。悬索桥充分发挥了高强度钢缆的抗拉性能,具有自重较轻、跨越能力大、受力合理、材料强度利用率高、造价经济、外形美观、施工安全等特点。悬索桥立面布置示意如图 1-2-7 所示。目前,最大跨径的悬索桥为日本的明石海峡大桥,主跨跨径已达 1 991m(图 1-2-8)。悬索桥相对于其他体系而言,由于自重轻、结构整体刚度小,在车辆动荷载作用下将产生较大的变形。另外,悬索桥在风荷载作用下导致的振动以及稳定性问题在设计和施工中也要给予高度重视。

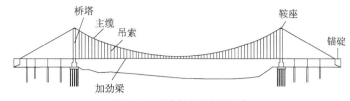

图 1-2-7 悬索桥立面布置示意

图 1-2-8 明石海峡大桥(1996 年)

悬索桥取消地锚,直接将主缆锚固于加劲梁两端,即形成自锚式悬索桥。自锚式悬索桥是一种特殊的缆索承重结构桥梁,主缆水平分力直接作用于加劲梁上,加劲梁因承担主缆水平分力而存在较大的轴向压力,可以提高悬索桥整体刚度,对提高桥梁抗风性能有利。由于缆梁固结,自锚式悬索桥只能采用先梁后缆的施工工艺,限制了该桥梁的应用。另外,随着跨径增大,加劲梁水平分力不断增大,导致自锚式悬索桥纵向稳定性问题较为突出。因此,其跨径一般不宜太大。目前,国内已经建成青岛海湾大桥大沽河航道桥、广东平胜大桥、重庆市鹅公岩轨道交通专用桥等自锚式悬索桥,最大跨径已经达到 600m。

悬索桥的自重、刚度均较小,在车辆荷载,特别是风荷载作用下会产生较大的变形和振动。如何提高悬索桥的整体刚度、改善桥梁抗风性能,是悬索桥向更大跨径发展的技术瓶颈。

1.2.5 组合体系桥

组合体系桥是指承重结构采用两种基本体系,或一种基本体系与某些构件(梁、塔、柱和斜拉索等)组合在一起的桥。严格来说,刚架桥由于轴力影响,主要受力构件呈压弯组合受力状态,也是一种组合体系桥。以下主要介绍除刚架桥以外的其他组合体系桥梁。

1) 斜拉桥

斜拉桥是指以斜拉索为主要承重构件的桥梁结构。斜拉桥由桥塔、主梁和斜拉索等组成(图 1-2-9)。由于斜拉索悬挂主要承重构件(主梁),使主梁变成多点弹性支承的连续梁,可有效减少主梁截面尺寸,增大桥梁跨径。斜拉桥起源于 19 世纪,发展于 20 世纪末,目前已成为跨径 500～1 000m 的主力桥型。2008 年,我国建成了跨越长江的苏通大桥,跨径达到了 1 088m,是当时跨径最大的公路斜拉桥(图 1-2-10)。目前,世界最大跨径斜拉桥为跨越东博斯普鲁斯海峡的俄罗斯岛大桥,主跨达到 1 104m(图 1-2-11)。

由于现代化大跨径斜拉桥、悬索桥均以柔性索、缆为主要受力构件,两类桥梁也可统称为缆索承重桥梁(或索支承桥梁)。由于这两类桥梁计算理论和方法类似,本书第 5 章即按照缆索承重桥梁统一介绍设计计算方法。

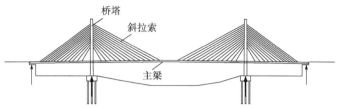

图 1-2-9 斜拉桥立面布置示意

图 1-2-10 苏通大桥(2008 年)

图 1-2-11 俄罗斯岛大桥(2012 年)

2) 梁拱组合桥

梁拱组合桥同时具备梁桥和拱桥的优点,且造型美观,结构轻巧,对地基要求不高,受力较好,适应性强,近年来应用越来越广泛。梁拱组合结构一般可分为梁式梁拱组合结构和拱式梁拱组合结构。

梁式梁拱组合结构一般为预应力混凝土结构。它通过主梁平衡水平推力,具有建筑高度小、整体刚度大、施工方便、外形美观、经济性好等优点,是一种很有发展潜力的桥型,如图 1-2-12 所示。

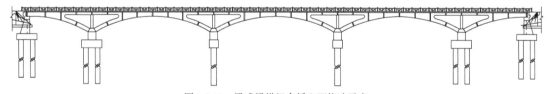

图 1-2-12 梁式梁拱组合桥立面构造示意

拱式梁拱组合结构桥一般采用柔性系杆刚性拱或刚性系杆柔性拱,如图 1-2-13 所示。这类结构的主要优点是:利用系杆或主梁受拉(若是混凝土主梁,则对其施加预应力)来承受和抵消拱在竖向荷载作用下产生的水平推力。这样,桥跨结构既具有拱的外形和承压特点,又不存在大的水平推力,可在一般地基条件下修建。

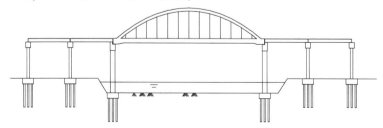

图 1-2-13 拱式梁拱组合桥立面构造示意

3) 刚构-连续梁组合体系桥

刚构-连续梁组合桥合理利用了地形高低起伏的特点，通过在矮墩设纵向活动支座，其他桥墩仍保持墩梁固结，有效地调整了结构刚度，改善了结构受力。刚构-连续梁组合体系桥一般为高墩大跨结构，较好地适应了桥墩处变化较大的地面高程。刚构-连续梁组合体系桥是连续梁和连续刚构的组合，它兼顾了两者的优点而摒弃各自的缺点，在结构受力、使用功能和适应环境等方面均具有一定的优越性，如图1-2-14所示。

图1-2-14　刚构-连续梁组合体系桥

4) 其他组合体系桥

充分利用构件的拉、压、弯、扭特征，经过适当的组合，还可形成其他形式的组合体系桥梁。如将斜拉结构与变截面连续梁(连续刚构)组合，可形成矮塔斜拉桥或称部分斜拉桥(图1-2-15)。矮塔斜拉桥结构整体刚度大，斜拉索仅承担部分荷载效应，在100～300m跨径范围内有较强的竞争力。当斜拉结构与悬索结构相组合，还可形成斜拉-悬索组合体系桥(图1-2-16)。这些组合桥梁不仅满足功能需要，而且大大提升了桥梁的美学价值，建成后往往成为一个城市或地区的地标性建筑。

图1-2-15　矮塔斜拉桥

图1-2-16　斜拉-悬索组合体系桥

1.3　桥梁计算方法

实践是检验真理的唯一标准。一种分析理论的建立，往往来自工程实际问题的出现与解决过程，是结构、力学、数学知识综合运用的结果。桥梁计算理论发展至今天已经不再局限于传统意义上的荷载作用下的结构静动力响应分析，还涉及整体与局部构造细节，车桥耦合及其他耦合分析，结构安全性、耐久性分析，结构全寿命分析等。采用的方法也由简单结构的传统解析法向复杂结构的数值法发展。目前，桥梁结构分析不仅应用于结构设计分析，还应用于工程施工阶段的结构控制分析、运营阶段的结构检测、试验与安全运营评价分析、结构加固后的承载力和安全性分析、极端作用下的特殊问题分析(如水化热、火灾、疲劳等)、桥梁结构可靠度分析、桥梁风险评估及 BIM 技术等。

桥梁结构分析方法主要包括力学方法和数值方法。

1.3.1 力学方法

传统的三大力学,即理论力学、材料力学和结构力学,是所有结构分析的基础。通过对桥梁结构进行合理简化,得到杆系结构计算模型,即可对其采用数学和力学方法进行分析。对于真实的桥梁结构,由于桥面宽度的影响,桥梁属于空间结构,荷载作用下呈现弯、剪、扭耦合作用,不是理论上的单一杆件受力状态,不能完全满足基本假定,导致计算结果与实际受力有较大差异。因此,实际桥梁分析时要考虑荷载作用方式(如不同荷载组合)、实际结构尺寸及形状(如薄壁杆件的空间效应)、形成结构过程中及结构运营过程中的材料时变效应(如混凝土的收缩徐变效应)等。

精细化分析还会用到弹塑性力学和断裂力学。当研究具有弹塑性特征的桥梁结构(如混凝土结构)时,由于非线性本构关系,其受力过程前期呈现为近似弹性,屈服后进入塑性状态。当材料进入塑性阶段,其计算问题需要采用塑性力学解决。对于混凝土开裂、钢结构裂纹等研究方面,断裂力学应用较为广泛。

1.3.2 数值方法

随着技术的发展,桥梁结构形式越来越复杂,这种高次超静定结构无法采用传统的力学方法计算其解析解。此时,就需要采用数值方法,即有限元方法来计算。

1956 年,Turner、Clough 等人将 1850 年问世的矩阵符号和古老的刚架位移法推广应用到弹性力学的平面问题和飞机结构并获得成功,从此开启了现代有限元分析法的时代。现代有限元在各个领域都得到了广泛的应用,如弹性力学平面问题扩展到空间问题和板壳问题,可对拱坝、飞机和大型桥梁等复杂结构进行结构分析。由弹性问题扩展到弹塑性、黏弹性、疲劳和脆性断裂问题,由结构计算分析扩展到结构优化设计问题等。可解决解析法与实验法等其他方法不能解决的问题,尤其对于当下的大跨度、复杂体系结构桥梁结构的结构分析和优化设计具有无可替代的作用,在设计领域得到广泛应用。

有限元法的基本思路是把复杂的结构或连续体看成有限个单元的组合,各单元彼此在节点处连续而组成整体,把连续体分成有限个单元和节点,称之为离散化,单元内的物理量由单元结点上的物理量按一定的假设内插得到,将复杂结构从无限多个自由度简化为有限个单元组成的结构。通过分析每个单元的力学特性,然后按照有限元法的规则把这些单元"拼装"成整体,就能够得到整体结构的力学特性。通过一分一合、先离散再综合的过程,就把复杂结构或连续体的计算问题转化为简单单元的分析与综合问题。

虽然精细化的有限元分析是未来分析的努力方向,但是基本理论仍然是理解结构受力规律及判断数值分析结果优劣的基础,而合理的简化分析也是研究者为工程应用提供可行手段的有效途径。因此,对于桥梁工程技术人员而言,不仅要熟练应用现代科学技术解决工程技术问题,还需要掌握桥梁计算分析的基本理论和方法,才能理解和把握桥梁结构的力学特征。

从1890年的英国福斯湾铁路桥算起,现代桥梁走过了100多年的发展历程。人类对陆地交通的需求、科学与技术的不断进步,是桥梁工程得以发展的强大动力。20世纪末至今,中国桥梁建设事业取得了长足的进步,桥梁建设规模、数量稳居世界前列,建成了许多世界第一的大型桥梁,成为举世瞩目的桥梁大国。"纵观世界桥梁建设史,20世纪70年代以前看欧美,90年代看日本,而到了21世纪,则要看中国。"这已是世界桥梁建筑领域公认的观点。时代要求我们,要不断研究和创新桥梁设计理论和方法,推动桥梁向更长、更大的方向发展,也推动中国早日由桥梁大国向桥梁强国转变。

第 2 章
桥梁结构整体分析方法

2.1 概　　述

工程结构中力学问题的分析方法可以分为两大类：解析法和数值法。如果问题的求解可以得到具体的数学表达式，从而计算任意位置的问题的精确解答，这种方法称为解析法；如果计算过程得不到具体表达式，但可以得到某些离散点处的近似值，则称为数值法。数值法是研究分析用计算机求解数学计算问题的数值计算方法，主要包括有限差分法、变分法、有限元法、边界元法、混合元法等。

桥梁结构分析实际上是如何求解力学问题。对于桥梁结构分析，最经典的方法是解析法，然而能用解析方法求出精确解的只是少数简单的问题。随着生产力的发展，对含有大量未知数的桥梁结构分析，以及对荷载、边界条件、几何形状复杂的桥梁结构弹性、稳定、振动和塑性力学等问题的分析，都使得经典的解析方法遇到了越来越大的困难，不但耗费大量时间和人力，甚至求解成为不可能，从而促使了结构分析的近似解的产生——有限元法（计算结构力学）。随着计算机的发展和广泛应用，特别是近三十多年来，有限元分析方法已成为求解各种力学问题的主要工具。

有限元分析方法（Finite Element Analysis Method，FEAM）就是利用数学近似的方法对真实物理系统（几何和荷载工况）进行模拟，基于简单而又相互作用的元素，用有限数量的未知量去逼近无限未知量的真实系统的分析方法。其物理解释为以一组离散的单元集合体近似代替原连续结构,通过各单元分析获得单元组合体结构的特性,在给定的荷载与边界条件下,求得单元组合体各节点的位移,进而求得各单元应力等。世界上的任何一个可视体都可以假想成有限元,从空间位置上包括运动的、静止的,从形态上包括固体、流体、气体以及电磁场。

有限元法的基本思想是"化整为零,集零为整"。有限元法把一个复杂的结构分解成相对简单的"单元",各单元之间通过节点相互连接。单元内的物理量由单元节点上的物理量按一定的假设内插得到,这样就把一个复杂结构从无限多个自由度简化为由有限个单元组成的结构。只要分析每个单元的力学特性,然后按照有限元法的规则把这些单元"拼装"成整体,就能够得到整体结构的力学特性。

有限元分析方法实际上是结构矩阵分析法的推广和延伸。结构矩阵分析法是分析含有大量构件的结构系统的分析方法,这些构件在有限个节点上相连接;而有限元分析方法是将区域离散成更小的单元,因此可以适应边界形状。在求解过程中,还可以根据应力分布的情况和特征修改单元的划分,使应力梯度大的地方单元分得密些,因而能适应不同的荷载情况。结构矩阵分析法的基本思想就是以节点位移或节点内力作为未知数,或者以节点位移和内力混合量作为未知数,利用各个结构构件节点上的位移和内力关系,列出方程组,求解得到问题的解。根据所采用未知量的不同,结构矩阵分析法包括位移法、力法或混合法。其中位移法应用最为广泛。具备结构力学知识的专业技术人员,可以对离散的结构系统列出方程,而大型代数方程组的求解可以交给计算机去完成。传统的结构矩阵分析法中,结构构件节点力和节点位移之间的关系是精确导出的,而在有限元分析方法中大部分情况是根据单元内近似的位移函数导出这种关系。

目前,有限元分析方法可以求解各类力学问题,包括受拉、压的杆,受弯、扭的梁,平面应力、平面应变和平面轴对称问题,板、壳和块体三维受力问题以及流体力学问题等。分析的对象可以是弹性材料或者弹塑性材料,各向同性或各向异性材料。计算过程可以是求解以内力、变形为主的静力计算,也可以是以模态参数计算为目标的动力计算问题。

2.2 桥梁结构分析的有限元法

为了适应实际工程结构的多样性,有限元可以对桁架结构、平面结构、实体结构进行分析,由此对应的有杆系结构有限元分析方法、板壳结构有限元分析方法和实体结构有限元分析方法。杆系结构就是其杆件特征是一个方向的尺度远大于其他两个方向的尺度,由于桥梁结构窄而长的几何特征(长宽比一般大于2),一般情况下,多将桥梁结构作为杆系结构进行有限元分析。这样既能够保证计算精度,还可以减小计算的复杂性。

2.2.1 杆系有限元分析的基本方法

杆系有限元分析可归纳为如下步骤:首先是"化整为零",即将结构离散为有限个梁单元,研究各单元的性质,形成单元刚度矩阵,然后"集零为整",按照结构的几何条件(包括节点处的变形连续条件和支承条件)及平衡条件,将各个单元集合成原来的结构,形成总体刚度矩阵和总体刚度方程,求解得到结构的位移和内力。

用于分析杆系结构的单元包括杆单元和梁单元,杆单元每个节点只有三个方向的平动,而梁单元每个节点除了三个方向上的平动外,还有三个方向上的转动。梁单元包括平面梁单位和空间梁单元,即 2-D(二维)梁单元和 3-D(三维)梁单元,其区别是每个节点的自由度数目不同。梁桥受力主要以构件受弯为主,所以梁单元为桥梁结构杆系有限元分析中普遍应用的单元。

对如图 2-2-1 所示三跨连续斜腿刚架桥,进行杆系有限元分析时,首先建立结构的总体坐标系 oxy,分析桥梁的结构特征,然后对结构进行节点和单元的划分。该三跨连续斜腿刚架桥的结构特征如下:

上部结构具有边跨和中跨 3 个构件、2 个大节点(多个杆件交汇的节点)、2 个边界约束;下部结构具有斜腿 2 个构件、2 个边界约束。

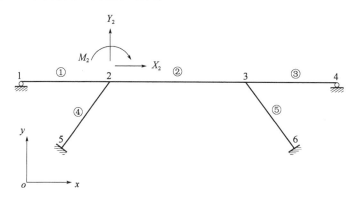

图 2-2-1 平面斜腿刚架桥

设定此斜腿刚架桥整体结构的节点位移向量 $\boldsymbol{\delta}$ 和节点力向量 $\boldsymbol{P}$ 如下:

$$\boldsymbol{\delta} = \{\delta_1 \quad \delta_2 \quad \delta_3 \quad \delta_4 \quad \delta_5 \quad \delta_6\}^T, \boldsymbol{\delta}_i = \{u_i \quad v_i \quad \theta_i\}^T$$

$$\boldsymbol{P} = \{P_1 \quad P_2 \quad P_3 \quad P_4 \quad P_5 \quad P_6\}^T, \boldsymbol{P}_i = \{X_i \quad Y_i \quad M_i\}^T$$

式中:u_i, v_i, θ_i——i 节点的水平位移、竖向位移和转角,其对应的节点力分别为 X_i、Y_i、M_i。

结构进行有限元分析的目的,就是通过刚度矩阵、节点位移和节点外力的关系建立刚度方程组:

$$\boldsymbol{K\delta} = \boldsymbol{P}$$

式中:$\boldsymbol{K}$——总体结构刚度矩阵。

即在已知节点外力 $\boldsymbol{P}$ 的情况下,分析结构的刚度矩阵,通过求解刚度方程组,求得节点位移 $\boldsymbol{\delta}$,从而进一步求得各单元的内力。

有限元分析的过程是根据桥梁的结构特征先将如图 2-2-1 所示的桥梁结构按图 2-2-2 进行离散化,离散为 5 个单元、6 个节点,然后分析各个单元在局部坐标系 $\overline{oxy}$ 下的单元刚度矩阵,随后根据节点外力平衡和变形协调条件将单元刚度矩阵集合成总体结构刚度矩阵。

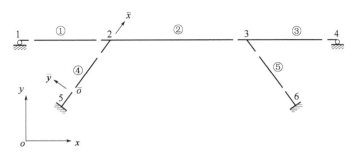

图 2-2-2 平面斜腿刚架桥离散示意

2.2.2 平面梁单元刚度矩阵

为了明确单元刚度矩阵的计算过程,这里从相对较为简单的平面梁单元矩阵讲起。由图 2-2-2 离散的平面斜腿刚架桥结构中任取一个单元 e,左、右两端节点编号分别为 i、j,如图 2-2-3 所示。对所选取的单元建立局部坐标系:以 i 点为坐标原点,从 i 至 j 的方向为 $\bar{x}$ 轴的正方向,逆时针旋转 90°为 $\bar{y}$ 轴的正方向。(每个符号上方冠以"-"表示这些分量均为局部坐标系中的量值)。

对于杆系结构中的平面梁单元,共有两个节点 i 和 j,每个节点处有 3 个节点位移和梁端力,节点位移分别为 i 端的 $\bar{u}_i$、$\bar{v}_i$、$\bar{\theta}_i$ 及 j 端的 $\bar{u}_j$、$\bar{v}_j$、$\bar{\theta}_j$,相应的六个梁端力分别为 i 端的 $\bar{N}_i$、$\bar{Q}_i$、$\bar{M}_i$ 及 j 端的 $\bar{N}_j$、$\bar{Q}_j$、$\bar{M}_j$。

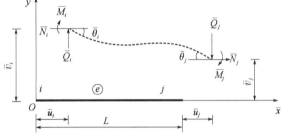

图 2-2-3 局部坐标系下的平面梁单元受力分析

正负号的规定:转角 $\bar{\theta}$ 和弯矩 $\bar{M}$ 以顺时针方向为正,线位移 $\bar{u}$、轴力 $\bar{N}$、线位移 $\bar{v}$、剪力 $\bar{Q}$ 与局部坐标轴 $\bar{x}$ 和 $\bar{y}$ 正方向一致为正,反之为负,图中所示的位移和内力方向均为正方向。

以向量的形式来表示梁端力和节点位移:

$$\bar{\boldsymbol{F}}^e = \begin{Bmatrix} \bar{N}_i \\ \bar{Q}_i \\ \bar{M}_i \\ \bar{N}_j \\ \bar{Q}_j \\ \bar{M}_j \end{Bmatrix} \quad \bar{\boldsymbol{\delta}}^e = \begin{Bmatrix} \bar{u}_i \\ \bar{v}_i \\ \bar{\theta}_i \\ \bar{u}_j \\ \bar{v}_j \\ \bar{\theta}_j \end{Bmatrix} \quad (2\text{-}2\text{-}1)$$

式中:$\bar{\boldsymbol{F}}^e$——平面梁单元 i 端和 j 端的杆端力向量;

$\bar{\boldsymbol{\delta}}^e$——平面梁单元 i 端和 j 端的杆端位移向量。

假设平面单元上无其他荷载,基于结构力学的位移法,可由叠加原理求得相应的杆端力,图 2-2-4 给出了杆端位移与杆端力的关系。

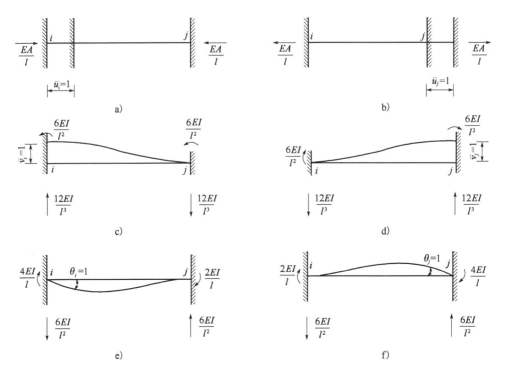

图 2-2-4 杆端位移与杆端力的关系

$$\begin{cases} \overline{N}_i = \dfrac{EA}{l}\overline{u}_i - \dfrac{EA}{l}\overline{u}_j \\[2mm] \overline{Q}_i = \dfrac{12EI}{l^3}\overline{v}_i - \dfrac{6EI}{l^2}\overline{\theta}_i - \dfrac{12EI}{l^3}\overline{v}_j - \dfrac{6EI}{l^2}\overline{\theta}_j \\[2mm] \overline{M}_i = -\dfrac{6EI}{l^2}\overline{v}_i + \dfrac{4EI}{l}\overline{\theta}_i + \dfrac{6EI}{l^2}\overline{v}_j + \dfrac{2EI}{l}\overline{\theta}_j \\[2mm] \overline{N}_j = -\dfrac{EA}{l}\overline{u}_i + \dfrac{EA}{l}\overline{u}_j \\[2mm] \overline{Q}_j = -\dfrac{12EI}{l^3}\overline{v}_i + \dfrac{6EI}{l^2}\overline{\theta}_i + \dfrac{12EI}{l^3}\overline{v}_j + \dfrac{6EI}{l^2}\overline{\theta}_j \\[2mm] \overline{M}_j = -\dfrac{6EI}{l^2}\overline{v}_i + \dfrac{2EI}{l}\overline{\theta}_i + \dfrac{6EI}{l^2}\overline{v}_j + \dfrac{4EI}{l}\overline{\theta}_j \end{cases} \quad (2\text{-}2\text{-}2)$$

式中：l——平面梁单元的长度；

I——平面梁单元截面的惯性矩；

A——平面梁单元截面的面积；

E——平面梁单元所用的弹性模量。

将式(2-2-2)用矩阵形式表达如下：

$$\begin{bmatrix} \frac{EA}{l} & 0 & 0 & -\frac{EA}{l} & 0 & 0 \\ 0 & \frac{12EI}{l^3} & -\frac{6EI}{l^2} & 0 & -\frac{12EI}{l^3} & -\frac{6EI}{l^2} \\ 0 & -\frac{6EI}{l^2} & \frac{4EI}{l} & 0 & \frac{6EI}{l^2} & \frac{2EI}{l} \\ -\frac{EA}{l} & 0 & 0 & \frac{EA}{l} & 0 & 0 \\ 0 & -\frac{12EI}{l^3} & \frac{6EI}{l^2} & 0 & \frac{12EI}{l^3} & \frac{6EI}{l^2} \\ 0 & -\frac{6EI}{l^2} & \frac{2EI}{l} & 0 & \frac{6EI}{l^2} & \frac{4EI}{l} \end{bmatrix} \begin{Bmatrix} \bar{u}_i \\ \bar{v}_i \\ \bar{\theta}_i \\ \bar{u}_j \\ \bar{v}_j \\ \bar{\theta}_j \end{Bmatrix} = \begin{Bmatrix} \bar{N}_i \\ \bar{Q}_i \\ \bar{M}_i \\ \bar{N}_j \\ \bar{Q}_j \\ \bar{M}_j \end{Bmatrix} \quad (2\text{-}2\text{-}3)$$

即得局部坐标系下的单元刚度方程:

$$\bar{\boldsymbol{K}}^e \bar{\boldsymbol{\delta}}^e = \bar{\boldsymbol{F}}^e \quad (2\text{-}2\text{-}4)$$

式中: $\bar{\boldsymbol{K}}^e$ ——单元刚度矩阵,由位移互等定律可知,这是 6×6 阶的正对称矩阵。

2.2.3 平面梁单元刚度矩阵的坐标变换

在进行结构的整体分析时,必须采用一个统一的坐标系,使得所有的荷载、位移等都以整体坐标系为基准,我们称该统一的坐标系为总体坐标系或公共坐标系,用 xOy 表示。同时,还必须把局部坐标系中建立的单元刚度矩阵、节点力向量及节点位移向量转换到整体坐标系中来。图 2-2-5 给出了局部坐标系 $\bar{x}\bar{O}\bar{y}$ 与总体坐标系 xOy 中各变量的关系。

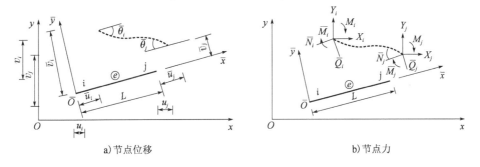

a) 节点位移　　　　　　　　　　　　b) 节点力

图 2-2-5　局部坐标系和总体坐标系之间的转换

图 2-2-5 中,$\bar{x}$、$\bar{y}$ 表示单元 e 的局部坐标,x、y 表示总体坐标。

由图示的几何关系可知:

$$\begin{cases} \bar{u}_i = u_i \cos\alpha + v_i \sin\alpha \\ \bar{v}_i = -u_i \sin\alpha + v_i \cos\alpha \\ \bar{\theta}_i = \theta_i \end{cases} \quad (2\text{-}2\text{-}5)$$

同理,对于 j 节点也有如上关系,写成矩阵形式有:

$$\begin{Bmatrix} \bar{u}_i \\ \bar{v}_i \\ \bar{\theta}_i \\ \bar{u}_j \\ \bar{v}_j \\ \bar{\theta}_j \end{Bmatrix} = \begin{bmatrix} \cos\alpha & \sin\alpha & 0 & 0 & 0 & 0 \\ -\sin\alpha & \cos\alpha & 0 & 0 & 0 & 0 \\ 0 & 0 & 1 & 0 & 0 & 0 \\ 0 & 0 & 0 & \cos\alpha & \sin\alpha & 0 \\ 0 & 0 & 0 & -\sin\alpha & \cos\alpha & 0 \\ 0 & 0 & 0 & 0 & 0 & 1 \end{bmatrix} \begin{Bmatrix} u_i \\ v_i \\ \theta_i \\ u_j \\ v_j \\ \theta_j \end{Bmatrix} \quad (2\text{-}2\text{-}6)$$

即

$$\bar{\boldsymbol{\delta}}^e = \boldsymbol{T}\boldsymbol{\delta}^e \quad (2\text{-}2\text{-}7)$$

式中:$\boldsymbol{T}$——坐标转换矩阵,是一个正交矩阵,$\boldsymbol{T}^{-1} = \boldsymbol{T}^{\mathrm{T}}$。

上述坐标变换是按位移导出的,但从图2-2-5可以看出,在两坐标系之间节点力有着与位移相同的关系,即

$$\bar{\boldsymbol{F}}^e = \boldsymbol{T}\boldsymbol{F}^e \quad (2\text{-}2\text{-}8)$$

式中:$\bar{\boldsymbol{F}}^e$,$\boldsymbol{F}^e$——局部坐标系和总体坐标系下的单元节点力向量。

将式(2-2-7)、式(2-2-8)代入式(2-2-4),得到:

$$\bar{\boldsymbol{K}}^e \boldsymbol{T}\boldsymbol{\delta}^e = \boldsymbol{T}\boldsymbol{F}^e$$
$$\boldsymbol{T}^{\mathrm{T}} \bar{\boldsymbol{K}}^e \boldsymbol{T}\boldsymbol{\delta}^e = \boldsymbol{F}^e \quad (2\text{-}2\text{-}9)$$
$$\boldsymbol{K}^e \boldsymbol{\delta}^e = \boldsymbol{F}^e \quad (2\text{-}2\text{-}10)$$

式(2-2-10)便是总体坐标系下的单元刚度方程,$\boldsymbol{K}^e = \boldsymbol{T}^{\mathrm{T}} \bar{\boldsymbol{K}}^e \boldsymbol{T}$为总体坐标系下的单元刚度矩阵。

2.2.4 总体刚度矩阵的建立和边界条件的处理

1)总体刚度矩阵的建立

总体刚度矩阵建立的过程就是将离散的结构重新拼装的过程,结构拼装后应满足节点力平衡和节点位移协调两个条件。

由式(2-2-10)可知,ij单元的刚度矩阵可写成如下形式:

$$\begin{bmatrix} k_{ii}^e & k_{ij}^e \\ k_{ji}^e & k_{jj}^e \end{bmatrix} \begin{Bmatrix} \delta_i^e \\ \delta_j^e \end{Bmatrix} = \begin{Bmatrix} F_i^e \\ F_j^e \end{Bmatrix} \quad (2\text{-}2\text{-}11)$$

式中:k_{ji}^e——j端单位位移引起i端的梁端力。

如图2-2-6所示,考察i节点的平衡,则交会于i节点的所有梁端力与作用于i节点的外力P_i应相等:

$$\sum_e F_i^e = P_i \quad (2\text{-}2\text{-}12)$$

式中:$\sum_e F_i^e$——与i点联结的所有单元的梁端力。

从而得到:

$$\left(\sum_e k_{ii}^e\right)\delta_i + k_{ij}\delta_j + k_{im}\delta_m + k_{in}\delta_n + \cdots = P_i \quad (2\text{-}2\text{-}13)$$

列出所有节点的平衡方程后,便可得到如下的总体刚度方程:

$$\boldsymbol{K}\boldsymbol{\Delta} = \boldsymbol{P} \quad (2\text{-}2\text{-}14)$$

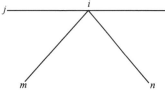

图2-2-6 交会于i节点的各梁单元

按照上述原理和方法,具体操作时,可采用"对号入座"的方法把单元刚度矩阵叠加以形成结构的总体刚度矩阵,即将分块矩阵 K_{ij} 放在总体刚度矩阵的第 i 行、第 j 列。

2)边界条件的处理

式(2-2-14)是一个奇异刚度矩阵,无法求解方程。其原因是 K 矩阵是奇异刚度矩阵,从物理意义上说,结构中包含着不受任何限制的刚体位移。解决的办法是引入边界约束,使 K 矩阵成为非奇异刚度矩阵,则式(2-2-14)才能够有解。

对于边界条件的处理,可简单地采用主元赋大值法,即把总刚度矩阵中与受约束的位移对应的主元素(对角线上元素)赋给一个很大的值,例如 10^{30}。该方法实际应用广泛,物理意义也十分明确。赋大值的含义就是给约束方向提供一个刚度很大的支承。同样原理,当采用弹簧支承时,在相应主元素上叠加一个弹簧刚度即可。

对于节点强迫位移的计算,只需将刚度矩阵相应主元素赋大值(如 10^{30}),同时将荷载列阵相应元素赋大值与位移量 δ 的乘积(如 $\delta \times 10^{30}$)即可。

例如图 2-2-7 所示的边界条件,$u_1 = -a$,$\theta_1 = 0$,v_1 方向有一个刚度为 k 的竖向弹簧支承。

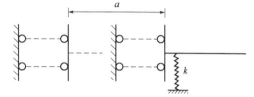

图 2-2-7 边界条件的处理示意

总体结构刚度方程为:

$$\begin{bmatrix} K_{11} & K_{12} & K_{13} & K_{14} & \cdots \\ K_{21} & K_{22} & K_{23} & K_{24} & \cdots \\ K_{31} & K_{32} & K_{33} & K_{34} & \cdots \\ K_{41} & K_{42} & K_{43} & K_{44} & \cdots \\ \vdots & \vdots & \vdots & \vdots & \ddots \end{bmatrix} \begin{Bmatrix} u_1 \\ v_1 \\ \theta_1 \\ u_2 \\ \vdots \end{Bmatrix} = \begin{Bmatrix} X_1 \\ Y_1 \\ M_1 \\ X_2 \\ \vdots \end{Bmatrix} \qquad (2\text{-}2\text{-}15)$$

当引入图 2-2-7 所示的节点边界条件后,总体结构刚度方程变为:

$$\begin{bmatrix} 10^{30} & K_{12} & K_{13} & K_{14} & \cdots \\ K_{21} & K_{22}+k & K_{23} & K_{24} & \cdots \\ K_{31} & K_{32} & 10^{30} & K_{34} & \cdots \\ K_{41} & K_{42} & K_{43} & K_{44} & \cdots \\ \vdots & \vdots & \vdots & \vdots & \ddots \end{bmatrix} \begin{Bmatrix} u_1 \\ v_1 \\ \theta_1 \\ u_2 \\ \vdots \end{Bmatrix} = \begin{Bmatrix} -10^{30} \cdot a \\ Y_1 \\ M_1 \\ X_2 \\ \vdots \end{Bmatrix} \qquad (2\text{-}2\text{-}16)$$

2.2.5 节点荷载列阵

总体刚度方程[式(2-2-14)]的右边是节点荷载矩阵。当外荷载直接作用在节点上时,即可按照节点荷载进行处理;当外荷载不直接作用在节点上时(如分布荷载、单元集中荷载等,称为非节点荷载),就需要把它们转化为作用在节点上的等效荷载。等效节点荷载与直接作用在节点上的荷载叠加在一起称为"总节点荷载"。非节点荷载的处理如表 2-2-1、表 2-2-2 所示。

非节点荷载表（一） 表 2-2-1

荷载类型	荷 载 图 式	节点力计算公式
1	（见图）	$N_i = N_j = 0$ $Q_i = q \cdot (1 + 2x/l) \cdot (1 - x/l)^2$ $Q_j = q - Q_i$ $M_i = -q \cdot x(1 - x/l)^2$ $M_j = q \cdot x^2(l - x)/l^2$
2	（见图）	$Q_i = Q_j = M_i = M_j = 0$ $N_i = q \cdot (1 - x/l)$ $N_j = q - N_i$
3	（见图）	$N_i = N_j = 0$ $Q_i = [qx(1 - x^2/l^2 + x^3/(2l^3))]$ $Q_j = qx - Q_i$ $M_i = -qx^2(6 - 8x/l + 3x^2/l^2)/12$ $M_j = qx^3(4 - 3x/l)/(12l)$
4	（见图）	$Q_i = Q_j = M_i = M_j = 0$ $N_i = qx^2/(2l)$ $N_j = qx - N_i$
5	（见图）	$N_i = N_j = 0$ $Q_i = 6q(1 - x/l) \cdot x/l^2$ $Q_j = -Q_i$ $M_i = -q(1 - x/l) \cdot [2 - 3(1 - x/l)]$ $M_j = -q(2 - 3x/l) \cdot x/l$
6	安装误差 q	$N_i = qEA/l$ $N_j = -qEA/l$ $Q_i = Q_j = M_i = M_j = 0$
7	初始应变：ε_0, χ	$N_i = -EA\varepsilon_0$ $N_j = -N_i$ $M_i = -EI\chi$ $M_j = -M_i$

非节点荷载表（二）　　　　表 2-2-2

荷载类型	荷载图式	节点力计算公式	
		荷载类型号	荷载值
8	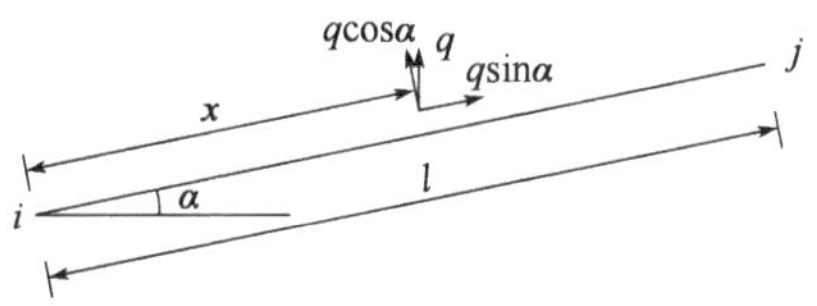	1 2	$q\cos\alpha$ $q\sin\alpha$
9	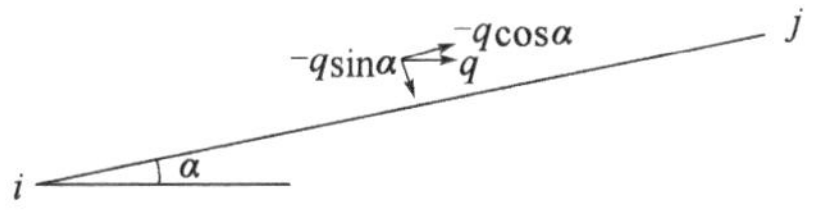	1 2	$-q\sin\alpha$ $q\cos\alpha$
10	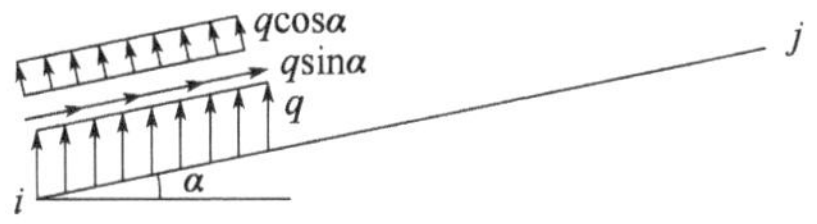	3 4	$q\cos\alpha$ $q\sin\alpha$
11	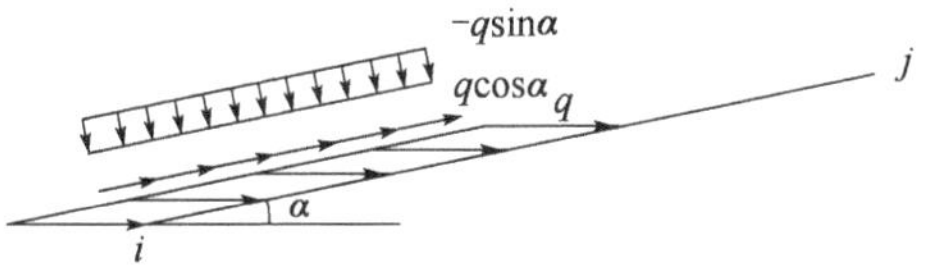	3 4	$-q\sin\alpha$ $q\cos\alpha$

2.2.6　平面梁单元内力计算

在求解总刚度方程组得到总体坐标系下的节点位移 δ 后,就可以利用前面已经导出的有关方程求解单元在局部坐标系下的内力。应当注意,单元的内力由两部分组成,一部分是由节点位移引起的,另一部分则是由非节点荷载所引起的固端力 $\boldsymbol{P}_0^e$（与表 2-2-2 中的节点力反号,这与结构力学中的位移法求解杆件内力时相似）。于是有:

$$\overline{\boldsymbol{F}}^e = \overline{\boldsymbol{K}}^e \boldsymbol{T} \boldsymbol{\delta}^e + \boldsymbol{P}_0^e \tag{2-2-17}$$

式中: $\overline{\boldsymbol{F}}^e$——单元节点内力（局部坐标系下）；

其余符号意义同前。

2.3　桥梁结构分析方法和步骤

桥梁结构整体分析就是对桥梁结构内力、变形等进行总体分析,主要包括弯矩、剪力、位移及支座反力等。桥梁结构整体分析的方法如下：

（1）对实际桥梁结构按平面杆系结构进行简化,得到计算模型。若实际桥梁为多梁式预应力混凝土 T 形截面梁结构（图 2-3-1、图 2-3-2）,可采用空间梁格的方式获取空间计算模型进行分析(图 2-3-3),也可采用横向分布系数的方法获取每根梁的计算模型进行分析(表 2-3-1)。

多梁式桥梁横向分布系数　　　　　表 2-3-1

梁号	1 号梁	2 号梁	3 号梁	4 号梁	5 号梁
横向分布系数	0.506	0.430	0.428	0.430	0.506

图 2-3-1　多梁式预应力混凝土 T 形截面梁

(2)实际桥梁结构的基本信息需与简化计算模型对应,例如结构形式、边界条件等。

(3)计算模型能够反映实际桥梁结构的真实受力状态。

采用有限元法进行桥梁结构分析的步骤实际上就是"化整为零",再"集零为整"的过程。即将整体结构离散成有限个微元结构,研究各单元的性质,形成单元刚度矩阵;然后按照结构的几何条件、节点处的变形连续条件、支承条件及平衡条件,将各个单元集成为原来的结构,形成整体刚度矩阵和整体刚度方程;再进一步求解结构的内力和变形。采用有限元分析法进行桥梁结构整体分析的基本步骤如表 2-3-2 所示。

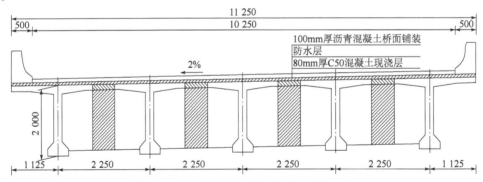

图 2-3-2　多梁式桥梁横断面示意(尺寸单位:mm)

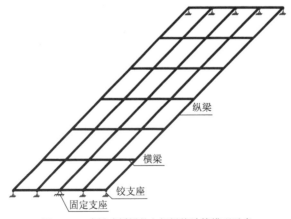

图 2-3-3　多梁式桥梁的空间梁格计算模型示意

有限元法进行桥梁结构分析的基本步骤   表 2-3-2

一、桥梁结构信息收集 1. 熟悉桥梁结构特点； 2. 收集桥梁结构信息，包括桥跨形式、截面信息、钢束信息、荷载信息、边界条件
二、桥梁结构离散——将求解构件变成有限元模型 1. 用所选单元划分，形成有限元网格，给节点、单元编号； 2. 给出整体坐标系，量测节点坐标； 3. 定义单元几何尺寸、给出材料的分析常数
三、单元分析——建立单元平衡方程组 1. 在典型单元内选定位移函数，并将它表示成节点位移的插值形式； 2. 用虚功原理或变分法推导单元平衡方程； 3. 求解每个单元的单元刚度矩阵
四、整体分析——形成和求解总体结构平衡方程组 1. 单元组合集成刚度矩阵、节点位移列向量和节点荷载列向量，形成总体平衡方程组； 2. 引入边界条件，求解节点位移； 3. 后处理计算，根据需要计算内力、变形、应力和反力等

在此需要说明的是，有限元法虽然可以对几乎所有复杂的桥梁结构进行整体分析，但是单元选择、离散方法、节点和单元数量、边界条件与荷载条件的处理等仍然会影响计算结果。因此，桥梁结构的分析结果仍然需要对桥梁结构的力学性能宏观把控，根据专业理论知识进行分析和判断，从而保证计算结果的可靠性和合理性。

2.4 桥梁结构分析的内容和特点

2.4.1 桥梁结构分析的主要内容

桥梁施工一般是分阶段逐步完成的，结构的最终受力状态与施工过程有着密切的关系。在进行桥梁结构分析时，有限元模型必须能够准确地模拟施工过程，并且能够自动累加各施工阶段的内力和位移，才能得到最终准确的计算结果。桥梁结构分析的基本内容可概括如下：

（1）施工阶段应考虑的因素主要有：
①结构重力（包括结构附加重力）；
②施工期间临时作用，如挂篮重量、人员器具等；
③预加应力；
④混凝土收缩和徐变作用、钢结构的蠕变作用；
⑤温度作用；
⑥静风的作用；
⑦结构体系转换；
⑧斜拉索或系杆等的初始张力；

⑨加劲梁的初应力；
⑩合龙口的预顶力等。

(2)计算成桥后在二期恒载、支座不均匀沉降、混凝土长期徐变效应、温度变化等作用下的内力和位移。

(3)计算各种可变作用引起的内力和位移，包括影响线或影响面的计算以及对它们进行加载等。

(4)计算各种偶然作用(如船舶撞击作用、漂流物的撞击作用、汽车撞击作用)等引起的内力和位移。

(5)计算地震作用。

(6)按规范对上述各种荷载引起的内力和位移进行组合，得出最不利的组合情况。

(7)按规范进行强度、刚度、抗裂性和稳定性验算。

(8)条件允许下，尽可能进行极端荷载(火灾、爆炸、飓风和强震等)预分析。

2.4.2 桥梁结构分析的特点

1)逐阶段形成结构体系

桥梁结构在不同的施工阶段，结构尺寸、预应力布置、边界条件、作用条件均在随阶段发生变化。例如，当采用悬臂浇筑法施工预应力混凝土连续梁桥时，结构是逐段浇筑混凝土并施加预应力而逐渐接长的。由于结构形成的过程不同，其恒载产生内力也不同，这与结构力学中的连续梁受力有很大差别。图 2-4-1 所示为一个右端固结、左端铰支的梁，承受满布均布荷载 q（自重）。图中示出了结构分别按两种不同的施工方法(一次落架和分阶段施工)形成结构体系的内力和变形图。

如果梁是采用满堂支架法现浇混凝土并在永久荷载完成后拆除支架，则其变形和弯矩 M 如图 2-4-1a)所示。如果梁是逐阶段悬臂浇筑混凝土，最后再安装支座 A，当然在悬臂浇筑的过程中需要提前按相反方向预抛高，则由于自重 q 及产生的挠度在悬臂施工时就已发生，因此其变形和弯矩如图 2-4-1b)所示。这时支座 A 的反力为零，因为它是在结构全部荷载和变形已发生后安装的。显然两种情况的内力和变形图是完全不同的。

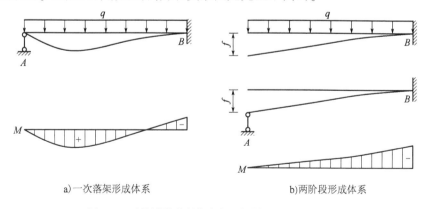

a)一次落架形成体系　　　　　　b)两阶段形成体系

图 2-4-1　桥梁结构的最终内力和变形与施工方法的关系

由此可见，在进行桥梁结构分析时，必须根据实际的施工过程，分阶段逐步分析，逐步累加每一阶段发生的内力和变形，直到全桥结构完全形成。只有这样，才能确保结构分析能够真实反映桥梁的实际受力状况。

2) 移动荷载效应

桥梁结构分析的另一特点是它要承受移动荷载(如汽车、挂车等)的作用,且活载占了相当的比重。在线性分析时,最常用、最方便的方法是影响线加载法,即先计算出控制截面内力(位移)影响线,然后在其上布置活载,找出最不利荷载位置,并求出与该加载位置对应的内力(位移)。影响线加载的方法很多,常用的有等效均布荷载法、穷尽法、动态规划法等。

无论采用哪种方法加载,都应注意在同一截面上的不同内力所对应的最不利荷载位置可能不同。例如最大弯矩和最大剪力不一定是在同一荷载位置发生(如简支梁跨中弯矩最大,支点剪力最大)。因此,加载时应分别按各内力的最不利荷载位置求出最大及最小内力及其相应的其他内力。例如,先求最大弯矩及其对应的最不利荷载位置,然后求该荷载位置时的剪力和轴力值(不一定也是最大值),称为与最大弯矩相应的剪力和轴力。这样求出的一组内力都是相应的内力。每个截面的内力加载结果共有 6 组(平面梁单元),某单元节点内力最大值和相应值示意如表 2-4-1 所示。

某单元节点内力的最大值和相应值 表 2-4-1

项 目	相应的弯矩 $M(kN \cdot m)$	相应的剪力 $Q(kN)$	相应的轴力 $N(kN)$
最大弯矩 M_{max}	30 281	-884	-55 595
最大剪力 Q_{max}	-420 690	21 937	-3 284
最大轴力 N_{max}	12 239	-555	4.52
最小弯矩 M_{min}	-863 154	-34 674	-1 471
最小剪力 Q_{min}	-360 898	-19 983	-3 078
最小轴力 N_{min}	28 658	-294	-124 913

上表中两类数据中主对角线上的数字是各内力的最大、最小值,其余各数字为相应的其他内力。

3) 预应力效应

在分析预应力混凝土桥梁结构时,必须考虑预加应力的效应,较常用的方法是等效荷载法,即把预加力当作等效的外荷载(弯矩和均布荷载)施加于混凝土结构上,然后计算由此而引起的内力和位移。该方法概念清晰、简便易行。

预应力的等效荷载具有一般荷载的特性,但它还有一个重要特征,即它是一组自相平衡的力系。从结构中截出任何一段含预应力筋的杆件,其上作用的预应力荷载都是自相平衡的。

预应力引起的结构内力由三部分组成。第一部分是直接施加在构件截面上的预加力,称为初内力。例如一水平预应力筋施加在构件截面上的压力为 N_p,该压力至截面形心轴的偏心距为 e,则该截面的预应力初内力为 $M = N_p e, N = N_p$。第二部分是在超静定结构上张拉的预应力筋所引起的内力重分布,称为次内力。第三部分是由于施工过程中发生了体系转换,例如悬臂施工法时结构由静定的 T 构转换为连续刚构或连续梁。这样由于混凝土的徐变作用,体系转换前(如合龙前)作用在结构上的预应力荷载会在体系转换后的结构上引起内力重分布,也称为次内力。最终预应力效应是以上三部分内力和位移效应的总和。

4）温度效应

作用于桥梁结构上的温度包括均匀升降温和温度梯度两部分。温度变化引起的截面应变为：

$$\begin{cases} \varphi = \dfrac{\alpha}{I} \int_h T(y) b(y) (y - y_c) \mathrm{d}y \\ \varepsilon_0 = \dfrac{\alpha}{A} \int_h T(y) b(y) \mathrm{d}y - \varphi y_c \end{cases} \quad (2\text{-}4\text{-}1)$$

式中：φ——单元梁段挠曲变形后的曲率；

α——材料的热膨胀系数；

I——截面的惯性矩；

$T(y)$——截面沿高度方向的温度梯度；

$b(y)$——截面高度 y 对应的宽度；

y_c——截面的形心轴；

A——截面面积；

ε_0——$y = 0$ 处的应变值。

用杆系有限元法求解上述温度变化引起的次内力时，先将单元的两端固定，参见表 2-2-1 非节点荷载类型 7，此时由于温度变化引起的单元等效节点荷载向量 $\overline{\boldsymbol{F}}^e$ 为：

$$\overline{\boldsymbol{F}}^e = \begin{Bmatrix} \overline{N}_i \\ \overline{Q}_i \\ \overline{M}_i \\ \overline{N}_j \\ \overline{Q}_j \\ \overline{M}_j \end{Bmatrix} = \begin{Bmatrix} -EA(\varepsilon_0 + \varphi y_c) \\ 0 \\ -EI\varphi \\ EA(\varepsilon_0 + \varphi y_c) \\ 0 \\ EI\varphi \end{Bmatrix} \quad (2\text{-}4\text{-}2)$$

将各单元的节点荷载向量通过坐标变换成为总体坐标系下的节点荷载，并代入总体结构刚度方程中，即可求得结构因温度而产生的节点位移，继而求得各杆端因节点位移产生的内力 $\overline{N}_i$、$\overline{Q}_i$、$\overline{M}_i$、$\overline{N}_j$、$\overline{Q}_j$、$\overline{M}_j$。

将两端固定引起的温度杆端力与节点位移引起的杆端力叠加，得到杆端温度总内力：

$$\begin{cases} \overline{N}_{iT} = EA(\varepsilon_0 + \varphi y_c) + \overline{N}_i^e \\ Q_{iT} = \overline{Q}_i^e \\ \overline{M}_{iT} = EI\varphi + \overline{M}_i^e \\ \overline{N}_{jT} = -EA(\varepsilon_0 + \varphi y_c) + \overline{N}_j^e \\ Q_{jT} = \overline{Q}_j^e \\ \overline{M}_{jT} = -EI\varphi + \overline{M}_j^e \end{cases} \quad (2\text{-}4\text{-}3)$$

计入温度自应力后，高度 y 处的截面纤维层的正应力为：

$$\sigma_T(y) = \dfrac{N_T}{A} + \dfrac{M_T}{I} y + E[\alpha T(y) + \varepsilon_0 - \varphi y] \quad (2\text{-}4\text{-}4)$$

杆中任意点的 N_T、M_T 由两端内力值直线内插得到。

2.5 桥梁结构分析的建模方法

用杆系有限元程序作桥梁结构分析时,需将实际的桥梁结构模拟为杆件系统。因而对所分析桥梁结构的力学性能必须有深入的了解,才能正确地将桥梁结构模型化,这是桥梁结构分析中最重要的一环。

为适应桥梁建设的发展,桥梁形式多样,如各种梁式桥、拱桥、桁架桥、刚架桥、斜拉桥以及悬索桥等,对这些桥型进行桥梁结构整体分析时均可采用杆系有限元方法建立它们的离散模型。本节将以如上所述的桥梁结构形式为例,说明建模过程中将实际桥梁结构简化为计算模型的一些处理方法。

2.5.1 结构离散化的基本原则

(1)桥梁结构进行离散时应遵循以下原则:

①明确实际桥梁结构的构造特点和受力特点,有针对性地进行结构离散化,保证计算模型的可靠性和准确性,要确保计算模型边界条件与受力特征逼近实际桥梁结构的边界条件和受力特征。

②在进行桥梁结构施工过程体系转化模拟时,要注意施工阶段的先后顺序,按次序进行边界条件的变换或杆件的增减,核心是受力等效。

③在保证计算精度的前提下,尽量减少不必要的节点数目,缩小单元和节点的规模和数量,以缩短计算时间,减少后处理工作量。

④大多桥梁计算是以上部结构计算为主,可暂不考虑基础的影响。根据结构力学特性合理选择基础的边界条件。对于梁式桥,可不考虑下部结构影响;对于刚构桥和拱桥,可在承台顶面或拱座处按照固结处理。

(2)杆系单元的划分,应根据结构的构造特点、实际问题的需要以及计算精度的要求来决定。因此,应在以下位置设置单元节点:

①各关键内力或变形控制截面处。

②梁柱、索塔及索梁等构件交接点、转折点。

③截面突变处,如连续刚构的墩顶0号块,要注意横隔板及影响,也要考虑主梁节点与墩顶节点的耦合。

④不同材料结合处。

⑤所有支承点(包括永久和临时支承)处。

⑥结构体系转换处。

⑦荷载作用位置处。

⑧对于由等截面直杆组成的桥梁结构,除梁、柱等构件的自然交会点处必须设置节点外,杆件中间节点的多少,对计算精度并无影响。一般根据验算截面的布置以及求算影响线时单位力作用点的要求,来确定所需的中间节点数量和位置。

⑨对于变截面杆或曲杆结构,例如拱肋,可以采用以直代曲的方法,通过细分单元,使折线形模型尽可能接近实际曲线结构的受力状态,也可以直接采用曲杆单元进行曲梁的

模拟。

⑩对于斜腿刚构桥的大节点,在单元和节点划分时,要注意节点几何位置的准确性,也要保证结构恒载效应的等效性。可采用节点耦合的方式,通过刚臂进行节点联结。

以下给出了几种常见桥梁工程的杆系有限元单元离散实例,如图 2-5-1 所示。

简支梁桥

连续梁桥

连续刚构桥

V腿刚构桥

拱桥

斜塔斜拉桥

a) 实桥结构

图 2-5-1

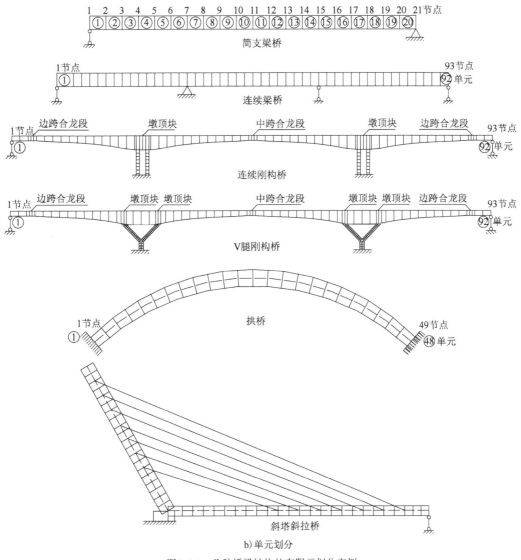

图 2-5-1 几种桥梁结构的有限元划分实例

2.5.2 边界条件的处理方法

桥梁结构分析中,边界条件的处理方法有以下几种:

(1)对于简支梁桥,承台、墩柱和支座的变形不影响上部结构内力,可忽略承台、墩柱和支座的变形,支座处的边界条件直接采用刚性支承进行边界约束。

(2)对于连续梁桥,承台、墩柱和支座的变形对上部结构的内力有影响,若支座采用刚性支承,可在有限元模型中设定刚性支承的变形量,或者增加支座沉降计算工况,以反映支座变位对上部结构的影响;也可采用具有一定刚度的联杆模拟支座,将上、下部结构联合为整体进行计算。

(3)对于刚构桥,可在桥墩承台顶面直接进行刚接处理。通常情况下,要增加墩台变位影响计算工况。在进行动力计算时,一般要考虑下部结构弹簧刚度,以准确反映桥梁整体的动力特性。

（4）对于拱桥,要按照拱脚处主拱圈与拱座的联结特性,合理确定边界条件形式(刚接、铰接或者半刚接)。

2.5.3 多构件连接的处理方法

在实际桥梁结构中,构件之间常有用铰连接的情形,如两铰拱、三铰拱、带铰或带挂梁的T形刚构桥等,可采用主从节点(图2-5-2)的方法予以处理。另外,对于墩梁固结的连续刚构桥或其他桥型,墩梁处也可采用主从节点的方法予以处理。

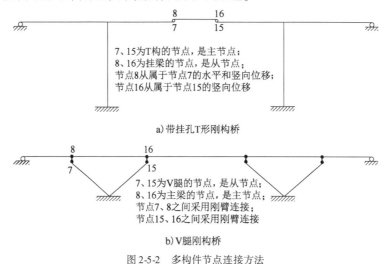

图 2-5-2　多构件节点连接方法

2.5.4 钢-混凝土组合结构的计算方法

近几年来,钢-混凝土组合梁在桥梁工程建设中的应用越来越广,组合梁具有可以加快施工进度,充分发挥两种材料性能,使结构受力更合理等优势。

组合梁计算时须考虑到两种材料的不同性能(弹性模量不同),按照下式进行截面换算,亦或直接按不同的材料进行计算。

$$\begin{cases} EA = E_c A_c + E_b A_b \\ EI = E_c I_c + E_b I_b \end{cases} \qquad (2\text{-}5\text{-}1)$$

经过截面换算后,不同材料的组合结构就可以按照同一材料进行内力计算,其计算方法与前述方法相同,仅在结构验算时要按照组合结构进行截面验算。

2.6　桥梁结构非线性分析简介

2.6.1 桥梁结构线性分析的定义

尽管桥梁结构形式多种多样,但在设计过程中结构分析却是一致的,基本上采用线弹性分析求得结构的内力,除非结构的非线性性质不可忽略时才进行非线性分析,然后根据内力进行结构的设计。因此,结构的线性静力分析应用非常广泛,并且是其他各种分析的基础。

所谓线性变形体系是指位移与荷载呈线性关系的体系,而且当荷载全部撤除后,体系将完全恢复原始状态。对于许多桥梁工程问题,近似地用线性理论来处理可使计算简单切实可行,并符合工程结构的精度要求,线性分析最终会形成一个线性代数方程组,即结构的刚度不变化,荷载和位移为线性关系。

满足线性关系的结构体系也称为线弹性体系,它需要满足下列条件:
(1)材料的应力与应变关系满足胡克定律;
(2)位移是微小的;
(3)所有约束均为理想约束。
线性体系的力-位移曲线和应力-应变曲线均为直线。

2.6.2 桥梁结构非线性分析的定义

桥梁结构非线性分析就是桥梁结构分析中的荷载与位移为非线性关系,结构的刚度是变化的,用线性理论就完全不合适,必须用非线性理论解决。

(1)如果体系的非线性是由于材料应力与应变关系的非线性引起的,则称为材料非线性,即应力-应变关系不再是直线,如材料的弹塑性性质、松弛、徐变等。

(2)如果结构的变位使体系的受力发生了显著的变化,以至于不能采用线性体系的分析方法时就称为几何非线性,即应力-位移关系不再是直线,如结构的大变形、大挠度的问题等。

(3)还有一类非线性问题是边界条件非线性或状态非线性,如各种接触问题等。

桥梁结构非线性问题的分类及基本特点如表 2-6-1 所示。

非线性问题的分类及基本特点　　　　　　　　　　　表 2-6-1

非线性问题	定 义	特 点	桥梁工程中的典型问题
材料非线性	由材料的应力、应变非线性关系引起基本控制方程的非线性问题	材料不满足胡克定律	混凝土徐变、收缩和弹塑性问题
几何非线性	放弃小位移假设,从几何上严格分析单元体的尺寸、形状变化,得到非线性的几何运动方程,由此造成基本控制方程的非线性问题	几何运动方程为非线性,平衡方程建立在结构变形后的位置上。结构刚度除了与材料及初始构形有关外,与受载后的应力、位移状态也有关	柔性桥梁结构的恒载状态确定问题;柔性结构的恒、活载计算问题;桥梁结构的稳定分析问题
接触问题	不满足理想约束假定而引起的边界约束方程的非线性问题	受力后的边界条件在求解前未知	悬索桥主缆与鞍座的接触状态;支架上预应力梁张拉后的部分落架现象

2.6.3 桥梁结构几何非线性分析

当放弃小位移假设,从几何上严格分析单元体的尺寸、形状变化,得到非线性的几何运动方程,由此造成基本控制方程的非线性问题,称为几何非线性问题。由于几何运动方程为非线性,平衡方程建立在结构变形后的位置上,结构刚度除了与材料及初始构形有关外,与受载后的应力、位移状态也有关系。

以杆系结构为对象,讨论拉格朗日列式的大跨径桥梁几何非线性有限元方法。任何变形体在空间都占据一定的区域,构成一定的形状,这种几何形状简称为构形,物体在问题求解开始时的构形称为初始构形,在任一瞬时的构形称为现时构形,物体位移的改变叫作运动。在下面讨论中,字母的左上标表示构形所处时刻。

图 2-6-1 中有一物体,在 $t = {}^0t$ 时,物体有初始构形 ${}^0A$,物体中一点 ${}^0P$ 的坐标为 $({}^0X_1, {}^0X_2, {}^0X_3)$;在 $t = {}^nt$ 时,物体有构形 ${}^nA$,点 ${}^0P$ 运动到 ${}^nP$,在 $t = {}^{n+1}t = {}^nt + \Delta t$ 时,物体有构形 ${}^{n+1}A$,点 ${}^0P$ 运动到 ${}^{n+1}P$。变形体及其上质点的运动状态,随坐标选取不同有以下几种描述方法:

(1)物质描述:独立变量为 ${}^0x_i(i = 1,2,3)$ 和 ${}^0t$,即给出任意时刻物体中各质点的位置。这种描述在连续介质力学与有限元中很少使用。

(2)参照描述:独立变量为任意选择的参照构形中质点 P 的当前坐标与时刻 t,这种描述法称为拉格朗日法(Lagrangian Formulation)。当选择 $t = 0$ 时的构形为参照构形时,称为总体拉格朗日描述(T. L. Formulation)。式(2-6-1)就是增量形式 T. L 列式的单元平衡方程。

$$({}^0\overline{\boldsymbol{K}}_0^e + {}^0\overline{\boldsymbol{K}}_L^e + {}^0\overline{\boldsymbol{K}}_\sigma^e)\mathrm{d}\boldsymbol{\delta} = {}^0\overline{\boldsymbol{K}}_T^e\mathrm{d}\boldsymbol{\delta} \tag{2-6-1}$$

式中:${}^0\overline{\boldsymbol{K}}_T^e$——三个刚度矩阵之和,称为单元切线刚度矩阵,它表示荷载增量与位移增量之间的关系,也可理解为单元在特定应力、变形下的瞬时刚度;

${}^0\overline{\boldsymbol{K}}_0^e$——与单元节点位移无关,是单元弹性刚度矩阵;

${}^0\overline{\boldsymbol{K}}_L^e$——单元初位移刚度矩阵或单元大位移刚度矩阵,是由大位移引起的结构刚度变化,是 $\mathrm{d}\boldsymbol{\delta}$ 的函数;

${}^0\overline{\boldsymbol{K}}_\sigma^e$——初应力刚度矩阵,它表示初应力对结构刚度的影响。

当应力为压应力时,单元切线刚度减小,反之,单元切线刚度增加。

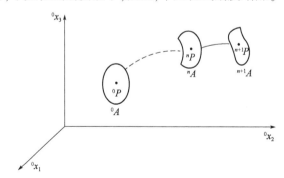

图 2-6-1 变形体的运动

(3)相关描述:以 ${}^nt$ 为独立变量,参照构形与时间有关,取 ${}^nt$ 为非线性增量求解时增量步的开始时刻,则称为更新的拉格朗日描述(U. L. Formulation)。增量形式的 U. L 列式结构平衡方程可写成:

$$({}^t\overline{\boldsymbol{K}}_0^e + {}^t\overline{\boldsymbol{K}}_\sigma^e)\mathrm{d}\boldsymbol{\Delta} = \mathrm{d}\boldsymbol{P} \tag{2-6-2}$$

T. L 列式与 U. L 列式是不同学派用不同的简化方程及理论导出的不同方法,但是它们在相同的荷载增量步内其线性化的切线刚度矩阵应该相同,这一点已得到多个实际例题的证明。T. L 列式与 U. L 列式的不同点见表 2-6-2。

T.L 列式与 U.L 列式的不同点 表 2-6-2

比较内容	T.L 列式	U.L 列式	注意点
计算单元刚度矩阵的积分域	在初始构形的体积域内进行	在变形后的 t 时刻体积域内进行	U.L 列式必须保留各节点坐标值
精度	保留了刚度矩阵中所有线性与非线性项	忽略了高阶非线性项	U.L 列式的荷载增量不能过大
单元刚度矩阵组集成总体刚度矩阵	用初始时刻各单元结构总体坐标系中的方向余弦形成转换阵,计算过程不变	用变形后 t 时刻单元在结构总体坐标系中的方向余弦形成转换阵,计算过程不断改变	U.L 列式中组集荷载向量也必须注意方向余弦的改变
本构关系的处理	在大应变时,非线性本构关系不易引入	比较容易引入大应变非线性本构关系	U.L 方法更适用于混凝土徐变分析

从理论上讲,这两种方法都可以用于各种几何非线性分析,但通过表 2-6-2 的对比可以发现,T.L 列式适用于大位移、中等转角和小应变的几何非线性问题,而 U.L 列式除了适用于上述问题外,还适用于非线性大应变分析、弹塑性徐变分析,可以追踪变形过程的应力变化。目前,国内使用的桥梁非线性分析程序,一般都采用 U.L 列式方法。

(4) 空间描述:独立变量是质点 P 当前位置 ^{n+1}x 与时间 ^{n+1}t,这种描述称为欧拉描述。在欧拉描述中,有限元网络在空间中是固定的,材料流过这些网络,这种描述适用于流体及定常状态。

2.6.4 桥梁结构材料非线性分析

桥梁结构在经受超载作用时,会出现部分构件应力超过材料弹性极限的现象。这种现象虽然往往是局域性的,但结构破坏与损伤却由这些区域开始导致结构失效。应力超过弹性极限后,材料弹性模量成为应力的函数,导致基本控制方程的非线性,即材料非线性问题。研究材料非线性问题,对于分析结构极限承载能力,解决桥梁非线性稳定问题有着十分重要的意义。

凡是在本构关系中放弃材料线性关系假定的理论,均属材料非线性范畴。根据不同的材料性态,又可以分成几种不同的材料非线性问题,见表 2-6-3。

材料非线性问题 表 2-6-3

材料非线性问题	特征
非线性弹性	(1) 本构方程仅有应力、应变两参数; (2) 卸载后无残余应变存在
非线性塑性	(1) 本构方程仅有应力、应变两参数; (2) 卸载后有残余应变存在
金属蠕变与混凝土徐变	即使荷载不变,随着时间的变化,材料也会产生明显的应变
黏弹性	(1) 应力-应变关系为弹性性质; (2) 应力-应变关系与加载速率有关
黏塑性	(1) 超过屈服应力时,材料呈弹塑性性质; (2) 应力-应变关系与应变速率有关

桥梁结构以钢和混凝土作为主要材料,因此,涉及的材料非线性主要是非线性弹塑性问题和混凝土徐变问题。

2.7 计 算 实 例

本节以多跨预应力混凝土连续刚构桥为桥梁工程实例,介绍采用有限元法分析的详细步骤。首先,搜集桥梁结构的信息特征,包括桥跨布置、主梁和桥墩截面特征、预应力钢束的配置、施工阶段的划分以及合龙方式等。其次,给出详细的建模过程,包括结构的离散、边界条件的施加、构件的连接方式及建模的顺序等。最后,分析结构的永久作用效应、可变作用效应和作用效应组合。

2.7.1 工程概况

1)跨径布置

某跨湖大桥全长1 058m,西岸引桥3×45m,东岸引桥2×45m,主桥部分110m+3×200m+110m=820m,边中跨比0.55,该桥设计双向纵坡,坡度1%。分幅布置,双向六车道,2×11.25m(行车道)+4×0.5m(防撞护栏)+1.5m(分隔带)=26m,桥面设置单向横坡,坡度值2%。主桥单幅均为单箱单室截面。桥面铺装采用8cm C40防水混凝土+11cm沥青混凝土。伸缩缝为80型、480型仿毛勒伸缩缝。

图2-7-1给出了该桥的立面布置图和主桥(5跨预应力混凝土连续刚构桥)的横断面示意图。

2)主桥的上部构造

墩顶处梁高12m,高跨比1/16.67,主跨跨中梁高3.5m,高跨比1/57.1。箱梁底板曲线方程为$Y = 4f \cdot [(L/2)^2 - X^2]/L^2$,矢高$f = 8.5m$,$L = 184.0m$,坐标起点位于跨中,曲线以各墩中心为对称,中边跨合龙段长2.0m,边跨现浇段采用直线段,长9.0m。

全桥为单箱单室直腹式截面,顶宽12.50m,底宽6.5m。0号块长18.0m,顶板厚50cm,腹板厚90cm,底板厚125cm;1号块~14号块顶板厚35cm,腹板厚70cm,底板厚58.7~125cm;15号块~22号块顶板厚30cm,腹板厚50cm,底板厚32~54.5cm;14号块局部、25号块为腹板过渡段。腹板上设有ϕ10cm通气孔,纵向间距为250cm。箱梁在支点截面及14号截面处设横隔板。

图2-7-2给出了主桥边中跨梁段划分示意图;图2-7-3给出了主桥边中跨的预应力钢束布置。

3)主桥的下部构造

主桥4个主墩皆为钢筋混凝土双肢薄壁墩,主桥4号、5号、6号、7号桥墩的高度分别是76m、120m、108m、90m,单个薄壁墩身顺桥向长3.5m,横桥向长8.5m,薄壁顺桥向厚75cm,横桥向厚100cm。主墩承台厚度为4.0m,主墩基础为16ϕ1.5m桩基础,最大设计桩长为25m,桩尖嵌入微风化的岩石中。3号、8号过渡墩为钢筋混凝土空心墩,高度分别为49m和50m。引桥部分1号、2号、9号为桩柱式桥墩。0号、10号桥台是肋板式桥台,配桩柱式基础。如图2-7-4所示为主桥的下部结构尺寸与连接方式。

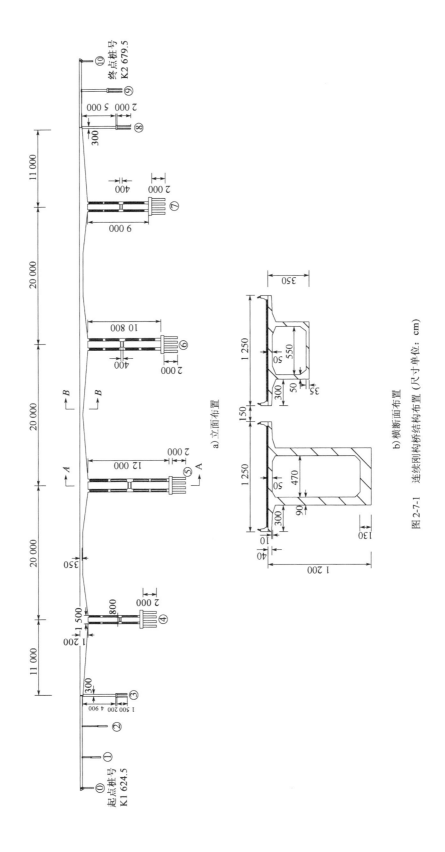

图 2-7-1 连续刚构桥结构布置（尺寸单位：cm）

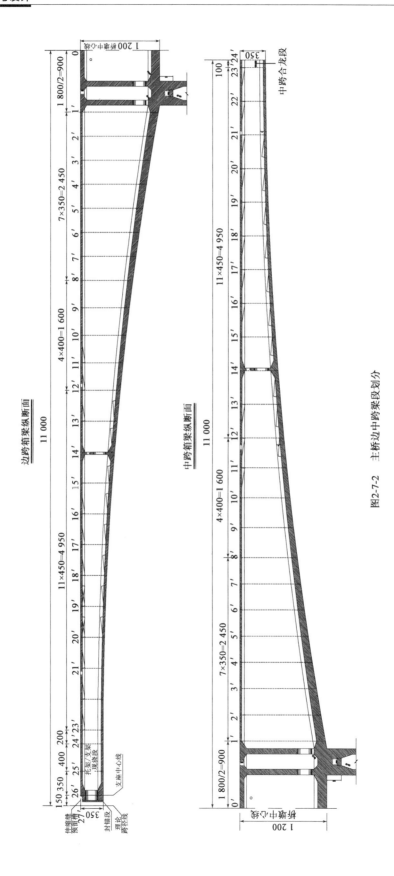

图2-7-2 主桥边中跨梁段划分

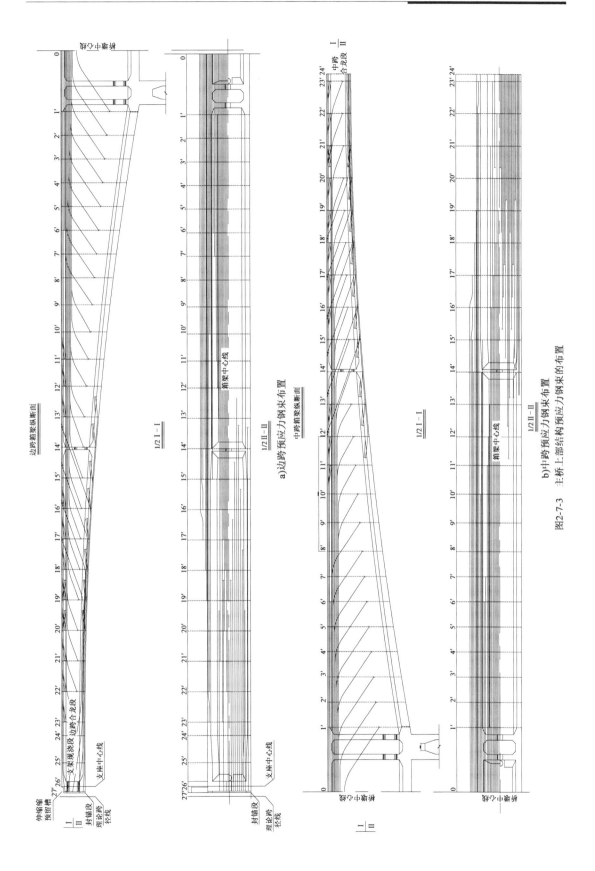

图2-7-3 主桥上部结构预应力钢束的布置

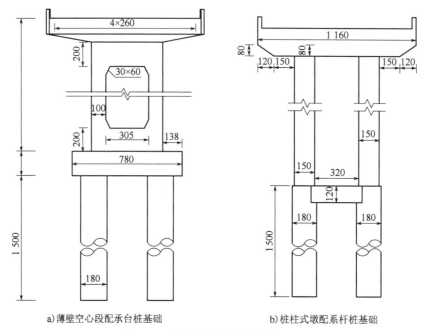

a) 薄壁空心段配承台桩基础　　b) 桩柱式墩配系杆桩基础

图 2-7-4　主桥下部结构(尺寸单位:cm)

2.7.2　结构特征分析

对 5 跨预应力混凝土连续刚构桥(110m + 3 × 200m + 110m)的结构特征进行分析(图 2-7-5)。将其按杆系结构进行简化,在这里只需对承台以上的部分进行建模分析即可。水平杆件 5 个,竖向杆件 8 个,结构具有 8 个大节点(桥墩与主梁联系处),4 个固端约束(四个桥墩底部),2 个链杆约束(边跨边墩支座处)。由于截面尺寸从墩顶到跨中是呈二次曲线变化,所以水平杆件的刚度也是随之变化的,另外,8 个竖向杆件的刚度随杆件的长短也是变化的。

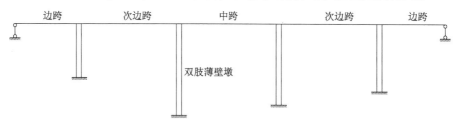

图 2-7-5　预应力混凝土连续刚构桥简化结构

2.7.3　结构建模

预应力混凝土连续刚构桥全桥总长 820m,主梁总共划分 214 个单元,单元长度以及所属类别为:边跨现浇段 3 × 3m、边跨合龙段 2m、悬臂施工段 7 × 3.5m + 4 × 4m + 11 × 4.5m,零号块 2.75m + 6.25m + 6.25m + 2.75m,中跨合龙段 2 × 1m,采用 MIDAS/CIVIL 对该桥梁结构进行建模,单元采用桁杆单元,得到如图 2-7-6 所示的连续刚构桥的结构离散模型。图 2-7-6a)给出了单元划分和节点信息,图 2-7-6b)给出了单元信息和边界条件。墩底采用全固结约束,桥梁的两端释放了沿桥梁纵向和转动方向的约束,其余方向全部约束。

a) 单元划分

b) 边界条件

图 2-7-6 连续刚构桥结构离散模型

预应力混凝土连续刚构桥结构建模时,从左向右依次建立节点,先对主梁进行结构建模,然后对桥墩进行结构建模,墩与梁之间采用共用节点的方式连接。因 0 号块的结构复杂,按照结构离散的原则,0 号块需进行精细划分,各变化处均需要插入节点,尤其桥墩中心线对应 0 号块的位置必须要有节点,如图 2-7-7 所示。

各施工阶段的单元、节点和预应力钢束成形后,按照施工顺序进行构件的组装。先组装桥墩,然后浇筑墩顶块(0 号块和 1 号块),再逐步进行悬臂浇筑,并张拉预应力钢束,最后合龙并布载,二期铺装按照等效原则均布施加。整个施工过程中单元和预应力钢束的组成如图 2-7-8 所示。

图 2-7-7 0 号块与薄壁墩的离散与连接

上部结构建模取用的有关参数为:

①混凝土湿重荷载由 MIDAS 系统自行计算,导出之后添加节点荷载即可。

②挂篮荷载按照《公路桥涵施工技术规范》(JTG/T F50—2011)17.5.1 规定确定。挂篮荷载应该取混凝土湿重的 0.3~0.5 倍,最大不超过 0.7 倍,根据 MIDAS 自行计算的混凝土湿重,挂篮荷载取 800kN。

③温差荷载:设计计算合龙温度 15℃ ± 3℃,整体升降温取 + 22℃、- 21℃;正负温度梯度任务书已经给出,正温度梯度 14℃,负温度梯度 - 7℃。

④支座沉降分析:未见不良地质现象,沉降值取 2cm。

a) 墩顶块施工

b) 悬臂施工

c) 合龙施工

d) 二期铺装

图 2-7-8 连续刚构桥悬臂施工过程

⑤二期恒载:取下层铺设防水混凝土10cm、上层6cm等厚度沥青混凝土作为面层和栏杆。桥面铺装荷载:$0.18 \times 12.5 \times 24 = 54(kN/m)$,护栏也按均布荷载进行换算。

⑥车道荷载:公路—Ⅰ级。

⑦设计安全等级:一级。

⑧收缩徐变特性参数:混凝土采用C55,环境相对湿度80%,开始收缩时的混凝土龄期为3d。

2.7.4 结构计算与分析

结构分析阶段包括两个阶段:施工阶段结构分析阶段和成桥阶段结构分析阶段。

结构分析指标包含两部分:内力计算和应力计算(强度验算)。

内力计算和应力计算包括永久作用、可变作用、偶然作用、地震作用以及作用组合下的结构内力和应力。

1)施工阶段结构分析

图2-7-9给出了最大悬臂施工阶段时的结构弯矩图和剪力图。

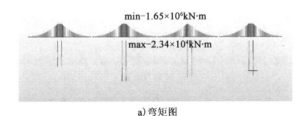

图2-7-9 最大悬臂施工阶段结构内力

2)成桥阶段结构分析

(1)永久作用效应

永久作用主要包括:结构自重、二期恒载、收缩和徐变。图2-7-10给出了自重+二期恒载作用下的结构弯矩图和剪力图。

图2-7-11给出了自重+二期恒载作用下成桥1 000d的收缩次内力图。

图2-7-12给出了自重+二期恒载作用下成桥1 000d的徐变次内力图。

(2)可变作用效应

汽车荷载采用公路—Ⅰ级车道荷载,单幅桥横向布置三个车道。

对于汽车荷载纵向整体冲击系数μ,按照《公路桥涵设计通用规范》(JTG D60—2015)第4.3.2条,冲击系数μ可按下式计算:

当 $f < 1.5\,\text{Hz}$ 时,$\mu = 0.05$;

当 $1.5\,\text{Hz} \leqslant f \leqslant 14\,\text{Hz}$ 时,$\mu = 0.176\,7\ln f - 0.015\,7$;

当 $f > 14\,\text{Hz}$ 时,$\mu = 0.45$。

根据规范计算可得,结构基频 $f = 1.20\,\text{Hz}$,则冲击系数 $\mu = 0.050$。

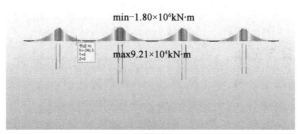

a) 弯矩图

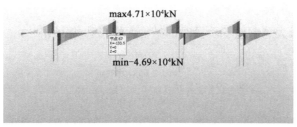

b) 剪力图

图 2-7-10 自重 + 二期恒载作用下的结构弯矩和剪力

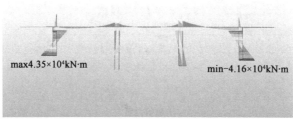

a) 弯矩图

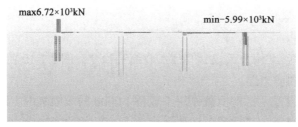

b) 剪力图

图 2-7-11 结构收缩次内力图

荷载横向分布系数的计算:由于该桥的截面采用单箱单室,可以直接按照平面杆系结构进行活载内力计算,无须重新计算横向分布系数。图 2-7-13 给出了汽车荷载作用下的内力包络图。

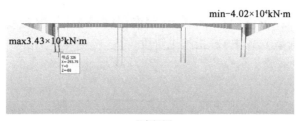

a) 弯矩图

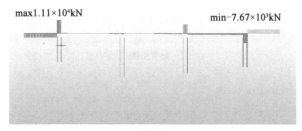

b) 剪力图

图 2-7-12　结构徐变次内力图

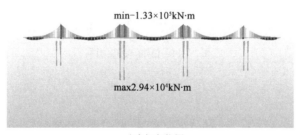

a) 弯矩包络图

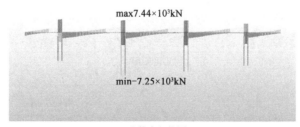

b) 剪力包络图

图 2-7-13　汽车荷载作用下的内力包络图

图 2-7-14 给出了整体降温作用下的结构内力图（降温：-22℃）。

图 2-7-15 给出了正温度梯度作用下的结构内力图。

图 2-7-16 给出了负温度梯度作用下的结构内力图。

（3）作用效应组合

按照《公路钢筋混凝土及预应力混凝土桥涵设计规范》（JTG 3362—2018），作用组合为以下两类:承载能力极限状态组合,即基本组合、偶然组合和地震组合;正常使用极限状态效应组合,即频遇组合和准永久组合。图 2-7-17 给出了 cLCB2 作用组合下承载能力极限状态内力包络图。该作用组合 = 1.2(恒荷载 CS) + 1.0(钢束二次 CS) + 1.0(徐变二次 CS) + 1.0(收缩二次 CS) + 1.4(移动荷载),式中 CS 指施工阶段。

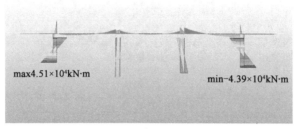

a) 弯矩图

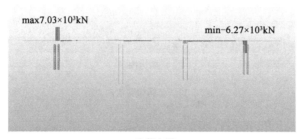

b) 剪力图

图 2-7-14　整体降温内力图

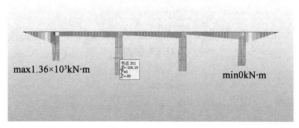

a) 弯矩图

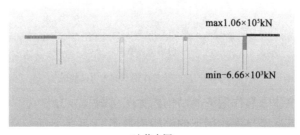

b) 剪力图

图 2-7-15　正温度梯度内力图

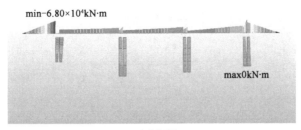

a) 弯矩图

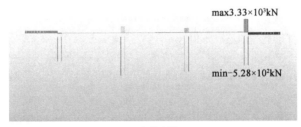

b) 剪力图

图 2-7-16　负温度梯度内力图

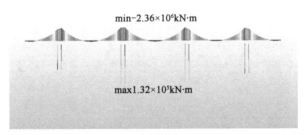

a) 弯矩图

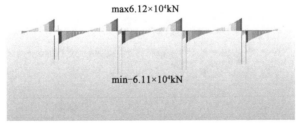

b) 剪力图

图 2-7-17　承载能力极限状态下内力包络图

图 2-7-18 给出了 cLCB21 作用组合下正常使用极限状态短期效应组合内力包络。该作用组合 = 1.0(恒荷载 CS) + 1.0(钢束二次 CS) + 1.0(徐变二次 CS) + 1.0(收缩二次 CS) + 1.0(系统升温) + 0.8(负温度梯度)。

图 2-7-19 给出了 cLCB30 作用组合下正常使用极限状态长期效应组合内力包络图。该作用组合 = 1.0(恒荷载 CS) + 1.0(钢束一次 CS) + 1.0(钢束二次 CS) + 1.0(徐变二次 CS) + 1.0(收缩二次 CS) + 1.0(系统升温) + 0.8(正温度梯度)。

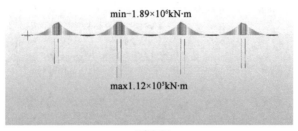

a) 弯矩图

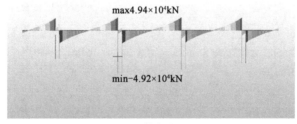

b) 剪力图

图 2-7-18 正常使用极限状态短期效应组合内力包络图

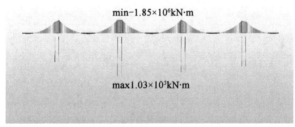

a) 弯矩图

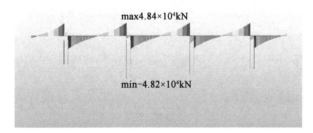

b) 剪力图

图 2-7-19 正常使用极限状态长期效应组合内力包络图

如表 2-7-1 所示为全桥关键截面(边跨支点以及各跨的跨中和墩顶)承载能力极限状态效应组合。

如表 2-7-2 所示为全桥关键截面(边跨支点以及各跨的跨中和墩顶)正常使用极限状态短期效应组合。

全桥关键截面承载能力极限状态效应组合表 表2-7-1

位置(从左到右)	节点	$Q_{\min}$(kN)	$M_{\min}$(kN·m)	$Q_{\max}$(kN)	$M_{\max}$(kN·m)
边跨支点	1	-10 826.76	-36 400.66	-7 928.87	-36 400.66
边跨跨中	14	12 759.45	-164 654.68	15 427.34	-121 190.78
墩顶	27	2 095.03	-862 477.12	19 655.67	-709 521.65
次边跨跨中	51	-1 191.99	30 257.96	1 627.79	76 080.32
墩顶	75	-10 624.11	-925 398.98	8 480.09	-744 230.32
中跨跨中	99	-1 568.86	29 791.34	1 310.08	78 168.35
墩顶	123	-37 616.1	-711 022.67	-18 356.91	-532 608.51
次边跨跨中	147	-2 698.09	3 972.07	131.01	47 021.86
墩顶	171	-14 369.68	-812 416.37	958.35	-669 211.72
边跨跨中	184	-20 175.86	-171 525.03	-17 512.36	-127 447.08
边跨支点	196	8 010.28	-36 417	10 918.21	-36 417

全桥关键截面正常使用极限状态短期效应组合表 表2-7-2

位置(从左到右)	节点	$Q_{\min}$(kN)	$M_{\min}$(kN·m)	$Q_{\max}$(kN)	$M_{\max}$(kN·m)
边跨支点	1	-8 575.23	-36 400.66	-7 195.28	-36 400.66
边跨跨中	14	9 357.68	-83 417.56	10 628.11	-62 720.47
墩顶	27	6 504.19	-432 133.56	14 866.41	-359 297.62
次边跨跨中	51	-468.46	8 964.82	874.29	30 784.99
墩顶	75	-5 333.72	-482 428.65	3 763.52	-396 157.85
中跨跨中	99	-803.73	10 152.61	567.19	33 189.28
墩顶	123	-26 926.86	-310 214.62	-17 755.82	-225 255.5
次边跨跨中	147	-1 828.47	-16 305.66	-481.29	4 194.24
墩顶	171	-10 468.33	-387 210.83	-3 169.27	-319 018.14
边跨跨中	184	-15 382.06	-90 271.7	-14 113.73	-69 282.21
边跨支点	196	7 278.71	-36 417	8 663.13	-36 417.79

如表2-7-3所示为全桥关键截面(边跨支点以及各跨的跨中和墩顶)正常使用极限状态长期效应组合。

全桥关键截面正常使用极限状态长期效应组合表 表2-7-3

位置(从左到右)	节点	$Q_{\min}$(kN)	$M_{\min}$(kN·m)	$Q_{\max}$(kN)	$M_{\max}$(kN·m)
边跨支点	1	-7 493.13	-36 400.66	-6 704.59	-36 400.66
边跨跨中	14	10 001.37	-110 973.45	10 727.33	-99 146.54
墩顶	27	14 803.37	-441 906.68	19 581.78	-400 286.14
次边跨跨中	51	-79.57	-8 048.34	687.72	4 420.33
墩顶	75	-1 841.88	-479 437.3	3 356.54	-430 139.71
中跨跨中	99	-449.84	-6 683.49	333.54	6 480.33
墩顶	123	-25 231.45	-310 759.21	-19 990.86	-262 211.14

续上表

位置(从左到右)	节点	Q_{min}(kN)	M_{min}(kN·m)	Q_{max}(kN)	M_{max}(kN·m)
次边跨跨中	147	−1 551.45	−34 003.88	−781.62	−22 289.65
墩顶	171	−12 252.19	−395 324.14	−8 081.3	−356 356.89
边跨跨中	184	−15 371.37	−111 528.21	−14 646.61	−99 534.21
边跨支点	196	6 900.92	−36 417	7 692.01	−36 417.79

如表 2-7-4 所示为全桥关键截面(各跨的跨中和墩顶)正截面抗弯承载能力验算情况,其余验算这里不再列出。

全桥关键正截面抗弯承载能力验算　　　　　　　　表 2-7-4

位置(从左到右)	节点	rM_u(kN·m)	M_n(kN·m)	验　算
边跨跨中	14	−202 469.16	642 179.73	OK
墩顶	27	−1 727 187.61	3 515 798.66	OK
次边跨跨中	51	309 510.93	367 510.23	OK
墩顶	75	−1 837 652.42	3 536 630.71	OK
中跨跨中	99	308 761.59	357 625.96	OK
墩顶	123	−1 655 069.68	3 536 634.71	OK
次边跨跨中	147	282 350.46	357 610	OK
墩顶	171	−1 671 699.53	3 536 634.71	OK
边跨跨中	184	−211 103.73	616 826.57	OK

本章参考文献

[1] 邵旭东.桥梁工程[M].6 版.北京:人民交通出版社股份有限公司,2023.
[2] 杨炳成,陈偕民,郝宪武.结构有限元素法[M].西安:西北大学出版社,1996.
[3] 王新敏.ANSYS 工程结构数值分析[M].北京:人民交通出版社,2007.
[4] 王新敏.ANSYS 结构分析单元与应用[M].北京:人民交通出版社,2011.
[5] 张立明.Aglor、Ansys 在桥梁工程中的应用[M].北京:人民交通出版社,2003.
[6] 中交公路规划设计院有限公司.公路桥涵设计通用规范:JTG D60—2015[S].北京:人民交通出版社股份有限公司,2015.
[7] 项海帆.高等桥梁结构理论[M].2 版.北京:人民交通出版社,2013.
[8] 贺拴海.桥梁结构理论与计算方法[M].2 版.北京:人民交通出版社股份有限公司,2017.
[9] 张岗,王新敏,宋超杰,等.ANSYS 桥梁结构非线性仿真与分析[M].北京:人民交通出版社股份有限公司,2022.

第 3 章
连续梁桥设计计算

梁桥是桥梁基本体系中最简单、最常用的桥梁结构形式,广泛应用在中小跨径公路、铁路桥梁中。按照材料划分,梁桥可分为钢梁桥、混凝土梁桥、钢-混凝土组合梁桥等。按照体系划分,梁桥可分为简支梁桥、连续梁桥、悬臂梁桥。其中,混凝土连续梁桥具有就地取材、工业化施工、耐久性好、适应性强、整体性好、行车平顺以及外形简洁美观等许多优点,成为梁桥最主要的结构形式。

连续梁桥属于超静定结构,因在荷载作用下支点截面产生负弯矩,从而能够有效减小跨中正弯矩,以增大跨径和减小截面尺寸。连续梁桥计算包括内力计算、变形计算、配筋计算、强度验算、刚度验算等。主梁内力计算包括恒载内力、活载内力和附加内力计算。对于超静定梁桥,还包括由预加力、混凝土收缩、徐变、温度变化和基础不均匀沉降等引起的结构次内力。本章主要介绍连续梁桥的内力计算方法,而配筋计算和强度、刚度验算方法在《结构设计原理》中已有详细介绍,此处不再赘述。

连续梁桥由于其支点连续,在支承处产生负弯矩。该负弯矩对主梁具有卸载作用,使得跨中正弯矩大大减小,从而有效减小截面尺寸,增大跨越能力。但由于是超静定结构,基础变形及温差荷载会在结构内部产生次内力,因此连续梁在设计计算时应充分考虑各项荷载所带来的次内力影响。本章主要介绍主梁恒载内力计算方法及预应力混凝土连续梁结构次内力计算方法,并通过实例阐述连续梁桥具体设计计算步骤。活载内力计算可参考《桥梁工程》及其他参考书籍。

3.1 恒载内力计算

主梁恒载内力 S_G，包括主梁自重(前期恒载)引起的主梁自重内力 S_{G1} 和后期恒载(如桥面铺装、人行道、栏杆护栏等)引起的主梁恒载内力 S_{G2}，即 $S_G = S_{G1} + S_{G2}$。

主梁自重是在结构逐步形成的过程中分阶段作用于桥梁上，因此其计算方法和过程与施工方法有密切关系。特别对于大、中跨预应力混凝土超静定梁桥，由于施工过程中不断有体系转换过程，在计算主梁自重内力时必须分阶段进行，计算过程有一定的复杂性。当后期恒载作用于桥梁时，主梁结构已形成最终体系，主梁恒载内力的计算就可直接应用结构内力影响线。主梁自重内力的计算方法可以归纳为以下两大类。

3.1.1 施工过程中结构不发生体系转换

在整体浇筑一次落架的超静定结构连续梁桥中，主梁自重作用于桥上时，结构已是最终体系，因而主梁自重内力 S_{G1} 可以根据沿跨长变化的集度 $g(x)$ 按下式计算：

$$S_{G1} = \int_L g(x) \cdot y(x) \mathrm{d}x \tag{3-1-1}$$

式中：S_{G1}——主梁自重内力(弯矩或剪力)；

$g(x)$——主梁自重集度；

$y(x)$——相应的主梁内力影响线坐标。

3.1.2 施工过程中结构有体系转换

有体系转换的主梁自重内力计算必须根据不同的施工方法和顺序，按照体系转换的具体情况分阶段计算。下面列举几种常用的预应力混凝土连续梁主梁自重内力计算方法。

1)逐跨架设法

逐跨架设法分两种情况：

一种是简支梁转换为连续梁，逐跨推进。此时，主梁自重内力即为简支梁内力 M_{g1}。当全部结构连成连续梁后，再施工桥面铺装等，则 M_{g2} 按最终的连续梁体系计算。如果在逐跨架设的同时，就在已架好的主梁上进行桥面铺装等施工，那么在计算主梁恒载内力 M_{g2} 时，应按实际施工过程中的结构体系进行分析，如图3-1-1所示。

另一种为单悬臂梁转换为连续梁的逐跨架设法，如图3-1-2所示。每架设一孔就形成一带悬臂的连续梁体系，因而每次架设上去的主梁自重应按实际的结构体系计算。

这两种情况下结构自重在各支点上引起的弯矩计算式可以表达为：

$$x_i(j) = A_i(j) f_c(a) g_i l^2 \tag{3-1-2}$$

$$x_i(j) = A_i(j) f_{Nc}(a) g_i l^2 \tag{3-1-3}$$

式中：i——连续梁支点编号；

j——逐跨架设时梁段号，也就是连续梁跨径编号；

$A_i(j)$——详见表3-1-1。

$f_c(a) = 2 - 12a^2 + 8a^3 - 2a^4$,梁段带悬臂的时候使用;

$f_{Nc}(a) = 2 - 8a^2 + 8a^3 - 2a^4$,梁段不带悬臂的时候使用。

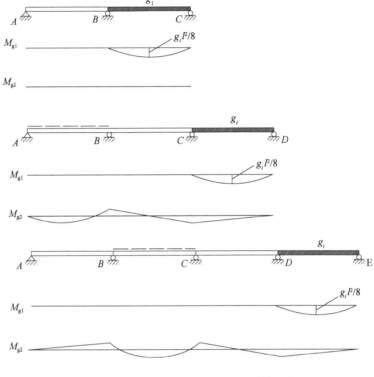

图 3-1-1　简支梁转连续梁时自重内力计算图式

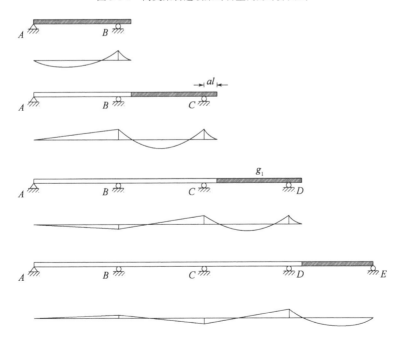

图 3-1-2　单悬臂梁逐跨架设成连续梁时主梁的自重内力计算图式

如图 3-1-2 所示,在第三个梁段架设并与前结构连成一体后,它的自重在各支点上引起的弯矩为:

$$\begin{cases} x_1(3) = A_1(3)f_c(a)g_1l^2 \\ x_2(3) = A_2(3)f_c(a)g_1l^2 \\ x_3(3) = \dfrac{1}{2}g_1(al)^2 \end{cases} \quad (3\text{-}1\text{-}4)$$

$A_i(j)$ 的系数如表 3-1-1 所示,表中只是列出来 10 跨的系数,如果多于 10 跨,可用公式 $A_n(n) = \dfrac{|D|_{n-2}}{48\,|D|_{n-1}}$ 计算。

$A_i(j)$ 系数表   表 3-1-1

j	i								
	1	2	3	4	5	6	7	8	9
2(2 跨)	$-\dfrac{1}{32}$								
3(3 跨)	$+\dfrac{1}{120}$	$-\dfrac{4}{120}$							
4(4 跨)	$-\dfrac{1}{448}$	$+\dfrac{4}{448}$	$-\dfrac{15}{448}$						
5(5 跨)	$+\dfrac{1}{1\,672}$	$-\dfrac{4}{1\,672}$	$+\dfrac{15}{1\,672}$	$-\dfrac{56}{1\,672}$					
6(6 跨)	$-\dfrac{1}{6\,240}$	$+\dfrac{4}{6\,240}$	$-\dfrac{15}{6\,240}$	$+\dfrac{56}{6\,240}$	$-\dfrac{209}{6\,240}$				
7(7 跨)	$+\dfrac{1}{23\,288}$	$-\dfrac{4}{23\,288}$	$+\dfrac{15}{23\,288}$	$-\dfrac{56}{23\,288}$	$+\dfrac{209}{23\,288}$	$-\dfrac{780}{23\,288}$			
8(8 跨)	$-\dfrac{1}{86\,912}$	$+\dfrac{4}{86\,912}$	$-\dfrac{15}{86\,912}$	$+\dfrac{56}{86\,912}$	$-\dfrac{209}{86\,912}$	$+\dfrac{780}{86\,912}$	$-\dfrac{2911}{86\,912}$		
9(9 跨)	$+\dfrac{1}{324\,360}$	$-\dfrac{4}{324\,360}$	$+\dfrac{15}{324\,360}$	$-\dfrac{56}{324\,360}$	$+\dfrac{209}{324\,360}$	$-\dfrac{780}{324\,360}$	$+\dfrac{2\,911}{324\,360}$	$-\dfrac{10\,864}{324\,360}$	
10(10 跨)	$-\dfrac{1}{1\,210\,528}$	$+\dfrac{4}{1\,210\,528}$	$-\dfrac{15}{1\,210\,528}$	$+\dfrac{56}{1\,210\,528}$	$-\dfrac{209}{1\,210\,528}$	$+\dfrac{780}{1\,210\,528}$	$-\dfrac{2\,911}{1\,210\,528}$	$+\dfrac{10\,864}{1\,210\,528}$	$-\dfrac{140\,545}{1\,210\,528}$

$|D|_{n-1}$ 为等跨度、等刚度连续梁柔度系数矩阵在 $n-1$ 阶时的行列式值。因连续梁的柔度系数为带状矩阵,其行列式值很推算,即 $|D|_n = a \times |D|_{n-1} - b^2 |D|_{n-2}$,其中 $a = \dfrac{2}{3}$, $b = \dfrac{1}{6}$。

主梁自重内力图应由各施工阶段时的自重内力图叠加而成。

2)平衡悬臂施工法

图 3-1-3 为一座三跨连续梁,无论采用的是悬臂浇筑还是悬臂拼装施工,都是从 1 号与 2 号墩开始,对称向两边逐段悬出。此时为阶段①,主梁自重内力如图 3-1-3b)所示。

阶段②:因连续梁墩上为一单支座,为保证平衡悬臂施工的安全,在墩上设临时锚固,当边孔合龙梁段架设时,主梁的自重内力如图 3-1-3c)所示。

阶段③:当双悬臂与边孔合龙梁段连成整体后,即可撤除临时锚固。因阶段②边孔合龙时在临时锚固中的力就被"释放",相当于对主梁施加一对方向相反的力 R,此对力将在单悬臂结构体系上引起内力,如图3-1-3d)所示。

阶段④:当中孔梁段合龙时,现浇接合段的自重由吊索传至单悬臂梁的悬臂端,其内力图如图3-1-3e)所示。

阶段⑤:当结合段混凝土形成强度并与两边单悬臂梁形成连续梁后,将吊索拆除。此时就相当于对主梁施加一对方向相反的力 R_0(R_0 包括结合段自重与吊索模板等重量)。而梁段自重则作用于连续梁上。此时内力图如图3-1-3f)所示。

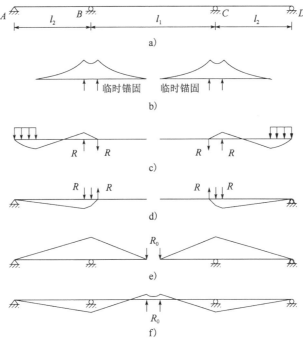

图 3-1-3　平衡悬臂法施工的连续梁主梁自重内力计算图式

主梁最终的自重内力图应由这五个阶段的内力图叠加而成。

3)顶推法

用逐段顶推施工法完成的连续梁桥,一般将结构设计成等跨径和等高度截面的形式。当全桥顶推就位后,其恒载内力的计算与有支架施工法的连续梁完全相同。顶推连续梁的主要受力特点反映在顶推施工的过程中,随着主梁节段逐段地向对岸推进,全桥每个截面的内力将会经历负弯矩—正弯矩—负弯矩的不断反复转变,导致结构受力复杂,截面配筋率增大。连续梁顶推法施工过程中的弯矩包络图如图3-1-4所示。

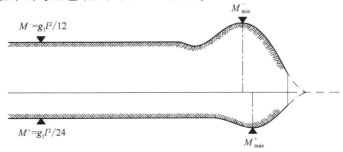

图 3-1-4　顶推法施工连续梁的自重内力包络图

为了改善这种施工方法带来的不利影响,一般可采用以下措施:

(1)在顶推梁的最前端设置自重较轻且具有一定刚度的临时钢导梁,导梁长度一般为主梁跨径 l 的65%左右,以降低主梁悬臂截面的负弯矩。

(2)当主梁跨径较大(一般不小于60m)时,可在每个桥孔的中央设置临时墩,或者在永久墩沿桥纵向的两侧增设三角形临时钢斜托,以减小顶推跨径。

(3)对于在成桥以后不需要布置正弯矩或负弯矩钢束的梁段,则根据顶推过程中的受力需要,配置适量的临时预应力钢束。

①计算假定。

顶推连续梁通常是在岸边专门搭设的台座上逐段地预制、逐段向对岸推进的,它的形成方式是先由悬臂梁到简支梁再到连续梁,先由双跨连续梁再到多跨连续梁,直至达到设计要求的跨数。为了简化计算,一般作以下假定:

a. 放在台座上的部分梁段不参与计算,也就是说,在计算图式中,靠近台座的桥台处可以取为一个完全铰。

b. 每个顶推阶段均按该阶段全桥所处的实际跨径布置和荷载图式进行整体内力分析,而不是对同一截面的内力按若干不同阶段的计算内力进行叠加。

②最大正弯矩截面的计算。

顶推连续梁过程中内力在不断变化,其内力值与主梁和导梁二者的自重比、跨径比和刚度比等因素有关,很难用某个公式来确定最大正弯矩截面的所在位置。因此,只能借助有限元计算程序和通过试算来确定。但在初步设计中,可以近似地按图3-1-5的三跨连续梁计算图式进行估算。其原因是距顶推连续梁端部 $0.4l$ 处的正弯矩影响线面积之和相对最大,虽然在导梁的覆盖区也有负弯矩影响线面积,但导梁自重轻,故影响较小。

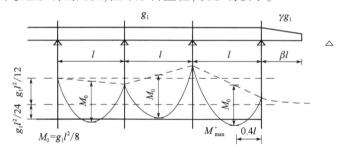

图3-1-5 顶推法施工连续梁时,钢导梁刚过支点时的主梁自重内力图

此时最大正弯矩 M_{max}^+ 的近似计算公式为:

$$M_{max}^+ = \frac{g_1 l^2}{12}(0.933 - 2.96\gamma\beta^2) \tag{3-1-5}$$

式中:g_1——主梁单位长自重(kN/m);

l——主梁单跨跨径;

γ——导梁与主梁的单位长自重比值系数;

β——导梁与主梁的跨长比例系数。

③最大负弯矩截面的计算。

产生最大负弯矩的情况有两种。一种是当导梁刚接近前方支点时,主梁伸出悬臂最长,如图3-1-6所示。

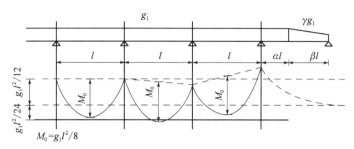

图 3-1-6 顶推法连续施工中,导梁刚接近前方支点时的主梁自重内力图

此时可能产生的最大负弯矩 $M_{\min}^-$ 的近似计算公式为:

$$M_{\min}^- = -\frac{g_1 l^2}{2}[\alpha^2 + \gamma(1-\alpha)^2] \tag{3-1-6}$$

式中:α ——主梁伸出部分长度与梁跨径长度的比值;

其他参数含义同式(3-1-5)。

另一种情况是导梁越过前支点,此时的弯矩为:

$$M_{\min}^- = -\mu \frac{g_1 l^2}{12} \tag{3-1-7}$$

式中:μ ——计算系数,它是 K 和 α 的函数,取值如图 3-1-7 所示。

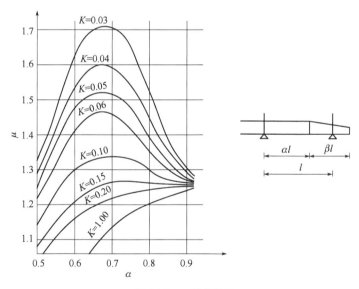

图 3-1-7 μ 值曲线图

其中 K 为导梁与主梁的刚度比值:

$$K = \frac{E_s I_s}{E_c I_c} \tag{3-1-8}$$

式中:E_s、I_s ——钢导梁材料的弹性模量与截面惯性矩;

E_c、I_c ——混凝土主梁材料的弹性模量与截面惯性矩。

④顶推法恒载内力计算实例。

以 5×40m 的顶推施工连续梁为例,设主梁的荷载集度为 $g_1 = 10$kN/m,钢导梁长度为 $l_d = \beta l = 0.65 \times 40 = 26$(m),钢导梁荷载集度为 $q_d = \gamma g_1 = 0.1 \times 10 = 1$(kN/m),导梁与主梁的刚度

比 $K = \dfrac{E_s I_s}{E_c I_c} = 0.15$,计算该主梁的最大和最小的弯矩值。

a. 主梁的最大弯矩值:

按近似计算公式(3-1-4)计算:

$$M_{max}^+ = \dfrac{g_1 l^2}{12}(0.933 - 2.96\gamma\beta^2)$$

$$= \dfrac{10 \times 40^2}{12} \times (0.933 - 2.96 \times 0.1 \times 0.65^2) = 1\,077.25(kN \cdot m)$$

b. 主梁的最大负弯矩:

当导梁接近前方支点时,按近似计算公式(3-1-5)计算:

$$M_{min}^- = \dfrac{g_1 l^2}{2}[\alpha^2 + \gamma(1-\alpha)^2]$$

$$= -\dfrac{10 \times 40^2}{2} \times [0.35^2 + 0.1 \times (1 - 0.35)^2] = -1\,318(kN \cdot m)$$

当导梁越过前支点时,按公式(3-1-6)计算:

$$M_{min}^- = -\mu \dfrac{g_1 l^2}{12}$$

其中,通过图 3-1-7 可知,当 $K = 0.15$ 时, $\mu = 1.27$, M_{min}^- 值最小,即可计算出此时最大负弯矩为:

$$M_{min}^- = -1.27 \times \dfrac{10 \times 40^2}{12} = -1\,693.33(kN \cdot m)$$

3.2 结构次内力计算

超静定预应力混凝土结构在各种内外因素的综合影响下,会因受到强迫的挠曲变形或轴向伸缩变形,在结构多余约束处产生多余的约束力,从而引起结构附加内力,这部分附加内力一般统称为结构次内力(或称二次力)。引起结构次内力的内部因素包括混凝土材料的徐变与收缩特性等,外部因素包括预加力、墩台基础沉降、温度变化、结构布置与配束形式等。结构的次内力是普遍存在的,只是不同的结构受到的次内力类型和影响程度有一定的差异。本节主要以预应力混凝土连续梁为对象,分析预应力次内力、徐变收缩次内力、支座次内力和温度次内力的分析计算方法。

3.2.1 预应力引起的结构次内力

预应力混凝土连续梁桥在预应力作用下,因存在多余约束,限制梁体自由变形,不仅在多余约束处产生竖向次反力,而且会在梁体产生次力矩,其总力矩为:

$$M_N = M_0 + M' \tag{3-2-1}$$

式中: M_0——预加力的偏心作用在梁内产生的弯矩,称为初弯矩;

M'——预加力引起的次力矩。

预加力求解通常可用力法和等效荷载法,本章主要介绍《结构力学》中常用的力法求解次力矩和等效荷载法。

1)力法求解预加力次内力

(1)直线连续配筋

以直线配筋的三跨等截面连续梁为例。预应力束筋的预加力为 N_y,偏心距为 e,取如图 3-2-1b)所示基本结构,取其中支点截面弯矩 X_1 和 X_2 为赘余力,支座 B、C 处的变形协调方程为:

$$\begin{cases} \delta_{11}X_1 + \delta_{12}X_2 + \Delta_{1N} = 0 \\ \delta_{21}X_1 + \delta_{22}X_2 + \Delta_{2N} = 0 \end{cases} \quad (3\text{-}2\text{-}2)$$

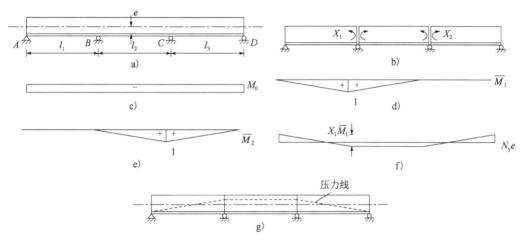

图 3-2-1 采用直线配束的三跨连续梁的次力矩及总预矩

由图 3-2-1c)、d)即可求得:

$$\delta_{11} = (l_1 + l_2)/3EI;\ \delta_{22} = (l_2 + l_3)/3EI;\ \delta_{21} = \delta_{12} = l_2/6EI$$

$$\Delta_{1N} = -\frac{N_y}{2EI}(el_1 + el_2);\ \Delta_{2N} = -\frac{N_y}{2EI}(el_2 + el_3)$$

代入上式可以得到:

$$\begin{cases} \dfrac{l_1 + l_2}{3EI}X_1 + \dfrac{l_2}{6EI}X_2 - \dfrac{N_y}{2EI}(el_1 + el_2) = 0 \\ \dfrac{l_2}{6EI}X_1 + \dfrac{l_2 + l_3}{3EI}X_2 - \dfrac{N_y}{2EI}(el_2 + el_2) = 0 \end{cases} \quad (3\text{-}2\text{-}3)$$

当 $l_1 = l_2 = l_3 = l$ 时,则有:

$$\begin{cases} \dfrac{2l}{3EI}X_1 + \dfrac{l}{6EI}X_2 - \dfrac{N_y el}{EI} = 0 \\ \dfrac{l}{6EI}X_1 + \dfrac{2l}{3EI}X_2 - \dfrac{N_y el}{EI} = 0 \end{cases} \quad (3\text{-}2\text{-}4)$$

可以得到：

$$X_1 = X_2 = \frac{6N_y e}{5} \tag{3-2-5}$$

梁内各截面的总预矩为：

$$M_N = M_0 + M_1 + M_2 = -N_y e + \frac{6N_y e}{5}\overline{M}_1 + \frac{6N_y e}{5}\overline{M}_2 \tag{3-2-6}$$

支点 B、C 处总预矩为 $M_N^B = M_N^C = N_y e/5$，在 A、D 处总预矩为 $M_N^A = M_N^D = -N_y e$，即可得到总预矩图，如图 3-2-1f)所示。

M_N 除以预加力 N_y 得到：

$$y = -e + \frac{6e}{5}\overline{M}_1 + \frac{6e}{5}\overline{M}_2 \tag{3-2-7}$$

式中：y——混凝土压力线和梁轴线之间的偏离值。

在支点 B、C，$y_B = y_C = e/5$；在支点 A、D 处，$y_A = y_D = -e$。

如图可知压力线位置和预应力钢束重力线不重合。

由式(3-2-7)可见，偏离值为初始偏离值 e 和次力矩引起的偏离值 $e' = \frac{6e}{5}\overline{M}_1 + \frac{6e}{5}\overline{M}_2$ 的代数和；压力线的位置和钢束的初始偏心距 e 有关，如果 e 不变，则压力线形状不变。

(2) 曲线连续配束

采用抛物线曲线配束的三跨等截面连续梁，预应力束筋的预加力为 N_y，两端都通过截面重心，在两中支点处预应力配束的偏心距分别为 e_1 和 e_2，钢束的矢高分别为 f_1、f_2 和 f_3。

其变形协调方程与式(3-2-2)相同。由图乘法可求解得到：

$$\delta_{11} = (l_1 + l_2)/3EI; \delta_{22} = (l_2 + l_3)/3EI; \delta_{21} = \delta_{12} = l_2/6EI \tag{3-2-8}$$

$$\Delta_{1N} = -\frac{N_y}{3EI}(f_1 l_1 + f_2 l_2) + \frac{2N_y}{3EI}e_1 l_1 + \frac{N_y}{6EI}e_2 l_2$$

$$= -\frac{N_y}{6EI}(2f_1 l_1 + 2f_2 l_2 - 4e_1 l_1 - e_2 l_2) \tag{3-2-9}$$

$$\Delta_{2N} = -\frac{N_y}{6EI}(2f_2 l_2 + 2f_3 l_3 - e_1 l_2 - 4e_2 l_3) \tag{3-2-10}$$

将相应的系数代入式(3-2-2)中即有：

$$\begin{cases} \frac{l_1+l_2}{3EI}X_1 + \frac{l_2}{6EI}X_2 - \frac{N_y}{6EI}(2f_1 l_1 + 2f_2 l_2 - 4e_1 l_1 - e_2 l_2) = 0 \\ \frac{l_2}{6EI}X_1 + \frac{l_2+l_3}{3EI}X_2 - \frac{N_y}{6EI}(2f_2 l_2 + 2f_3 l_3 - e_1 l_2 - 4e_2 l_3) = 0 \end{cases} \tag{3-2-11}$$

当 $l_1 = l_2 = l_3 = l$，$f_1 = f_2 = f_3 = f$ 时，可以将公式简化为：

$$\begin{cases} \frac{2l}{3EI}X_1 + \frac{l}{6EI}X_2 - \frac{N_y}{6EI}(4fl - 5el) = 0 \\ \frac{l}{6EI}X_1 + \frac{2l}{3EI}X_2 - \frac{N_y}{6EI}(4fl - 5el) = 0 \end{cases} \tag{3-2-12}$$

由于结构对称，可知 $X_1 = X_2$，即有：

$$X_1 = X_2 = \frac{N_y}{5}(4f - 5e) = N_y\left(\frac{4f}{5} - e\right) \tag{3-2-13}$$

预加力在梁内各截面的总预矩为：

$$M_N = M_0 + M_1 + M_2 = M_0 + N_y\left(\frac{4f}{5} - e\right)\overline{M}_1 + N_y\left(\frac{4f}{5} - e\right)\overline{M}_2 \tag{3-2-14}$$

如图 3-2-2f) 所示，在 B、C 两点处，$M_N^B = M_N^C = N_y e + N_y\left(\frac{4f}{5} - e\right) \times 1 = \frac{4N_y f}{5}$，在 A、D 两点处，$M_N^A = M_N^D = 0$。压力线位置为 $y = M_N/N_y$，如图 3-2-2g) 所示虚线位置。在 B、C 处，$y_B = y_C = \frac{4f}{5}$，在 A、D 处，$y_A = y_D = 0$。

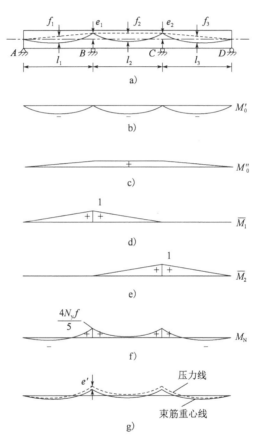

图 3-2-2 采用曲线配束的三跨连续梁的次力矩

与直线配筋情况相同，其压力线与梁轴线之间的偏离值也应包括初始偏心距 e 和次力矩引起的 e' 两部分。由于初始偏心距为 0，此时，压力线形状仅和钢束在跨中位置的垂度 f 有关。

当钢束在梁端的偏心距不为 0 时，压力线的位置则不仅与钢束在梁跨中位置的垂度 f 有关，而且和钢束在梁端的偏心距有关。此部分请读者按以上方法自行演算。

(3) 局部配束

以两跨等截面连续梁为例，当采用局部直线配束时，预加力初预矩图与单位弯矩图如图 3-2-3a)、b) 所示。根据力法方程，得到：

$$\delta_{11} = \frac{2L}{3EI}, \Delta_{1N} = \frac{2}{EI}\left(N_y e \times \frac{l}{4} \times \frac{7}{8}\right) = \frac{7N_y el}{16EI} \tag{3-2-15}$$

求解赘余力：

$$x_1 = -\Delta_{1N}/\delta_{11} = -\frac{21}{32}N_y e \tag{3-2-16}$$

中支点上的总预矩：

$$M_N^B = N_y e - \frac{21}{32}N_y e = \frac{11}{32}N_y e \tag{3-2-17}$$

梁内各截面总预矩图如图3-2-3d)所示。

当两跨等截面连续梁采用局部曲线配束(抛物线形)时,其预加力初预矩图与单位弯矩图 $\overline{M}_1$ 如图3-2-4b)、c)所示。由此可以解得：

$$\delta_{11} = \frac{2l}{3EI}; \Delta_{1N} = \frac{2}{EI}\left[\frac{13}{48}N_y\left(e + \frac{h}{2}\right)l - \frac{3}{16}N_y hl\right] = \frac{N_y l}{48EI}(26e - 5h) \tag{3-2-18}$$

赘余力：

$$X_1 = -\Delta_{1N}/\delta_{11} = -N_y(26e - 5h)/32 \tag{3-2-19}$$

中支点上的总预矩为：

$$M_N^B = N_y e - \frac{N_y}{32}(26e - 5h) = \frac{N_y}{32}(6e + 5h) \tag{3-2-20}$$

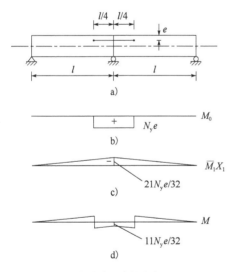

图3-2-3 局部直线配束的次力矩及总预矩

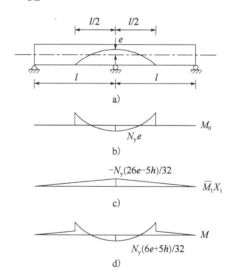

图3-2-4 局部曲线配束的次力矩及总预矩

对于变截面连续梁,也可以采用力法求解次力矩。但是,变截面连续梁的重心轴和预应力钢束重心线形成的初预矩图形比较复杂。在实际计算中,可将其分解为多个简单图形,分别计算次力矩,然后进行叠加计算。

由计算原理和过程可知,预加力引起的结构次内力在梁内的分布是线性的,这也是所有其他因素引起的结构次内力的共同特征。

2) 等效荷载法求解预加力的总预矩

求解预加力引起的结构内力,还可以采用等效荷载法。由于预应力混凝土结构是一种预加力和混凝土承压相互作用并取得平衡的自锚体系,可把预应力钢束和混凝土视为相互独立的个体,把预加力对混凝土的作用转换为等效荷载的形式代替。只要求得不同配筋情况下的等效荷载,就可用有限元法或影响线加载法等方法求超静定梁由预加力产生的内力。应当注意,用等效荷载法求得梁的内力中已经包括了预加力引起的次内力,因此求得的内力就是结构的总预矩。

(1) 基本假定

为了简化分析,对于预应力混凝土梁作了以下假定:

① 预应力钢束的摩阻损失忽略不计(或按平均分布计入);
② 预应力钢束贯穿构件的全长;
③ 钢束曲线近似按二次抛物线变化,且曲率平缓。

(2) 预应力的等效荷载

实际上,可以用初预矩图直接求等效荷载,即从初预矩图可推得剪力图,进而推得等效荷载图,如图 3-2-5 所示。

求等效荷载常有以下几种情况,如图 3-2-6 所示。

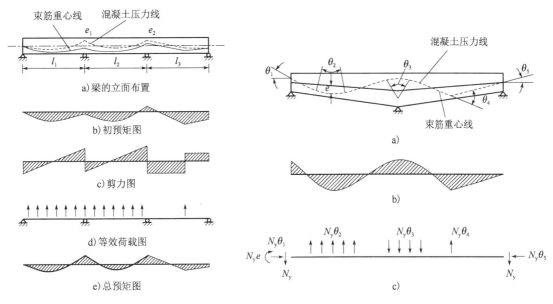

图 3-2-5 连续梁的等效荷载与总预矩　　图 3-2-6 预应力束筋引起的等效荷载和弯矩

① 在力筋的端部,力筋作用在混凝土上的力 N_y 可以分解为三个分量:

a. 轴向力:$N_y\cos\theta_1 = N_y$(其中 $\cos\theta_1 \approx 1$),作用在锚头的端部。此力通常在计算连续梁弯矩时没有影响,但是,在刚架内,由于轴向缩短的影响将产生内力矩。

b. 竖向力:$N_y\sin\theta_1 = N_y\theta_1$(或 $N_y\sin\theta_5 = N_y\theta_5$),作用在支座处,而且被直接紧靠支座的竖向反力平衡,它在连续梁内也不产生力矩。

c. 力矩:$N_y\cos\theta_1 \cdot e = N_y \cdot e$,作用在梁的端部,它沿着连续梁的全长会产生内力矩,计算中必须考虑。

② 初预矩图沿梁的跨长成折线或曲线形,则混凝土受到的等效竖向荷载分别为:

a. 当初预矩图为抛物线和圆弧线时(由于曲线平坦,假定抛物线和圆弧曲线产生的竖向荷载有同样效应),设曲线束左端锚头的倾角为 $-\theta_A$,且偏心距为 e_A,右端锚头的倾角为 θ_B,且偏心距为 e_B,曲线束倾角改变量为 $\theta_2 = \theta_B - \theta_A$,曲线在跨中的垂度为 f。

此时曲线束的表达式为:

$$e(x) = \frac{4f}{l^2}x^2 + \frac{e_B - e_A - 4f}{l}x + e_A \tag{3-2-21}$$

预应力钢束对中心轴的偏心距为:

$$M(x) = N_y e(x) = N_y\left(\frac{4f}{l^2}x^2 + \frac{e_B - e_A - 4f}{l}x + e_A\right) \tag{3-2-22}$$

根据材料力学可知:

$$q(x) = \frac{d^2 M(x)}{d^2 x} = N_y \frac{8f}{l^2} = 常数 \tag{3-2-23}$$

$$\theta_A = \frac{e_B - e_A - 4f}{l} \tag{3-2-24}$$

$$\theta_B = \frac{e_B - e_A + 4f}{l} \tag{3-2-25}$$

故有:

$$\theta_2 = \theta_B - \theta_A = \frac{8f}{l} \tag{3-2-26}$$

$$q(x) = \frac{N_y \theta_2}{l} = 常数 = q \tag{3-2-27}$$

竖向力呈均布荷载,沿曲线长度施加在梁上,称此均布荷载 q 为预加力对此梁的等效荷载。

b. 当初预矩图成折线形时,设折线为两段,由 A、B、C 组成,其中 B 为折点,AB 段水平长度为 a,BC 段水平长度为 b,折点 C 偏心距为 d,按照相同的原理,可以写出相应的折线束方程:

$$\left.\begin{aligned} AB\ 段:\ e_1(x) &= e_A - \left(\frac{e_A + d}{a}\right)x \\ BC\ 段:\ e_2(x) &= -d + \left(\frac{e_B + d}{b}\right)(x - a) \end{aligned}\right\} \tag{3-2-28}$$

可以得到:

$$\left.\begin{aligned} AB\ 段:\ Q_1(x) &= N_y\left(\frac{e_A + d}{a}\right) = -N_y\theta_A \\ BC\ 段:\ Q_2(x) &= N_y\left(\frac{e_B + d}{b}\right) = N_y\theta_B \end{aligned}\right\} \tag{3-2-29}$$

故折线预加力的等效荷载为:

$$P_{等效} = N_y(\theta_B - \theta_A) = N_y\theta_4 \tag{3-2-30}$$

③初预矩图在中间支座上成折线或曲线形时,其等效荷载分别是:

a. 如果初预矩图在支座上成曲线形,竖向力为均布荷载如 $N_y\theta_3$。

b. 如果初预矩图在支座上成折线形,则必定有集中荷载作用在此处。这个集中荷载会直接被支座反力抵消,在梁内不产生力矩,不予考虑。

3)线性转换和吻合束

(1)线性转换

由前面预应力引起的次内力计算可以得到以下结论:

①在超静定梁中,预加力产生的次力矩是线性的,由此而引起的混凝土压力线和钢束重心线的偏离也是线性的。

②在超静定梁中,混凝土压力线只与钢束的梁端偏心距和钢束在跨内的形状有关,与钢束在中间支点上的偏心距无关。

由此可见,只要保持钢束在超静定梁中的两端位置不变,保持钢束在跨内的形状不变,而只改变钢束在中间支点上的偏心距,则梁内的混凝土压力线不变,亦即总预矩不变。这就是在超静定梁中预应力钢束的线性转换原则。

以下采用对称曲线配束的三跨连续梁为例,说明线性转换的原则。

如图 3-2-2 所示,仍然令 $e_1 = e_2 = e, l_1 = l_2 = l_3 = l, f_1 = f_2 = f_3 = f$,如果将钢束重心线在支点 B 和 C 上向下移动 $e/2$,这就将偏心距 e 减小到 $e/2$,于是有:

$$X_1 = X_2 = N_y\left(\frac{4f}{5} - \frac{e}{2}\right) \tag{3-2-31}$$

而此时支点 B 和 C 上的总预矩变为:

$$M_N^B = M_N^C = N_y\frac{e}{2} + N_y\left(\frac{4f}{5} - \frac{e}{2}\right) \times 1 = \frac{4N_y f}{5} \tag{3-2-32}$$

可以明显看出,此时支点 B 和 C 上的总预矩与偏心距变化前的总预矩是相同的。从计算过程中可以看到,当预应力钢束线性转换后,在支点 B 和 C 所增加(或减少)的初预矩值,也正是所求的预加力次力矩的减小(或增加)的值,而且两者图形都是线性分布,因此正好抵消。

线性转换的概念,对预应力混凝土超静定结构设计中预应力钢束的布置很有帮助。它允许在不改变结构内混凝土压力线位置的条件下调整钢束合力线的位置,以适应结构构造上的要求,如解决局部钢束与钢筋冲突等问题。

(2)吻合束

如果将预应力钢束重心线线性转换至压力线的位置,即把由于次力矩引起的压力线和束筋重心线之间的偏离调整掉,根据上述讨论,此时预加力的总预矩不变,而次力矩为零,则称次力矩为零的钢束位置为吻合束位置。

仍然以对称曲线配束的三跨连续梁为例,如果将如果将支点 B 和 C 处的束筋重心线移至偏心距为 $4f/5$ 的位置,则此时 $\Delta_{1N} = \Delta_{2N} = -\dfrac{N_y}{6EI}(4fl - 5el) = 0$,即预加力在支点 B 和 C 处不引起位移,因此次力矩为零。

根据以上定义可以推论,在多跨连续梁中吻合束的条件方程应为:

$$\Delta_{iN} = \int\frac{M_0 \cdot \overline{M}_i \mathrm{d}x}{EI} = 0 \quad (i = 1, \cdots, n) \tag{3-2-33}$$

式中:M_0——预加力在梁内产生的初预矩;

$\overline{M}_i$——多跨连续梁支点 i 的赘余力(即该支点预加力次力矩)为单位力时在基本结构上的弯矩。

如果将预加力在梁内产生的初预矩 M_0 置换为多跨连续梁在外荷载作用下所求得的连续梁的弯矩 M_p,此时上式变为:

$$\Delta_{iN} = \int \frac{M_p \cdot \overline{M}_i \mathrm{d}x}{EI} = 0 \quad (i=1,\cdots,n) \tag{3-2-34}$$

上式为检验多跨连续梁在外荷载作用下所求弯矩图是否正确的条件方程。它的物理意义是:在任意外荷载作用下,连续梁在赘余力 X_i 的方向上不应该产生相对位移。

由前面论证可以得出如下结论:按任意荷载作用下的弯矩图形的线形变化作为预应力钢束在梁内的束形布置位置,即为吻合束线形。这就为我们设计连续梁内的预应力钢束的布置提供了极为便利的依据。虽然在实际桥梁设计中,应按最大内力包络图去配束,而不是按固定荷载形式下连续梁弯矩图去配束,但这一重要结论依然为我们提供了配束的正确方向。

应该指出,吻合束的应用仅仅是为方便分析和计算,但在设计中没有必要一定要采用吻合束。一个好的钢束重心线位置,取决于能够产生一条为我们所希望的压力线,以满足实际工程需要。

根据线性转换和吻合束的原理,实际工程中可对钢束位置进行适当的调整,以满足构造上的需要。但应注意以下问题:预应力钢束的位置主要由截面强度、使用应力及构造等条件控制,因此在最大弯矩截面钢束位置最好不要有大的变动。一般可在跨径的四分点附近进行钢束位置调整,此时钢束位置对改变结构的强度条件和应力条件影响最小。

3.2.2 徐变与收缩引起的结构次内力

混凝土的徐变、收缩是它作为黏滞弹性体的两种与时间有关的变形性质。混凝土收缩与混凝土组成材料、配合比、环境温度、湿度、构件截面形状、养护条件等有关,而徐变还与应力的性质和大小、混凝土加载龄期、荷载持续时间有关。

一般来说,混凝土徐变和收缩对桥梁结构的变形、内力分布和截面应力分布有影响。这些影响可归纳为:

(1)徐变会增大桥墩等偏压柱的弯曲,由此增大初始偏心距,降低其承载力。
(2)主梁受压区的徐变和收缩会增大主梁挠度,引起桥面线形发生变化。
(3)徐变和收缩会导致预应力混凝土梁产生预应力损失。
(4)徐变将导致组合截面应力重分布。
(5)徐变会导致超静定结构桥梁内力重分布,引起结构徐变次内力。
(6)混凝土收缩会使较厚构件的表面开裂。

本节主要介绍徐变、收缩引起的结构次内力计算原理和方法。由于桥梁结构中混凝土使用应力一般不超过其极限强度的 40%～50%,而试验研究表明,混凝土棱柱体在持续应力不大于 $0.5R_a$(混凝土棱柱体抗压强度)时,徐变变形表现出与初始弹性变形成比例的线性关系。因此,以下我们以徐变线性理论为基础讨论徐变次内力的计算方法。

1)徐变次内力
(1)徐变次内力概念
①徐变变形
在长期持续荷载作用下,混凝土棱柱体在瞬时变形 Δ_e(弹性变形)以后,随时间 t 增长而

持续产生的那一部分变形量,称之为徐变变形 Δ_c,如图 3-2-7 所示。

②徐变应变

单位长度的徐变变形量称为徐变应变 ε_c,可表示为徐变变形量 Δ_c 与棱柱体长度 l 之比值,即

$$\varepsilon_c = \frac{\Delta_c}{l} \quad (3-2-35)$$

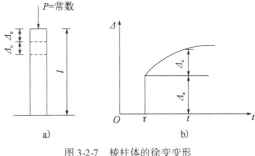

图 3-2-7 棱柱体的徐变变形

③瞬时应变

瞬时应变又称弹性应变 ε_e,指初始加载的瞬间所产生的变形量 Δ_e 与棱柱体长度 l 之比,即

$$\varepsilon_e = \frac{\Delta_e}{l} \quad (3-2-36)$$

④徐变系数

徐变系数是自加载龄期 τ_0 至某个 t 时刻,棱柱体内的徐变应变值与瞬时应变值之比,可表示为:

$$\varphi(t,\tau_0) = \frac{\varepsilon_c}{\varepsilon_e} \quad (3-2-37)$$

或 $$\varepsilon_c = \varphi(t,\tau_0) \cdot \varepsilon_e = \frac{\sigma}{E} \cdot \varphi(t,\tau_0) \quad (3-2-38)$$

上式表明,对于任意时刻 t,徐变应变与混凝土应力 σ 呈线性关系。

(2)徐变次内力

当超静定混凝土结构的徐变变形受到多余约束的制约时,结构截面内将产生附加内力,工程上将此内力称为徐变次内力。现举一个简单的例子来说明。设图 3-2-8a)中的两条对称于中线的悬臂梁,在完成瞬时变形后,悬臂端点均处于水平位置,此时,悬臂根部的弯矩均为 $M = -ql^2/2$,随着时间的增长,两个悬臂梁的端部,将发生随时间 t 而变化的下挠量 Δ_t 和转角 θ_t [图 3-2-8a)]。尽管如此,直到徐变变形终止,该梁的内力沿跨长方向是不发生改变的。

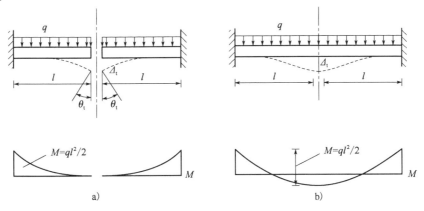

图 3-2-8 徐变变形与徐变次内力

现再考察图 3-2-8b)的情况,当两悬臂端完成瞬时变形后,立即将合龙段的钢筋焊接并浇筑接缝混凝土,以后虽然在接缝处仍产生随时间变化的下挠量 Δ_t,但转角 θ_t 始终为 0,这意味着两侧悬臂梁相互约束着角位移,从而使结合截面上的弯矩从 0 到 M_t,根部截面的弯矩逐渐卸载,这就是所谓的内力重分布,直到徐变变形终止。结合截面上的 M_t 就是徐变次内力,但它与根部截面弯矩的绝对值之和仍为 $M = -ql^2/2$。

由此可见,静定结构只产生徐变变形,而不产生次内力,超静定结构由于徐变变形受到了约束,将产生随时间 t 变化的徐变次内力。

(3)徐变理论和表达式

①徐变的三种理论

为了计算结构徐变变形和徐变次内力,需要知道徐变系数变化规律的表达式。根据一些学者的长期观察和研究,一致认为徐变系数主要与加载龄期和加载持续时间两个因素有关。所谓加载龄期是指结构混凝土自养护之日起至加载之日的时间间距,用 τ_i 表示,$i = 0, 1, 2, \cdots$,单位以天计。所谓加载持续时间是指自加载之日 τ 起至所欲观察之日 t 的时间间距,即 $t - \tau$。但是,在采用具体的表达式时,却提出了以下三种不同的徐变理论。

a. 老化理论

基本假定:不同加载龄期 τ 的混凝土徐变曲线在任意时刻 $t(t > \tau)$,其徐变增长率相同,如图 3-2-9a)所示。其中任意加载龄期 τ 的混凝土在 t 时刻的徐变系数计算公式为:

$$\varphi(t,\tau) = \varphi(t,\tau_0) - \varphi(\tau,\tau_0) \tag{3-2-39}$$

式中:$\varphi(t,\tau_0)$——加载龄期为 τ_0 的混凝土至 $t(t > \tau_0)$ 时刻的徐变系数;

$\varphi(\tau,\tau_0)$——加载龄期为 τ_0 的混凝土至 $\tau(\tau > \tau_0)$ 时刻的徐变系数。

根据老化理论基本假定和图 3-2-9a)可知,当确定加载龄期 τ_0 的混凝土基本曲线后,可以通过它在坐标上竖直平移获得不同的加载龄期 τ 的混凝土徐变曲线;在任意时刻 t,不同加载龄期的徐变曲线在该点上具有相同的斜率;随着加载龄期的增大,徐变系数将不断减小,当加载龄期达到一定值(如 3~5 年)后,徐变终极值趋近于 0,可认为混凝土不再发生徐变。

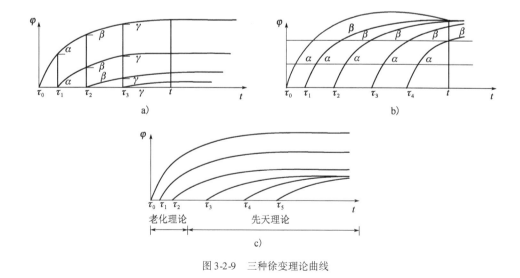

图 3-2-9 三种徐变理论曲线

b. 先天理论

基本假定：不同龄期的混凝土徐变增长规律都是一样的，如图 3-2-9b) 所示。其中任意加载龄期 τ 的混凝土在 t 时刻的徐变系数计算公式为：

$$\varphi(t,\tau) = \varphi(t-\tau,\tau_0) \tag{3-2-40}$$

式中：$\varphi(t-\tau,\tau_0)$ ——以 τ_0 为原点的徐变基本曲线上，加载持续时间为 $t-\tau$ 的徐变系数。

根据先天理论基本假定和图 3-2-9b) 可知，当确定加载龄期 τ_0 的混凝土基本曲线后，可以通过它在坐标上水平平移获得不同的加载龄期 τ 的混凝土徐变曲线；不同加载龄期 τ 的混凝土在相同的加载持续时间所求得的徐变系数相同，并在该点具有相同的徐变增长率；混凝土徐变终极值不因加载龄期不同而异，是一个常值。

c. 混合理论

兼有上述两种理论特点的理论称为混合理论，如图 3-2-9c) 所示。试验研究表明，老化理论比较符合初期加载情况，先天理论比较符合后期加载情况，混合理论两者兼顾，在加载初期采用老化理论，后期用先天理论。

②徐变系数的表达式

徐变系数的表达式是徐变随时间变化规律的数学函数式，简称徐变曲线函数式。前述不同理论均表明，只要确定了徐变基本曲线的函数式，任意加载龄期 τ 在任意观察时刻 $t(t>\tau)$ 的混凝土徐变系数即可求得。

a. 按老化理论的狄辛格表达式

狄辛格在20世纪30年代提出了表达徐变变化规律的基本曲线为：

$$\varphi(t,0) = \varphi(\infty,0)(1 - e^{-\beta t}) \tag{3-2-41}$$

当该式与老化理论结合起来，便得到：

$$\varphi(t,\tau) = \varphi(\infty,\tau)[1 - e^{-\beta(t-\tau)}] \tag{3-2-42}$$

式中：$\varphi(t,0)$ ——加载龄期 $\tau=0$（混凝土开始硬化时）在 $t(\tau>\tau_0)$ 时的徐变系数；

$\varphi(\infty,0)$ ——加载龄期 $\tau=0$ 在 $t=\infty$ 时的徐变系数，即徐变终极值；

β ——徐变增长系数，在冬季零下温度较长地区取 $\beta=1\sim2$，常温地区取 $\beta=2\sim4$；

$\varphi(\infty,\tau)$ ——加载龄期 τ 的混凝土在 $\tau=\infty$ 时的徐变系数终值，$\varphi(\infty,\tau) = \varphi(\infty,0)e^{-\beta t}$。

b. 按先天理论的狄辛格表达式

当式(3-2-41)与先天理论结合起来，便得到：

$$\varphi(t,\tau) = \varphi(\infty,0)[1 - e^{-\beta(t-\tau)}] \tag{3-2-43}$$

该式由于缺乏实测资料印证，故在工程上较少应用。

由于狄辛格函数式极为简单，用此徐变函数式来求解结构徐变次内力的方法就称为狄辛格方法。

(4) 狄辛格方法计算徐变次内力

预应力混凝土连续梁因混凝土徐变变形，结构受多余约束而导致结构产生次内力。徐变次内力可采用狄辛格法、扩展的狄辛格法及换算弹性模量法计算。

现以图 3-2-10 所示逐孔架设施工的三跨连续梁为例,来说明狄辛格法计算徐变次内力的基本概念和步骤。该连续梁采用逐孔施工方法,第一施工阶段先架设梁段 1,经若干天后又架设梁段 2,再经过若干天后再架设梁段 3。梁段 1、2、3 连接后即由一静定单悬臂梁转换为三跨连续梁。分析在任意 t 时刻,结构因混凝土徐变引起的次内力。令梁段 1 混凝土加载龄期为 τ_1,梁段 2 加载龄期为 τ_2,梁段 3 加载龄期为 τ_3($\tau_1 < \tau_2 < \tau_3$)。徐变规律采用狄辛格公式:

$$\varphi(t,\tau) = \varphi_{k\tau}[1 - e^{-\beta(t-\tau)}] \quad (3\text{-}2\text{-}44)$$

狄辛格方法通过在时间增量 $d\tau$ 内建立增量变形协调微分方程求解结构徐变次内力。

① 时间增量 $d\tau$ 内结构总变形增量 $d\Delta$ 的计算

在 $d\tau$ 时间增量内,混凝土总应变增量 $d\varepsilon$ 为:

$$d\varepsilon = \frac{d\sigma_\tau}{E} + \frac{\sigma_\tau}{E}d\varphi(t,\tau) \quad (3\text{-}2\text{-}45)$$

上式的物理意义是:在 $d\tau$ 时间增量内,总应变增量等于应力增量 $d\sigma_\tau$ 引起的弹性应变增量与应力状态 σ_τ 引起的徐变增量之和。式中 σ_τ 可分解为 τ_0 时刻的初始应力值 σ_0 与因徐变引起的变化量 $\sigma_c(\tau)$,结构变形应用虚功原理得到:

$$d\Delta_{kP} = \int_l \frac{dM(t)\overline{M}_k}{EI}dx + \int_l \frac{M_0\overline{M}_k}{EI}dxd\varphi(t,\tau) + \int_l \frac{M(t)\overline{M}_k}{EI}dxd\varphi(t,\tau) \quad (3\text{-}2\text{-}46)$$

上式中第一项是在时间增量内,内力增量的(即徐变次内力的增量)的结构弹性变形,后两项为 t 时刻内力状态 $[M(t) + M_0]$ 的结构徐变增量。

② 增量变形协调微分方程

取基本结构为简支梁,见图 3-2-10g),结构因混凝土徐变引起的次内力以支座 B 上的赘余力用 X_{1t} 表示,支座 C 上的赘余力用 X_{2t} 表示。在时间增量 $d\tau$ 内,在支座 B 和 C 上的增量变形协调条件方程为 $d\Delta_{1P} = d\Delta_{2P} = 0$。

结合简例,上式中内力 M_0、$M(t)$、$dM(t)$、$\overline{M}_k$ 可以表达为:

$\overline{M}_k$ 表达为 $\overline{M}_1$、$\overline{M}_2$,分别为在基本结构下赘余力 $X_{1t} = 1$ 和 $X_{2t} = 1$ 引起的弯矩。

$M(t)$ 分别表达为 $X_{1t}\overline{M}_1$ 和 $X_{2t}\overline{M}_2$。

$dM(t)$ 分别表达为 $dX_{1t}\overline{M}_1$ 和 $dX_{2t}\overline{M}_2$。

M_0 为结构的初始内力,即不考虑次内力时结构自身弯矩的叠加,也就是图 3-2-10b)、d)、f) 三个弯矩图的叠加。根据叠加原理,图 3-2-10b)、d)、f) 也可以由 3-2-10h)、i)、j)、k)、l) 五个弯矩图替代,即 $M_0 = X_{10}\overline{M}_1 + X_{20}\overline{M}_2 + M_P$,$X_{10}$、$X_{20}$ 分别支座 B 和支座 C 的初始力,在此例中为 $X_{10} = x_{1(1)} + x_{1(2)}$,$X_{20} = x_{2(2)} + x_{2(3)}$,$M_P$ 为基本结构在外荷载下产生的内力。其中图中 $x_{1(2)}$ 为梁段 2 与梁段 1 连接成连续梁时,由梁段 2 外荷载引起支座 B 处的弹性弯矩,$x_{1(1)}$、$x_{2(2)}$、$x_{2(3)}$ 意义类似。

考虑到梁段 1、2、3 的混凝土加载龄期的不同,计算变形增量时要分段积分。但是由于三跨连续梁的计算公式过于复杂,这里为计算方便,考虑其龄期相同的特殊情况,则有:

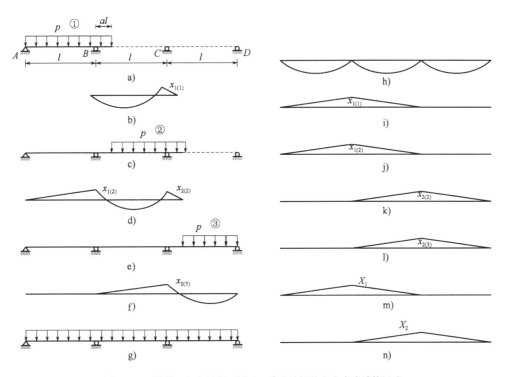

图 3-2-10 混凝土加载龄期不同时三跨连续梁徐变次内力计算图式

$$\begin{aligned}
\mathrm{d}\Delta_{1P} &= \mathrm{d}X_{1t}\int_0^{3l}\frac{\overline{M}_1^2}{EI}\mathrm{d}x + \mathrm{d}X_{2t}\int_0^{3l}\frac{\overline{M}_1\,\overline{M}_2}{EI}\mathrm{d}x + X_{10}\int_0^{3l}\frac{\overline{M}_1^2}{EI}\mathrm{d}x\mathrm{d}\varphi(t,\tau) + \\
&\quad X_{20}\int_0^{3l}\frac{\overline{M}_1\,\overline{M}_2}{EI}\mathrm{d}x\mathrm{d}\varphi(t,\tau) + \int_0^{3l}\frac{\overline{M}_1 M_P}{EI}\mathrm{d}x\mathrm{d}\varphi(t,\tau) + \\
&\quad X_{1t}\int_0^{3l}\frac{\overline{M}_1^2}{EI}\mathrm{d}x\mathrm{d}\varphi(t,\tau) + X_{2t}\int_0^{3l}\frac{\overline{M}_1\,\overline{M}_2}{EI}\mathrm{d}x\mathrm{d}\varphi(t,\tau) \\
\mathrm{d}\Delta_{2P} &= \mathrm{d}X_{2t}\int_0^{3l}\frac{\overline{M}_2^2}{EI}\mathrm{d}x + \mathrm{d}X_{1t}\int_0^{3l}\frac{\overline{M}_1\,\overline{M}_2}{EI}\mathrm{d}x + X_{20}\int_0^{3l}\frac{\overline{M}_2^2}{EI}\mathrm{d}x\mathrm{d}\varphi(t,\tau) + \\
&\quad X_{10}\int_0^{3l}\frac{\overline{M}_1\,\overline{M}_2}{EI}\mathrm{d}x\mathrm{d}\varphi(t,\tau) + \int_0^{3l}\frac{\overline{M}_2 M_P}{EI}\mathrm{d}x\mathrm{d}\varphi(t,\tau) + \\
&\quad X_{2t}\int_0^{3l}\frac{\overline{M}_2^2}{EI}\mathrm{d}x\mathrm{d}\varphi(t,\tau) + X_{1t}\int_0^{3l}\frac{\overline{M}_1\,\overline{M}_2}{EI}\mathrm{d}x\mathrm{d}\varphi(t,\tau)
\end{aligned} \quad (3\text{-}2\text{-}47)$$

在龄期相同的情况下得到的公式依然很复杂,想要求出其理论解很难实现,这里假设结构是一次落架,这时便很容易知道 $X_{1t} = X_{2t} = X_t$、$X_{10} = X_{20} = X_0$,同时因为有 $\delta_{11} = 4\delta_{12} = \delta_{22}$,最终公式可以简化为:

$$\mathrm{d}\Delta_P = 5\delta_{12}(\mathrm{d}X_t + X_0\mathrm{d}\varphi + X_t\mathrm{d}\varphi) + \delta_P\mathrm{d}\varphi = 0 \quad (3\text{-}2\text{-}48)$$

可以解出:

$$X_{1t} = X_{2t} = X_t = \left(X_0 - \frac{\delta_P}{5\delta_{12}}\right)\left[1 - \mathrm{e}^{-(\varphi_t - \varphi_{\tau 0})}\right] \quad (3\text{-}2\text{-}49)$$

可以知道在一次落架的结构中，初始应力 $X_{10} = X_{20} = X_0 = \dfrac{\delta_P}{5\delta_{12}}$，因此此时混凝土徐变的增加只会引起结构的变形，而不引起结构次内力。

（5）换算弹性模量法计算徐变次内力

换算弹性模量法通过引入时效系数 $\rho(t,\tau)$ 后，直接计算在应用变化条件下的结构在 t 时刻的总变形。这里对换算弹性模量法的具体原理不进行详细的说明，读者可查阅相关资料。

对超静定结构选取基本结构，其被截开的截面或者被移去的多余节点处，除了加上荷载产生的赘余力外，还要施加随时间 t 变化的徐变赘余力，然后根据变形协调条件，所有的荷载和赘余力在约束处产生的徐变变形之和应为零，即

$$\sum \Delta_i = 0 \tag{3-2-50}$$

便可求得徐变次内力，只是在计算外荷载以及赘余约束处的初始内力所引起的徐变变形时，将一般的弹性模量用换算弹性模量 E_φ 来替换，在计算由待定的随时间 t 变化的徐变赘余力所引起的徐变变形时，将一般的弹性模量用换算弹性模量 $E_{\rho\varphi}$ 来替换，其余计算同一般力法原理类似，其力法方程如下：

$$\begin{cases} \delta_{11t}X_{1t} + \delta_{12t}X_{2t} + \cdots + \Delta_{1Pt} = 0 \\ \delta_{21t}X_{1t} + \delta_{22t}X_{2t} + \cdots + \Delta_{2Pt} = 0 \\ \cdots \end{cases} \tag{3-2-51}$$

式中：$\delta_{iit} = \sum\int_{l_i} \dfrac{\overline{M_i^2}}{E_{\rho\varphi}I}\mathrm{d}x$；$\delta_{ijt} = \sum\int_{l_i} \dfrac{\overline{M_i}\,\overline{M_j}}{E_{\rho\varphi}I}\mathrm{d}x$；$\Delta_{iPt} = \sum\int_{l_i} \dfrac{\overline{M_P}\,\overline{M_i}}{E_\varphi I}\mathrm{d}x$

$$E_{\rho\varphi} = E\gamma(t,\tau_i);\ E_\varphi = \dfrac{E}{\varphi(t,\tau_i)}$$

$$\gamma(t,\tau_i) = [1 + \rho(t,\tau_i)\varphi(t,\tau_i)]^{-1}$$

$$\rho(t,\tau_i) = \dfrac{1}{1 - e^{-\varphi(t,\tau_i)}} - \dfrac{1}{\varphi(t,\tau_i)}$$

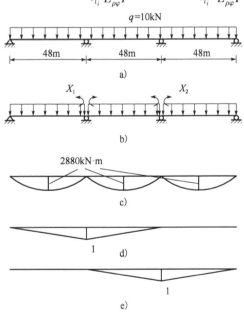

图 3-2-11 换算弹性模量法计算图式

下面以一个简支变连续施工的三跨连续梁为例，介绍换算弹性模量法计算徐变次内力的过程。连续梁每跨长度均为 $l = 48\mathrm{m}$，第一跨的徐变系数 $\varphi_1(\infty,\tau) = 1$，第二跨的徐变系数 $\varphi_2(\infty,\tau) = 2$，第三跨的徐变系数 $\varphi_3(\infty,\tau) = 3$，作用于桥梁上的均布荷载为 $q = 10\mathrm{kN/m}$，E、I 分别为该结构的弹性模量和截面抗弯惯性矩，计算 $t = \infty$ 时中支点截面的徐变次内力。

选取如图 3-2-11b）所示的基本结构，由于是简支转连续，所以中支点截面的初始内力 X_1、X_2 均为 0。

在赘余联系处施加相应的赘余力，即待定的徐变次内力 X_{1t}、X_{2t}。

根据题设，可以计算出三跨梁各自的老化系数及换算弹性模量。其中：

老化系数为：

$$\rho_1(\infty,\tau) = \frac{1}{1-e^{-\varphi_1}} - \frac{1}{\varphi_1} = \frac{1}{1-e^{-1}} - \frac{1}{1} = 0.582$$

$$\rho_2(\infty,\tau) = \frac{1}{1-e^{-\varphi_2}} - \frac{1}{\varphi_2} = \frac{1}{1-e^{-2}} - \frac{1}{2} = 0.657$$

$$\rho_3(\infty,\tau) = \frac{1}{1-e^{-\varphi_3}} - \frac{1}{\varphi_3} = \frac{1}{1-e^{-3}} - \frac{1}{3} = 0.719$$

换算弹性模量为：

$$E_{\varphi 1} = \frac{E}{\varphi_1} = E;\ E_{\varphi 2} = \frac{E}{\varphi_2} = \frac{E}{2};\ E_{\varphi 3} = \frac{E}{\varphi_3} = \frac{E}{3}$$

$$E_{\rho\varphi 1} = \frac{E}{[1+\rho(t,\tau)\varphi_1]} = 0.632E;\ E_{\rho\varphi 2} = \frac{E}{[1+\rho(t,\tau)\varphi_2]} = 0.432E$$

$$E_{\rho\varphi 3} = \frac{E}{[1+\rho(t,\tau)\varphi_3]} = 0.317E$$

通过图乘法计算出相应的常变位和载变位：

其中常变位：

$$\delta_{11t} = \frac{1}{E_{\rho\varphi 1}I}\left(\frac{1}{2}\times 1\times 48\times \frac{2}{3}\right) + \frac{1}{E_{\rho\varphi 2}I}\left(\frac{1}{2}\times 1\times 48\times \frac{2}{3}\right) = 62.353\frac{1}{EI}$$

$$\delta_{22t} = \frac{1}{E_{\rho\varphi 2}I}\left(\frac{1}{2}\times 1\times 48\times \frac{2}{3}\right) + \frac{1}{E_{\rho\varphi 3}I}\left(\frac{1}{2}\times 1\times 48\times \frac{2}{3}\right) = 87.510\frac{1}{EI}$$

$$\delta_{12t} = \delta_{21t} = \frac{1}{E_{\rho\varphi 2}I}\left(\frac{1}{2}\times 1\times 48\times \frac{1}{3}\right) = 18.518\frac{1}{EI}$$

载变位：

$$\Delta_{1Pt} = \frac{1}{E_{\varphi 1}I}\left(\frac{2}{3}\times 48\times 2\,880\times \frac{1}{2}\right) + \frac{1}{E_{\varphi 2}I}\left(\frac{2}{3}\times 48\times 2\,880\times \frac{1}{2}\right) = 138\,240\frac{1}{EI}$$

$$\Delta_{2Pt} = \frac{1}{E_{\varphi 2}I}\left(\frac{2}{3}\times 48\times 2\,880\times \frac{1}{2}\right) + \frac{1}{E_{\varphi 3}I}\left(\frac{2}{3}\times 48\times 2\,880\times \frac{1}{2}\right) = 230\,400\frac{1}{EI}$$

式(3-2-51)的力法方程组就可变为：

$$62.353\frac{1}{EI}X_{1t} + 18.518\frac{1}{EI}X_{2t} + 138\,240\frac{1}{EI} = 0$$

$$18.518\frac{1}{EI}X_{1t} + 87.510\frac{1}{EI}X_{2t} + 230\,400\frac{1}{EI} = 0$$

可以解得结构的徐变次内力 X_{1t}、X_{2t} 为：

$$X_{1t} = -1\,531.37\text{kN}\cdot\text{m}$$

$$X_{2t} = -2\,308.79\text{kN}\cdot\text{m}$$

2）收缩次内力

混凝土结构的收缩并不是因外力产生,而是由结构材料本身的特性引起的。混凝土收缩应变也是随时间变化的,它的增长速度受空气温度及湿度等条件的影响。它的收缩方向是三维的,但在结构分析中主要考虑它沿杆件方向的变形量。为了简化计算,一般假定收缩的变化规律相似于混凝土徐变的变化规律：

$$\varepsilon_s(t) = \frac{\varepsilon_s(\infty)\varphi(t,\tau)}{\varphi(\infty,\tau)} \tag{3-2-52}$$

式中：$\varepsilon_s(t)$ ——任意时刻收缩应变；
$\varepsilon_s(\infty)$ ——收缩应变在 $t=\infty$ 时的终极值。

以两跨连续梁为例，如果采用狄辛格方法计算时，在时间增量 dt 内，混凝土的总应变增量 $d\varepsilon_b$ 的计算公式就可以改写为：

$$d\varepsilon_b(t) = \frac{d\sigma_t}{E} + \frac{\sigma_t}{E}d\varphi(t,\tau) + d\varepsilon_s(t) \tag{3-2-53}$$

则增量变形协调方程可以写为：

$$\left[\delta_{11}^* \cdot X_{1t} + \frac{\delta_{10,s}}{\varphi(\infty,\tau)}\right]d\varphi_t + \delta_{11}dX_{1t} = 0 \tag{3-2-54}$$

式中：$\delta_{10,s}$ ——混凝土收缩在结构赘余力方向产生的变形。

其解为：

$$X_{1t} = X_{1s}^*(1 - e^{-\frac{\delta_{11}^*}{\delta_{11}}\varphi_t})/\varphi(\infty,\tau) \tag{3-2-55}$$

式中：X_{1s}^* ——收缩变形引起的徐变体系上的稳定力（结构赘余力方向）。

值得注意的是，连续梁桥结构一般只计算结构的收缩位移量，而忽略结构次内力的计算。只有在墩-梁固结的连续刚构体系桥梁中，才会考虑因收缩引起的结构次内力。

3.2.3 温度变化引起的结构次内力

结构因受到自然环境温度的影响（升温或降温）将产生伸缩或弯曲变形，当变形受到多余约束时，便会在结构内产生附加内力，工程上称此附加内力为温度次内力。

温度对桥梁的影响一般包括年温差影响与局部温差影响两类，而其中年温差影响是指气温随季节发生周期性变化时对结构物所引起的作用。一般在无水平约束的结构如简支梁、连续梁等，年温差只引起结构的均匀伸缩，并不导致结构内温度次内力（温度应力）；当结构均匀收缩受到约束时，年温差将引起桥梁结构内温度次内力，如拱桥、刚构桥及部分斜拉桥结构等，如图 3-2-12 所示。

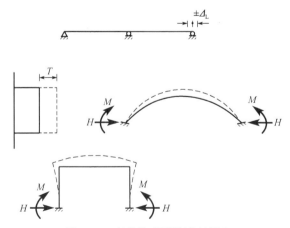

图 3-2-12 年温差对不同结构的影响

局部温差影响一般指日照温差或混凝土水化热等影响。其中混凝土水化热引起结构内的温度变化较为复杂，但可在施工中通过温度控制方法予以调节。在当前各国规范中的桥梁温度应力计算中,对于混凝土水化热引起结构内的温度影响一般不考虑,故而此处亦不予讨论。而对于日照温差对结构的影响,主要由于日辐射强度、桥梁方位、日照时间、地理位置、地形地貌等随机因素,使得结构表面、内部温差因对流、热辐射和热传导等传热方式形成瞬时的不均匀分布,一般称为结构的温度场。显然,要计算日照温差对结构的效应,其中关键为确定温度场。准确地说,桥梁结构温度场问题属三维热传导问题,结构内任一点的温度 T_i 是结构三维方向及时间 t 的函数,$T_i = f(x,y,z,t)$。考虑到桥梁是一个狭长的结构物,又忽略某些局部区域(如梁端、箱梁角隅区域等)的三维传导性质,可以认为桥梁在沿长度方向温度变化是一致的,从而三维热传导问题可以简化为分别以桥梁横向与竖向(沿梁截面高度)的一维热传导状态分析。这样,温度场的确定简化为沿桥梁横向或沿桥梁竖向的温度梯度形式。在公路混凝土桥梁中,由于人行道的存在,一般只有桥面板直接受日照,而腹板因悬臂的遮阴,两侧温差变化不大,因此对梁式结构只考虑沿桥梁竖向的日照温差影响。在铁路上,因梁宽度较小,梁的腹板直接受日照,导致两侧腹板日照温差,除了考虑竖向的日照温差影响外,还要考虑横向的影响。各国桥梁规范对梁式结构沿梁高方向的温度梯度的规定有各种不同形式,如图3-2-13所示。

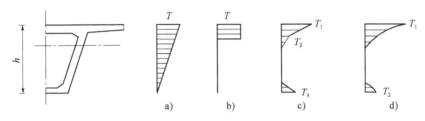

图3-2-13 不同的温度梯度形式

局部温差又可以被分为两类,分别是线性变化和非线性变化。

线性温度梯度变化情况下,梁式结构将产生挠曲变形,而且梁在变形后仍然服从平截面假定。因此,在静定梁式结构中,线性变化的温度梯度只引起结构的位移而不产生温度次内力;而在超静定梁式结构中,它不但引起结构的位移,而且因多余约束的存在,会产生结构内温度次内力。

非线性温度梯度变化的情况下,即使是静定梁式结构,梁在挠曲变形时,因梁要服从平截面假定,导致截面上的纵向纤维因温差的伸缩将受到约束,从而产生纵向约束应力,这部分在截面上自相平衡的约束应力称为温度自应力。而在超静定梁式结构中,除了温度自应力 σ_s^0 外,还应考虑多余约束阻止结构挠曲产生的温度次内力引起的温度次应力 σ_s',即总的温度应力为 $\sigma_t = \sigma_s^0 + \sigma_s'$。本章内容主要讨论局部温差引起的温度次应力效应的计算,对于温度自应力部分将不做详细介绍。

1) 基本结构上的温度自应力计算

为了使求解的问题一般化,下面将用一个沿梁高连续分布的任意曲线 $T(y)$ 来代表截面上的温度梯度,如图3-2-14所示。现取梁中的一个单元进行分析,当纵向纤维之间互不约束、能自由伸缩时,则沿梁各点的自由变形为:

$$\varepsilon_T(y) = \alpha T(y) \tag{3-2-56}$$

式中:α——材料的线膨胀系数。

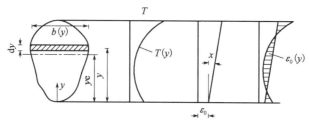

图 3-2-14 温度自应力计算示意图

前面已述,实际梁截面的变形是服从平截面假定的,它的应变变化可表示为:

$$\varepsilon_a(y) = \varepsilon_0 + \chi y \tag{3-2-57}$$

式中:ε_0——$y = 0$ 处的应变;

χ——单元梁段挠曲变形后的曲率。

图 3-2-14 中阴影部分的应变,是由于纤维之间的约束产生的,称为温度自应变,由其产生的应力称为温度自应力:

$$\sigma_s^0(y) = E[\alpha T(y) - (\varepsilon_0 + \chi y)] \tag{3-2-58}$$

2)温度次应力的计算

对于结构温度次内力计算方法很多,以下介绍力法求解连续梁温度次内力的基本过程。

以三跨的连续梁为例,取三跨简支梁为基本结构(图 3-2-15),在中支点切口处的赘余力矩为 X_{1t} 和 X_{2t},于是可以得到相应的力法方程:

$$\begin{cases} \delta_{11}X_{1t} + \delta_{12}X_{2t} + \Delta_{1t} = 0 \\ \delta_{21}X_{1t} + \delta_{22}X_{2t} + \Delta_{2t} = 0 \end{cases} \tag{3-2-59}$$

式中:$\delta_{11}, \delta_{12}, \delta_{21}, \delta_{22}$——赘余力为 1 时在赘余力矩方向上引起的相对转角;

Δ_{1t}, Δ_{2t}——温度变化在赘余力矩方向上引起的相对转角。

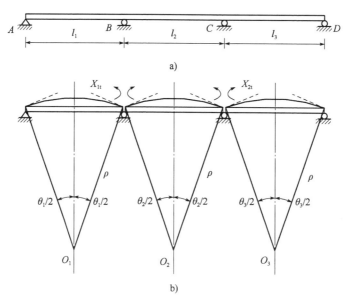

图 3-2-15 连续梁在非线性温度梯度作用下的挠曲变形

对于 X_{1t} 和 X_{2t} 的计算,这里提供两种思路。

(1)挠曲线曲率计算

例中各跨的挠曲线曲率分别是 χ_1、χ_2、χ_3,认为三跨梁的截面尺寸完全相同,不计钢筋影响时,$\chi_1 = \chi_2 = \chi_3 = \chi = \dfrac{1}{\rho} = \dfrac{M}{EI}$。

按《材料力学》知识分别计算各跨切线之间的夹角,即

$$\theta_1 = \int_A^B \frac{M}{EI}dx = \chi \int_A^B dx = \chi l_1$$

$$\theta_2 = \int_B^C \frac{M}{EI}dx = \chi \int_B^C dx = \chi l_2 \quad (3\text{-}2\text{-}60)$$

$$\theta_3 = \int_C^D \frac{M}{EI}dx = \chi \int_C^D dx = \chi l_3$$

由于连续梁是采用等截面的,因此基本结构中的每跨梁两端的转角对称且相等,为 $\theta/2$,即有:

$$\Delta_{1t} = -\left(\frac{\theta_1 + \theta_2}{2}\right) = -\frac{\chi}{2}(l_1 + l_2)$$

$$\Delta_{2t} = -\left(\frac{\theta_2 + \theta_3}{2}\right) = -\frac{\chi}{2}(l_2 + l_3) \quad (3\text{-}2\text{-}61)$$

将 Δ_{1t} 和 Δ_{2t} 代入式(3-2-59)中即可以计算出支座处的连续梁的温度次内力。

(2)温差直接计算

根据《结构力学》中关于温度变化时超静定结构的计算,静定结构由于温度改变引起的位移计算公式为:

$$\Delta_{it} = \sum \alpha t_0 \omega_{\overline{N_i}} + \sum \frac{\alpha \Delta t}{h} \omega_{\overline{M_i}} \quad (3\text{-}2\text{-}62)$$

式中:$\omega_{\overline{N_i}}$——赘余力 X_{it} 作用下,基本结构的轴力图 $\overline{N_i}$ 的面积;

$\omega_{\overline{M_i}}$——赘余力 X_{it} 作用下,基本结构的弯矩图 $\overline{M_i}$ 的面积;

t_0——截面形心轴处温度改变值;

Δt——截面上下缘的温度改变差值;

h——截面梁高。

由于连续梁一般水平向没有约束,所以上式中的第一项可以省略,式(3-2-62)可以简写为:

$$\Delta_{it} = \sum \frac{\alpha \Delta t}{h} \omega_{\overline{M_i}} \quad (3\text{-}2\text{-}63)$$

下面通过一个三跨连续梁的具体的实例来进行结构温度次内力的计算,梁每跨长度为 $l_1 = l_2 = l_3 = l = 48\text{m}$,在梁段 1 处上下缘温差为 $\Delta t_1 = 10℃$,梁段 2 处上下缘温差为 $\Delta t_2 = 15℃$,梁段 3 处上下缘温差为 $\Delta t_3 = 20℃$,材料的线膨胀系数均为 $\alpha = 1 \times 10^{-5}℃^{-1}$,梁高为 $h = 3\text{m}$,求支座 B、C 处的温度次内力。

选取三跨简支梁作为基本体系,得到结构的基本赘余力 X_{1t}、X_{2t},相应的 $\overline{M}_1$ 图和 $\overline{M}_2$ 图如图 3-2-16 所示。

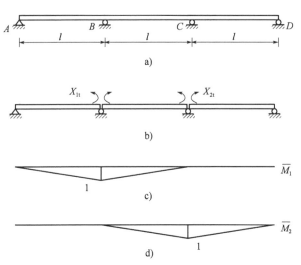

图 3-2-16 三跨连续梁温度次内力计算图式

计算得到力法方程中相应的系数：

$$\delta_{22} = \delta_{11} = \frac{1}{EI}\left(\frac{1}{2} \times 1 \times 48 \times \frac{2}{3} \times 2\right) = 32EI$$

$$\delta_{21} = \delta_{12} = \frac{1}{EI}\left(\frac{1}{2} \times 1 \times 48 \times \frac{1}{3}\right) = 8EI$$

$$\Delta_{1t} = \sum \frac{\alpha \Delta t}{h} \omega_{\overline{M}_1} = 10^{-5} \times \frac{10}{4} \times 48 \times 1 + 10^{-5} \times \frac{15}{4} \times 48 \times 1 = 0.003$$

$$\Delta_{2t} = \sum \frac{\alpha \Delta t}{h} \omega_{\overline{M}_2} = 10^{-5} \times \frac{15}{4} \times 48 \times 1 + 10^{-5} \times \frac{25}{4} \times 48 \times 1 = 0.0042$$

代入力法方程中得到：

$$\frac{32}{EI}X_{1t} + \frac{8}{EI}X_{2t} + 0.003 = 0$$

$$\frac{8}{EI}X_{1t} + \frac{32}{EI}X_{2t} + 0.0042 = 0$$

即可求出 B、C 两支座处的温度次内力：

$$X_{1t} = -1.225 \times 10^{-4} EI$$

$$X_{2t} = -1.15 \times 10^{-4} EI$$

3.2.4 基础不均匀沉降引起的次内力计算

连续梁墩台基础的沉降与地基土壤的物理力学特性有关，一般随时间而递增，要经过相当久的时间才接近沉降终值。为简化分析，同样假定沉降变化规律相似于徐变变化规律，其基本表达式为：

$$\Delta d(t) = \frac{\Delta d(\infty)\varphi(t,\tau)}{\varphi(\infty,\tau)} \tag{3-2-64}$$

式中：$\Delta d(t)$——t 时刻的墩台基础沉降值；

$\Delta d(\infty)$——$t = \infty$ 时刻的墩台基础沉降终值。

因墩台沉降的增长速度与地基土壤有关，上式可以改写为：

$$\Delta d(t) = \Delta d(\infty)[1 - e^{-p(t-\tau)}] \tag{3-2-65}$$

式中：p——墩台沉降增长速度。

p 值应根据实地土壤的试验资料决定，一般可取：

$p = 36$，砂质与砂质土，接近瞬时沉降；

$p = 4 \sim 14$，亚砂土与亚砂质黏土；

$p = 1$，黏土。

根据墩台沉降规律，即可求出超静定结构相应的内力。

现以一先简支后连续的三跨连续梁桥为例，如图 3-2-17a) 所示，B 墩台基础 t 时刻产生了单位 1 的瞬时沉降，则其产生的沉降内力可按结构力学的方法求得。

取如图 3-2-17b) 所示的基本体系，赘余力分别为 X_{1t}、X_{2t}。

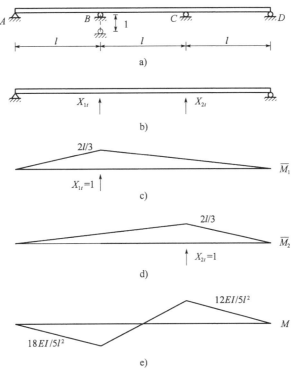

图 3-2-17 三跨连续梁支座沉降产生的次内力计算图式

可列出如下的力法方程：

$$\begin{cases} \delta_{11}X_{1t} + \delta_{12}X_{2t} + \Delta_{1\Delta} = -1 \\ \delta_{21}X_{1t} + \delta_{22}X_{2t} + \Delta_{2\Delta} = 0 \end{cases} \quad (3\text{-}2\text{-}66)$$

如图 3-2-17c)、d) 所示，根据图乘法，计算主副系数及自由项：

$$\delta_{11} = \delta_{22} = \frac{12l^3}{27EI};\ \delta_{21} = \delta_{12} = \frac{21l^3}{54EI} \quad (3\text{-}2\text{-}67)$$

$$\Delta_{1\Delta} = \Delta_{2\Delta} = 0 \quad (3\text{-}2\text{-}68)$$

代入上述力法方程中，由此可直接解出 B、C 处的支座反力分别为：

$$X_{1t} = -\frac{48EI}{5l^3} \quad (3\text{-}2\text{-}69)$$

$$X_{2t} = \frac{42EI}{5l^3} \tag{3-2-70}$$

便可以得到结构的弯矩图如图3-2-17e)所示,在B、C处的弯矩分别为:

$$M_1 = -\frac{18EI}{5l^2} \tag{3-2-71}$$

$$M_2 = \frac{12EI}{5l^2} \tag{3-2-72}$$

当B、C支承皆发生不均匀沉降时,若取上面的基本体系,则力法方程中主副系数以及自由项的值皆不发生改变,只需将等式右边的常数改动即可。式(3-2-66)即变为:

$$\begin{bmatrix} \delta_{11} & \delta_{12} \\ \delta_{21} & \delta_{22} \end{bmatrix} \begin{bmatrix} X_B \\ X_C \end{bmatrix} = \begin{bmatrix} -b \\ -c \end{bmatrix} \tag{3-2-73}$$

事实上,混凝土的徐变对支承的不均匀沉降是有影响的,当结构体系由简支梁转换为连续梁时,t时刻支承B、C处徐变引起的内力为(参考强士中《桥梁工程》):

$$\begin{cases} \Delta M_{1t} = \Delta M_1 [1 - \mathrm{e}^{-(\varphi_t - \varphi_\tau)}] \\ \Delta M_{2t} = \Delta M_2 [1 - \mathrm{e}^{-(\varphi_t - \varphi_\tau)}] \end{cases} \tag{3-2-74}$$

所以考虑徐变的影响后,龄期为t时的附加弯矩为:

$$\begin{cases} \Delta M_1 - \Delta M_{1t} = \Delta M_1 \mathrm{e}^{-(\varphi_t - \varphi_\tau)} \\ \Delta M_2 - \Delta M_{2t} = \Delta M_2 \mathrm{e}^{-(\varphi_t - \varphi_\tau)} \end{cases} \tag{3-2-75}$$

式中: τ——发生支承不均匀沉降时混凝土的龄期;

$\Delta M_{1t}, \Delta M_{2t}$——徐变引起结构在$B$、$C$处的次内力;

$\Delta M_1, \Delta M_2$——支承发生不均匀沉降在B、C处引起的次内力。

当$\varphi_t - \varphi_\tau = 1.5$时,附加弯矩为初始值的22.3%;当$\varphi_t - \varphi_\tau = 2.0$时,为13.5%;当$\varphi_t - \varphi_\tau = 3.0$时,该比值降为5%。由此可见,混凝土徐变对支承不均匀沉降的影响是有利的。只要瞬时沉降量不是太大,不至于造成结构的受拉区出现有害的裂缝或者受压区的混凝土压应力过大的情况,有学者认为不均匀沉降的影响是可以不予考虑的。所以,在预应力混凝土连续梁中,采用支座瞬时位移进行人工调整内力没有多大的效果。因而,在工程实践中,常常采用连续梁(已转换为最终连续体系)上施加压重或者平衡重来调整结构的内力分布,此时混凝土徐变基本上不引起结构次内力。

3.3 计 算 实 例

前述各节在介绍徐变和收缩次内力计算原理和方法时,给出了几个通过解析法求解一般超静定结构的计算方法和过程,以帮助读者理解计算原理。实际上,连续梁桥及其他超静定桥梁结构的设计计算是一个较为复杂和烦琐的过程,随着桥梁体系复杂化和施工方法的发展,手算完成大型桥梁计算已经变得越来越困难,甚至不可能。随着有限元技术的发展和普及,以上计算均可以通过计算机进行辅助计算。为了便于大家定性掌握次内力的分布特征,以下采用有限元方法给出某连续梁桥的恒载内力和预加力、徐变、温度计支座变位引起的次内力计算结果和内力特征。

(1)基本资料

桥梁跨度为 3×30m 等跨等截面连续梁桥,桥跨布置简图如图 3-3-1 所示。采用梁高为 1.6m 的小箱梁,主梁横断面布置图如图 3-3-2 所示,施工假定为一次成桥,主梁采用 C50 混凝土,预应力采用 $\phi = 15.2$mm 钢绞线,公称面积 140mm², 标准强度 $f_{pk} = 1\,860$MPa,弹性模量 $E_p = 1.95 \times 10^5$MPa,在梁内布置三根抛物线形状预应力钢束,布置图形如图 3-3-3 所示。

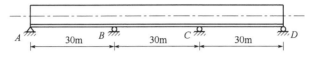

图 3-3-1 3×30m 连续梁桥跨布置图

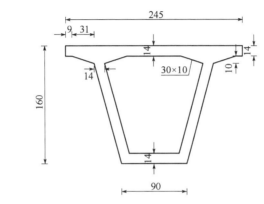

图 3-3-2 主梁横断面布置图(尺寸单位:mm)

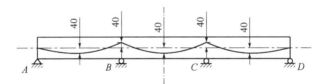

图 3-3-3 主梁预应力钢束布置图(尺寸单位:mm)

(2)内力计算

本例使用计算机辅助计算,将主梁均匀划分为 31 个节点和 30 个单元,并按照图 3-3-1 中所示布置支座边界,按照图 3-3-3 所示布置预应力钢束。桥梁有限元模型如图 3-3-4 所示。

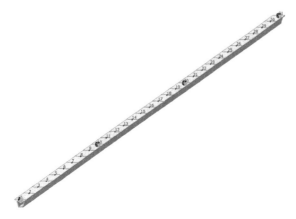

图 3-3-4 3×30m 桥梁有限元模型

①恒载内力计算

本例中施工假定为一次成桥,且没有考虑二期铺装荷载,故而其恒载内力较为简单,只用考虑主梁自重产生的内力,有限元计算得到的结果见表3-3-1和图3-3-5。由于本例桥梁结构比较简单,故而应用3.1节中公式(3-1-1)也可以轻松手算出相应的结果,这里不做赘述。

自重作用下内力　　　　　　　　　表3-3-1

节点号	剪力(kN)	弯矩(kN·m)	节点号	剪力(kN)	弯矩(kN·m)
1	-287.01	0.00	17	71.74	431.58
2	-215.27	753.42	18	143.49	108.73
3	-143.53	1 291.62	19	215.23	-429.35
4	-71.78	1 614.58	20	286.98	-1 182.67
5	-0.04	1 722.30	21	-430.43	-2 151.21
6	71.71	1 614.8	22	-358.68	-967.55
7	143.45	1 292.06	23	-286.94	0.89
8	215.20	754.09	24	-215.20	754.09
9	286.94	0.89	25	-143.45	1 292.06
10	358.68	-967.55	26	-71.71	1 614.80
11	-358.72	-2151.21	27	0.04	1 722.30
12	-286.98	-1 182.67	28	71.78	1 614.58
13	-215.23	-429.35	29	143.53	1 291.62
14	-143.49	108.73	30	215.27	753.42
15	-71.74	431.58	31	287.01	0.00
16	0.00	539.19			

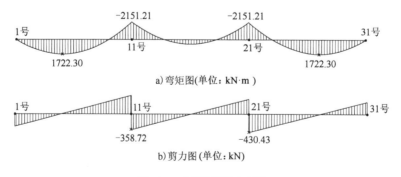

图3-3-5　自重作用下内力图

②预应力引起的结构次内力

假定预应力钢束的采用后张法进行施工,钢束导管直径取0.1m,钢筋松弛系数取0.3,预应力钢束标准强度$f_{pk}=1860\text{MPa}$,张拉控制应力取$\sigma_{con}=0.75f_{pk}=1395\text{MPa}$,计算得到预应力引起的结构次内力见图3-3-6和表3-3-2。

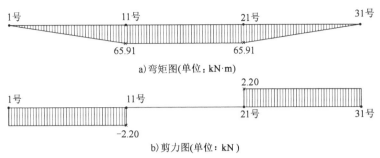

图 3-3-6 预应力引起的结构次内力图

预应力引起的结构次内力　　　　　　　　　　　　　　　　　　表 3-3-2

节点号	剪力(kN)	弯矩(kN·m)	节点号	剪力(kN)	弯矩(kN·m)
1	-2.20	0.00	17	0.00	65.91
2	-2.20	6.59	18	0.00	65.91
3	-2.20	13.18	19	0.00	65.91
4	-2.20	19.77	20	0.00	65.91
5	-2.20	26.37	21	2.20	65.91
6	-2.20	32.96	22	2.20	59.32
7	-2.20	39.55	23	2.20	52.73
8	-2.20	46.14	24	2.20	46.14
9	-2.20	52.73	25	2.20	39.55
10	-2.20	59.32	26	2.20	32.95
11	0.00	65.91	27	2.20	26.36
12	0.00	65.91	28	2.20	19.77
13	0.00	65.91	29	2.20	13.18
14	0.00	65.91	30	2.20	6.59
15	0.00	65.91	31	2.20	0.00
16	0.00	65.91			

③徐变和收缩引起的结构次内力

如 3.2.2 节中所述,连续梁桥一般只计算结构的收缩位移量,而忽略结构次内力的计算,故而这里不考虑收缩引起的结构次内力。一般的混凝土结构的徐变主要由自重引起,但是预应力混凝土结构的徐变主要由预应力引起。对于徐变和收缩引起的次内力的计算原理均较为复杂,这里对于其采用的计算原理和过程不做介绍,仅使用其计算结果。本例中只考虑徐变引起的结构次内力。在《公路钢筋混凝土及预应力混凝土桥涵设计规范》(JTG 3362—2018)中较为详尽地介绍了徐变系数的计算方法,通过年平均相对湿度、加载龄期等便可以计算得到相应的徐变系数。本例中环境年平均相对湿度取 70%,构件理论厚度取 0.19m,收缩开始时的混凝土龄期为 3d,结束加载设置为 10 000d。计算得到徐变引起的结构次内力见图 3-3-7 和表 3-3-3。

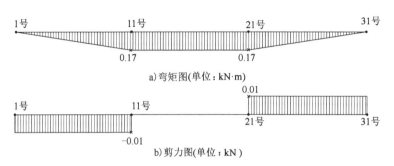

图 3-3-7 徐变引起的结构次内力图

徐变引起的结构次内力 表 3-3-3

节点号	剪力(kN)	弯矩(kN·m)	节点号	剪力(kN)	弯矩(kN·m)
1	-0.01	0.00	17	0.00	0.17
2	-0.01	0.02	18	0.00	0.17
3	-0.01	0.03	19	0.00	0.17
4	-0.01	0.05	20	0.00	0.17
5	-0.01	0.07	21	0.01	0.17
6	-0.01	0.09	22	0.01	0.16
7	-0.01	0.10	23	0.01	0.14
8	-0.01	0.12	24	0.01	0.12
9	-0.01	0.14	25	0.01	0.10
10	-0.01	0.16	26	0.01	0.09
11	0.00	0.17	27	0.01	0.07
12	0.00	0.17	28	0.01	0.05
13	0.00	0.17	29	0.01	0.03
14	0.00	0.17	30	0.01	0.02
15	0.00	0.17	31	0.01	0.00
16	0.00	0.17			

④温度变化引起的结构次内力

对于连续梁桥来说,年温差只引起结构的均匀伸缩,并不导致结构内温度次内力,故在本例中只考虑局部温差引起的次内力。这里采用《公路桥涵设计通用规范》(JTG D60—2015)中给出的竖向温度梯度曲线,如图 3-3-8 所示。

本例温度应力计算的温度基数根据相关规范取 100mm 沥青混凝土铺装层正温度梯度为: $T_1 = 14℃$, $T_2 = 5.5℃$, $T_3 = 0℃$,计算得到温度梯度引起的结构次内力,见图 3-3-9 和表 3-3-4。

⑤基础不均匀沉降引起的次内力

本例假定支座 B 处沉降值为 0.01cm,支座情况如图 3-3-10 所示,计算得到支座沉降引起的结构次内力见图 3-3-11 和表 3-3-5。

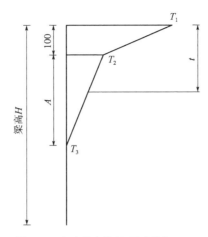

图 3-3-8 竖向温度梯度(尺寸单位:mm)

t-桥面板厚度;A-当 $H<400\text{mm}$ 时,$A=H-100(\text{mm})$,当 $H\geqslant400\text{mm}$ 时,$A=300\text{mm}$

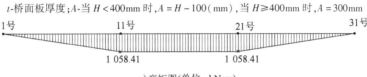

a) 弯矩图(单位:kN·m)

b) 剪力图(单位:kN)

图 3-3-9 温度梯度引起的结构次内力图

温度梯度引起的结构次内力 表 3-3-4

节点号	剪力(kN)	弯矩(kN·m)	节点号	剪力(kN)	弯矩(kN·m)
1	−35.28	0.00	17	0.00	1 058.41
2	−35.28	105.84	18	0.00	1 058.41
3	−35.28	211.68	19	0.00	1 058.41
4	−35.28	317.52	20	0.00	1 058.41
5	−35.28	423.36	21	35.28	1 058.41
6	−35.28	529.20	22	35.28	952.57
7	−35.28	635.04	23	35.28	846.73
8	−35.28	740.89	24	35.28	740.89
9	−35.28	846.73	25	35.28	635.04
10	−35.28	952.57	26	35.28	529.20
11	0.00	1 058.41	27	35.28	423.36
12	0.00	1 058.41	28	35.28	317.52
13	0.00	1 058.41	29	35.28	211.68
14	0.00	1 058.41	30	35.28	105.84
15	0.00	1 058.41	31	35.28	0.00
16	0.00	1 058.41			

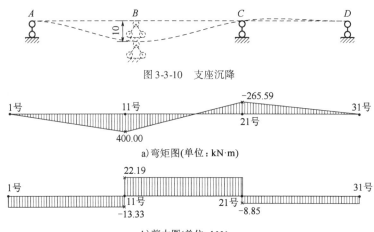

图 3-3-10 支座沉降

a) 弯矩图(单位:kN·m)

b) 剪力图(单位:kN)

图 3-3-11 支座沉降引起的结构次内力图

支座沉降引起的结构次内力 表 3-3-5

节点号	剪力(kN)	弯矩(kN·m)	节点号	剪力(kN)	弯矩(kN·m)
1	-13.33	0.00	17	22.19	0.64
2	-13.33	40.00	18	22.19	-65.92
3	-13.33	80.00	19	22.19	-132.48
4	-13.33	120.00	20	22.19	-199.04
5	-13.33	160.00	21	-8.85	-265.59
6	-13.33	200.00	22	-8.85	-239.04
7	-13.33	240.00	23	-8.85	-212.48
8	-13.33	280.00	24	-8.85	-185.92
9	-13.33	320.00	25	-8.85	-159.36
10	-13.33	360.00	26	-8.85	-132.80
11	22.19	400.00	27	-8.85	-106.24
12	22.19	333.44	28	-8.85	-79.68
13	22.19	266.88	29	-8.85	-53.12
14	22.19	200.32	30	-8.85	-26.56
15	22.19	133.76	31	-8.85	0.00
16	22.19	67.20			

连续梁桥是桥梁体系中应用十分广泛的基础桥型,而设计计算也是一个较为复杂的过程,在实际工程设计中,往往需要对设计参数进行反复的验算和修正才能最终确定设计结果。在实际中桥梁的内力和次内力计算更为复杂,它和桥梁的结构形式、施工方式和配筋形式等直接相关,只有对它们产生的原理有所了解,才能在设计计算时事半功倍。因此,在学习连续梁桥的设计计算时要学会举一反三,为以后桥梁设计工作打下良好的基础。

本章参考文献

[1] 范立础.桥梁工程(上册)[M].3版.北京:人民交通出版社股份有限公司,2017.
[2] 范立础.预应力混凝土连续梁桥[M].北京:人民交通出版社,1988.
[3] 项海帆.高等桥梁结构理论[M].2版.北京:人民交通出版社,2013.
[4] 邵旭东.桥梁工程[M].6版.北京:人民交通出版社股份有限公司,2023.
[5] 朱慈勉.结构力学(上册)[M].3版.北京:高等教育出版社,2013.
[6] 强士中.桥梁工程[M].成都:西南交通大学出版社,2000.
[7] Z. P. Bažant. Creep of Concrete[M].Elsevier Inc,2001.
[8] 周履,陈永春.收缩徐变[M].北京:中国铁道出版社,1994.
[9] 刘兴法.混凝土结构的温度应力分析[M].北京:人民交通出版社,1991.
[10] 中华人民共和国行业标准.公路钢筋混凝土及预应力混凝土桥涵设计规范:JTG 3362—2018[S].北京:人民交通出版社股份有限公司,2018.
[11] 中华人民共和国行业标准.公路桥涵设计通用规范:JTG D60—2015[S].北京:人民交通出版社股份有限公司,2015.

第 4 章
组合体系拱桥与钢管混凝土拱桥设计计算

拱桥是桥梁结构体系当中最基本的结构形式之一,也是应用非常广泛的桥型。与梁桥相比,在竖向荷载作用下,拱桥拱脚处除有竖向反力外,还产生水平推力,正是由于水平推力的作用,使得拱内弯矩大大减小(拱轴线优化可使得部分拱桥拱肋只承受轴向压力),有效地提高了拱桥的经济性能,扩大了拱桥的使用范围。因此,从常规中小跨桥梁到跨越江河峡谷的大跨径、超大跨径桥梁中都可以看到拱桥的身影。

常规拱桥的主要受力构件为其主拱圈,其拱上建筑的联合作用较小。此时,桥梁工程师往往可以通过简单拱假定,将拱圈受力单独剥离视为承重结构,借助常规的结构力学和弹性力学方法求解拱轴线线形,采用弹性中心法求解荷载作用下拱圈受力和变形。由于该设计计算方法不考虑拱上建筑和主拱圈的联合作用,拱圈内力计算偏于保守。

随着拱式结构的发展和跨径的增大,必然需要将拱上建筑和主拱圈组合在一起共同承担外荷载,以发挥结构中各构件整体工作效能,改善结构使用性能,提升跨越能力。现代拱桥结构体系多采用组合受力体系,即将两种或两种以上的基本结构组合承载,其力学性能和材料指标往往优于同等设计条件的单一结构体系。如拱式组合体系桥将主要承受压力的拱肋和主要承受弯矩的行车道梁组合起来共同承受荷载,充分发挥体系的特点及组合作用,达到节省材料和降低对地基要求的设计构想。因此,组合体系拱桥往往需要考虑拱上建筑的联合作用,进行多种结构共同受力下的内力分析。由此可见,组合拱桥分析远比简单拱桥复杂,因而有必要对其计算分析方法进行单独介绍。

不仅如此,新型高强组合材料和先进的拱桥无支架施工技术的出现,使得钢管混凝土拱桥成为拱桥中的独特桥型,并为拱桥的发展注入了新的活力。该桥型解决了拱桥所要求的安装质量轻、用料省、承载能力大、施工简便的诸多矛盾,且结构承载力高、稳定性好,因而在公路、铁路等领域大规模修建,并为大跨径拱桥的修建提供了更为广阔的发展前景。有鉴于此,本章将重点介绍组合体系拱桥为主的复杂体系拱桥和钢管混凝土拱桥的计算理论、设计分析方法相关内容,而简单体系拱桥设计计算内容和方法参见《桥梁工程》相关章节。

4.1 拱桥计算方法概述

拱桥相对于梁式体系桥梁多为高次超静定的空间结构,其结构受力区别于其他体系桥梁,具有鲜明的力学特点。拱桥内力计算方法一般分为两类:对简单体系拱桥,可建立结构力学简化模型,采用经典力学的方法建立内力解析表达式,求解拱桥内力(也可借助手册,简化计算过程);对于复杂体系拱桥,一般借助有限元的方法建立数值求解模型,对拱桥受力进行整体和局部的数值计算分析。

4.1.1 拱桥计算的解析法

对于简单体系拱桥,一般采用结构力学方法,按照平面框架进行分析计算,称为解析法。首先将拱桥拆分为主要受力结构和附属结构,即将主拱结构与拱上建筑分开计算(不考虑拱上联合作用),假定主拱圈结构承受全部外部荷载,而拱上建筑作为传力构件,不参与主拱圈共同作用。这样,就可以借助传统的结构力学方法对主拱圈的受力和变形进行分析和计算。这种假定给出了简化的结构受力与变形的计算图式,对于简单体系拱桥,该计算是足够精确的。但对于组合拱桥,特别是大跨径组合体系拱桥的求解,如果仍旧借助上述传统的结构力学方法进行简化分析,则不能精确地反映组合拱结构的真实受力和变形状态,而导致较大的计算误差。

产生计算误差的主要原因有如下几种。

(1)拱上建筑与主拱的联合作用

拱上建筑与主拱圈的联合作用显著影响拱上建筑的内力。主拱的弹性变位影响到拱上建筑的内力,而拱上建筑则约束着主拱的变位。理论计算与试验均表明,计入拱上建筑联合作用影响后,主拱所受弯矩将有所减小,减小的幅度随拱上桥道梁(或腹拱)与主拱抗弯刚度的比值增大而增大。同时,拱上建筑联合作用程度大小还取决于拱上建筑与主拱联结、拱上建筑的构造、拱桥的施工顺序以及纵桥向不同位置等因素。对于组合拱桥及大跨径拱桥,如按各自独立计算结果进行构造设计或者施工,则可能导致拱上建筑局部构件严重开裂甚至破坏。因而,对于组合拱桥的拱上建筑结构,不考虑联合作用(不考虑主拱变形对其产生的受力和变形影响)则是不合理和不安全的,所以应该以共同受力的整体受力计算图式进行结构分析。

(2)活载的横向分布

无论活载沿横桥向是否作用在桥面中心,桥梁的横断面上都会出现活载应力的不均匀分布现象。桥宽越大,受力偏差现象越明显。对于中小跨径箱拱、板拱,由于结构刚度较大,横向受力不均匀现象可以近似忽略;而对大跨径拱桥而言,活载导致应力不均匀分布现象较为显著。对于拱顶截面,活载产生的横向应力分布不均匀现象更为突出,如果不考虑横向分布系数将导致计算结果偏于不安全。

(3)非线性影响因素

拱桥受力变形导致的附加内力,又会导致新的附加变形和进一步的附加内力,并增加失稳破坏的风险,因而需采用非线性分析方法进行计算分析。基于经典力学和弹性理论的结构简化求解模型在进行主拱圈内力分析时做出了如下简化:

①忽略拱脚推力和拱轴挠度相互作用对拱桥内力的影响;拱桥受载时竖向挠度与拱脚推力的相互影响将导致拱上内力增大,而简化弹性理论没有考虑这一点。

②将轴力带来的变形影响简化为弹性压缩进行分析,而忽略了轴向力对转角变位的影响。

③忽略了拱圈混凝土徐变等时间因素带来的非线性内力分布影响,这一点将导致大跨径混凝土拱桥计算的较大偏差。

(4)应力叠加影响

大跨径拱桥往往采用无支架施工并分次形成截面(分环、分层施工),且主拱圈分成若干个阶段逐步形成,每个阶段结构体系有所区别,截面尺寸迥异,施工荷载也不同。因此,其结构力学行为的计算和分析应按照各个施工阶段的实际结构形式、截面特征和施工荷载进行结构计算。由于拱圈截面多采用分次浇筑,受力先后不一,其应力情况颇为复杂。为反映结构实际受力状态,结构力学简化求解模型必须分阶段建立分析模型,考虑拱圈在形成过程中各个阶段的截面特性及荷载情况而分别计算其应力,求解各阶段下截面应力然后进行叠加,称为"应力叠加法"。

4.1.2 拱桥计算的有限元法

基于以上问题,桥梁工程师们已广泛采用第二种分析方法,即有限元法,进行拱桥结构分析与计算。有限元法是将结构离散成有限个单元的组合,按照有限元法的规则把这些单元"拼装"成整体,就能够得到整体结构的力学特性的一种数值方法,其计算精度和效率随着计算机的发展而得到迅速进步。用有限元法进行拱桥计算,可以实现拱桥无支架施工模拟、整体结构分析、局部构件精细化分析以及多种非线性影响的计算,如几何非线性、材料非线性、动力问题及稳定问题等。

相对于解析法,有限元法具有以下显著特点:首先,有限元法可以弥补传统经典力学计算方法的不足,能够建立具有足够精度的全桥整体分析模型,并采用适当的连接方式模拟拱上建筑和主拱圈的联合作用以及连拱的效应,避免因内力计算误差而导致的设计不当(有限元求解模型如图 4-1-1 所示);其次,利用所建空间有限元模型进行控制截面的影响面分析,可以较准确地确定荷载最不利位置,克服影响线带来的活载横向分布分计算误差;再次,考虑几何非线性和材料非线性的有限元求解方法为大跨径拱桥的非线性问题、稳定问题和极限承载力问题分析求解提供了可靠方法。不仅如此,在实际工程领域,用数值模拟技术对结构进行受力和响应全过程分析,就能在设计或施工前预知建筑结构的危险区段,预测追踪结构的大概破坏历程和损伤情况,从而采取措施很好地解决工程实际问题。

随着现代科学技术的发展,人们正在不断建造更大规模、更大跨度的桥梁。这一切都要求工程师在设计阶段就能够精确地预测出桥梁结构的力学性能,需要对结构的静、动力特性进行分析计算。在计算机技术和数值分析方法支持下发展起来的有限元分析方法,为解决这些复杂的工程分析计算问题提供了有效的途径。

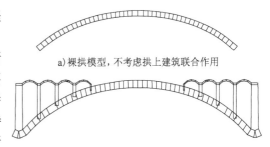

a) 裸拱模型,不考虑拱上建筑联合作用

b) 将腹拱圈与主拱一起建模,考虑拱上建筑联合作用

图 4-1-1　拱桥有限元求解模型

计算模型是拱桥有限元分析的核心。建立模型之前,首先应进行结构的节点划分和单元选择。根据求解问题类型选择不同的单元,如二维或三维单元,梁、板壳、体、膜等单元;再定义材料属性,如各向同性或各向异性、混凝土的各项参数、黏弹性参数系数等;最后要确定节点的划分、网格精度、求解时间要求等选项,要确定上述有限元模型的参数,需要对各种单元的特性有一定的了解。

不同结构形式的桥梁构件具有不同的力学行为,必须针对拱桥各部分构造和力学特点创建分析模型,尽量选择维数最低的单元去获得预期的效果。实际应用中能选择点就不选择线,能选择线就不选择面,能选择面就不选择壳,能选择壳就不选择三维实体,从而简化计算模型,提高计算效率。

大跨径拱桥有限元求解的基本流程如图 4-1-2 所示。

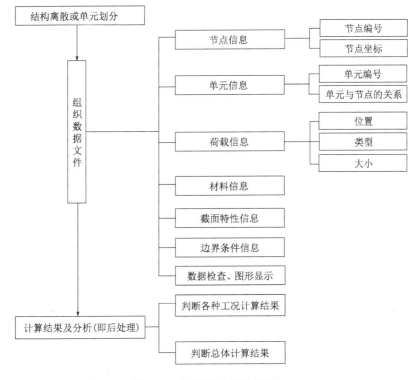

图 4-1-2　有限元法求解基本流程

拱桥的有限元分析建模还应注意以下要点：

(1)钢筋混凝土拱桥可按一般的混凝土拱桥处理，钢筋可采用弥散单元处理，或者利用统一理论将钢筋混凝土视之为统一截面。

(2)对于钢管混凝土拱桥，由于钢管混凝土的拱轴由钢管和混凝土两种特性不同的材料构成，因此，在进行模拟时两者共用同样的节点，即采用双单元，一种赋予混凝土的材料特性，另一种赋予钢管材料特性。也可以将两者换算为同一材料，计算截面特性。

(3)对于设置吊索(系杆)的组合体系拱桥，由于其吊索(系杆)力是预应力结构，可按预应力的方法施加，力值的大小要根据结构的变形来施加，同时要通过应力进行控制，反复调节。

(4)对于钢箱(系杆)拱桥，钢结构拱肋和主梁采用矩形或箱形截面，由于顶板、底板和腹板处焊接 U 形或条形加劲肋，截面描述比较复杂。因此对结构进行整体分析时，可采用一些简化分析方法，如按等面积、等惯性矩的方法转换截面。

(5)对拱桥进行整体受力分析时，建立全桥整体分析模型时一般可不考虑桥梁基础的效应。如果要进行较为精细的静、动力分析，则应建立下部基础模型。此时，对于桩基础的处理可采用 m 法。

4.2 组合体系拱桥计算

组合体系结构往往是两种基本体系(如梁和拱)组合共同受力，如梁拱组合体系桥。它将主要承受压力的拱肋和行车道梁组合起来共同承受荷载，充分发挥拱肋和行车道梁的共同作用，从而达到节省材料的目的。梁拱组合体系桥与单纯的梁桥相比，拱肋的存在提高了结构的整体刚度，增大了结构跨径。因此，组合拱桥因其良好的受力和变形特征、优美的外形和良好的地形地质适应性，在 60~200m 范围成为非常有竞争力的桥型。

梁拱组合体系桥主要由拱肋、横梁、吊索或立柱、行车道梁、桥面等构件组成，如图 4-2-1 所示。

组合拱按照结构体系可分为梁拱组合拱和异形组合拱(斜拉组合拱和悬索组合拱)，如图 4-2-2 所示。根据拱脚水平推力可分为有推力拱和无推力拱；对于梁拱组合拱，可按照拱上建筑与主拱圈组合的整体性强弱和组合构件受力类型分为拱片拱(整体型上承式拱桥)和常规组合拱。

拱片拱是指拱上建筑与主拱圈整体刚接，上缘行车道梁与拱肋刚性连接形成刚性拱片作为整体受力结构承受外荷载。拱片桥属于轻型组合式拱桥，具体类型多为刚架拱和桁架拱。由于该桥型采用上承式结构，故多为有推力拱桥。由于体系外的水平推力的存在，对桥梁地形和地址要求较高。为了降低对地质条件的要求，拱片拱这种轻型组合拱在中等跨径桥梁获得了较多的应用。

常规梁拱组合拱为主拱通过吊索(大多为柔性)悬吊支承行车道梁，实现不同部件变形协调、组合受力的一种组合结构体系。从下部结构水平力的角度来看，若体系的向外水平推力无系杆进行平衡，则称之为有推力组合拱；若在行车道梁内设置纵向水平预应力系杆，消除了结构体系的水平推力，则称之为无推力组合拱，或称为系杆拱桥。系杆拱桥的体系外部支承作用表现为竖向力，没有水平推力，对地基条件的要求大幅降低，使得这种无推力的梁拱组合体系桥梁可以适用在更广的地区。

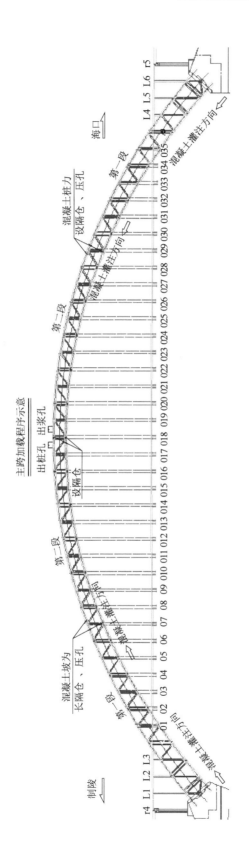

图 4-2-1 组合拱总体布置示意图

a)斜拉组合拱　　　　　　　　　　　　b)悬索组合拱

图 4-2-2　异形组合拱

根据拱、梁截面相对抗弯刚度的大小,系杆拱又可划分为柔性系杆刚性拱、刚性系杆柔性拱及刚性系杆刚性拱三类无推力拱式组合桥梁,如图 4-2-3 所示。

a)柔性系杆刚性拱　　　　　　b)刚性系杆柔性拱　　　　　　c)刚性系杆刚性拱

图 4-2-3　按拱梁截面刚度比划分的系杆拱桥类型示意图

从行车道梁的结构体系和梁拱结构支承方式上来看,梁拱组合拱的结构体系总体可分为三大类:简支梁拱组合式桥梁、悬臂梁拱组合式桥梁及连续梁拱组合式桥梁,如图 4-2-4 所示。

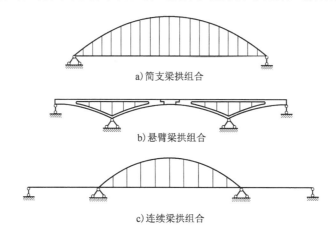

图 4-2-4　按结构体系划分的梁拱组合体系桥梁类型示意图

对于异形组合拱(斜拉组合拱和悬索组合拱),由于其组合构件往往包括索支承结构,可参考第 5 章缆索承重桥梁内容,此处不再赘述。

4.2.1　解析法求解组合拱

组合体系拱桥简化解析法计算仍旧借助结构力学简化模式,下面分别讨论三种主要结构体系的求解方法。

4.2.1.1 简支梁拱组合体系桥梁

简支梁拱组合体系结构外部表现为简支受力特征,因而属于无水平推力的系杆拱结构,该类型桥梁往往采用下承式结构体系。简支梁拱组合体系桥的吊杆属柔性索结构,恒载状态下的主梁和主拱内力可通过吊杆力进行调整。下面以柔性系杆刚性拱为例介绍此类组合拱桥解析法求解过程。

1)恒载内力

忽略吊杆力,取系杆拉力 H 为赘余力,计算图式如图 4-2-5 所示,典型方程为:

$$\delta_{11}H + \Delta_{1P} = 0 \tag{4-2-1}$$

式中:δ_{11}——基本结构在赘余力 $H = 1$ 时沿 H 方向的位移;

H——赘余力;

Δ_{1P}——基本结构在外荷载作用下沿 H 方向的位移。

此时即可求得恒载作用下的 H。

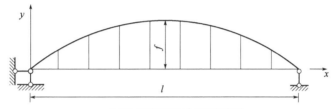

a)柔性系杆刚性拱力学简化模型

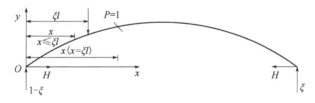

b)计算基本体系

图 4-2-5 简支柔性系杆刚性拱桥计算图式

计算 δ_{11} 时,不能忽略系杆轴向变形的影响。一般当矢跨比 $f/l < 1/4$,可忽略拱肋轴向变形和剪切变形的影响。系杆拉力可按下式计算:

$$H = -\frac{\int M_H M_P \dfrac{ds}{EI}}{\int M_H^2 \dfrac{ds}{EI} + \int N_H^2 \dfrac{ds}{EA} + \dfrac{l}{E_1 A_1}} \tag{4-2-2}$$

式中:EI——拱肋的抗弯刚度;

EA——拱肋的抗压刚度;

$E_1 A_1$——拱肋的抗拉刚度;

M_H——赘余力 H 在基本体系上产生的弯矩;

M_P——外荷载单位力 $P = 1$ 在基本体系上产生的弯矩。

当采用钢筋混凝土系杆时,要考虑混凝土参与受拉,计算中应采用钢筋面积与假想的弹性模量之积,即 $E_1 A_1 = A_g \varepsilon \times 2.1 \times 10^5$,其中 A_g 为系梁钢筋的面积;ε 为参数,系梁配筋率为6%时,取 1.15,系梁配筋率为10%时,取 1.08。当采用预应力混凝土系杆时,计算中应采用换算的系杆面积,混凝土的弹性模量采用受压时的数值。

以 $M_H = -y$、$N_H = \cos\varphi$ 代入式(4-2-2),可得:

$$H = \frac{\int y M_P \dfrac{ds}{EI}}{\int y^2 \dfrac{ds}{EI} + \int \cos^2\varphi \dfrac{ds}{EA} + \dfrac{l}{E_1 A_1}}$$

$$= \frac{\int y M_P \dfrac{ds}{EI}}{\int y^2 \dfrac{ds}{EI}} \cdot \frac{1}{1 + \mu'} \tag{4-2-3}$$

式中:$\mu' = \dfrac{1}{\int y^2 \dfrac{ds}{EI}} \left(\int \cos^2\varphi \dfrac{ds}{EA} + \dfrac{l}{E_1 A_1} \right)$。

式(4-2-3)是系杆拉力的一般表达式,其中 s 代表弧长,ds 代表弧长微段。已知结构的几何特征时,代入上式积分可求得系杆拉力。

柔性系杆刚性拱的拱轴线常采用二次抛物线,若拱轴线方程为 $y = \dfrac{4f}{l^2} x(l-x)$(坐标原点取在拱脚),拱肋惯性矩和面积的变化规律分别为 $I = I_c / \cos\varphi$ 和 $A = A_c / \cos\varphi$,则系杆拉力的表达式可写成:

$$H = \frac{1}{1 + \mu'} \cdot \frac{l}{f} \cdot \frac{5}{8}(\alpha - 2\alpha^3 + \alpha^4) \tag{4-2-4}$$

式中:α——参数,$\alpha = x/l$;

μ'——参数,按下式计算:

$$\mu' = \frac{15 I_c}{8 f^2} \left(\frac{1}{A_c} + \frac{E}{E_1 A_1} \right) \tag{4-2-5}$$

式中:A_c——拱肋拱顶截面的面积;

I_c——拱肋拱顶截面的惯性矩。

2) 活载内力计算

活载计算可先求解内力影响线,然后在其上加载求得最不利活载内力。内力影响线可借助移动单位力求解内力响应的方法进行计算。当单位荷载 $P = 1$ 作用在不同的位置时,可利用上式分别求出赘余力 H 和 ΔH 的各点影响线坐标,然后可利用叠加原理求出弯矩、剪力及轴力的影响线。

在 $P = 1$ 作用下,集中力左边的任意截面内力,由平衡条件可得:

$$\left. \begin{array}{l} \sum X = 0 \quad N\cos\varphi - Q\sin\varphi - H = 0 \\ \sum Y = 0 \quad N\sin\varphi + Q\cos\varphi - (1 - \xi) = 0 \\ \sum M = 0 \quad M + Hy - (1 - \xi)x = 0 \end{array} \right\} \tag{4-2-6}$$

求解式(4-2-6),可得拱肋任意截面的内力影响线:

$$\left. \begin{array}{l} N = (1 - \xi)\sin\varphi + H\cos\varphi \\ Q = (1 - \xi)\cos\varphi - H\sin\varphi \\ M = (1 - \xi)x - Hy \end{array} \right\} (0 \leq x \leq l\xi) \tag{4-2-7}$$

在 $P=1$ 作用下，集中力右边拱肋任意截面内力，由平衡条件可得：

$$\left.\begin{aligned}\sum X = 0 \quad & N\cos\varphi + Q\sin\varphi - H = 0 \\ \sum Y = 0 \quad & N\sin\varphi - Q\cos\varphi - \xi = 0 \\ \sum M = 0 \quad & M + Hy - \xi(l-x) = 0\end{aligned}\right\} \quad (4\text{-}2\text{-}8)$$

求解式(4-2-8)，可得拱肋任意截面的内力影响线：

$$\left.\begin{aligned}N &= H\cos\varphi + \xi\sin\varphi \\ Q &= \xi\cos\varphi - H\sin\varphi \\ M &= (1-x)\xi - Hy\end{aligned}\right\} (l\xi \le x \le l) \quad (4\text{-}2\text{-}9)$$

温度变化及混凝土收缩在系梁中产生赘余力 ΔH，但在支点处不产生反力，如图 4-2-6 所示。

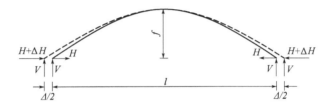

图 4-2-6　温差及混凝土收缩内力图式

由平衡条件可得：

$$\left.\begin{aligned}\sum X = 0 \quad & N\cos\varphi - Q\sin\varphi - \Delta H = 0 \\ \sum Y = 0 \quad & N\sin\varphi + Q\cos\varphi = 0 \\ \sum M = 0 \quad & M + \Delta Hy = 0\end{aligned}\right\} \quad (4\text{-}2\text{-}10)$$

联立求解，可得温差和混凝土收缩时拱肋的内力影响线：

$$\left.\begin{aligned}N &= \Delta H\cos\varphi \\ Q &= -\Delta H\sin\varphi \\ M &= -\Delta Hy\end{aligned}\right\} \quad (4\text{-}2\text{-}11)$$

由于简支梁拱组合桥外部是静定的，而内部是超静定的，因此温度变化、混凝土收缩都会产生内部的附加拉力，计算时应考虑这些因素的影响。其中混凝土收缩的影响可以等效为降温处理(类似于普通的简单体系无铰拱求解)。温度变化或混凝土收缩引起的系杆附加水平拉力为：

$$\Delta H = \frac{\alpha l \Delta t}{\int y^2 \frac{\mathrm{d}s}{EI}} \cdot \frac{1}{1+\mu'} \quad (4\text{-}2\text{-}12)$$

式中：α——混凝土线膨胀系数；

Δt——实际温差或混凝土收缩的折算温差；

其他符号意义同前。

若拱肋惯性矩按 $I = I_c/\cos\varphi$ 变化，拱轴线方程为 $y = \frac{4f}{l^2}x(l-x)$，坐标系如图 4-2-5 所示时，式(4-2-12)可简化为：

$$\Delta H = \frac{\alpha l \Delta t}{\frac{8f^2 l}{15EI_c}} \cdot \frac{1}{1+\mu'} \qquad (4\text{-}2\text{-}13)$$

4.2.1.2 连续梁拱组合体系桥梁

连续梁拱组合体系桥梁多采用中承式飞燕拱结构和下承式结构。若采用上承式体系,为了加强梁式结构的整体刚度,往往采用刚度较大的变截面连续梁与拱组合体系,拱结构支承连续梁跨中并取消立柱,简化了结构线形的同时降低了超静定次数,如美国的 Natchez Trace Parkway 桥(图 4-2-7),可以直接采用平面刚架解析求解而无须过多简化,其求解方法这里不再赘述。下面着重介绍下承式和中承式组合体系计算体系和计算简图。

图 4-2-7　Natchez Trace Parkway 桥

1) 下承式梁拱组合桥梁

下承式梁拱组合桥梁力学简化模型一般遵循如下基本假定:
(1) 吊杆为二力杆,仅承受轴向拉力。
(2) 拱轴线为对称的抛物线。
(3) 局部弯矩引起的拱肋压缩变形较小,可以略去不计。

下承式梁拱组合桥梁简化计算模型如图 4-2-8 所示。

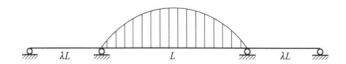

图 4-2-8　下承式梁拱组合桥梁简化计算模型

在结构力学中,计算荷载作用下无铰拱的内力及变形时,为了简化计算,往往将无铰拱简化为自由端带有刚臂的悬臂曲线梁。而刚臂的末端即无铰拱弹性中心的位置。同样,为简化下承式连续梁拱组合桥梁的计算过程,也可根据上述思路引入连续梁拱组合桥梁的弹性中心,如图 4-2-9 所示。

解除连续梁边支座代之以赘余竖向力 x_4、x_5,同时去掉所有吊杆,研究连续梁拱闭合体。将拱顶截开,分别以赘余未知力 $x_i(i=1,2,3,4,5)$ 代替拱肋截面的相互作用,得到梁拱闭合型的基本体系。则由力法方程,有:

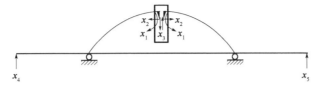

图 4-2-9 基本受力体系

图中轴力受压为正方向,反之为负;以所取的截面为中心,作用力对截面有顺时针方向转动的趋势则剪力为正,反之为负。

$$\left.\begin{array}{l}\delta_{11}x_1 + \delta_{12}x_2 + \delta_{13}x_3 + \delta_{14}x_4 + \delta_{15}x_5 + \Delta_{1P} = 0\\ \delta_{21}x_1 + \delta_{22}x_2 + \delta_{23}x_3 + \delta_{24}x_4 + \delta_{25}x_5 + \Delta_{2P} = 0\\ \delta_{31}x_1 + \delta_{32}x_2 + \delta_{33}x_3 + \delta_{34}x_4 + \delta_{35}x_5 + \Delta_{3P} = 0\\ \delta_{41}x_1 + \delta_{42}x_2 + \delta_{43}x_3 + \delta_{44}x_4 + \delta_{45}x_5 + \Delta_{4P} = 0\\ \delta_{51}x_1 + \delta_{52}x_2 + \delta_{53}x_3 + \delta_{54}x_4 + \delta_{55}x_5 + \Delta_{5P} = 0\end{array}\right\} \quad (4\text{-}2\text{-}14)$$

式中:x_i——主梁跨中截面的赘余未知力;

Δ_{iP}——外力 $P = 1$ 作用下在 x_i 作用方向上产生的位移;

δ_{ii}——赘余力 $x_i = 1$ 作用下在 x_i 作用方向上产生的位移。

选择适当的刚臂长度,可使得方程中拱顶副系数为零,力法方程可以简化为:

$$\left.\begin{array}{l}\delta_{11}x_1 + \delta_{14}(x_4 + x_5) + \Delta_{1P} = 0\\ \delta_{22}x_2 + \delta_{24}(x_4 + x_5) + \Delta_{2P} = 0\\ \delta_{33}x_3 + \delta_{34}(x_4 + x_5) + \Delta_{3P} = 0\\ \delta_{41}x_1 + \delta_{42}x_2 + \delta_{43}x_3 + \delta_{44}x_4 + \delta_{45}x_5 + \Delta_{4P} = 0\\ \delta_{51}x_1 + \delta_{52}x_2 + \delta_{53}x_3 + \delta_{54}x_4 + \delta_{55}x_5 + \Delta_{5P} = 0\end{array}\right\} \quad (4\text{-}2\text{-}15)$$

可采用集中力作用下求解结构赘余力影响线的方式给出结构控制断面内力影响线,这样结构恒活载内力就可以得到求解。

2) 中承式连续梁拱组合桥梁(飞燕式系杆拱)

将主拱和边拱按固定拱计算,取悬臂曲梁为基本结构,由于刚性系杆以传递拉力为主,所以在主拱和边拱之间的系杆可以简化为与主拱和边拱铰接的链杆。恒载作用下的计算简图如图 4-2-10 所示。

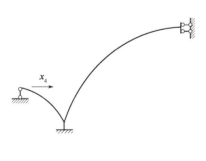 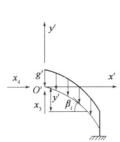 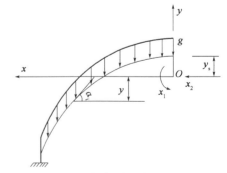

a)飞燕式系杆拱力学简化模型　　b)边拱力学简化模型　　c)主拱力学简化模型

图 4-2-10　飞燕式系杆拱力学简化模型

可将系杆简化与主拱和边拱铰接的链杆,进一步就可将该链杆切开代之以基本结构中的一对水平力 x_4,如图 4-2-10a)所示,并分解为主拱和边拱两个模型分别求解。对主拱而言,由于结构和荷载均为正对称,故在弹性中心仅有两个正对称的赘余力弯矩 x_1 和水平力 x_2。列出力法典型方程如下:

主拱

$$\begin{cases} \delta_{11}x_1 + \Delta_{1P} = 0 \\ \delta_{22}x_2 + \Delta_{2P} = 0 \end{cases} \quad (4\text{-}2\text{-}16)$$

边拱

$$\begin{cases} \delta_{33}x_3 + \delta_{34}x_4 + \Delta_{3P} = 0 \\ \delta_{34}x_3 + \delta_{44}x_4 + \Delta_{4P} = \Delta_{bd} - \dfrac{x_4}{K} \end{cases} \quad (4\text{-}2\text{-}17)$$

式中:Δ_{bd}——边拱的边支座处水平变位;

K——系杆的弹性系数。

$$\begin{cases} \delta_{11} = \int_s \dfrac{\overline{M}_1^2 ds}{EI_1} = \int_s \dfrac{ds}{EI_1} \\ \delta_{22} = \int_s \dfrac{\overline{M}_2^2 ds}{EI_1} + \int_s \dfrac{\overline{N}_2^2 ds}{EA_1} = (1+\mu)\int_s \dfrac{y^2 ds}{EI_1} \\ \delta_{33} = \int_s \dfrac{\overline{M}_3^2 ds}{EI_2} \\ \delta_{34} = \int_s \dfrac{\overline{M}_3 \overline{M}_4 ds}{EI_2} = \int_s \dfrac{X'\overline{M}_4 ds}{EI_2} \\ \delta_{44} = \int_s \dfrac{\overline{M}_4^2 ds}{EI_2} + \int_s \dfrac{\overline{N}_4^2 ds}{EA_2} \\ \Delta_{1P} = \int_s \dfrac{\overline{M}_1 M_p ds}{EI_1} = \int_s \dfrac{M_p ds}{EI_1} \\ \Delta_{2P} = \int_s \dfrac{\overline{M}_2 M_p ds}{EI_1} = \int_s \dfrac{M_p y ds}{EI_1} \\ \Delta_{3P} = \int_s \dfrac{\overline{M}_3 M_p ds}{EI_2} = \int_s \dfrac{M_p X' ds}{EI_2} \\ \Delta_{4P} = \int_s \dfrac{\overline{M}_4 M_p ds}{EI_2} = \int_s \dfrac{M_p \overline{M}_4 ds}{EI_2} \end{cases} \quad (4\text{-}2\text{-}18)$$

式中:M_p——外荷载在基本体系上产生的弯矩。

当各赘余力求解后,可以很方便地得到拱脚水平推力 x_2 及系杆力 x_4 的表达式。

4.2.1.3 悬臂梁拱组合式桥梁

悬臂梁拱组合式桥梁结构,外部多表现为悬臂梁桁架结构体系(图 4-2-11),其跨中段挂孔结构若与悬臂梁下弦杆轴向对接压紧,则轴向力将连续传递至中支点处(此处可视为拱脚),中跨下弦杆呈现拱式结构受力特征,此时结构为梁拱组合式桥梁结构;若无此轴向受力构造,则结构为常规桁架式带挂孔单悬臂而非悬臂梁拱组合结构。悬臂梁拱组合结构将变截面悬臂梁中墩附近腹板挖空,上弦用加劲梁,下弦用拱代替,中间辅以立柱,形成梁拱协作共同承载的结构。其外部实质为悬臂桁架,故从将拱作为支承的角度来看为上承式静定结构。加劲梁为上弦,承受拉弯作用,下弦为拱,承受压弯作用,立柱主要传递轴力。悬臂梁上弯矩由拱、梁弯矩及纵梁水平力 H 对拱轴线纵坐标 Y 所引起力矩 $H \cdot Y$ 所平衡,其中水平力引起的力矩占主要部分。剪力由拱的竖向分力承担了大部分。悬臂梁其余部分(即没有拱加强部分实腹部分),仍与一般单悬臂梁的受力情况相同,故可按照悬臂梁计算简图直接计算。

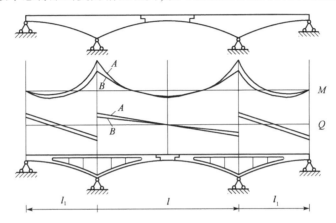

图 4-2-11　悬臂梁拱组合体系与悬臂梁受力对比

注:图中内力线 A 为悬臂梁内力示意,内力线 B 为悬臂梁拱组合体系内力示意。

4.2.2　组合拱有限元法求解要点

梁拱组合体系桥结构复杂,多数情况下结构整体分析需要通过电算完成。目前一般采用有限元法进行,其关键是建立合理的有限元计算模型。

1)有限元计算模型的基本原则

(1)整体计算时,从简化计算的角度出发,大多数拱式组合体系桥可采用平面杆系有限元模型,然后计入活荷载横向分布系数及冲击系数,再与恒载内力组合后得到平面结构计算内力。动力及整体稳定性计算一般应采用空间杆系有限元模型。

(2)对于无冗余水平约束、不存在连拱效应的简支梁拱组合桥、悬臂梁拱组合桥、连续梁拱组合桥,一般可取上部结构建立计算模型(图 4-2-12)。对于刚架系杆拱、刚构梁拱组合体系等有冗余水平约束的结构体系,应建立包含下部结构的整体有限元计算模型。

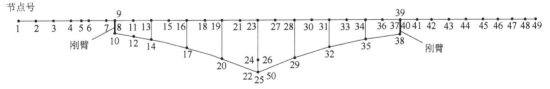

图 4-2-12　组合拱有限元分析单元示意图

(3)在杆系有限元模型中,构件通常用梁单元和杆单元模拟。各种具有抗弯能力的构件用梁单元模拟,无抗弯能力的柔性系杆用杆单元模拟。采用有限元计算时,不需要区分刚拱柔梁或柔拱刚梁。

(4)单元建立在构件的轴线位置。对于刚性相连但轴线没有交在一起的构件,可采用刚臂连接(刚度很大、没有重量的梁单元)。如图 4-2-12 中的节点 9 与节点 10、节点 38 与节点 39,虽然几何位置不同,但两者采用刚臂连接后即满足变形协调。

(5)恒载内力须根据具体施工过程确定计算方法和计算模型,活载内力可根据成桥结构的力学图式计算。

(6)有限元方法中杆单元是一种可以受拉压的单元,而实际工程中的吊杆、系杆为柔性构件,只能受拉,不能受压,因此用杆单元模拟吊杆、系杆时,如果计算结果中吊杆、系杆出现受压情况,则计算结果不正确,需注意处理。不过实际工程中的吊杆、系杆均有较大的初张力,一般不会出现受压情况。吊杆、系杆初张力的模拟可根据所采用计算程序的实际情况采用不同方法实现,如通过对单元施加初应变或对单元降温来模拟,不管采用哪种方法模拟,最终都相当于在吊杆、系杆单元两端的节点上施加了一对大小相等的力。

2)梁拱组合结构电算图式

(1)简支梁拱组合桥

简支梁拱组合桥是一种外部静定、内部超静定的结构,多采用下承式体系。在采用电算进行结构分析时,吊杆一般均可看作只承受轴向力的构件,除非采用刚性吊杆,如截面较大的预应力混凝土吊杆。当系梁刚度较大且采用柔性吊杆时,如热挤聚乙烯(PE)护套的平行钢丝成品索,吊杆的轴线一般直接与拱、梁轴线相交[图 4-2-13a)]。对于刚拱柔梁组合结构,桥面结构作为附属结构悬吊于拱肋,系杆简化为只承受轴向力的构件[图 4-2-13b)]。

以柔性吊杆为例,下承式简支梁拱组合桥的计算图式如图 4-2-13 所示。

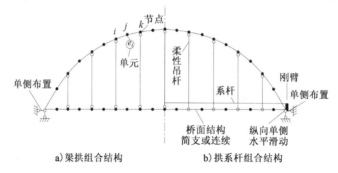

图 4-2-13 下承式简支梁拱组合桥计算图式

注:a)为系杆与刚性纵梁一体形成的桥面系结构;b)为柔性吊杆与简支在横梁上的行车纵梁构成的桥面系结构。

(2)连续梁拱组合桥

①下承式连续梁拱组合桥

下承式连续梁拱组合桥一般采用三跨连续梁拱组合构造,外部和内部均为超静定。以柔性吊杆为例,下承式连续梁拱组合桥的计算图式如图 4-2-14 所示。

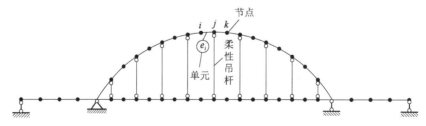

图 4-2-14 下承式连续梁拱组合桥的计算图式

②中承式连续梁拱组合桥

中承式连续梁拱组合桥一般为三跨连续构造体系,内部与外部均为超静定。不论梁拱组合结构还是拱系杆组合结构,均可采用前文所述的方法建立计算模型,并考虑立柱上端是否有设铰构造;边跨空、实腹交界处轴线连接方法同整体式拱桥;下拱脚与拱座的连接,应考虑在施工期间是否设临时铰及封铰问题;拱座与承台之间的联结在施工期间与使用期间是否改变;桥面结构纵向在拱肋处的约束或支承条件。

以柔性吊杆为例,中承式连续梁拱组合桥的计算图式如图4-2-15所示。

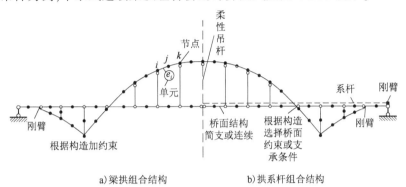

a)梁拱组合结构　　　　b)拱系杆组合结构

图4-2-15　中承式连续梁拱组合桥的计算图式

③上承式连续梁拱组合桥

上承式连续梁拱组合桥一般也为三跨连续结构体系,内部和外部均为超静定。计算模型中有关节点、轴线连接等问题的处理均同上述结构体系。拱脚与拱座连接的临时铰及其封铰问题,同中承式连续梁拱组合桥处理方法。受拉弯作用的纵梁与受压拱肋在跨中附近固结为一体(轴线重合)而成为拱肋的一部分。因此,在纵梁与重合点处可以处理成刚臂连接。

上承式连续梁拱组合桥的计算图式如图4-2-16所示。

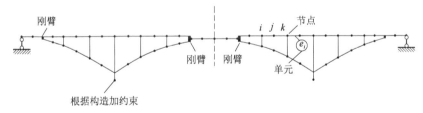

图4-2-16　上承式连续梁拱组合桥的计算图式

(3)单悬臂梁拱组合桥

单悬臂梁拱组合桥多为上承式结构,且多采用三跨构造体系,计算简化上可按照上述相同的方法处理计算模型中有关节点、轴线连接以及拱脚与拱座的连接问题。

(4)连续刚构梁拱组合桥

连续刚构梁拱组合桥由连续刚构与拱桥组合而成,多为下承式结构。计算简化上,当连续刚架与拱肋一致而采用纵向刚架片的结构形式时,刚架与拱肋刚度差别不大,其桥面系常采用横梁上纵铺桥面板的结构形式,系杆为柔性系杆,独立于桥面系。这种情况下,桥面系的竖向抗弯刚度相对较小,可以偏安全地假定桥面系仅为传力构件,不考虑桥面系的刚度。若为了便于加载计算而建立桥面系单元,应注意尽量弱化桥面系单元的竖向抗弯刚度,并使其顺桥向及面内转动自由度为完全自由,不受桥墩的约束。此时,系杆单元为独立的一个单元,其两端与桥墩单元相接。

但是当刚构结构为主要受力构件而采用变截面整体箱梁断面时，拱肋的设置仅是为了帮助连续刚构受力并减少刚构跨中弯矩和挠度。此类结构往往拱肋与桥墩和主梁在墩顶固结，此处节点处理为刚臂连接，连续刚构主梁承担主要受力，其简化模式与梁式体系无异，拱肋、吊索等其他简化条件与前文一致。

连续刚构梁拱组合桥的计算图式如图 4-2-17 所示。

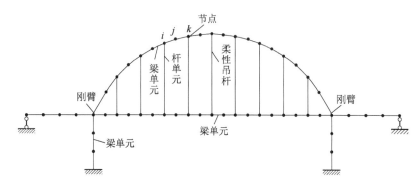

图 4-2-17　连续刚构梁拱组合桥计算图式

4.2.3　组合拱构件计算要点

（1）许多情况下，梁拱组合桥在拱肋和系梁施工完成后进行吊杆张拉，通过张拉将桥面系的恒载传递到拱肋上。吊杆的张拉需按照便于施工与保证结构安全的原则确定张拉次序和张拉次数。

（2）吊杆的恒载内力根据施工过程确定后，活载内力的确定与桥面系结构形式相关。当桥面系竖向刚度较弱时，如没有纵系梁或纵系梁竖向抗弯刚度较小，预制桥面板纵铺在横梁上时，可以偏保守地认为纵向吊杆之间的活载全部由该处吊杆承担，此时吊杆活载内力可以简单地通过解析法确定。当桥面系结构竖向抗弯刚度较大时，如桥面系为箱梁或梁格体系时，吊杆的活载内力应通过结构整体的电算加载分析确定。

（3）计算模型简化时，在拱肋与纵系梁连接处的重叠部分，都可按拱肋轴线延长轨迹通过刚臂与梁轴线相连；当采用刚性吊杆时，吊杆与拱肋及纵梁重叠部分也可采用刚臂替代。

（4）在计算模型中，应注意梁单元刚度等计算参数的确定，拱肋单元刚度可根据拱肋材料及截面尺寸计算确定，对于钢管混凝土拱肋，可采用换算截面刚度；系梁单元刚度应根据桥面系形式确定，对于上承式梁拱组合式结构，加劲梁应包括拱肋与桥面板的共同作用，桥面板参与工作，不考虑强度计算有关有效宽度影响的规定，而由全断面来计算几何特征，只在确定计算内力后验算截面强度时才按照《桥规》有关规定考虑有效宽度。对于中承式及下承式结构，如果桥面系为纵横梁体系，且桥面板与纵横梁之间为刚性连接，则系梁单元刚度中除计入系梁本身的刚度外，还可计入部分桥面板的刚度；如果桥面板与纵横梁之间非刚性连接，则可不计入桥面板的刚度，只考虑桥面板的重量。

（5）吊杆的内力在活载作用下变化幅度较大，因此需注意吊杆的疲劳问题，柔性吊杆的设计最大应力不超过其材料设计强度的 0.4 倍。

（6）系梁的内力受结构形式、施工过程等多种因素影响，需根据实际施工过程、通过结构整体计算确定。柔性系杆需通过主动张拉来施加荷载,张拉力的大小、张拉次数需要结合施工顺序通过计算确定。计算表明,活载作用下系杆的应力幅较小,一般认为,大跨径系杆拱桥系杆的最大使用应力取值在其材料设计强度的 0.4~0.6 之间是合理的。

(7)横梁的计算图式应根据桥面系的结构形式确定。对于无系梁约束的普通横梁,可以按简支梁或带悬臂的简支梁计算。当横梁与系梁刚性连接时,系梁与横梁形成平面框架结构,横梁的受力较为复杂,其内力须根据实际构造确定计算图式。若拱肋为双肋拱,两肋下的系梁刚度较大时,其两肋间普通横梁的受力介于两端固支梁与简支梁之间,计算时可以偏安全地取由这两种计算图式所得到的最不利内力值作为设计值,即横梁跨中截面取简支或带悬臂的简支梁的计算结果,而与系梁相交处取两端固支梁或悬臂梁的计算结果。对于上承式、多肋中承式与下承式拱梁组合结构的横梁,可考虑按弹性支承连续梁计算。

(8)梁拱组合桥是一种复杂的空间结构,但纵、横向构件的构造很有规律,因此从简化计算角度出发一般仍可用平面模型进行分析,空间效应可通过荷载横向分布来考虑。根据理论分析与试验验证,对于上承式梁拱组合结构,当桥宽小于跨径的 1/2 时(窄桥),通常可以采用偏心压力法计算横向分布系数;对于中承式与下承式双肋拱结构,可以采用杠杆法计算横向分布系数;对于多肋拱的宽桥结构,可采用弹性支承连续梁法计算横向分布系数;对于桥面系为整体箱梁的梁拱组合结构,其空间效应可用偏载内力增大系数来简化,该系数可以取 1.1~1.15。

4.3 拱片拱桥计算

拱片拱桥(桁架拱桥、刚架拱桥)也称为整体型上承式拱桥,其承重结构为整体式的拱片。拱片结构的上缘为纵向主梁及桥面,下缘为有推力拱形结构。上缘行车道梁与下缘拱肋刚性连接形成刚性拱片,作为整体结构承受外荷载。拱片拱桥主要结构类型为桁架拱和刚架拱。

4.3.1 桁架拱桥计算

桁架拱按照拱与桁架的组合方式分为连续桁架拱、一般桁架拱、桁式 T 构及桁式组合拱,如图 4-3-1 所示。

桁架拱桥的受力主要由其构造与荷载所决定。桁架部分的腹杆与下弦杆主要承受轴向力,同普通桁架的受力相似;桁架部分的上弦杆,除承受轴向力外,还直接承受车辆荷载所产生的局部弯矩;同普通上承式拱桥跨中段的受力相似,跨中实腹段则部分承受轴向力和弯矩。

从桁架拱桥的施工及受力过程来看,桁架拱桥的桥面板是在预制的桁架拱片上逐步施工成形的,桥面板最初不参与预制上弦杆、实腹段承受恒载作用,当与上弦杆及实腹段形成整体并经徐变内力重分布后逐步参与承担后续恒载。成桥后活载及附加荷载作用下,桥面板将一直与预制上弦杆、实腹段共同承载。

1)解析法
(1)基本假定及计算模型
当采用力法手算桁架拱桥时,为简化计算,在试验研究的基础上,常采取下列基本假定:

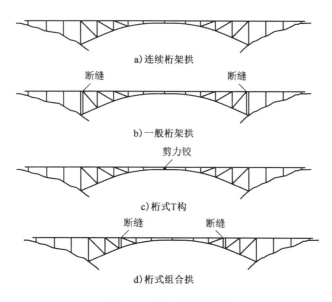

图 4-3-1　桁架拱主要类型

①取单片桁架拱片为计算对象,将空间桁架拱简化为平面结构。车辆荷载在横桥向的不均匀分布,以荷载横向分布系数来表达。活载横向分布一般采用偏压法和杠杆法进行计算,当采用三片以上拱片且跨宽比在 3 以上时,横向分布宜采用偏压法进行计算。当跨宽比小于 3 时,桥梁空间特性突出,横向分布可采用弹性支撑连续梁法进行计算,也可采用空间数值法进行计算。

②以各杆件的轴线形成结构计算图线。在桁架与实腹段联结的截面处,按平截面假定,利用刚臂将各构件计算图线相连。

③在进行结构整体内力计算时,假定桁架拱的节点为理想铰接(试验研究证明,采用铰接的假定是合理的,由于节点固结而产生的次内力弯矩,除下弦杆外可以不予考虑)。

④考虑到桁架拱片的拱脚在构造上仅插入墩台预留孔中,故假定桁架拱片的拱脚与墩台的联结为铰接。这样,桁架拱桥简化为外部一次超静定的两铰拱结构。

根据以上假定,实际高次超静定的桁架拱桥可简化为外部一次超静定、内部静定的两铰桁架拱式结构。此模型大大简化了计算,忽略了杆件次内力,而且,试验和数值模拟都表明这种简化的计算结果与实际结构整体受力相差并不大。简化计算模型如图 4-3-2 所示。

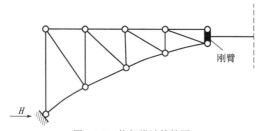

图 4-3-2　桁架拱计算简图

(2)赘余力计算

桁架拱计算时常以水平推力 H 作为赘余力,因此力法计算的基本结构为简支拱形桁架。

由 H 方向的结构变形协调条件,可得:

$$H = -\frac{\Delta_{HP}}{\delta_{HH}} \tag{4-3-1}$$

式中：Δ_{HP}——外荷载作用下基本结构在 H 方向的变位；

δ_{HH}——基本结构在赘余力 $\overline{H} = 1$ 作用下支点的水平变位。

计算 Δ_{HP}、δ_{HH} 时，桁架部分的杆件只考虑轴向力，实腹段部分只考虑弯矩（轴向力影响很小，可不考虑）。因此：

$$\left.\begin{aligned}\delta_{HH} &= \sum \frac{\overline{N}_H^2 l}{EA} + \sum \frac{\overline{M}_H^2 \Delta l}{EI} \\ \Delta_{HP} &= \sum \frac{\overline{N}_H N_P l}{EA} + \sum \frac{\overline{M}_H M_P \Delta l}{EI}\end{aligned}\right\} \tag{4-3-2}$$

式中：$\overline{N}_H, N_P$——$\overline{H} = 1$ 和外荷载作用于基本结构时桁架杆件的轴向力；

$\overline{M}_H, M_P$——$\overline{H} = 1$ 和外荷载作用于基本结构时实腹段截面的弯矩；

l, A——桁架杆件的长度和截面面积；

$\Delta l, I$——分段总和法计算实腹段变位时，实腹各分段的长度和截面惯性矩。

在进行活载内力计算时，只要将外荷载取为 $P = 1$，并依次作用于桁架拱上弦各节点与跨中实腹段各分段点，按式(4-3-1)求出相应的 H 值，即求得 H 的影响线，然后再用静力平衡条件求得各杆件的轴力影响线及实腹段的弯矩影响线。

(3) 结构内力计算

桁架拱桥结构的恒载内力可按式(4-3-1)计算，也可利用水平推力影响线加载求出水平推力后，直接解出各杆件和实腹段的恒载内力。活载内力则需根据桥面板参与上弦杆共同作用时结构各杆件的内力影响线来计算。

①恒载内力计算

桁架拱桥的恒载包括桁架拱片、横向联结系和桥面板等的重量。桁架拱桥的恒载内力需考虑两种情况：一种是恒载全部由裸桁架拱（由预制桁架拱片和横系梁组成的结构，无桥面板）单独承受，另一种是考虑恒载由桥面板参与共同作用的整体桁架拱承受。恒载由桁架拱片单独承受，符合施工刚完成时的受力情况；按桥面板参与共同作用来计算恒载内力，为结构经徐变内力重分布后渐近但无法完全达到的受力状况。桁架拱桥的恒载内力分别按以上两种情况进行计算，从中选取最不利的内力作为设计内力，以避免进行复杂的徐变引起的内力重分布计算。

②活载内力计算

计算桁架拱桥活载内力时，应考虑桥面板参与桁架拱片共同工作后的整体刚度。桁架拱各杆件轴力影响线，可参照结构力学方法求解。求得各杆件轴力影响线和实腹段的弯矩与轴力影响线后，各构件的活载内力可用设计荷载直接在其影响线上按最不利情况布载求得。对于偏心受压的实腹段，活载内力计算可类似于简单拱的截面内力组合方式，即分别按弯矩和轴力的最不利情况进行加载，对于每一种布载情况同时计算这两项内力。

应当指出，桁架拱桥的上弦杆除作为整体桁架杆件承受轴向力外，在运营时还直接承受局部荷载产生的弯矩。由于桁架第一节间上弦杆跨度最大，局部荷载产生的弯矩亦为最大，在所有的上弦杆中，常以第一节间上弦杆控制设计。上弦杆的杆端截面弯矩 M_A 和跨中截面弯矩 M_C 可用下式进行估算：

$$\left.\begin{array}{l}M_A = -0.7M_P - 0.06gl^2 \\ M_C = 0.8M_P - 0.06gl^2\end{array}\right\} \quad (4\text{-}3\text{-}3)$$

式中：M_P——简支梁的活载弯矩；

g——恒载集度；

l——上弦杆净跨，即上弦杆扣除节点块后的净长。

在下弦杆中，因靠近拱脚的第一根下弦杆轴向力较大，常以这一根下弦杆控制设计。具体设计时，应将下弦杆所承受的轴向压力提高20%，以考虑节点固结所产生的次弯矩影响。

2）电算法

目前，桁架拱桥的结构分析多采用结构有限元分析软件进行计算。图4-3-3、图4-3-4给出了桁架拱桥在外荷载作用下的弯矩和轴力包络图，以显示此类桥梁的结构受力特点。

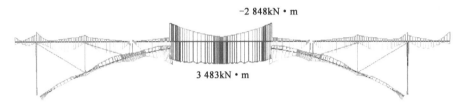

图4-3-3　桁架拱弯矩包络示意图

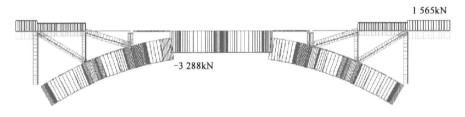

图4-3-4　桁架拱轴力包络示意图

进行桁架拱桥计算时还应注意考虑以下几个问题：

（1）为简化分析工作，可以建立平面模型求解。即取用一个拱片，各拱片间的横向受力分配仍采用横向分布系数；也可建立多片拱片的整体分析模型。对于桁架拱片，以各构件的轴线作为计算图线，各杆件之间的连接不再假定为铰接，即视为刚接，桁拱在空实腹交接处的多杆交会处，实际构造为实心节点，故计算模型中应根据实际约束和构造情况处理成刚性连接，如图4-3-5所示。对于拱脚与墩台的连接，若拱脚处拱肋插入拱座的深度较浅，一般可处理为铰接；但是，当下弦杆拱刚度较大（采用板拱），插入拱座和基岩的深度较大，且嵌岩部分采用同强度等级混凝土将原槽灌满，桥台后设锚固墙时，边界条件可处理为固结。

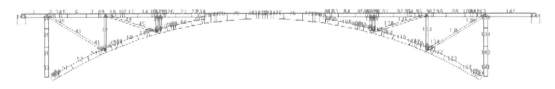

图4-3-5　桁架拱结构有限元计算简图

(2)桁架拱桥跨中附近的空腹段上弦杆由预制截面变成与桥面板组合的组合截面[图4-3-6a)],且截面形心、杆件轴线的位置上移[图4-3-6b)]。这样,腹杆与上弦杆轴线的连接方式将随构造与施工进展而改变,计算模型处理方法如图4-3-7所示。

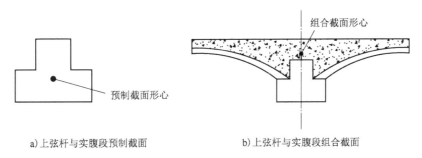

a)上弦杆与实腹段预制截面　　b)上弦杆与实腹段组合截面

图4-3-6　桁架拱实腹段与空腹上弦杆组合截面对比示意图

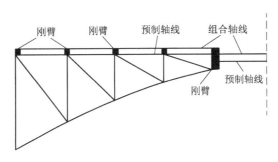

图4-3-7　桁架拱结构计算简化图式

(3)计算分析时应考虑结构施工过程的影响,并同时考虑混凝土徐变内力重分布和施加预应力的影响。

4.3.2　刚架拱桥计算

刚架拱桥除两个边腹孔纵梁为受弯构件外,其余杆件,如拱腿、内腹孔纵梁、斜撑及实腹段,均属于压弯构件,部分具有刚架的受力特点,结构在外荷载作用下,轴向力的分布可以体现出其各个构件的基本受力特性。刚架拱轴力包络图如图4-3-8所示。

图4-3-8　刚架拱轴力包络示意图

按照刚架拱桥的施工与受力过程,结构由最初的裸拱(预制拱腿及实腹段)逐步施工为裸肋结构(拱腿、实腹段、空腹段纵梁、斜撑及横系梁组成的结构),再与桥面板组合形成最终的整体结构。桥面板最初不参与纵梁,实腹段承受恒载,经徐变内力重分布后逐步参与承担恒载。在成桥后活载及附加荷载作用下,桥面板与纵梁和实腹段共同受力。

1)解析法

(1)基本假定及计算模型

当采用力法手算刚架拱桥时,为简化计算,常可采取如下基本假定:

①取单片刚架拱片为计算对象,将空间刚架拱简化为平面结构。以荷载横向分布系数反映活载内力在横桥向的分配。活载横向分布计算方法同桁架拱桥。

②以刚架拱各杆件的轴线为计算图线,在空、实腹交界的截面处,利用刚臂将各构件计算图线相连,实现刚臂两端节点的自由度耦合,达到变形协调的目的。

③考虑到拱脚(主拱腿)和斜撑脚(次拱腿)与墩台连接的构造特征,即拱脚、斜撑脚仅插入墩台预留孔中,并非与墩台座形成可靠的刚接构造。因此,假定其连接关系为铰接。

④试验证明,斜撑(次拱腿)与空腹段纵梁连接可以假定为半铰的方式,这在一般情况下都是合理的。当该处节点构造进行了加强,也可处理为固结关系。

根据以上假定,刚架拱桥简化为五次超静定结构,计算模型如图4-3-9所示。

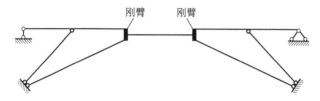

图4-3-9 刚架拱桥上部结构简化计算模型

(2)结构内力计算

刚架拱桥的手算方法与桁架拱桥相似,按结构力学中的力法方程,求解赘余力并据此给出赘余力影响线,最终求得结构内力。

①恒载内力计算。

由于刚架拱桥一般采用预制安装的施工方法,结构由于徐变作用,会引起内力重分布。为了避免采用手算方法求解这种复杂问题,恒载内力计算可按以下两种方法计算:

a. 第一种方法:假定恒载全部由裸刚架拱(拱腿、实腹段、空腹段纵梁、斜撑和横系梁组成的结构)单独承担。这种计算方法符合结构施工及受力过程,结构内力接近于竣工时的受力状况。

b. 第二种方法:考虑恒载由桥面板参与纵梁和实腹段共同作用的整体刚架拱承担。按桥面板与主梁形成整体后共同承担作用来计算恒载内力,为结构经徐变内力重分布后结构内力渐近但无法达到的受力状况。

刚架拱桥的恒载内力可分别按以上两种情况进行计算,从中选取最不利的内力作为设计内力。不论采用上述哪种情况计算,刚架拱桥均为五次超静定结构,考虑到荷载和结构的对称性,可以简化为三次超静定结构(图4-3-10)。

取如图4-3-10所示的基本结构,在赘余力方向建立变形协调方程如下:

$$\left.\begin{aligned}\delta_{11}x_1 + \delta_{12}x_2 + \delta_{13}x_3 + \Delta_{1P} &= 0\\ \delta_{21}x_1 + \delta_{22}x_2 + \delta_{23}x_3 + \Delta_{2P} &= 0\\ \delta_{31}x_1 + \delta_{32}x_2 + \delta_{33}x_3 + \Delta_{3P} &= 0\end{aligned}\right\} \quad (4\text{-}3\text{-}4)$$

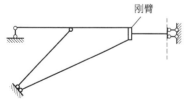

图4-3-10 对称刚架拱的简化计算模型

式中:x_i($i=1\sim3$)——刚架拱结构的赘余力;

δ_{ij}($i,j=1\sim3$)——单位力在基本结构赘余力方向产生的变位;

Δ_{iP}($i=1\sim3$)——外荷载在基本结构赘余力方向产生的变位。

方程式(4-3-4)中各项变位参数的计算公式可参见结构力学,此处不再列出。根据刚架拱桥的受力特点,位移计算时可以忽略轴向力对变形的影响。

求出赘余力之后,利用静力平衡条件可求解各截面的内力。

②活载内力计算。

计算活载内力时,由于桥面板与拱肋形成整体并共同工作,应考虑桥面板与拱肋的共同作用,结构为五次超静定,采用全桥计算模型。刚架拱各构件的截面内力影响线,可按结构力学方法求解。在得到截面轴力和弯矩影响线后,活载内力可用设计荷载直接在影响线上按最不利情况布载求得。由于刚架拱主要由偏心受压构件组成,因此这些构件每个截面的活载内力,同拱桥一样应至少按两种方式加载,即最大(小)弯矩与对应轴力、最大(小)轴力与对应弯矩。

试验表明,刚架拱桥实测的横向分布曲线,与按弹性支承连续梁法计算的分布曲线比较接近。因此,刚架拱桥荷载横向分布系数的计算目前常用弹性支承连续梁法。

2)刚架拱桥电算要点

与桁架拱桥一样,刚架拱桥的结构分析目前主要是采用有限元分析软件进行计算。同样,在计算刚架拱桥时也应注意考虑以下几个问题:

(1)刚架拱桥的电算既可以采用平面杆系方法,以一个拱片为计算对象,并考虑荷载的横向分布(图4-3-11),分析各拱片间的横向受力分配。也可以采用全桥整体分析有限元模型,按照车道荷载直接计算结构内力。刚架拱片各构件之间的联结均视为刚结,但拱脚与墩台的联结可根据其构造特点处理为铰接或刚接。

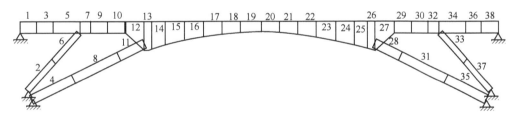

图4-3-11 刚架拱有限元平面求解计算模型

(2)与桁架拱桥相似,刚架拱桥的实腹段截面和空腹段的纵梁截面,也将由预制截面变成与桥面板组合的组合截面,轴线的位置上移,计算模型处理方法与桁架拱相似。

(3)计算分析时应考虑结构在施工过程中的变化,并同步计算混凝土徐变内力重分布。

4.4 钢管混凝土拱桥设计及计算

钢管混凝土拱桥是一种应用复合材料、组合结构体系、采用多种施工技术的拱式组合桥梁。钢管混凝土拱桥可按以下情况进行分类。

按照截面形式,主拱肋可分为圆管形、哑铃形、桁架式(也称为三肢桁式、四肢桁式)等,如图4-4-1所示。

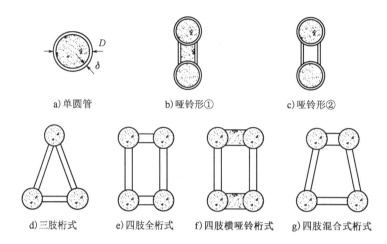

图 4-4-1 钢管混凝土拱桥拱肋截面示意图

按照混凝土的填充方式：可分为内填型和外包型。内填型是指在圆钢管（也有在方钢管）中灌入混凝土，外包型是将钢管置于混凝土中间，也称为劲型骨架混凝土。

按照桥面位置：可分为上承式、中承式和下承式。

按照结构体系：可分为简单拱体系、组合拱体系。

4.4.1 钢管混凝土拱桥计算方法及受力特征

钢管混凝土拱桥采用了钢管内填混凝土的组合截面形式，因此其计算应从组合截面的受力特点切入，确定组合截面特征后，钢管混凝土拱桥结构分析仍可按照简单体系和组合体系的分析方法进行计算。

1) 组合截面计算分析方法

钢管混凝土由钢和混凝土两种材料组合而成。由于管内填入混凝土，增强了钢管的稳定性，而钢管又对混凝土起到套箍作用，使管内混凝土处于三向受压状态，不仅提高了钢管混凝土的抗压强度、塑性和韧性，延缓了混凝土受压时的纵向开裂，而且使得承载力和稳定性大大提高。

国外颁布的设计规范中，对钢管混凝土构件承载力的计算，除日本仍采用容许应力法外，大都采用极限状态设计法。对构件刚度的计算，全都采用换算刚度法。而强度和刚度的计算表达式多采用叠加法。

国内在钢管混凝土构件承载力计算方面，有两种不同的设计计算方法，对应于统一理论和极限平衡理论。以这两种计算理论为基础，国内先后颁布的设计规范主要有《钢-混凝土组合结构设计规程》(DL/T 5085—1999)、《钢管混凝土拱桥技术规范》(GB 50923—2013)、《钢管混凝土结构设计与施工规程》(CECS 28：2012)、《公路钢管混凝土拱桥设计规范》(JTG/T D65-06—2015)及《公路钢管混凝土桥梁设计与施工指南》。这些规范虽然依据的计算理论不同，对于构件的计算规定也有所差异，但其基本原理和指导的内容基本是一致的。

(1) 统一理论

统一理论的内容是：把钢管混凝土视为统一体，即将钢管和混凝土假想为一种组合材料。它的工作性能随着材料的物理参数、统一体的几何参数、截面形式以及应力状态的改变而改变,这种变化是连续和相关的,因此可以利用统一理论进行计算。

依据统一理论,钢管混凝土作为一种组合材料(可以理解为一种新型材料)。在计算承载力时,应按构件整体的几何特性和统一理论给出的组合设计指标。钢管混凝土组合设计指标可以通过有限元方法得到,即采用钢材与核心混凝土多向应力状态下准确的本构关系,分别计算出在轴压、轴拉、受弯、受扭等荷载状态下构件工作的全过程曲线。根据全过程曲线,在确定承载能力极限状态准则后,便可定出钢管混凝土承载力组合设计指标,并由一个能同时表达各种荷载情况的统一计算公式表示并指导设计。当钢管混凝土构件在两种及多种荷载共同作用时,同样采用有限元方法,计算出几种内力的相关关系并绘制全过程关系曲线,由该曲线导出相关设计计算公式。

需要说明的是,由于材料本构关系中已经包含钢管对混凝土作用的套箍力效应,因此,在组合设计指标中已包含套箍效应。《公路钢管混凝土拱桥设计规范》(JTG/T D65-06—2015)就是依据统一理论编写的。将钢管混凝土视为一种组合材料,采用组合弹性轴压模量。

跨径大于300m的钢管混凝土拱桥使用阶段应计入几何、材料非线性影响,材料非线性的影响采用修正钢管混凝土主拱轴压刚度的方式计入,主拱修正轴压刚度按下式计算:

$$EA = 0.85 E_{sc} A_{sc} \tag{4-4-1}$$

式中:EA ——主拱修正轴压刚度;

E_{sc} ——钢管混凝土组合弹性轴压模量;

A_{sc} ——钢管混凝土组合截面面积。

拱圈为偏心受压构件,依据《公路钢管混凝土拱桥设计规范》(JTG/T D65-06—2015),钢管混凝土偏心受压构件的承载力可以按照下式进行计算:

$$\gamma N \leqslant \varphi_1 \varphi_e K_p K_d f_{sc} A_{sc} \tag{4-4-2}$$

式中:γ ——桥梁结构重要性系数或抗震调整系数;

N ——压弯构件轴向力设计值;

φ_1 ——长细比折减系数;

φ_e ——弯矩折减系数;

K_p ——钢管初应力折减系数;

K_d ——混凝土脱空折减系数;

f_{sc} ——钢管混凝土组合轴心抗压强度设计值;

A_{sc} ——钢管混凝土组合截面面积。

(2)极限平衡理论

极限平衡理论,又称极限平衡法,它是根据结构处于极限状态时的平衡条件直接算出极限状态下结构所承受的荷载数值的一种方法。它将钢管和混凝土的承载力相叠加,通过引入系数考虑钢管对混凝土的套箍增强效应(亦称套箍理论)。由于这种方法绕过了统一理论中必须考虑的弹塑形阶段,无须确定材料的本构关系,因此概念清楚,方法简单。《钢管混凝土结构设计与施工规程》(CECS 28:2012)、《钢管混凝土拱桥技术规范》(GB 50923—2013)的理论基础就是极限平衡理论。

《钢管混凝土结构设计与施工规程》(CECS 28:2012)第4.3.2条规定钢管混凝土截面弹性刚度为钢管和钢管内混凝土弹性刚度之和,按下列公式进行计算:

$$EA = E_a A_a + E_c A_c \tag{4-4-3}$$

$$EI = E_aI_a + E_cI_c \qquad (4\text{-}4\text{-}4)$$
$$GA = G_aA_a + G_cA_c \qquad (4\text{-}4\text{-}5)$$

式中：EA——钢管混凝土柱的截面压缩刚度；

EI——钢管混凝土柱的截面弯曲刚度；

GA——钢管混凝土柱的截面剪切刚度；

E_a, E_c——钢管、钢管内混凝土的弹性模量；

G_a, G_c——钢管、钢管内混凝土的剪切模量；

A_a, A_c——钢管、钢管内混凝土的截面面积；

I_a, I_c——钢管、钢管内混凝土的截面惯性矩。

这样，拱圈承载力同样按照偏心受压构件进行计算，钢管混凝土单圆管截面偏心抗压强度设计值可以按照《钢管混凝土结构设计与施工规程》(CECS 28:2012)规定进行计算，公式如下：

$$N_{01} = \phi_e N_0 \qquad (4\text{-}4\text{-}6)$$
$$N_0 = k_3(1.14 + 1.02\xi_0)(1 + \rho_c)f_{cd}A_c \qquad (4\text{-}4\text{-}7)$$

式中：N_{01}——钢管混凝土单圆管截面偏心抗压强度设计值；

ϕ_e——偏心率折减系数；

N_0——钢管混凝土单圆管截面轴心抗压强度设计值；

ξ_0——钢管混凝土的约束效应系数设计值；

ρ_c——钢管混凝土截面的含钢率；

f_{cd}——混凝土轴心抗压强度设计值；

k_3——轴心抗压强度设计值换算系数。

(3) 两种方法的适用条件

在计算钢管混凝土拱桥刚度时，由于钢管混凝土结构变形属正常使用极限状态，此时，钢管混凝土处于弹性阶段，套箍效应不会发生。因此，两个设计理论和相应规程对刚度取值均按刚度换算法，只是在表达方式和刚度折减上有所不同。文献[6]对上述两种方法进行了分析和比较，认为应用上述两种理论计算得到的结果基本一致，精度相当。

一般来说，在计算成桥和运营阶段的结构承载能力时采用"统一理论"较合理，在计算施工阶段结构的强度和刚度时采用"极限平衡理论"比较方便。

2) 结构受力特征

钢管混凝土拱桥是由钢管混凝土拱肋组成的拱桥结构形式，可以采用简单拱结构体系，也可以用于组合拱结构体系(有推力或者无推力组合拱)。从结构受力角度看，除了截面不同，其整体分析应和其他类型拱桥一致。但是主拱肋，主拱肋与其他构件联结处的细部构造等设计计算具有自身的特点，且拱肋、吊杆和系杆等多构件受力高度耦合，局部受力复杂。例如，主拱肋计算应考虑空管架设、混凝土灌注、截面形成整体性等各个阶段截面工作特性带来的影响；钢管混凝土系杆拱桥中，吊杆横梁与系杆固结在一起，形成梁格结构体系，向上通过吊杆与钢管混凝土拱肋相连，并与系杆组成外部静定结构受力体系，其结构分析应充分考虑构件的结构体系特征。

4.4.2 钢管混凝土拱桥设计

由于钢管混凝土拱桥主拱圈采用钢与混凝土组合截面，其组合材料的截面性质可被简化为特殊的截面并赋予相应的物理力学特征。在这种情况下，钢管混凝土拱桥的设计与计算就退化为同一材质的普通拱桥计算分析,即简单拱或组合拱设计与计算。由于钢管混凝土拱桥多采用系杆拱的结构形式,故下面以钢管混凝土系杆拱桥设计为例,介绍其设计计算要点。

1)设计步骤

钢管混凝土系杆拱桥结构设计应结合其具体的施工方法进行设计和内力计算。下承式钢管混凝土系杆拱桥是常规跨径钢管混凝土拱桥主要采用的桥型,故以下承式钢管混凝土系杆拱桥设计为例,说明其主要设计步骤。

(1)根据地形、地质条件和通航要求等确定结构体系的基本参数,主要包括钢管混凝土系杆拱桥计算跨径、矢跨比和拱轴线形式等。

(2)根据一般构造要求,结合工程经验,初步拟定钢管混凝土系杆拱桥的拱肋构造。

(3)按照"截面尺寸匹配、截面抗弯刚度匹配和截面构造匹配"的原则,确定钢管混凝土系杆拱桥的系杆构造。

(4)根据一般构造要求,结合工程经验,分别确定吊杆和横梁间距。

(5)假定行车道板和中横梁为简支结构,分别确定行车道和横梁的构造。

(6)假定吊杆力均匀分布,初定吊杆类型和吊杆初张力。

(7)按照初定构件尺寸建立空间有限元模型。

(8)进行横梁的预应力筋估算。

(9)进行系杆的预应力筋估算。

(10)通过建立有限元模型分析,验算构件受力,变形和稳定性是否满足规范要求,若不满足,则需重新调整构件截面尺寸,直至验算满足规范要求。

钢管混凝土系杆拱桥设计流程如图4-4-2所示。

2)设计要点

(1)拱轴线

拱轴线的形状直接影响拱肋截面内力分布与大小,合理的拱轴线可降低由于荷载引起的拱肋截面弯矩值。最理想的拱轴线是与拱肋上作用的各种荷载的压力线一致,这样的拱轴线称为理想拱轴线。由于拱肋受到恒载、活载、温度变化、支座位移以及混凝土的收缩和徐变等作用,即便恒载压力线与拱轴线吻合,在恒载产生的拱肋弹性压缩、上述其他荷载以及非荷载因素作用下,压力线与拱轴线就不再吻合。并且,相应于活载的各种不同位置,压力线也各不相同。因此,理想拱轴线并不存在。一般来说,考虑到拱圈以受压为主,为了尽量满足全截面受力,充分发挥材料的特性,应尽量以减少拱肋控制截面的弯矩和剪力为目标,合理选择一条拱轴线,使拱肋截面受力均匀。对于公路拱桥,由于恒载效应所占比重大,活载效应所占比重小,一般可采用恒载压力线作为拱轴线;对于铁路拱桥,由于活载效应相对较大,可采用恒载加一半活载(列车荷载)的压力线作为拱轴线。

拱桥常用的拱轴线形有以下几种:

①圆弧线

圆弧线是对应于同一深度的静水压力线,与实际的恒载压力线有偏差,当矢跨比较小时,两者偏离不大。圆弧形拱轴线主要用于中小跨径拱桥,主要特点是施工方便,便于拱肋节段的预制、安装。随着跨径增大,拱轴线与恒载压力线偏差增大,导致拱桥受力较差。

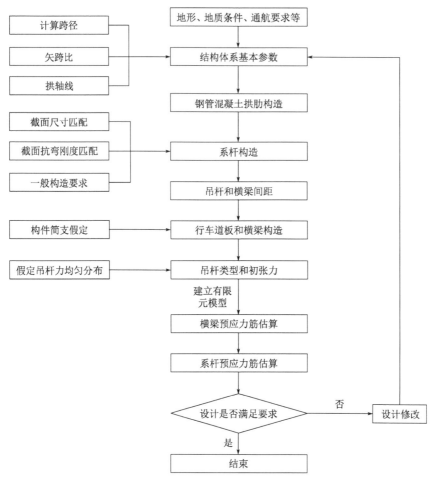

图 4-4-2　钢管混凝土系杆拱桥设计流程

②抛物线

在均布荷载作用下,拱的合理拱轴线是二次抛物线。故对于恒载分布比较接近均匀的拱桥,如矢跨比较小的大跨径空腹式拱桥、桁架拱、刚架拱等,可以采用二次抛物线作为拱轴线。

③悬链线

实腹式拱桥的恒载集度(单位长度的恒重)由拱顶到拱脚连续分布、逐渐增大,恒载压力线为悬链线。因此,一般认为悬链线是实腹式拱桥的合理拱轴线。

钢管混凝土拱桥结构轻盈,恒载集度比较均匀,因此钢管混凝土拱常用的拱轴线为抛物线或者拱轴系数较小的悬链线。

(2)吊杆间距及初张力

钢管混凝土系杆拱桥中,吊杆间距一般根据结构受力要求和经济美观等因素确定。随着间距加大,横梁及吊杆的数目减少,结构自重减轻,但拱圈承受吊杆传递的集中力加大,纵梁材料用量增大;反之,吊杆数目增多,拱圈受力均匀,纵、横梁的用料减少,但横梁数量增多。一般情况下,吊杆间距为 4~10m,可按等间距布设。

目前,常规跨径的钢管混凝土系杆拱桥常采用先梁后拱(在支架上先施工纵横梁体系,而后安装拱肋再张拉吊杆)的施工方法,为简化分析,可初步假定吊杆初张力均匀分布,即假定系杆(系梁)、横梁和行车道板的重量全部由吊杆承担,根据力的平衡条件可得吊杆初张力估算值,除以钢材强度指标并考虑安全系数后即可得到单根成品索吊杆面积,并以此吊杆初张力初值进行拱桥模型的计算求解。

4.4.3 基于有限元法的钢管混凝土拱桥计算分析与计算要点

钢管混凝土拱桥结构体系可分为简单拱和组合拱,在考虑了其组合截面的计算特性后,结构计算实际上已经转化为常规简单拱和组合拱求解和分析,而简单拱和组合拱相关解析法求解计算方法已在前面章节进行了介绍,因此,本节主要以钢管混凝土系杆拱为例,介绍基于有限元的钢管混凝土拱桥计算求解计算方法和注意问题。

1) 有限元单元类型

钢管混凝土系杆拱桥将拱和梁两种基本结构组合起来,共同承受荷载,充分发挥梁受弯、拱受压的结构特征以及组合结构的作用,达到节省材料的目的。钢管混凝土系杆拱桥的水平推力由系杆承受,墩台不承受水平推力。钢管混凝土系杆拱桥的活载作用下的传力路径为:车辆和人群荷载→桥面系→吊杆→主拱与系杆→墩台→基础,如图4-4-3所示。

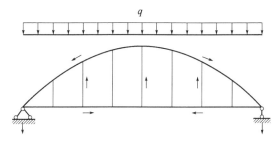

图4-4-3 钢管混凝土系杆拱桥传力路径

由图4-4-3可知,钢管混凝土系杆拱桥的主要受力构件包括拱肋、系杆、吊杆和桥面系。考虑横桥向受力,主要受力构件还包括端横梁和中横梁;考虑到结构稳定性和结构动力性能,主要受力构件还包括横撑。由于各构件受力特性及材料不同,其单元属性及建模方法也各不相同。

(1) 钢管混凝土构件

拱肋为钢管混凝土构件,其建模方法主要有统一理论法、共线双单元法和施工阶段联合截面法,三种方法均可模拟钢管和核心混凝土的共同作用。由于不同建模方法的计算假定差异较大,计算结果也不尽一致。

①统一理论法

统一理论法建立钢管混凝土拱肋有限元单元时遵循以下基本假定:

a. 钢管混凝土拱肋变形满足小变形假定;

b. 钢管混凝土拱肋截面应力-应变服从平截面假定。

统一理论法根据统一模量理论,考虑钢管与混凝土间的相互作用,将钢管混凝土材料视为一种组合材料,组合材料的力学和物理指标应体现钢管对混凝土的套箍效应。应用统一理论建模时,首先利用统一理论和屈服准则,准确测定钢管和混凝土组合构件的本构关系和各种力学性能指标,然后将钢管混凝土作为一种组合材料来建立单一单元模型。

统一理论法能够简化有限元建模过程,但不能模拟空钢管拱肋早期应力发展的历程。另外,对于类似钢管混凝土拱肋的压弯构件,如果直接采用钢管混凝土轴心受压构件本构关系和力学性能指标对压弯构件进行计算,则计算结果与实际情况存在较大差异。

②共线双单元法

共线双单元法建立钢管混凝土拱肋有限元单元时的基本假定与统一理论法相同。在定义单元模型时,考虑到多种材料特性的差异,在两个节点间分别建立不同材料的单元,即两单元共用节点。利用共线双单元法进行钢管混凝土拱肋有限元分析的基本原理是:将钢管和核心混凝土视为两个平行杆件分别进行截面特性计算,然后叠加两者刚度,得到考虑钢管和核心混凝土共同作用的截面刚度。

共线双单元法建模的优点是构件本构关系清楚、力学性能指标明确,进行组合结构静力计算时方法简单易行,缺点是对钢混组合结构进行混凝土收缩徐变效应计算时,计算值与实际值相差较大。

③施工阶段联合截面法

施工阶段联合截面法是指根据拱桥结构截面分阶段形成的施工特征,在各个施工阶段分别定义单元截面的特性值,然后在各施工阶段求解中,将各单元中施工阶段形成的截面进行联合形成组合截面的方式对结构进行求解。该方法可以根据钢管混凝土拱桥无支架施工截面逐步形成的特点,追踪结构各施工阶段应力和刚度逐渐变化带来的结构响应,并且在选定合适的材料参数的前提下,可很好地模拟钢混组合结构的共同作用,混凝土收缩徐变效应计算也相对准确。因此,对于钢管混凝土拱肋,可采用施工阶段联合截面模拟拱肋钢管和核心混凝土的联合作用。目前,桥梁专用有限元程序大都具有该单元和计算功能。

施工阶段联合截面法建立钢管混凝土拱肋有限元单元时遵循以下基本假定:

a. 钢管混凝土拱肋截面联合作用时,假定钢管和混凝土之间连接紧密,没有相对滑移,即不考虑黏结滑移产生的应力重分布;

b. 钢管混凝土拱肋变形满足小变形假定;

c. 钢管混凝土拱肋截面应力-应变服从平截面假定。

采用施工阶段联合截面法进行钢管混凝土拱肋建模时,首先依据抗压刚度等效原则,将钢管混凝土拱肋截面中的核心混凝土换算为钢材;其次,建立基本材料为钢材的钢管混凝土拱肋梁单元;然后根据施工阶段划分情况,分阶段激活截面不同部分的截面特性和材料特性,各部分都激活后的截面即钢管混凝土联合截面。

(2) 吊杆

系杆拱桥的吊杆有刚性吊杆和柔性吊杆两种形式。吊杆可看作一轴心受拉构件,承受很大的拉力。吊杆多为柔性吊杆,选择单元类型应是不能受压的,只承受拉力作用。若采用了刚性吊杆(钢套管吊杆)和柔性吊杆(成品索吊杆)组成的组合吊杆,可以采用桁架单元进行模拟,并采用共线双单元法进行建模,即在相同节点处分别建立钢套管吊杆桁架单元和成品索吊杆桁架单元,根据施工工序,在不同施工阶段激活相应吊杆单元。

(3) 行车道板和横梁

系杆拱桥行车道板的结构体系主要有简支体系、先简支后连续体系及连续体系三种,相应体系的行车道板建模方法也有所区别,应根据具体的结构体系选择适当的建模方法。例如,先简支后连续体系和连续体系的行车道板纵向连续,纵向系梁和横梁形成格子梁,建模时按梁格法建立包含行车道板和横梁的平面梁格模型。

2) 结构离散及边界条件处理

结构离散的处理方法与前文所述组合拱的处理方法没有大的区别,一般可将拱肋、劲性骨架系杆和混凝土系杆的控制节点划分出来,这些控制节点包括:拱肋八分点、吊装点,拱肋和吊杆、风撑的交叉点,系杆支撑点、截面构造尺寸变化点和其他关键节点。同时将较长的单元适当分割为多个单元,以提高计算精度。计算模型如图4-4-4所示。

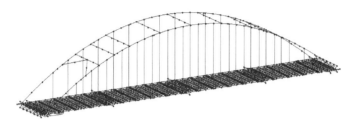

图4-4-4 结构单元离散示意图

3)平面与空间模型选取

有限元建模分析时,为了减少单元数量,简化计算常可以采用平面模型和空间整体模型相结合的方式进行分析。将空间结构简化为平面体系,即只考虑单个拱肋承担半幅桥梁静荷载,建立平面杆系单元求解模型,空间模型及对应平面模型如图4-4-5所示。对于车辆等活载效应,可以借助横向分布系数的求解方法(主要采用杠杆法)求解得到单侧拱肋和系梁分担的最不利汽车荷载比值,然后通过作用组合进行计算求解。当然,如果拱桥拱肋为提篮拱或者外倾拱等结构,空间效应显著,此时就不宜再将结构做如此简化分析处理,否则将会带来较大的计算误差。

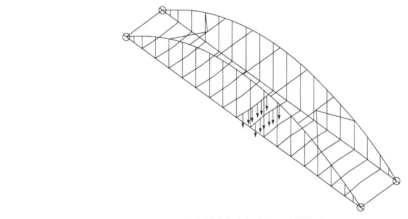

a)全桥整体空间有限元分析模型

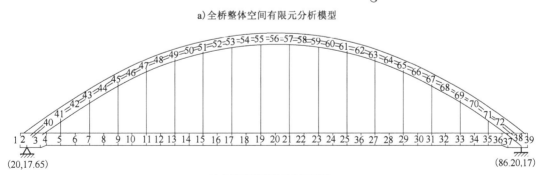

b)全桥平面有限元分析模型

图4-4-5 空间与平面模型对比示意图

4）施工状态分析及边界条件

一般而言,结构的施工方法不同,结构成桥状态的恒载内力则不同,其成桥恒载内力往往通过施工阶段内力叠加而成。因而对钢管混凝土拱桥的施工状态进行内力分析计算和验算既是施工阶段结构安全的保障,又是求解最终成桥内力的途径。

钢管混凝土拱桥施工方法主要分为两大类:先梁后拱法和先拱后梁法。先梁后拱法是指先在支架上施工纵梁和横梁体系,待纵横梁体系完成后,逐段施工拱肋,待体系成型并张拉系杆后拆除支架。此方法由于主梁和主拱及纵向系杆张拉和横梁预应力张拉都在支架体系支撑下施工,结构安全度较大,施工技术难度不高,因而在中等及以下跨径钢管混凝土系杆拱桥施工中采用较多。

对于大跨径拱桥,由于需要跨越江河、峡谷等较大跨径的障碍,如果采用支架施工,往往导致投资巨大且支架本身安全度亦会明显降低,所以大跨径钢管混凝土拱桥常会采用先拱后梁法施工,即先分段吊装施工拱圈,待拱圈合龙形成稳定体系后,对称吊装横梁,分步逐次张拉系杆然后施工桥面或行车道梁。具体吊装多采用缆索吊装施工法。该方法需要对拱肋分段吊装过程中加的相应扣索初张力进行计算,并对临时风撑进行稳定安全验算。缆索吊装施工分析模型如图4-4-6所示。

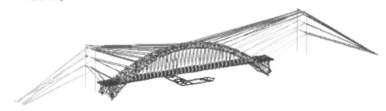

图4-4-6 缆索吊装施工分析模型示意图

进行桥梁恒载内力计算时,应按照施工顺序完成各施工阶段受力分析,并累加出最终恒载内力。某钢管混凝土系杆拱桥采用"先梁后拱法"施工的主要施工阶段及荷载施加内容如下(图4-4-7):

(1)第一施工阶段:支架现浇系梁、横梁。

施工内容:

①浇筑系梁、中横梁、端横梁;

②张拉系梁第一批次预应力钢束4束;

③施加系梁实心段荷载(均布载);

④张拉端横梁钢束、中横梁钢束。

施工时间:28d。

作用:系梁横梁自重及预应力。

(2)第二施工阶段:分段吊装拱肋。

施工内容:架设拱肋临时支撑,分段吊装焊接拱肋钢管。

施工时间:10d。

作用:钢拱肋及临时支撑自重。

(3)第三施工阶段:钢管拱肋合龙。

施工内容:钢管拱肋合龙,拆除拱肋临时支撑,安装风撑。

施工时间:10d。

作用:临时支撑单元钝化,风撑自重。

1.支架现浇系梁、横梁　　　　　　　　2.分段吊装拱肋 3.拱肋合龙

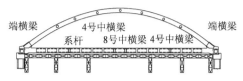

4.浇筑拱肋内混凝土　5.安装吊杆　　　6.安装桥面板

7.施工整体化层及沥青铺装　　　　　　8.混凝土收缩徐变

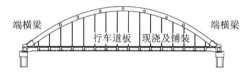

图 4-4-7　先梁后拱法施工示意图

（4）第四施工阶段:浇筑拱肋内混凝土。

施工内容:浇筑拱肋内混凝土。

施工时间:10d。

作用:拱肋混凝土自重

（5）第五施工阶段:安装吊杆。

施工内容:安装吊杆,拆除系梁临时支撑。

施工时间:10d。

作用:施加吊杆初张力,钝化系梁临时支撑。

（6）第六施工阶段:安装桥面板。

施工内容:

①安装桥面板(以均布力的形式施加在各横梁节点上);

②张拉中系梁剩余预应力钢束3束;

③张拉边系梁剩余预应力钢束2束。

施工时间:10d。

作用:桥面板自重,系梁预应力。

（7）第七施工阶段:施工整体化层及沥青铺装。

施工内容:施工整体化混凝土(施加在横梁上)、沥青铺装及护栏(施加在系梁上)。

施工时间:10d。

作用:二期恒载施加。

（8）第八施工阶段:混凝土收缩徐变。

施工内容:空阶段。

施工时间:1 500d。

作用:混凝土收缩徐变。

对于先拱后梁法,施工过程中,主拱的拱脚边界条件往往会随施工阶段不同而变化。一般来说,在施工过程中为了便于调整拱圈线形和内力,改善拱脚受力,拱圈安装阶段往往采用铰接。待拱圈合龙后,再进行拱脚封固形成固结。因而在施工过程分析中应对此边界条件的改变带来的体系转化应予以体现。大跨径钢管混凝土拱桥采用先拱后梁法时,主拱往往采用多段吊装施工,其主要施工阶段可进行如下划分:

(1)吊装第i段主拱肋钢管并安装扣索,安装临时风撑j(图4-4-8);

图4-4-8 缆索吊装施工拱肋安装临时风撑示意图

(2)吊装第$i+1$段主拱肋钢管并安装扣索,安装临时风撑$j+1$,拆除临时风撑j;

(3)继续吊装后续各节段主拱并安装扣索,安装对应临时风撑并拆除上一阶段临时风撑,直至拱顶合龙,形成主拱肋钢管结构;

(4)拱脚固结,拆除剩余临时风撑,扣塔及扣索(图4-4-9);

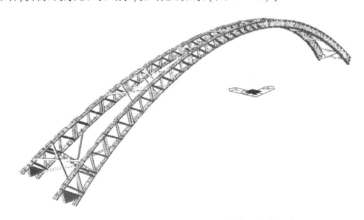

图4-4-9 主拱合龙后拆除临时风撑,扣塔及扣索示意图

(5)以拱肋的稳定和受力合理为依据,按照先内后外的原则对称分段由拱脚向拱顶灌注管内混凝土;

(6)对称安装立柱及吊杆(图4-4-10);

(7)安装端横梁;

(8)安装各中横梁及相邻横梁间的钢纵梁(图4-4-11);

(9)从两岸向跨中对称分段安装桥面板(图4-4-12);

(10)二期铺装施工。

不管采用何种施工方法,对于复杂截面(非单圆截面)的钢管混凝土拱圈,钢管内混凝土

的浇筑顺序对拱肋的受力、稳定以及拱轴线变形都有很大影响,所以混凝土的浇筑顺序是施工图设计文件必须反映的基本信息。因而有必要对钢管混凝土系杆拱桥拱肋混凝土的合理浇筑顺序进行设计分析和优化。

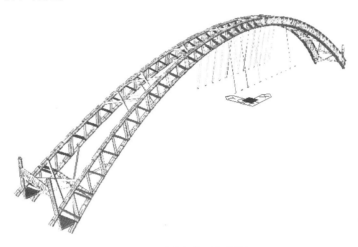

图 4-4-10　对称安装立柱及吊杆

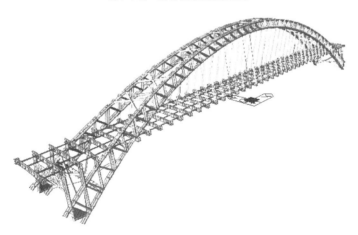

图 4-4-11　安装各中横梁及相邻横梁间的钢纵梁

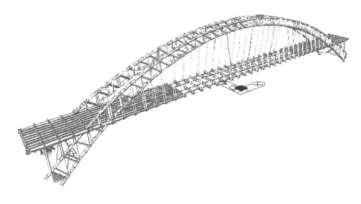

图 4-4-12　对称分段安装桥面板

拱肋混凝土浇筑顺序可按以下步骤进行设计分析与优化：

(1) 参考同类桥型建设经验，制订拱肋混凝土浇筑方案（两种以上）；

(2) 对浇筑方案进行短暂状况结构应力、变形和稳定性计算与验算；

(3) 计算结果对比分析，确定推荐浇筑方案。

现以哑铃形钢管混凝土系杆拱桥（结构模型如图4-4-5所示）混凝土浇筑顺序为例，说明其浇筑方案计算分析及优化过程。根据哑铃形钢管混凝土系杆拱桥两个拱肋的结构特点（图4-4-13），可制订以下四个拱肋混凝土浇筑方案：

方案一：对称浇筑拱肋下管1、2混凝土→待拱肋下管1、2混凝土达到设计强度→对称浇筑拱肋上管3、4混凝土。

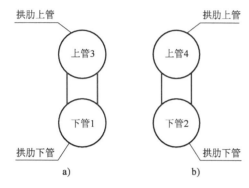

图4-4-13 哑铃形拱肋截面示意图

方案二：对称浇筑拱肋上管3、4混凝土→待拱肋上管3、4混凝土达到设计强度→对称浇筑拱肋下管1、2混凝土。

由于每根钢管需要浇筑的混凝土数量较大，施工现场可能受机械设备、材料供应和人员的限制，只能单独浇筑每根钢管，因此，便有方案三和方案四：

方案三：先浇筑拱肋下管1混凝土→待下管1混凝土达到设计强度后浇筑拱肋下管2混凝土→待拱肋下管混凝土2达到设计强度后浇筑拱肋上管3混凝土→待上管3混凝土达到设计强度后浇筑拱肋上管4混凝土。

方案四：先浇筑拱肋上管3混凝土→待上管3混凝土达到设计强度后浇筑拱肋上管4混凝土→待拱肋上管4混凝土达到设计强度后浇筑拱肋下管1混凝土→待下管1混凝土达到设计强度后浇筑拱肋下管2混凝土。

这里需要说明的是，由于合龙后需要先安装风撑以保障钢管结构稳定性，风撑将各拱肋联结为空间整体，所以对于方案三和方案四逐个浇筑各钢管内混凝土，施工过程中存在拱肋扭转，导致两拱肋内应力不同，但是为了施工的便利，有时需要调整结构的目标受力状态。施工顺序的优化就是进行综合受力变形的对比和分析，根据结果进行合理取舍，形成最优方案。

钢管混凝土系杆拱桥拱肋浇筑施工是整个桥梁施工的前期工作，此时吊杆等受力构件还没有施工。拱肋作为主要受力构件，需保证整个浇筑过程中拱肋构件的安全性和稳定性。需要说明的是，拱肋混凝土浇筑顺序的设计必须与吊杆、系杆张拉相匹配。此外，在浇筑过程中，系杆完成了初次张拉，受力也需进行校核，以保证浇筑施工过程中结构的安全性。

根据有限元计算结果，通过比较拱肋混凝土不同浇筑顺序对拱桥各主要构件（钢管拱肋、系杆）应力、变形以及结构整体稳定系数的影响，可确定本例拱肋混凝土的合理浇筑顺序。计算各方案施工状态下的应力，如图4-4-14和图4-4-15所示。

在钢管内混凝土浇筑过程中，四种方案的钢管拱肋上下缘均为压应力。各方案最大应力均出现在浇筑的管内混凝土未形成刚度时。四种浇筑方案各施工阶段哑铃形钢管拱肋压应力最大值均小于钢管应力限值要求；浇筑方案三和方案四中内侧拱肋与外侧拱肋各截面压应力在各施工阶段相差较大，其中应力相差值最大为15.8MPa；浇筑方案一和方案二拱肋各关键截面在施工阶段应力变化趋势相似，且应力变化幅度较小，浇筑方案一最大应力差值最小。方案一为先浇筑拱肋下管混凝土后浇筑拱肋上管混凝土，在浇筑拱肋上管混凝土时，拱肋下管混凝土已与钢管产生联合作用,形成的刚度较大,各关键截面处应力变化幅度较小,受力更为合理。

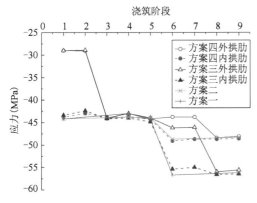

图 4-4-14 各浇筑方案钢拱肋拱脚截面应力变化对比

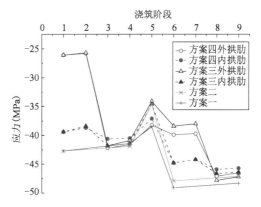

图 4-4-15 各浇筑方案钢拱肋 $L/4$ 截面应力变化对比

钢管混凝土拱桥拱肋混凝土浇筑过程中,结构属于柔性体系,竖向变形较大,因此也可以将浇筑过程中拱顶竖向变形值作为评价指标。四种拱肋混凝土浇筑方案在施工过程中,拱顶位移最大值基本相同,都小于拱肋竖向变形限值 $L/1\,000 = 96\text{mm}$,满足刚度限值要求。但由于方案三和方案四为不对称逐管浇筑,导致在施工过程中,两侧拱肋竖向位移量不同。因而可认为方案一和方案二较为适宜。由于方案三与方案四中两侧拱肋混凝土并非同时浇筑,因此,需要考虑到单侧混凝土浇筑对钢管拱肋横向变形产生的影响。通过有限元分析计算,可提取拱肋混凝土浇筑过程中拱肋关键截面横向位移值,图 4-4-16 给出了拱顶位移值。

由图 4-4-16 可见,方案一和方案二的横向位移很小,方案三和方案四的横向位移变化幅度大,因此方案一、方案二在拱肋横向位移方面优于方案三、方案四。

对四种方案的结构体系进行屈曲模态分析,提取结构在拱肋混凝土浇筑过程中的稳定安全系数。由图 4-4-17 计算结果可见,虽然方案三和方案四的结构整体稳定性优于方案一和方案二,但相差不大,且四种浇筑方案结构稳定安全系数均大于 4.0,满足施工阶段稳定性要求,不会出现整体失稳情况。此外,因结构本身设计刚度较大,浇筑顺序对结构稳定性影响较小。综合以上应力、变形和稳定性分析结果,最终确定方案一为钢管混凝土最优浇筑方案。但是,若因现场钢管内混凝土泵送条件限制,不能同时进行两根钢管混凝土浇筑,方案三、方案四也是可行的。

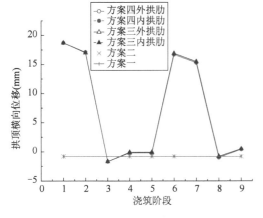

图 4-4-16 各浇筑方案拱肋拱顶截面横向位移变化对比

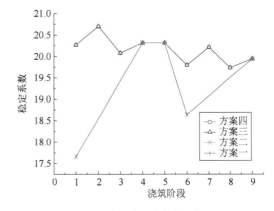

图 4-4-17 各方案稳定安全系数对比

5) 拱桥稳定性分析

结构失稳指在外力作用下结构的平衡状态开始丧失稳定性,稍有扰动(实际上不可避免)则变形迅速增大,最后使结构遭到破坏。

拱的稳定问题从失稳空间形态上可分为面内失稳和面外失稳,从失稳性质上可分为第一类稳定问题和第二类稳定问题。第一类稳定问题称为平衡分支问题,即达到临界荷载时,除结构原来的平衡状态理论上仍然可能存在外,将出现第二个平衡状态。第一类稳定问题是在小变形和材料均匀弹性的假定前提下,通过求挠曲线方程特征值的办法得到结构临界荷载,即弹性屈曲临界荷载。严格地说,由于结构构件制作安装的误差、材料的缺陷、荷载作用位置的偏差,工程上的第一类稳定问题是不存在的,拱的失稳问题常是第二类稳定问题。

第二类稳定问题是指结构保持一个平衡状态,随着荷载的增加,在应力比较大的区域出现塑性变形,结构的变形很快增大。当荷载达到一定数值时,即使荷载不再增加,结构变形也自行迅速增大,直至使结构破坏。这个荷载实际上是结构的极限荷载,也称临界荷载,其对应的失稳荷载值即拱的极限承载力。第二类稳定问题的求解要同时考虑材料非线性和几何非线性,求解过程复杂,不利于工程实践应用。

研究表明,只要第一类稳定问题对应的线弹性稳定系数大于某一限值 K,考虑双重非线性及各种初始缺陷时,结构在荷载作用下就不至于失稳。由于第一类稳定问题的临界荷载是第二类稳定问题极限荷载的上限,在实际应用中只要保证较大的稳定系数,就能保证结构不致失稳。因而,为简化计算分析,工程中一般规定弹性屈曲稳定安全系数(简称稳定安全系数) $K \geqslant 4$,以保障结构的稳定安全,对某些工程的取值可能更大,需要根据实际情况选取。

由于拱桥的失稳涉及面内失稳和面外失稳两种,是空间稳定性问题,所以,钢管拱桥空间稳定验算应建立空间有限元全桥施工状态到成桥状态的整体分析模型。关于施工状态稳定性前述内容已经讨论,这里不再赘述。

对于成桥状态稳定性分析按成桥状态直接计算结构内力进而算出稳定系数。这相当于满堂支架全部结构一次落架的稳定系数。由于实际施工过程中拱肋的累积恒载内力会大于上述情况,因此计算出稳定系数也会大于实际值。为了纠正上述偏差,在恒载内力计算中对于实际施工过程中拱肋轴力和一次落架中拱肋轴力分别进行计算和对比,给出前者相对后者的放大系数。这样,在空间稳定计算中对拱肋的恒载内力计入此放大系数,由此计算的稳定系数将更符合实际情况。

稳定安全系数 K 的求解一般分为以下两种荷载工况:

(1) 成桥状态:恒载;

(2) 成桥状态:恒载 + 汽车活载效应(全跨满布)。

对上述两个工况分别进行稳定计算,验算其对应的稳定安全系数 K 是否满足要求。

6) 吊杆张拉

吊杆的初张力、张拉顺序和张拉批次对于钢管混凝土系杆拱桥的构件截面应力、变形及稳定性有一定影响,可按以下步骤进行吊索张拉设计计算与分析:

(1) 拟定吊杆初张力;

(2)制订吊杆张拉方案(至少两种);
(3)根据张拉方案进行结构应力、变形和稳定性计算与验算;
(4)计算结果对比分析,确定推荐的吊杆张拉方案。

对于吊杆张拉方案,一般可根据前述4.4.2节相关内容确定吊杆初张力(吊杆均匀承担纵横梁自重),采用正装迭代法,并以成桥阶段成品索吊杆内力分布均匀为约束条件,给出优化吊杆力张拉值;或者根据无应力索长计算吊杆一次张拉所需张拉力,进行一次张拉就位(无应力索长相关内容参考后续斜拉桥计算相关内容,或参考相关教科书及文献)。

7) 温度效应

(1)均匀温度作用

钢管混凝土系杆拱桥考虑因均匀温度作用引起变形或约束变形时,应从受到约束时的结构温度开始考虑结构均匀升温和均匀降温作用。

钢管混凝土拱肋的截面刚度和强度是逐步形成的,不存在实际的合龙温度,为此需要确定拱肋无温度内力时的基准温度,即计算合龙温度。计算合龙温度 T 可由桥位的气温资料通过计算分析给出,也可按下式计算:

$$T = T_{28} + \frac{D - 0.85}{0.2} + T_0 \qquad (4\text{-}4\text{-}8)$$

式中:T_{28}——混凝土浇筑后28d的平均气温(℃);

D——钢管外径(m);

T_0——考虑管内混凝土水化热作用的附加升温值(℃),为3~5℃,冬季浇筑管内混凝土取小值,夏季取大值,混凝土强度低的(C40以下),在此基础上减1℃。

(2)梯度温度作用

钢管混凝土拱肋与混凝土系杆、横梁的热传导特性有显著差异,因此钢管混凝土系杆拱桥选择梯度温度作用计算模式时应按钢管混凝土拱肋、混凝土系杆和横梁分别考虑。

《公路钢管混凝土拱桥设计规范》(JTG/T D65-06—2015)按照拱肋截面形式的不同采用了不同的梯度温度曲线,计算单圆管主拱截面的温差效应时,采用图4-4-18a)所示的梯度温度曲线;计算哑铃形或桁式主拱上下主管的温差效应时,采用图4-4-18b)所示的温度梯度曲线。温度 T_1、T_2 的取值如表4-4-1所示。

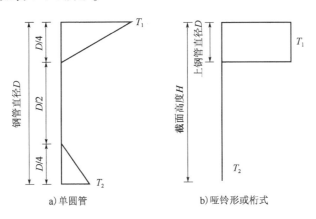

图4-4-18 温度梯度曲线

温度 T_1、T_2 取值　　　　　　　　　　　表 4-4-1

钢管表面涂层	单圆管主拱		哑铃形或桁式主拱	
	T_1(℃)	T_2(℃)	T_1(℃)	T_2(℃)
深色(红色、灰色等)	12	6	8	0
浅色(白色、银白色等)	8	6	5	0

4.4.4　局部构件设计与计算分析

1) 横梁设计与计算

端横梁和中横梁的设计仍按照先拟定截面尺寸后验算的思路进行。将端横梁和中横梁视为简支于两个系梁之间的简支梁，拟定横截面尺寸，除此之外，还应考虑横梁和系梁截面尺寸的匹配。初步拟定横梁尺寸后，还应设计合理的牛腿尺寸，以满足横梁和行车道板的连接构造要求。

考虑行车道板可直接搁置于其上，中横梁往往采用带牛腿的矩形实体截面，具体截面尺寸主要由桥宽和吊杆间距决定，其构造如图 4-4-19a)所示。中横梁采用预制安装或支架上现浇，然后与混凝土系杆通过湿接缝形成刚性连接。当然，横梁作为中、下承式拱桥自重的主要来源，当跨径较大且桥宽较宽时，为了减少横梁自重，横梁也可以采用钢结构。

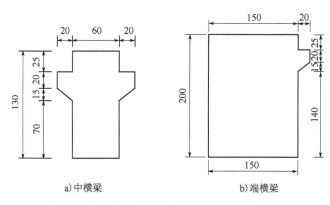

图 4-4-19　拱桥横梁截面一般构造(尺寸单位:cm)

混凝土系杆与拱肋连接处受力很复杂，有较大扭矩存在，同时又要锚固系杆内的预应力钢束，所以设计时考虑采用强大的端横梁，以保证拱肋的空间稳定性，故采用矩形实体且一边带凸出的形式，以放置桥面板及伸缩缝。端横梁往往采用现浇施工，并与混凝土系杆形成刚性连接。

横梁作为预应力混凝土受弯构件，在拟定完结构尺寸后，即可借助全桥整体空间有限元模型进行受力分析得到横梁各截面内力。然后根据截面内力进行预应力配束设计，即预应力钢束估算及布置。计算截面内力考虑的作用主要有但不限于以下各项：

(1) 结构重力(包括拱肋、吊杆、系梁、横梁、行车道板及桥面系和横撑等的自重);

(2) 吊杆张拉力，主要为吊杆初张力，即承担结构自重所需的均匀吊杆力;

(3) 汽车荷载作用;

(4) 混凝土的收缩徐变和温度效应。

将上述作用按最不利作用组合，以其组合值作为配筋估算依据。因为计算中采用的作用仅考虑了结构重力、吊杆力和汽车荷载,虽然包括了绝大部分作用,但并不是桥梁实际承受的全部作用,即缺少预应力钢束作用,所以需要进行横梁受力的校核。具体思路是:按持久状况承载能力极限状态计算预应力钢筋数量,然后按持久状况正常使用极限状态进行校核,并可配合构造要求做适当调整。

在预加应力阶段及使用阶段,预应力混凝土构件截面上、下缘混凝土应力须满足应力限值的要求。一般情况下,由于横梁受压面积较大,压应力不是控制因素,为方便计算,可只考虑拉应力限制条件。虽然《公路钢筋混凝土及预应力混凝土桥涵设计规范》(JTG 3362—2018)中规定,当预拉区配置受力的非预应力钢筋时,容许截面出现少许拉应力,但在估算预应力钢筋数量时,依然假设混凝土拉应力限值为0。

配束完成后,结构作用中增加了预应力效应,因而需要对横梁这种预应力混凝土受弯构件进行最终作用组合下正截面抗弯承载能力和斜截面抗剪承载能力验算,正截面和斜截面抗裂验算和挠度验算,以及持久状况和短暂状况的应力验算。

2) 系杆设计与计算

在钢管混凝土系杆拱设计中,系杆是关键构造之一,系杆的可靠性、耐久性、适应性关系到桥梁结构的正常使用和耐久性能,在实际工程中应谨慎设计。系杆与拱肋应可靠连接,保证系杆与拱肋共同受力。

系杆主要有两种形式:柔性系杆和刚性系杆。柔性系杆常采用在系杆箱中放置张拉的预应力索来实现,系杆箱多为矩形截面,构造应呈宽矮形。柔性系杆拱桥中的系杆主体构造采用预应力拉索,常用的拉索体系有夹片群锚半平行钢绞线索、墩头锚或冷铸锚的平行高强钢丝索。系杆防腐通常采用聚乙烯(PE)防护,高强钢丝采用镀锌涂层、环氧涂层或镀锌-环氧涂层。系杆箱中可灌以防腐密封材料。

刚性系杆为预应力混凝土构件。实际工程中一般可采用预应力混凝土工字形或箱形截面,高度一般为跨径的 $1/50 \sim 1/35$,同时应根据钢管混凝土拱桥结构体系类型,结合考虑刚度比取值范围,综合拟定系杆的高度和宽度构造。拱肋与系杆截面抗弯刚度比常用取值为 $0.5 \sim 2.0$。

柔性系杆仅涉及预应力钢束的张拉和设置,此内容在刚性系杆中同样涉及,因而主要介绍刚性系杆的设计与计算。

由于刚性系杆为预应力混凝土构件,且纵向起到了梁的作用,故刚性系杆又可称为系梁,为了与前述名称一致,下面将刚性系杆统一称为系梁。

拟定钢管混凝土系杆拱桥的预应力混凝土系梁截面尺寸时,应综合考虑三个方面:系梁与拱肋截面尺寸匹配、截面抗弯刚度匹配及一般构造要求。

(1) 系梁与拱肋截面尺寸匹配

主要指系梁和钢管混凝土拱肋截面宽度尺寸应相差不大,以系梁比拱肋略宽为宜;对于梁拱结合处的截面,应适当调整截面尺寸,使拱脚截面既满足受力要求,又便于施工。

(2) 截面抗弯刚度匹配

对于钢管混凝土系梁拱桥,应设计合理的拱肋与系梁的刚度比,以达到优化结构受力的目的。

(3) 一般构造要求

为满足承载能力极限状态和正常使用极限状态而设置的合理构造,如为减小应力集中而设置的承托等。

拱肋为受压构件,理论上应使其弯矩越小越好,但从构造上看,拱肋与系梁刚度比取值过小或过大时,构造均不易处理。当拱肋与系梁刚度比取值在 2.0 左右时,可以明显地减小拱肋弯矩,使钢管混凝土系杆拱桥的受力特点——"拱肋受压,系杆受拉"得到充分发挥,而此时系梁跨中的挠度值也相对合理,同时,在构造上较易处理。

与横梁预应力设计类似,在拟定完结构尺寸后,即可借助全桥整体空间有限元模型进行受力分析,得到系梁各截面内力。全桥整体空间受力分析时,应考虑各项作用(包括自重、汽车荷载等效应)的最不利作用组合计算得到截面内力,然后根据截面内力进行预应力配束设计,即预应力钢束估算及布置。与横梁受力不同的是,系梁作为预应力混凝土构件,既要平衡拱脚水平推力,又承受横梁和吊杆产生的弯矩。因此,对于系梁的预应力筋估算,主要有两种方法:按轴力估算和按弯矩估算。

①按轴力估算

对于轴心受拉构件的正截面抗拉承载力计算,《公路钢筋混凝土及预应力混凝土桥涵设计规范》(JTG 3362—2018)有如下规定:

$$\gamma_0 N_d \leq f_{sd}A_s + f_{pd}A_p \tag{4-4-9}$$

式中:A_s, A_p——普通钢筋和预应力筋的全部截面面积;

N_d——系杆张拉力。

初步确定系梁水平拉力时,可忽略普通钢筋对正截面抗拉承载力的影响,按轴心受拉构件确定系梁张拉力和预应力筋截面面积。根据初拟尺寸建立的有限元模型进行分析计算,可得到承载能力极限状态最不利组合下拱圈最大水平推力,该最大水平推力可作为系梁张拉力初步设计值。

②按弯矩估算

系梁预应力筋数量估算的基本思路是:首先按正常使用状态的抗裂性要求估算预应力筋,然后按持久状况正常使用极限状态进行校核,最终确定预应力钢束数量。具体方法与横梁的预应力筋估算方法相同。

配束完成后,结构作用增加了预应力效应,此时系梁按照预应力拉弯构件进行承载能力极限状态正截面抗拉验算、正截面抗弯承载能力验算、斜截面抗剪承载能力验算、正截面抗裂性验算、斜截面抗裂性验算验算、刚度验算以及持久状况和短暂状况的应力验算。

4.5 计算实例

为了更为清晰地介绍钢管混凝土拱桥的设计计算步骤、内容和计算分析特征,现以常规钢管混凝土拱桥最为常见的下承式钢管混凝土系杆拱桥的设计计算为例,介绍其基本设计计算方法、分析流程、设计要点及结构验算的主要内容。

4.5.1 桥梁概况

本桥为下承式钢管混凝土系杆拱桥,矢跨比为 1/5(常用矢跨比 f/l 的取值范围为 1/5.5 ~ 1/4.5),拱轴线为二次抛物线,计算跨径 $l = 96$ m,桥面总宽 30.1 m,结构总体布置如图 4-5-1 所示。拱肋截面为哑铃形截面,拱肋高度 $H=2.4\mathrm{m}$,拱肋宽度 $B=1.0\mathrm{m}$,腹腔净宽度为 $0.65\mathrm{m}$,哑铃形截面腹腔高度为 $0.64\mathrm{m}$,拱肋钢管壁厚 $t=14\mathrm{mm}$。拱肋截面构造形式及尺寸如图 4-5-2 所示。

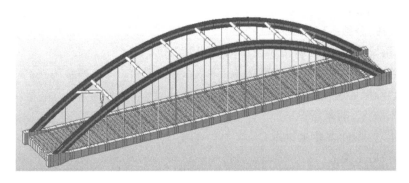

图 4-5-1 结构总体布置示意图

拱肋包括外包钢管和内填混凝土两部分。全桥共设置 18 道中横梁,2 道端横梁,32 根吊杆,吊杆间距 5m,吊杆编号如图 4-5-3 所示。桥面为钢筋混凝土行车道板,采用高 25cm、宽 100cm 简支矩形实体板。本桥共设 7 道横撑。一字形横撑采用直径为 900mm,壁厚为 14mm 的钢管;K 形横撑的钢管主要采用两种,即直径为 900mm、壁厚为 14mm 的钢管,以及直径为 700mm、壁厚为 14mm 的钢管。

拱肋钢管和内填混凝土材料特性如下:

(1) 钢管选用 Q345C 钢材:

抗拉、抗压和抗弯强度设计值 $f_s = 275\mathrm{MPa}$;

抗剪强度设计值 $f_{vd} = 160\mathrm{MPa}$;

抗拉、抗压强度标准值 $f_y = 345\mathrm{MPa}$;

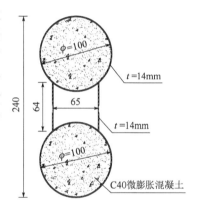

图 4-5-2 拱肋截面构造形式及尺寸(尺寸单位:除注明外,均以 cm 计)

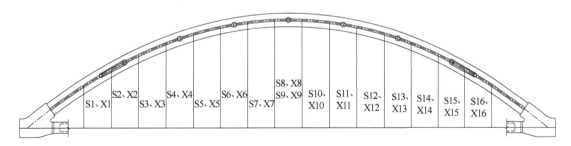

图 4-5-3 吊杆编号示意图(S 代表上游侧,X 代表下游侧)

注:吊杆编号为从一侧拱脚始编号为 1 号,到另一侧拱脚终编号为 16 号,等间距布置,拱圈跨中截面位于 8 号和 9 号吊杆中间。

弹性模量 $E_s = 2.06 \times 10^5 \mathrm{MPa}$。

(2) 钢管内混凝土采用 C40 微膨胀混凝土:

抗压强度标准值 $f_{ck} = 26.8\mathrm{MPa}$;

抗压强度设计值 $f_{cd} = 18.4\mathrm{MPa}$;

抗拉强度标准值 $f_{tk} = 2.40\mathrm{MPa}$;

抗拉强度设计值 $f_{td} = 1.65\text{MPa}$；

弹性模量 $E_c = 3.25 \times 10^4 \text{MPa}$。

桥梁主要技术标准：

(1) 荷载等级：公路—Ⅰ级；
(2) 横坡：桥梁为双幅桥，单幅桥设单向横坡为2.0%；
(3) 车道数：单幅桥为单向三车道；
(4) 地震动峰值加速度：$0.10g$；
(5) 高程体系：85国家高程系；
(6) 坐标体系：1954北京坐标系；
(7) 环境类别：Ⅰ类。

该桥采用整体吊装施工。

4.5.2 总体结构分析

1) 计算方法概述

建立空间有限元模型时，吊杆采用桁架单元，其余杆件采用梁单元。吊杆和系杆采用共线双单元法进行建模，纵向行车道板采用梁格法进行建模，钢管混凝土拱肋截面采用施工阶段联合截面进行模拟，通过激活、钝化相应施工阶段联合截面单元和材料类型改变不同施工阶段的有限元模型。施工阶段划分见表4-5-1。

施工阶段划分　　　　表4-5-1

施工阶段编号	施工内容
CS1	钢管拱及劲性骨架拼装、焊接成整体，安装风撑和临时横梁，并在劲性骨架上安装系杆底模、绑扎钢筋、安装内心模，按照设计吊装方案整体起吊
CS2	钢管劲性骨架系杆拱桥整孔吊装就位
CS3	浇筑四个拱脚混凝土
CS4	浇筑两根端横梁
CS5	张拉2根端横梁（DH）的全部预应力钢束
CS6	浇筑拱肋下钢管混凝土
CS7	张拉预应力系杆的2束N7钢束
CS8	浇筑拱肋上钢管混凝土
CS9	张拉预应力系杆的2束N8钢束
CS10	浇筑拱脚之间系梁混凝土
CS11	张拉混凝土系梁第一批预应力钢束；4束N1和4束N4，并拆除系梁模板
CS12	安装全部吊杆（32根）
CS13	张拉第一批8号、9号吊杆（4根）
CS14	张拉第一批6号、11号吊杆（4根）
CS15	张拉第一批4号、13号吊杆（4根）
CS16	张拉第一批2号、15号吊杆（4根）
CS17	张拉第一批7号、10号吊杆（4根）

续上表

施工阶段编号	施 工 内 容
CS18	张拉第一批5号、12号吊杆(4根)
CS19	张拉第一批3号、14号吊杆(4根)
CS20	张拉第一批1号、16号吊杆(4根)
CS21	安装第一批中横梁(共8道),中横梁编号1号、4号、5号、9号、10号、14号、15号、18号
CS22	先拆除临时横向联系,然后安装第二批中横梁(共10道),中横梁编号2号、3号、6号、7号、8号、11号、12号、13号、16号、17号
CS23	张拉全部18根中横梁的1号和4号预应力钢束,共36束
CS24	张拉混凝土系梁第二批预应力钢束:4束N2和4束N5
CS25	安装全部行车道板(12×19=228片,横桥向12片,纵桥向19跨)
CS26	张拉混凝土系梁第三批预应力钢束:4束N3和4束N6
CS27	张拉第二批8号、9号吊杆(4根)
CS28	张拉第二批6号、11号吊杆(4根)
CS29	张拉第二批4号、13号吊杆(4根)
CS30	张拉第二批2号、15号吊杆(4根)
CS31	张拉第二批7号、10号吊杆(4根)
CS32	张拉第二批5号、12号吊杆(4根)
CS33	张拉第二批3号、14号吊杆(4根)
CS34	张拉第二批1号、16号吊杆(4根)
CS35	现浇10cm桥面整体化层混凝土
CS36	张拉全部18根中横梁的2号和3号预应力钢束,共36束
CS37	先拆除临时横梁,有限元模型里表现为钝化临时横梁单元;然后摊铺沥青及安装其他附属结构
CS38	成桥3年,计算混凝土收缩徐变效应

本桥行车道板简支于相邻横梁之上,横梁截面尺寸较大且与系梁连接较为牢固。有限元建模时,采用平面梁格模型模拟行车道板与横梁之间的相互关系,通过释放纵向行车道板连接点梁端约束模拟行车道板简支结构体系,并将横梁与系梁交点简化为固结,认为横梁与系梁间可传递弯矩。

2)结构离散

有限元模型共建节点1 773个,梁单元2 735个(包括风撑、拱肋、劲性骨架系梁、横梁、行车道板),采用桁架受拉单元来模拟吊杆,共32个吊杆单元。全桥结构有限元模型如图4-5-4所示。

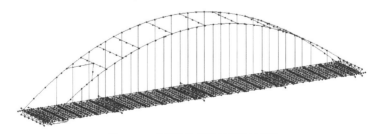

图4-5-4 全桥结构有限元模型示意图

4.5.3 作用效应及组合

永久作用主要计算结构重力(一期恒载、二期恒载)、预加力和混凝土收缩徐变作用。其中一期恒载效应为各施工阶段自重内力累积而成。本桥为整体吊装施工,钢管内力一次施加,管内混凝土自重应力分布由浇筑顺序决定,经优化分析,选择两根下管混凝土先浇筑而后浇筑两根上管混凝土的施工工序。

可变作用包括汽车荷载、汽车冲击力、人群荷载、温度作用等11种。实例工程设计荷载没有人群荷载,所以可变作用包括汽车荷载、汽车冲击力、均匀温度作用和梯度温度作用。

结构分析计算采用的作用类型如表4-5-2所示。

结构分析计算采用的作用类型列表　　　　表4-5-2

编号	作用分类	作用名称
1	永久作用	结构重力(包括结构附加重力)
2		预加力
3		混凝土收缩及徐变作用
4	可变作用	汽车荷载
5		汽车冲击力
6		温度(均匀温度和梯度温度)作用

1)永久作用

(1)结构重力效应

该钢管混凝土系杆拱桥整体吊装施工过程经历整体吊装、吊装就位、安装中横梁、安装行车道板及成桥5个重要的体系转换过程。其结构重力效应为各施工阶段重力作用产生的内力叠加。

(2)预加力作用

预加力作用为按照实际施工的工序,依次张拉各横梁和系杆钢束以及成品索吊杆。吊杆张拉顺序及张拉控制力如表4-5-3所示。

吊杆张拉顺序及张拉控制力　　　　表4-5-3

吊杆编号	1、16	2、15	3、14	4、13	5、12	6、11	7、10	8、9
张拉顺序	8	4	7	3	6	2	5	1
第一批张拉至(kN)	250.0	250.0	250.0	250.0	250.0	250.0	250.0	250.0
第二批张拉至(kN)	750.0	750.0	750.0	750.0	750.0	750.0	750.0	750.0

(3)混凝土收缩徐变作用

钢管混凝土拱肋核心混凝土采用美国混凝土协会(ACI)209R-92推荐的公式进行混凝土收缩徐变效应计算,行车道板、混凝土系梁和横梁采用《公路钢筋混凝土及预应力混凝土桥涵设计规范》(JTG 3362—2018)规定的公式计算收缩徐变效应。

钢管混凝土拱肋核心混凝土、端横梁和混凝土系梁加载龄期按14天考虑,混凝土拱脚和横梁加载龄期按 28 天考虑,混凝土收缩徐变总天数 1 268 天。

根据建立的实例工程空间有限元模型,可分别计算各构件不同作用效应下结构内力。现给出不同效应下结构部分典型内力分布,以方便了解结构受力特征,为进一步计算分析提供依据。钢管混凝土拱肋关键截面重力作用产生的截面弯矩和轴力计算结果见表 4-5-4。

钢管混凝土拱肋关键截面重力作用效应 表 4-5-4

截面位置	弯矩(kN·m)	轴力(kN)
拱脚	3 070.82	14 967.40
$L/8$	1 348.52	14 084.54
$L/4$	1 154.36	13 106.58
$3L/8$	1 017.38	12 308.58
$L/2$	787.32	12 123.60

重力作用下钢管混凝土拱肋、混凝土系梁的内力情况和吊杆的轴力情况如图 4-5-5 ~ 图 4-5-9 所示。预加力作用引起的钢管混凝土拱肋和混凝土系梁的弯矩次内力情况如图 4-5-10、图 4-5-11 所示。混凝土收缩徐变作用引起的钢管混凝土拱肋、混凝土系梁和端横梁的弯矩次内力情况如图 4-5-12 ~ 图 4-5-14 所示。

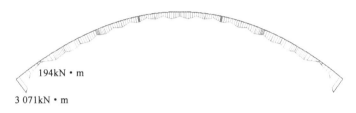

图 4-5-5 重力作用下钢管混凝土拱肋弯矩

图 4-5-6 重力作用下钢管混凝土拱肋轴力

图 4-5-7 重力作用下混凝土系梁弯矩

图 4-5-8 重力作用下混凝土系梁剪力

图 4-5-9　重力作用下成品索吊杆轴力

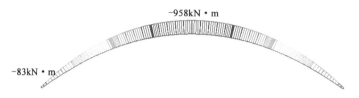

图 4-5-10　预加力作用引起的钢管混凝土拱肋弯矩次内力

图 4-5-11　预加力作用引起的混凝土系梁弯矩次内力

图 4-5-12　混凝土收缩徐变作用引起的钢管混凝土拱肋弯矩次内力

图 4-5-13　混凝土收缩徐变作用引起的混凝土系梁弯矩次内力

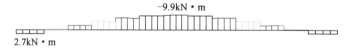

图 4-5-14　混凝土收缩徐变作用引起的端横梁弯矩次内力

2）可变作用

（1）汽车荷载

设计实例设计车道为单向双车道,汽车荷载为公路—Ⅰ级。

（2）汽车冲击力

根据《公路桥涵设计通用规范》(JTG D60—2015)第4.3.2条的规定:汽车荷载的冲击力标准值为汽车荷载标准值乘以冲击系数 μ，冲击系数 μ 由结构基频 f 求得。结构基频通过建立空间有限元模型进行特征值计算得到。

(3) 温度(均匀温度和梯度温度)作用

钢管混凝土拱肋的截面刚度和强度是逐步形成的,不存在实际的合龙温度,因此需要确定拱肋无温度内力时的基准温度,即计算合龙温度。本桥取计算合龙温度22℃,结构均匀升温10℃,结构均匀降温20℃。

对于温度梯度作用,综合《公路钢管混凝土桥梁设计与施工指南》《公路钢管混凝土拱桥设计规范》(JTG/T D65-06—2015)和《公路钢筋混凝土及预应力混凝土桥涵设计规范》(JTG 3362—2018)制定梯度温度曲线的思路,确定采用如图4-5-15所示的正梯度温度和反梯度温度,其中D为哑铃形拱肋圆钢管直径。

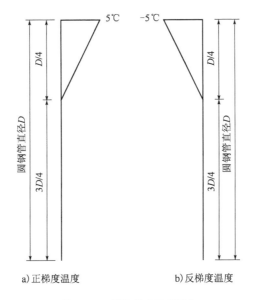

图 4-5-15 拱肋梯度温度模式

汽车荷载作用下钢管混凝土拱肋和混凝土系梁的内力包络情况如图4-5-16~图4-5-18所示;正梯度温度作用和负梯度温度作用下钢管混凝土拱肋和混凝土系梁的弯矩情况如图4-5-19~图4-5-22所示;均匀升温作用和均匀降温作用下钢管混凝土拱肋和混凝土系梁的弯矩情况如图4-5-23~图4-5-26所示。

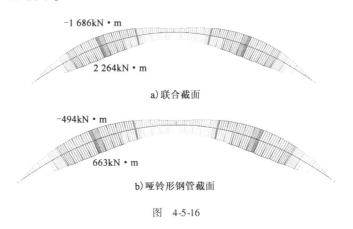

图 4-5-16

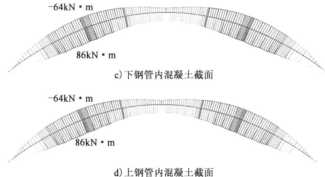

c）下钢管内混凝土截面

d）上钢管内混凝土截面

图 4-5-16　汽车荷载作用下钢管混凝土拱肋弯矩包络图

图 4-5-17　汽车荷载作用下混凝土系梁弯矩包络图

图 4-5-18　汽车荷载作用下混凝土系梁剪力包络图

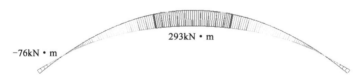

图 4-5-19　正梯度温度作用下钢管混凝土拱肋弯矩

图 4-5-20　正梯度温度作用下混凝土系梁弯矩

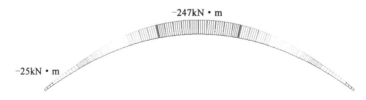

图 4-5-21　负梯度温度作用下钢管混凝土拱肋弯矩

图 4-5-22　负梯度温度作用下混凝土系梁弯矩

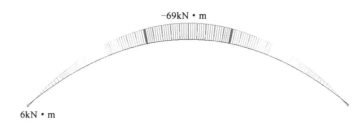

图 4-5-23　均匀升温作用下钢管混凝土拱肋弯矩

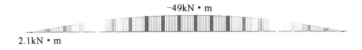

图 4-5-24　均匀升温作用下混凝土系梁弯矩

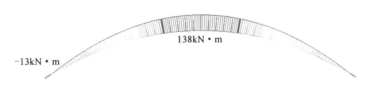

图 4-5-25　均匀降温作用下钢管混凝土拱肋弯矩

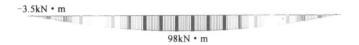

图 4-5-26　均匀降温作用下混凝土系梁弯矩

3）作用效应组合

（1）持久状况承载能力极限状态作用效应组合

持久状况承载能力极限状态作用效应考虑三种组合：

①承载能力基本组合1。

γ_0(1.2 结构重力效应 +1.2 预应力次内力 +1.0 收缩徐变次内力 +1.4 汽车荷载效应)。

②承载能力基本组合2。

γ_0(1.2 结构重力效应 +1.2 预应力次内力 +1.0 收缩徐变次内力 +1.4 汽车荷载效应 +1.12 正梯度温度作用次内力 +1.12 均匀升温作用效应)。

③承载能力基本组合3。

γ_0(1.2 结构重力效应 +1.2 预应力次内力 +1.0 收缩徐变次内力 +1.4 汽车荷载效应 +1.12 负梯度温度作用次内力 +1.12 均匀降温作用效应)。

对上述三种承载能力极限状态作用效应基本组合取包络，得到拱肋、系梁及横梁成桥阶段持久状况承载能力极限状态作用效应组合产生的内力包络情况。

①钢管混凝土拱肋。

钢管混凝土拱肋关键截面持久状况承载能力极限状态包络内力见表4-5-5。钢管混凝土拱肋持久状况承载能力极限状态弯矩包络情况如图4-5-27所示，轴力包络情况如图4-5-28所示。

钢管混凝土拱肋关键截面持久状况承载能力极限状态包络内力 表 4-5-5

截面位置	弯矩最大		轴力最大	
	弯矩(kN·m)	轴力(kN)	弯矩(kN·m)	轴力(kN)
左拱脚	4 722.50	17 981.22	3 713.30	19 739.70
$L/8$	3 584.23	16 940.70	−779.75	18 647.14
$L/4$	3 680.64	15 775.97	−1 908.94	17 392.81
$3L/8$	2 801.30	14 815.10	−1 701.24	16 335.12
$L/2$	1 730.24	14 593.50	−1 178.71	16 076.98

图 4-5-27 钢管混凝土拱肋持久状况承载能力极限状态弯矩包络图

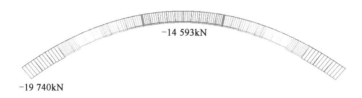

图 4-5-28 钢管混凝土拱肋持久状况承载能力极限状态轴力包络图

②混凝土系梁。

混凝土系梁关键截面持久状况承载能力极限状态包络内力计算结果见表 4-5-6。混凝土系梁持久状况承载能力极限状态弯矩包络情况如图 4-5-29 所示，剪力包络情况如图 4-5-30 所示。

混凝土系梁关键截面持久状况承载能力极限状态包络内力 表 4-5-6

节点号	截面位置	内力最大		内力最小	
		弯矩(kN·m)	剪力(kN)	弯矩(kN·m)	剪力(kN)
56	拱脚	−2 557.09	−991.20	−3 700.33	−1 717.14
68	$L/8$	2 943.26	172.43	−1 341.64	−358.72
78	$L/4$	3 518.02	293.48	−1 585.84	−242.35
89	$3L/8$	3 282.19	221.84	−1 091.08	−392.20
99	$L/2$	2 479.20	297.66	−518.59	−314.17

图 4-5-29 混凝土系梁持久状况承载能力极限状态弯矩包络图

图 4-5-30 混凝土系梁持久状况承载能力极限状态剪力包络图

③端横梁。

端横梁持久状况承载能力极限状态弯矩包络情况如图 4-5-31 所示。

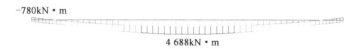

图 4-5-31 端横梁持久状况承载能力极限状态弯矩包络图

④成品索吊杆。

成品索吊杆轴力包络见表 4-5-7。

成品索吊杆轴力包络　　　　　　　　　　表 4-5-7

吊杆编号	成品索吊杆单元号	轴力最大值(kN)	轴力最小值(kN)
1 号(16 号)	2827(2824 2825 2829)	1 053.4(1053.5)	972.2
2 号(15 号)	2840(2836 2838 2842)	983.0	909.7
3 号(14 号)	2852(2847 2849 2853)	946.5	875.1
4 号(13 号)	2860(2855 2857 2862)	961.8	890.8
5 号(12 号)	2872(2868 2869 2874)	940.9	870.1
6 号(11 号)	2883(2879 2881 2886)	945.4	874.6
7 号(10 号)	2891(2887 2890 2893)	929.4	858.7
8 号(9 号)	2899(2896 2897 2901)	1 047.4	976.7

(2)持久状况正常使用极限状态作用效应组合

①作用的频遇组合。

永久作用标准值与汽车荷载频遇值、其他可变作用准永久值相组合,考虑三种组合:

频遇组合 1:γ_0[1.0 结构重力效应 +1.0 预应力次内力 +1.0 收缩徐变次内力 +0.7 汽车荷载效应(不计冲击力)]。

频遇组合 2:γ_0(1.0 结构重力效应 +1.0 预应力次内力 +1.0 收缩徐变次内力 +0.7 汽车荷载效应(不计冲击力) +0.8 正梯度温度作用次内力 +1.0 均匀升温作用效应)。

频遇组合 3:γ_0(1.0 结构重力效应 +1.0 预应力次内力 +1.0 收缩徐变次内力 +0.7 汽车荷载效应(不计冲击力) +0.8 负梯度温度作用次内力 +1.0 均匀降温作用效应)。

对上述三种持久状况正常使用极限状态频遇组合取包络,得到拱肋、系梁及横梁成桥阶段持久状况正常使用极限状态频遇组合作用效应产生的内力包络情况。

a. 钢管混凝土拱肋。

钢管混凝土拱肋关键截面持久状况正常使用极限状态频遇组合作用下的包络内力见表 4-5-8。钢管混凝土拱肋持久状况正常使用极限状态频遇组合作用下的弯矩包络情况如图 4-5-32 所示,轴力包络情况如图 4-5-33 所示。

**钢管混凝土拱肋关键截面持久状况正常使用极限状态
频遇组合作用下的包络内力** 表 4-5-8

截面位置	内力最大		内力最小	
	弯矩(kN·m)	轴力(kN)	弯矩(kN·m)	轴力(kN)
拱脚	3 679.08	14 990.24	3 157.81	15 840.70
$L/8$	2 072.13	14 124.30	-2.94	14 948.23
$L/4$	1 970.99	13 154.54	-716.34	13 935.23
$3L/8$	1 480.99	12 353.15	-708.76	13 087.68
$L/2$	840.91	12 168.50	-596.87	12 885.68

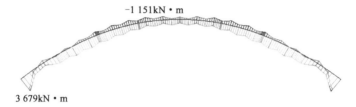

图 4-5-32　钢管混凝土拱肋持久状况正常使用极限状态频遇组合弯矩包络图

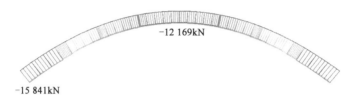

图 4-5-33　钢管混凝土拱肋持久状况正常使用极限状态频遇组合轴力包络图

b. 混凝土系梁。

混凝土系梁关键截面持久状况正常使用极限状态频遇组合作用下的包络内力见表 4-5-9。混凝土系梁持久状况正常使用极限状态频遇组合作用下的弯矩包络情况如图 4-5-34 所示,剪力包络情况如图 4-5-35 所示。

混凝土系梁关键截面持久状况正常使用极限状态频遇组合作用下的包络内力 表 4-5-9

截面位置	内力最大		内力最小	
	弯矩(kN·m)	剪力(kN)	弯矩(kN·m)	剪力(kN)
拱脚	-2 587.94	-872.87	-3 156.86	-1 225.91
$L/8$	1 190.27	64.77	-957.04	-192.13
$L/4$	1 512.96	151.07	-1 055.15	-106.14
$3L/8$	1 417.34	71.31	-818.26	-221.94
$L/2$	1 040.88	138.75	-545.63	-152.60

图 4-5-34　混凝土系梁持久状况正常使用极限状态频遇组合弯矩包络图

图 4-5-35　混凝土系梁持久状况正常使用极限状态频遇组合剪力包络图

c. 端横梁。

端横梁在持久状况正常使用极限状态频遇组合作用下的弯矩包络情况如图 4-5-36 所示。

图 4-5-36　端横梁持久状况正常使用极限状态频遇组合弯矩包络图

d. 吊杆。

吊杆在持久状况正常使用极限状态频遇组合作用下,最大和最小轴力值如表 4-5-10 所示。

吊杆最大及最小轴力值　　　　　　　　　　表 4-5-10

吊杆编号	成品索吊杆单元号	轴力最大值(kN)	轴力最小值(kN)
1 号(16 号)	2827(2824 2825 2829)	848.8(848.9)	809.5
2 号(15 号)	2840(2836 2838 2842)	792.4	757.2
3 号(14 号)	2852(2847 2849 2853)	763.1	728.9
4 号(13 号)	2860(2855 2857 2862)	776.2	742.3
5 号(12 号)	2872(2868 2869 2874)	759.1	725.3
6 号(11 号)	2883(2879 2881 2886)	762.7	728.9
7 号(10 号)	2891(2887 2890 2893)	749.6	715.8
8 号(9 号)	2899(2896 2897 2901)	847.4	813.6

②作用的准永久组合。

永久作用标准值与可变作用准永久值相组合,考虑三种组合:

准永久组合 1:γ_0[1.0 结构重力效应 +1.0 预应力次内力 +1.0 收缩徐变次内力 +0.4 汽车荷载效应(不计冲击力)]。

准永久组合 2:γ_0[1.0 结构重力效应 +1.0 预应力次内力 +1.0 收缩徐变次内力 +0.4 汽车荷载效应(不计冲击力) +0.8 正梯度温度作用次内力 +1.0 均匀升温作用效应]。

准永久组合 3:γ_0[1.0 结构重力效应 +1.0 预应力次内力 +1.0 收缩徐变次内力 +0.4 汽车荷载效应(不计冲击力) +0.8 负梯度温度作用次内力 +1.0 均匀降温作用效应]。

对上述三种持久状况正常使用极限状态准永久组合作用效应取包络,得到拱肋、系梁及横梁成桥阶段持久状况正常使用极限状态准永久组合作用效应产生的内力包络情况。

a. 钢管混凝土拱肋。

钢管混凝土拱肋关键截面持久状况正常使用极限状态准永久组合作用下的包络内力见表 4-5-11。钢管混凝土拱肋持久状况正常使用极限状态准永久组合作用下的弯矩包络情况如图 4-5-37 所示,轴力包络情况如图 4-5-38 所示。

钢管混凝土拱肋关键截面持久状况正常使用极限状态准永久组合作用下的包络内力   表 4-5-11

节 点 号	截面位置	内力最大		内力最小	
		弯矩(kN·m)	轴力(kN)	弯矩(kN·m)	轴力(kN)
56	拱脚	3 487.34	14 990.24	3 164.90	15 496.00
1677	L/8	1 552.64	14 124.30	357.09	14 612.83
1717	L/4	1 355.46	13 154.54	−237.50	13 617.64
1747	3L/8	1 004.97	12 353.15	−336.22	12 789.80
1773	L/2	514.53	12 168.50	−408.23	12 595.29

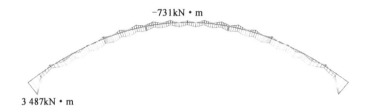

图 4-5-37　钢管混凝土拱肋持久状况正常使用极限状态准永久组合弯矩包络图

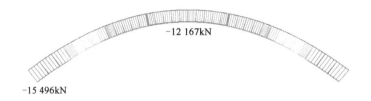

图 4-5-38　钢管混凝土拱肋持久状况正常使用极限状态准永久组合轴力包络图

b. 混凝土系梁。

混凝土系梁关键截面持久状况正常使用极限状态准永久组合作用下的包络内力见表 4-5-12。混凝土系梁持久状况正常使用极限状态准永久组合作用下的弯矩包络情况如图 4-5-39 所示，剪力包络情况如图 4-5-40 所示。

混凝土系梁关键截面持久状况正常使用极限状态准永久组合作用下的包络内力   表 4-5-12

节 点 号	截面位置	内力最大		内力最小	
		弯矩(kN·m)	剪力(kN)	弯矩(kN·m)	剪力(kN)
56	拱脚	−2 607.72	−896.79	−2 953.23	−1 108.90
68	L/8	706.60	20.63	−668.87	−132.08
78	L/4	965.01	97.09	−697.70	−53.07
89	3L/8	953.37	6.65	−543.52	−162.21
99	L/2	723.32	76.32	−411.07	−90.16

图 4-5-39　混凝土系梁持久状况正常使用极限状态准永久组合弯矩包络图

图 4-5-40　混凝土系梁持久状况正常使用极限状态准永久组合剪力包络图

c. 端横梁。

端横梁在持久状况正常使用极限状态准永久组合作用下的弯矩包络情况如图 4-5-41 所示。

图 4-5-41　端横梁持久状况正常使用极限状态准永久组合弯矩包络图

d. 吊杆。

吊杆在持久状况正常使用极限状态准永久组合作用下，最大和最小轴力值如表 4-5-13 所示。

吊杆最大及最小轴力值　　　　　　　　　　　　表 4-5-13

吊杆编号	成品索吊杆单元号	轴力最大值(kN)	轴力最小值(kN)
1 号(16 号)	2827(2824 2825 2829)	832.8(832.7)	809.5
2 号(15 号)	2840(2836 2838 2842)	777.6(777.7)	757.2
3 号(14 号)	2852(2847 2849 2853)	748.6	728.9
4 号(13 号)	2860(2855 2857 2862)	761.8	742.3
5 号(12 号)	2872(2868 2869 2874)	744.7	725.3
6 号(11 号)	2883(2879 2881 2886)	748.3	728.9
7 号(10 号)	2891(2887 2890 2893)	735.2	715.8
8 号(9 号)	2899(2896 2897 2901)	833.1	813.6

作用效应组合计算后，即可根据计算结果进行结构持久状况承载能力极限状态和正常使用极限状态的计算和相关验算。

4.5.4　持久状况承载能力极限状态验算

对于组合拱桥梁，各结构构件的承载能力极限状态受力验算可按照各自简化的受力构件计算模式进行，受篇幅所限，本例主要以拱肋和吊杆构件为例介绍其计算过程和内容。

1）拱肋构件计算

根据前述结构有限元求解模型给出的承载能力极限状态最不利内力组合下拱肋各控制截面的组合内力值(表 4-5-5)，完成拱肋构件验算。

(1) 拱肋构件验算

由于拱肋为哑铃形截面，故拱肋构件计算须对截面内力进行分配，由此计算出各肢单圆形拱肋的受力，并在此基础上按照常规拱桥验算拱肋构件方法完成偏心受压和构件截面承载力验算。各肢拱肋受力分配关系如下列公式所示：

$$M_1 = M_2 = \eta_1 M \tag{4-5-1}$$

$$N_1 = \left(\frac{1}{2} + \frac{1-2\eta_1}{h_2} \cdot \frac{M}{N}\right) \cdot N \tag{4-5-2}$$

$$N_2 = \left(\frac{1}{2} - \frac{1-2\eta_1}{h_2} \cdot \frac{M}{N}\right) \cdot N \tag{4-5-3}$$

$$\eta_1 = \frac{1}{2 + 0.5 h_2^2 \chi} \tag{4-5-4}$$

$$\chi = \frac{(EA)_{sc}}{(EI)_{sc2}} \tag{4-5-5}$$

$$(EI)_{sc2} = E_s I_s + E_c I_c \tag{4-5-6}$$

式中：N,M——截面轴向力和弯矩值；

M_1,M_2——分配到两个肢上的弯矩值；

N_1,N_2——分配到两个肢上的轴力值；

η_1——单肢钢管混凝土和整个构件截面抗弯刚度之比；

h_2——哑铃形截面两肢中心距离；

χ——计算系数；

I_c——混凝土截面惯性矩；

I_s——钢管截面惯性矩；

$(EA)_{sc}$——单肢钢管混凝土毛截面整体压缩设计刚度；

$(EI)_{sc2}$——单肢钢管混凝土毛截面弯曲设计刚度；

得到各肢拱肋上的内力，即可按照钢管混凝土单圆管偏心受压构件的截面承载力验算公式进行承载力验算，按下式所示：

$$\gamma_0 N_s \leqslant \phi_e N_0 \tag{4-5-7}$$

式中：N_s——轴向压力组合设计值；

N_0——钢管混凝土轴心受压截面抗力；

ϕ_e——偏心率折减系数。

按照上述公式分别完成各肢拱肋结构验算，以拱脚和 $L/4$ 截面为例具体计算结果如表4-5-14所示。

(2)拱肋结构整体验算

拱肋结构整体计算主要指拱结构整体稳定极限承载力计算，进行钢管混凝土拱肋的面内整体稳定极限承载力计算时，可将其等效成梁柱进行验算。单圆管拱肋、哑铃形拱肋和桁式拱肋可分别等效成单圆管构件、哑铃形构件和格构柱。对于无铰拱，等效梁柱的计算长度为 $0.36S$（S 为拱轴线长度）。等效梁柱的两端作用力应为拱的 $L/4$（或 $3L/4$）截面处的组合弯矩和轴力，并分别考虑最大轴力和最大弯矩两种工况。具体可参考简单拱桥拱圈整体计算内容，这里不再赘述。

拱肋截面承载力验算表 表4-5-14

截面位置	组合内力		拱肋分配内力		各肢拱肋设计内力	拱肋截面抗力
			弯矩(kN·m)	轴力(kN)		
拱脚	轴力最大	弯矩(kN·m)	N_1(kN)	M_1(kN·m)	$\gamma_0 N_1$(kN)	抗力(kN)
			12 166	249.2	13 382.9	27 192
		3 713.3	轴力(kN) 19 740			
			N_2(kN)	M_2(kN·m)	$\gamma_0 N_2$(kN)	抗力(kN)
			7 573.4	249.2	8 331	26 049
	弯矩最大	弯矩(kN·m)	N_1(kN)	M_1(kN·m)	$\gamma_0 N_1$(kN)	抗力(kN)
			11 911	316.9	13 102.3	26 606
		4 722.5	轴力(kN) 17 981			
			N_2(kN)	M_2(kN·m)	$\gamma_0 N_2$(kN)	抗力(kN)
			6 070	316.9	6 677	24 467
$L/4$	轴力最大	弯矩(kN·m)	N_1(kN)	M_1(kN·m)	$\gamma_0 N_1$(kN)	抗力(kN)
			9 877	128	10 865	26 528
		−1 908.9	轴力(kN) 17 393			
			N_2(kN)	M_2(kN·m)	$\gamma_0 N_2$(kN)	抗力(kN)
			7 516	128	8 267	26 139
	弯矩最大	弯矩(kN·m)	N_1(kN)	M_1(kN·m)	$\gamma_0 N_1$(kN)	抗力(kN)
			10 164	247	11 181	25 471
		3 680.6	轴力(kN) 15 776			
			N_2(kN)	M_2(kN·m)	$\gamma_0 N_2$(kN)	抗力(kN)
			5 612	247	6 173	23 856

2) 吊杆

篇幅所限,只给出吊杆计算的最终结果。

(1) 成品索吊杆应力验算

成品索吊杆安全系数取3.0,验算结果如表4-5-15所示。

成品索吊杆承载能力最不利组合验算 表4-5-15

吊杆编号	应力计算值(MPa)	容许应力值(MPa)	验算结果
1号(16号)	227.1	556.7	验算合格
2号(15号)	212.0	556.7	验算合格
3号(14号)	203.6	556.7	验算合格
4号(13号)	206.5	556.7	验算合格
5号(12号)	201.8	556.7	验算合格
6号(11号)	203.0	556.7	验算合格
7号(10号)	199.3	556.7	验算合格
8号(9号)	225.3	556.7	验算合格

(2)吊杆疲劳验算

参照《钢管混凝土拱桥技术规范》(GB 50923—2013)和《公路钢结构桥梁设计规范》(JTG D60—2015)选取疲劳荷载计算模型Ⅰ即采用等效的车道荷载,集中荷载为 $0.7p_k$,均布荷载为 $0.3q_k$。p_k 和 q_k 按公路—Ⅰ级车道荷载标准取值。吊杆疲劳计算结果如表 4-5-16 所示(拉应力为负,压应力为正)。

吊杆疲劳计算结果(单位:MPa)　　　表 4-5-16

吊杆编号	最 大 值	最 小 值	应 力 幅	疲劳允许应力幅
1 号(16 号)	12.1	0	12.1	551.1
2 号(15 号)	11.1	0	11.1	551.1
3 号(14 号)	10.9	0	10.9	551.1
4 号(13 号)	10.8	0	10.8	551.1
5 号(12 号)	10.8	0	10.8	551.1
6 号(11 号)	10.8	0	10.8	551.1
7 号(10 号)	10.8	0	10.8	551.1
8 号(9 号)	10.8	0	10.8	551.1

4.5.5　持久状况正常使用极限状态验算

《钢管混凝土拱桥技术规范》(GB 50923—2013)规定,钢管混凝土系杆拱桥应按持久状况正常使用极限状态条件下,对结构或构件的应力和变形进行计算与验算。受篇幅所限,本例主要以拱肋和吊杆构件为例介绍其计算过程和内容。

1)拱肋

(1)应力验算

应力叠加法,通过有限元计算出相应荷载组合下截面的轴力与弯矩值,得到持久状况正常使用极限状态下哑铃形钢截面的应力,如表 4-5-17 所示。

哑铃形钢截面最大应力(单位:MPa)　　　表 4-5-17

位　　置	工　　况					
	频遇组合 1	频遇组合 2	频遇组合 3	准永久组合 1	准永久组合 2	准永久组合 3
拱脚	-128.00	-136.00	-119.00	-126.00	-134.00	-117.00
$L/8$	-105.00	-113.00	-98.80	-101.00	-109.00	-96.40
$L/4$	-92.80	-102.00	-87.10	-88.20	-97.20	-84.10
$3L/8$	-80.10	-89.50	-77.70	-76.40	-85.80	-75.20
拱顶	-75.60	-81.50	-75.50	-73.90	-78.70	-73.80

注:表中负号表示拱肋钢管受压。

由表 4-5-17 可见,各控制截面计算结果均满足钢管钢结构应力限值要求,正常使用极限状态下的钢管截面应力均满足要求。

表 4-5-18 及表 4-5-19 给出持久状况正常使用极限状态上钢管的混凝土截面上、下缘应力。

上钢管的混凝土截面上缘应力(单位:MPa)　　　　　　　　　表 4-5-18

位 置	工　况					
	频遇组合1	频遇组合2	频遇组合3	准永久组合1	准永久组合2	准永久组合3
拱脚	-6.53	-7.71	-5.25	-6.22	-7.40	-4.94
$L/8$	-5.02	-6.27	-3.76	-4.42	-5.66	-3.15
$L/4$	-5.00	-6.34	-3.71	-4.28	-5.62	-2.99
$3L/8$	-4.60	-5.99	-3.28	-4.01	-5.41	-2.70
拱顶	-4.08	-5.50	-2.76	-3.64	-5.06	-2.32

注:表中负号表示拱肋上钢管混凝土受压。

下钢管的混凝土截面下缘应力(单位:MPa)　　　　　　　　　表 4-5-19

位 置	工　况					
	频遇组合1	频遇组合2	频遇组合3	准永久组合1	准永久组合2	准永久组合3
拱脚	-2.85	-2.98	-2.79	-2.76	-2.89	-2.70
$L/8$	-5.48	-5.56	-5.42	-4.99	-5.06	-4.92
$L/4$	-5.63	-5.61	-5.59	-5.03	-5.01	-4.99
$3L/8$	-5.10	-5.02	-5.07	-4.63	-4.55	-4.61
拱顶	-4.78	-4.68	-4.76	-4.51	-4.41	-4.49

注:表中负号表示拱肋下钢管混凝土受压。

由计算结果可见,拱肋钢管内的混凝土均受压,上钢管上缘最大应力 7.71MPa,小于限值 f_{cd} = 18.4MPa。计算结果表明正常使用极限状态下的钢管内混凝土截面应力均满足要求。

(2)挠度计算

持久状况正常使用极限状态准永久组合作用下拱肋控制节点最大挠度如表 4-5-20 所示。

拱肋控制节点最大挠度(单位:mm)　　　　　　　　　表 4-5-20

控制截面	挠　度	控制截面	挠　度
拱脚	0.00	$3L/8$	-39.52
$L/8$	-25.81	拱顶	-38.40
$L/4$	-37.69		

注:表中负号表示拱肋挠度向下。

由表 4-5-20 可见,拱肋控制节点最大挠度为 39.52mm,小于规定的 $L/1\,000$ = 96mm 的限值,满足要求。

2)成品索吊杆

持久状况正常使用极限状态吊杆应力如表 4-5-21 所示。

吊杆应力(单位:MPa)　　　　　　　　　　　表 4-5-21

编　号	工　况					
	频遇组合1	频遇组合2	频遇组合3	准永久组合1	准永久组合2	准永久组合3
1号(16号)	181.9	181.9	182.3	178.4	178.4	178.8
2号(15号)	170.0	170.0	170.2	166.8	166.8	167.0
3号(14号)	163.8	163.8	163.9	160.7	160.7	160.8
4号(13号)	166.6	166.6	166.7	163.5	163.5	163.6
5号(12号)	163.0	163.0	163.0	159.9	159.9	159.9
6号(11号)	163.7	163.7	163.8	160.6	160.6	160.7
7号(10号)	160.9	160.9	161.0	157.8	157.8	157.9
8号(9号)	181.9	181.9	182.0	178.8	178.8	178.9

注:正值表示成品索吊杆受拉。

成品索吊杆抗拉强度标准值1 670MPa,安全系数取3,则吊杆容许应力限值$[\sigma]$为:

$$[\sigma] = \frac{1\ 670}{3} = 556.7(\text{MPa})$$

由表4-5-21可见,持久状况正常使用极限状态下,频遇组合3中,1号(16号)吊杆的应力最大,为182.3MPa,小于应力限值556.7MPa,满足要求。

4.5.6 短暂状况应力及稳定性验算

桥梁构件按短暂状况设计时,应计算在制作、运输及安装等施工阶段,由自重、施工荷载等引起的截面的应力,并不应超过相关限值。施工荷载除有特别规定外均采用标准值,当有组合时不考虑荷载组合系数。

对于短暂状况下构件应力的验算,由于桥梁结构尚未形成完整体系,构件应力大小也不同于成桥阶段。因此,应重新选取施工阶段构件的应力限值。

1)拱肋

取吊装就位、浇筑上拱肋混凝土、浇筑系梁、安装行车道板和桥面系施工等施工阶段进行计算与验算。

考虑到桥梁结构对称,仅取拱脚、$L/8$、$L/4$、$3L/8$和拱顶5个控制截面的哑铃形钢拱肋应力进行计算与验算。

短暂状况下,主要施工阶段的哑铃形钢截面应力计算结果如表4-5-22所示。

短暂状况拱肋哑铃形钢截面上缘应力(单位:MPa)　　　　表 4-5-22

位　置	工　况				
	吊装就位 CS2	浇筑上拱肋 CS8	浇筑系梁 CS10	安装行车道板 CS25	桥面施工 CS37
拱脚	−19.4	−46.9	−70.3	−99.8	−113.0
$L/8$	−18.7	−49.4	−60.9	−78.6	−89.3

续上表

位 置	工 况				
	吊装就位 CS2	浇筑上拱肋 CS8	浇筑系梁 CS10	安装行车道板 CS25	桥面系施工 CS37
$L/4$	−20.7	−39.5	−50.6	−67.5	−76.6
$3L/8$	−20.1	−29.6	−40.6	−57.5	−66.1
拱顶	−19.8	−25.5	−35.4	−51.8	−60.6

注：表中负号表示拱肋钢管受压。

短暂状况下，主要施工阶段的哑铃形钢截面均受压，且最大值 113.0MPa $< 0.5f_s = 0.5 \times 275 = 137.5$(MPa)，满足限值要求。

短暂状况下，拱肋下、上钢管内混凝土主要施工阶段的控制截面应力计算结果分别如表 4-5-23 和表 4-5-24 所示。

短暂状况拱肋下钢管内混凝土截面下缘应力（单位：MPa）   表 4-5-23

位 置	工 况				
	浇筑下拱肋 CS6	浇筑上拱肋 CS8	张拉中横梁 第一批预应力 CS23	安装行车道板 CS25	桥面系施工 CS37
拱脚	−0.69	−1.28	−1.78	−2.10	−3.02
$L/8$	−0.21	−0.60	−2.34	−3.85	−4.74
$L/4$	−0.28	−0.71	−2.24	−3.66	−4.59
$3L/8$	−0.43	−0.97	−2.46	−3.49	−4.35
拱顶	−0.50	−1.11	−2.46	−3.68	−4.48

注：表中负号表示拱肋下钢管混凝土受压。

短暂状况拱肋上钢管内混凝土截面上缘应力（单位：MPa）   表 4-5-24

位 置	工 况				
	浇筑上拱肋 CS8	浇筑系梁 CS10	张拉中横梁 第一批预应力 CS23	安装行车道板 CS25	桥面系施工 CS37
拱脚	−0.61	−2.76	−2.74	−5.37	−6.42
$L/8$	−1.01	−1.78	−1.83	−3.17	−4.14
$L/4$	−1.07	−1.79	−1.84	−3.08	−3.87
$3L/8$	−1.02	−1.74	−1.61	−3.03	−3.78
拱顶	−0.98	−1.60	−1.65	−2.84	−3.62

注：表中负号表示拱肋上钢管混凝土受压。

拱肋下、上钢管内混凝土主要施工阶段的控制截面均处于受压状态，最大压应力 6.42MPa，小于设计应力限值 18.4MPa，满足限值要求。

2）成品索吊杆

对于成品索吊杆构件，取安装成品索吊杆、安装第一批中横梁（即成品索吊杆第一次张拉完成阶段）、安装行车道板、现浇整体化层（即成品索吊杆第二次张拉完成阶段）和桥面系施工等施工阶段进行计算与验算。

短暂状况下,成品索吊杆主要施工阶段的应力计算结果如表4-5-25所示。

短暂状况主要施工阶段成品索吊杆应力(单位:MPa)　　　表4-5-25

吊杆编号	安装成品索吊杆 CS12	安装第一批中横梁 CS21	安装行车道板 CS25	现浇整体化层 CS35	桥面系施工 CS37
1号(16号)	0.43	47.76	68.86	166.30	173.90
2号(15号)	0.61	46.78	66.91	155.30	162.90
3号(14号)	0.72	44.29	62.47	149.10	156.60
4号(13号)	0.80	47.08	65.58	151.80	159.30
5号(12号)	0.87	41.86	62.28	148.20	155.60
6号(11号)	0.92	43.17	64.35	148.90	156.30
7号(10号)	0.96	41.12	61.35	146.20	153.60
8号(9号)	0.97	53.07	71.60	167.40	174.80

注:正值表示成品索吊杆受拉。

成品索吊杆抗拉强度标准值 $f_{pk}=1670$ MPa,安全系数取 $\alpha=2.5$,则应力限值为:

$$[\sigma]=\frac{f_{pk}}{\alpha}=\frac{1670}{2.5}=668(\text{MPa})$$

由表4-5-25可见,短暂状况下成品索吊杆的应力均小于应力限值668MPa。

3)稳定性验算

选取7个主要施工阶段对其进行结构整体稳定性计算分析,结构整体稳定性计算结果如表4-5-26所示。

结构整体线弹性稳定特征值　　　表4-5-26

施工阶段	CS2	CS6	CS8	CS10	CS23	CS25	CS37
稳定特征值	16.06	17.66	18.64	13.40	10.72	8.67	6.91

7个主要施工阶段的屈曲模态如图4-5-42~图4-5-48所示。

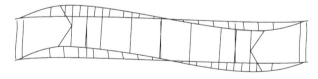

图4-5-42　CS2的一阶屈曲模态

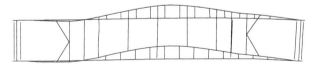

图4-5-43　CS6的一阶屈曲模态

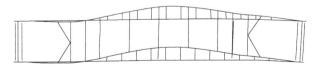

图4-5-44　CS8的一阶屈曲模态

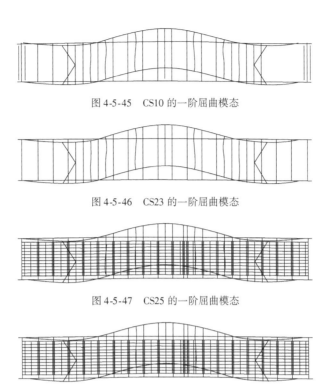

图 4-5-45　CS10 的一阶屈曲模态

图 4-5-46　CS23 的一阶屈曲模态

图 4-5-47　CS25 的一阶屈曲模态

图 4-5-48　CS37 的一阶屈曲模态

4) 结果分析

由表 4-5-26、图 4-5-42~图 4-5-48 可见,7 个施工阶段中浇筑下拱肋混凝土与浇筑上拱肋混凝土阶段(CS8)整体稳定特征值最大,为 18.64;成桥阶段(CS37)整体稳定特征值最小,为 6.91;各阶段结构弹性整体稳定特征值均大于 4.0,满足限值要求。

通过对钢管混凝土系杆拱桥空间整体有限元模型的分析,完成了作用效应计算、承载能力极限状态和正常使用极限状态的作用效应组合,并据此完成了持久状况下承载能力极限状态和正常使用极限状态结构及构件的各项验算,并进行了短暂状况的各项验算。计算结构和分析过程可为同类桥型设计计算提供借鉴。

本章参考文献

[1] 顾安邦,向中富.桥梁工程(下册)[M].3 版.北京:人民交通出版社股份有限公司,2017.
[2] 邵旭东.桥梁工程[M].6 版.北京:人民交通出版社股份有限公司,2023.
[3] 徐岳.钢管混凝土系杆拱桥[M].北京:人民交通出版社股份有限公司,2017.
[4] 金成棣.预应力混凝土梁拱组合桥梁——设计研究与实践[M].北京:人民交通出版社,2001.
[5] 宋一凡.公路桥梁荷载与结构评定[M].北京:人民交通出版社,2002.
[6] 蔡绍怀.现代钢管混凝土结构[M].北京:人民交通出版社,2007.
[7] 陈宝春.钢管混凝土拱桥[M].北京:人民交通出版社,2007.

[8] 中华人民共和国国家标准.钢管混凝土拱桥技术规范:GB 50923—2013[S].北京:中国计划出版社,2013.
[9] 中华人民共和国国家标准.钢结构设计规范:GB 50017—2003[S].北京:中国建筑工业出版社,2003.
[10] 中华人民共和国行业标准.公路桥涵设计通用规范:JTG D60—2015[S].北京:人民交通出版社股份有限公司,2015.
[11] 中华人民共和国行业标准.公路钢筋混凝土及预应力混凝土桥涵设计规范:JTG 3362—2018[S].北京:人民交通出版社股份有限公司,2018.
[12] 中华人民共和国行业标准.公路钢管混凝土拱桥设计规范:JTG/T D65-06—2015[S].北京:人民交通出版社股份有限公司,2015.
[13] 中华人民共和国行业标准.公路桥涵施工技术规范:JTG/T F50—2011[S].北京:人民交通出版社,2011.
[14] 中国工程建设协会标准.钢管混凝土结构技术规程:CECS 28:2012[S].北京:中国计划出版社,2012.
[15] 中华人民共和国行业标准.高强混凝土结构技术规程:CECS 104:99[S].北京:中国计划出版社,1999.
[16] 四川省交通厅公路规划勘察设计研究院.公路钢管混凝土桥梁设计与施工指南[M].北京:人民交通出版社,2008.
[17] 徐岳.整体吊装组合吊索钢管混凝土系杆拱桥设计与施工技术研究[R].长安大学,2015.

第 5 章
缆索承重桥梁设计计算

缆索承重桥因其跨越能力大而被作为跨越江河、海湾的首选桥型。从 300m 至 2 500m 跨度范围,缆索承重桥梁均有很大的竞争优势。缆索承重桥是指以缆索作为主要承重构件,或者缆索与其他构件(如斜拉桥的主梁)一起作为主要承重构件的桥梁。缆索承重桥梁主要包括悬索桥和斜拉桥,前者(地锚式悬索桥除外)是主缆单独作为承重结构,而后者则是斜拉索与主梁共同作为承重结构。

缆索承重桥梁的主梁由稠密的吊索或者斜拉索支承,主梁内竖向弯矩小,主梁高度不再由竖向弯矩控制,主梁的高跨比很小,如可能取 1/500~1/200。缆索承重桥梁一般跨度大、结构细柔、基频很低(有的桥梁纵飘基频低于 0.01Hz)。该类桥梁的永久作用占其承载力的大部分,如甚至超过 90%。

静力计算是缆索承重桥梁设计与计算的重要内容。由于其跨径大,非线性问题非常突出,尤其是几何非线性问题,若计算中不加以慎重处理,结构计算误差很大。施工方法以及工序与内力形成密切相关,缆索承重桥梁的结构设计计算时需要考虑施工方法及施工工序。斜拉桥与悬索桥的主要构造差别很大,各构件的成桥及施工阶段受力特性也大不相同,下文将分章节介绍斜拉桥与悬索桥的设计计算内容与方法。

为了便于读者掌握这两类桥的静力计算步骤、计算方法,两部分均附加一个计算示例。这些示例均是国内已建成桥梁的计算内容的简化版,读者可以参照计算示例,尝试对同类其他跨径桥梁进行分析。

缆索承重桥梁的风致振动特性取决于桥梁主要构件的几何外形,需要借助风洞试验开展研究,静力分析无助于缆索承重桥梁风致振动的特性研究。地震动响应分析需要专门的知识以及专门的计算软件,加之篇幅有限,本章不介绍缆索承重桥梁地震动响应分析的内容。

5.1 斜 拉 桥

5.1.1 斜拉桥设计计算概述

斜拉桥在 200~1 200m 的跨径范围内具有很大的优越性。该体系承重结构由受拉的斜拉索、压弯为主的主梁、受压为主的桥塔组成。基本组成如图 5-1-1 所示。

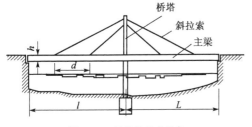

图 5-1-1 斜拉桥组成示意

斜拉索锚固在桥塔和主梁上,为主梁提供多点弹性支承,大大降低主梁的弯矩,提高主梁的跨越能力;桥塔支承着斜拉索传过来的静、动荷载;主梁直接承受活荷载作用,在斜拉索的斜向支承下既受压又受弯。

斜拉索的索力是影响斜拉桥受力的一个主要因素,索力可以根据设计者的要求进行调整。如何合理确定索力,使斜拉桥处于合理受力状态,是斜拉桥设计中的关键问题。

1) 斜拉桥力学特性

从主梁受力的角度来分,斜拉桥有漂浮、半漂浮、墩梁固结、塔墩梁固结四类结构体系,如图 5-1-2 所示。

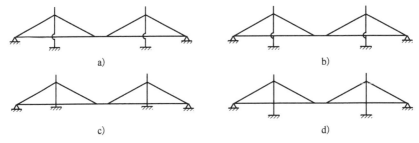

图 5-1-2 斜拉桥受力体系分类

漂浮体系如图 5-1-2a)所示,为塔墩固结、塔梁分离体系。主梁除两端支承外,其余全部由斜拉索悬吊,形成多跨弹性支承连续梁。其主要受力特点为:主跨满载时,桥塔处的主梁截面内负弯矩不是最大。主梁的温度、收缩徐变次内力均较小。密索体系中主梁各截面的变形和内力的变化平缓,内力均匀。主梁在顺桥向变形不受桥塔约束,主梁的水平荷载不直接传递到桥塔上。地震时主梁可纵向摆荡,适用于高烈度地震区。为抵抗风荷载引起的主梁横向水平位移,在塔与梁间设置侧向限位支座。该体系的缺点是:当采用悬臂施工时,桥塔处主梁需临时固结,以抵抗施工过程中的不平衡弯矩和纵向剪力。由于施工时不可能做到完全对称,成桥后解除临时固结时主梁易发生纵向摆动。

半漂浮体系如图 5-1-2b)所示,塔墩固结、塔梁分离,在塔墩处主梁下设置竖向支承。如果横系梁上设置普通支座,则两跨满载时,塔柱处主梁截面内负弯矩出现峰值,主梁温度、收缩徐变内力较大。若在墩顶设置可以调节高度的支座或弹簧支撑来替代拉索,并在成桥时调整支座反力,以消除大部分收缩徐变等不利影响,这样就可以与漂浮体系相媲美,并且在经济、美观、施工等方面都优于漂浮体系。

塔梁固结体系如图 5-1-2c)所示,上部结构为一整体,上、下部结构之间用支座支承,类似于体外预应力束的连续梁。该体系的主梁内力和挠度与主梁索塔的弯曲刚度比值有关。主梁一般只在一个桥塔处设置固定支座,而其余均为纵向活动支座。该体系的主要受力特点是:显著减小桥塔弯矩和主梁承受的轴向拉力,整体升、降温引起的温度应力较小。中跨满载时,墩顶处主梁转角位移导致桥塔倾斜,使塔顶产生较大的水平位移,从而显著增大主梁跨中挠度和边跨负弯矩。该体系需要设置大吨位的支座。该体系是 100~200m 跨度斜拉桥的较好选择,多用于矮塔斜拉桥。

刚构体系如图 5-1-2d)所示,塔、梁、墩固结。其主要受力特点为:能满足悬臂施工的稳定要求,结构整体刚度较好,主梁挠度较小。三者固结处主梁负弯矩大,此处截面尺寸需要加大。为减小温度应力,应用于双塔斜拉桥时跨度不宜过大,且要求墩身具有一定的柔性(如采用高墩),以避免出现过大的附加内力。该体系最适用于独塔斜拉桥。

2)设计计算内容

设计一座斜拉桥,首先需要拟定基本设计参数,如桥梁起止点、跨径布置,选用的结构体系(漂浮、半漂浮、塔梁固结、塔墩梁固结)、索间距等;然后选定主要受力构件截面形式并根据经验参数或工程类比拟定结构几何尺寸;对初拟尺寸的斜拉桥建立有限元模型,施加可反映实际约束的边界条件,计入永久作用、可变作用等荷载作用,运用索力优化理论(刚性支承连续梁法、内力平衡法、弯曲能量最小法等)中的一种或者两种来确定斜拉桥合理成桥状态,即成桥状态的线形和内力状态为最优状态,对应的主梁和塔的恒载弯矩最小。该阶段最主要的工作是确定斜拉索的成桥索力;确定理想成桥状态后,再结合合理施工状态,确定施工阶段斜拉索的索力,使合理成桥状态和合理施工状态重合。

在这个过程中,涉及的计算内容如下:

$$\text{斜拉桥的分析}\begin{cases}\text{静力分析}\begin{cases}\text{整体分析}\\\text{局部分析}\end{cases}\\\text{稳定性分析}\\\text{动力分析}\begin{cases}\text{抗风分析}\\\text{抗震分析}\end{cases}\end{cases}$$

整体静力分析主要通过索力优化,确定理想成桥状态和合理施工状态。这是斜拉桥分析计算的核心内容,也是后续稳定性和动力分析的前提和基础。如果仅考虑永久作用、可变作用下结构的内力,可采用平面杆系模型。可变作用的空间效应通过横向分布系数或偏载系数来考虑或直接建立空间模型。

局部静力分析主要是对斜拉索在主梁、索塔上的锚固区,塔、墩、梁之间的固结部位,两种不同截面或不同材料的结合部位,箱梁翼缘的有效宽度(剪力滞影响),横梁与主梁的连接处等部位,在整体静力分析的基础上,对这些特殊位置进行局部分析。此时,需要将这些部位从整体结构中分离出来,做进一步的细化空间模型分析。通常需要采用空间板壳单元、块体单元和梁单元的组合模式。

稳定性分析主要是对主梁和塔柱进行,须考虑成桥和施工阶段的稳定性,跨径不大时应进行弹性稳定性分析,超大跨径斜拉桥还必须进行弹塑性稳定分析。

抗风抗震分析需计算动力特性和动力响应。由于斜拉桥动力响应有较强的耦合性,尤其是扭转和竖向弯曲振型经常强烈耦合在一起,因此,动力分析需建立空间模型。

5.1.2 斜拉桥的计算理论

斜拉桥的主梁如同弹性支承(悬吊)于斜拉索的连续梁,超静定次数较多,特别是对大跨密索体系,结构的内力分析比其他类型桥梁结构要复杂。结构分析的方法有古典法和电算法两大类。

1) 古典法

古典法是采用杆系结构力学中通常采用的基本方法,如力法、能量法及位移法等。该方法可以对斜拉桥结构进行线性分析,也可以反复多次迭代计算一些非线性问题。采用古典法计算斜拉桥结构,一般采用手算法来完成,适于小跨径稀索斜拉桥。

斜拉桥的静力分析需要考虑永久作用、可变作用、温度、不均匀沉降等作用的效应,需要考虑斜拉索垂度引起的非线性等因素。

下面以一稀索体系斜拉桥仅考虑恒载作用下索力的确定方法,来说明古典法斜拉桥计算的方法。

对称布置的独塔双跨半漂浮体系斜拉桥,每跨设两根拉索,根据结构受力对称性取一半进行受力分析,基本受力体系如图 5-1-3 所示。等截面梁面积为 A,抗弯刚度为 EI,拉索距离塔柱(B 支点位置)分别为 a_1、a_2,倾角分别为 α_1、α_2,X_1 和 X_2 分别为要求解的斜拉索索力。主梁自重 q 作用下,求解拉索索力。

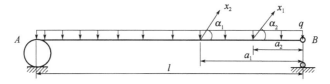

图 5-1-3 基本受力体系

解:采用结构力学中介绍的力法,列方程如下:

$$\left.\begin{array}{l}\delta_{11}X_1\sin\alpha_1 + \delta_{12}X_2\sin\alpha_2 + \Delta_{1P} = 0 \\ \delta_{21}X_1\sin\alpha_1 + \delta_{22}X_2\sin\alpha_2 + \Delta_{2P} = 0\end{array}\right\} \quad (5\text{-}1\text{-}1)$$

式中:δ_{11}——单位竖向力作用在 1 点时,在 1 点产生的竖向挠度;

δ_{22}——单位竖向力作用在 2 点时,在 2 点产生的竖向挠度;

$\delta_{12} = \delta_{21}$——单位力作用在 1 点时,在 2 点产生的竖向挠度;

Δ_{1P}——均布恒载 q 在 1 点产生的竖向挠度;

Δ_{2P}——均布恒载 q 在 2 点产生的竖向挠度。

绘制弯矩图 $\overline{M_1}$、$\overline{M_2}$、M_P 如图 5-1-4 所示。

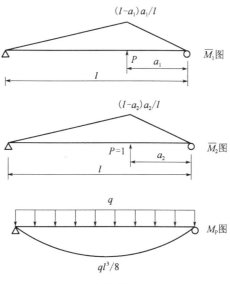

图 5-1-4 $\overline{M_1}$、$\overline{M_2}$、M_P 弯矩图

利用图乘法求得：

$$\delta_{11} = \int \frac{\overline{M_1}^2}{EI} ds = \frac{l-a_1}{6EI} \cdot 2 \cdot \frac{(l-a_1) \cdot a_1}{l} \cdot \frac{(l-a_1) \cdot a_1}{l} +$$

$$\frac{a_1}{6EI} \cdot 2 \cdot \frac{(l-a_1) \cdot a_1}{l} \cdot \frac{(l-a_1) \cdot a_1}{l} = \frac{[(l-a_1) \cdot a_1]^2}{3EIl^2}$$

$$\delta_{22} = \int \frac{\overline{M_2}^2}{EI} ds = \frac{l-a_2}{6EI} \cdot 2 \cdot \frac{(l-a_2) \cdot a_2}{l} \cdot \frac{(l-a_2) \cdot a_2}{l} + \frac{a_2}{6EI} \cdot 2 \cdot \frac{(l-a_2) \cdot a_2}{l} \cdot$$

$$\frac{(l-a_2) \cdot a_2}{l} = \frac{[(l-a_2) \cdot a_2]^2}{3EIl^2}$$

$$\delta_{21} = \delta_{12} = \int \frac{\overline{M_1} \cdot \overline{M_2}}{EI} ds = \frac{(l-a_2)^3 \cdot a_2 \cdot a_1}{3EIl^2} + \frac{(l-a_2)(l-2/3a_2) \cdot a_1 \cdot a_2^2}{2EIl^2}$$

$$\Delta_{1P} = \int \frac{\overline{M_1} \cdot M_P}{EI} ds$$

$$\Delta_{2P} = \int \frac{\overline{M_2} \cdot M_P}{EI} ds$$

采用克拉默法解方程可得：

$$X_1 = \frac{\begin{vmatrix} -\Delta_{1P} & \delta_{12} \\ -\Delta_{2P} & \delta_{22} \end{vmatrix}}{\begin{vmatrix} \delta_{11} & \delta_{12} \\ \delta_{21} & \delta_{22} \end{vmatrix} \sin\alpha_1}$$

$$X_2 = \frac{\begin{vmatrix} \delta_{11} & -\Delta_{1P} \\ \delta_{21} & -\Delta_{2P} \end{vmatrix}}{\begin{vmatrix} \delta_{11} & \delta_{12} \\ \delta_{21} & \delta_{22} \end{vmatrix} \sin\alpha_2}$$

2)电算法

结构分析电算法共分为两类。其一是把空间结构简化为平面结构,采用平面杆系有限元法,将结构离散化,用直杆代替拉索,在柔性索中其单元的抗弯刚度记为零,索的垂度对变形的影响采用修正弹性模量的方法使它线性化,按小挠度理论(小变形理论)建立结构总刚度矩阵。其二,把斜拉桥作为空间结构来分析,建立考虑斜拉索、主梁和桥塔的空间结构有限元模型。其中桥面系的模拟可以采用单梁模式、Π形梁模式、双主梁模式、三主梁模式等,也可以把主梁作为承受轴力作用的薄板单元。本章后面的计算均采用后一种电算法。

5.1.3 斜拉桥的静力计算

1)结构重力引起内力

斜拉桥的结构重力引起的内力应根据拟定的施工方法和工序,按施工阶段逐步计算。对施工顺序以及各施工阶段的要求进行明确的阐述,计算出各阶段的拉索初张力及索力、主梁内力(应力)及挠度、桥塔位移及内力。

既有拉索索力分析方法包括:刚性支承连续梁法、零位移法、倒拆法和正装法、无应力状态控制法、内力平衡法及影响矩阵法等。其中,倒拆法和正装法、无应力状态控制法是以成桥合理受力状态为基础,结合合理施工状态来确定施工阶段的初拉力,使成桥合理状态与施工合理状态高度耦合。

(1)刚性支承连续梁法

此法的意图是选择合适的斜拉索初张力,使斜拉桥主梁的弯曲内力与以拉索锚固点为主梁支点的刚性支承连续梁的内力状态一致。因此,可以根据连续梁的支承反力确定斜拉索的初张力。这种做法使得结构重力产生的内力最小,徐变产生的次内力也较小。

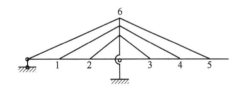

图 5-1-5 刚性支承连续梁法计算图式

根据图 5-1-5 的计算图式,计算在结构重力作用下而拉索初张力为零时,拉索连接点 1、2、3、4、5 的挠度 Δ_{1g}、Δ_{2g}、Δ_{3g}、Δ_{4g}、Δ_{5g} 和索塔顶端节点 6 的水平位移 Δ_{6g}。然后,计算出拉索为单位拉力时对这 6 个节点的影响值 δ_{ki}(k 为节点号,i 为拉索编号)。于是,在结构重力与索力共同作用下,以各节点变位为零的条件写出平衡方程:

$$\begin{aligned} X_1\delta_{11} + X_2\delta_{12} + \cdots + X_6\delta_{16} + \Delta_{1g} &= 0 \\ X_1\delta_{21} + X_2\delta_{22} + \cdots + X_6\delta_{26} + \Delta_{2g} &= 0 \\ &\vdots \\ X_1\delta_{61} + X_2\delta_{62} + \cdots + X_6\delta_{66} + \Delta_{6g} &= 0 \end{aligned} \quad (5\text{-}1\text{-}2)$$

解方程组可求出各斜拉索的索力 X_i。

δ_{kj} 也可采用下述方法计算:

如图 5-1-6a)所示,当一对单位力作用于拉索 i 时,索内产生内力 F,它相当于图 5-1-6b)的结构承受外力 $1-F$,于是只需将根据图 5-1-6a)所求得的变位除以 $1-F$ 即得 δ_{kj}。

1
F
1
a)
1-F
F
1-F
b)

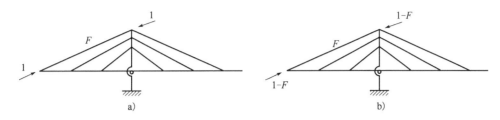

图 5-1-6 δ_{kj} 计算图式

(2)零位移法

零位移法的出发点是通过索力调整,使成桥状态下主梁和斜拉索交点的位移为零。对于采用一次落架施工的斜拉桥,其结果与刚性支承连续梁法的结果基本一致。应当指出的是,以上这两种方法用于确定主跨和边跨对称的单塔斜拉桥的索力是最为有效的,对于主跨和边跨几乎对称的三跨斜拉桥次之,对于主跨和边跨的不对称度较大的斜拉桥,几乎失去了作用。因为这两种方法必然导致比较大的塔根弯矩,索力优化失去了意义。

(3)倒拆法和正装法

该方法通过倒拆、正装交替计算,确定各施工阶段的安装参数,使结构逐步达到预定的线形和内力状态。

图 5-1-7 为悬臂施工到最终状态的最后 4 个安装阶段。

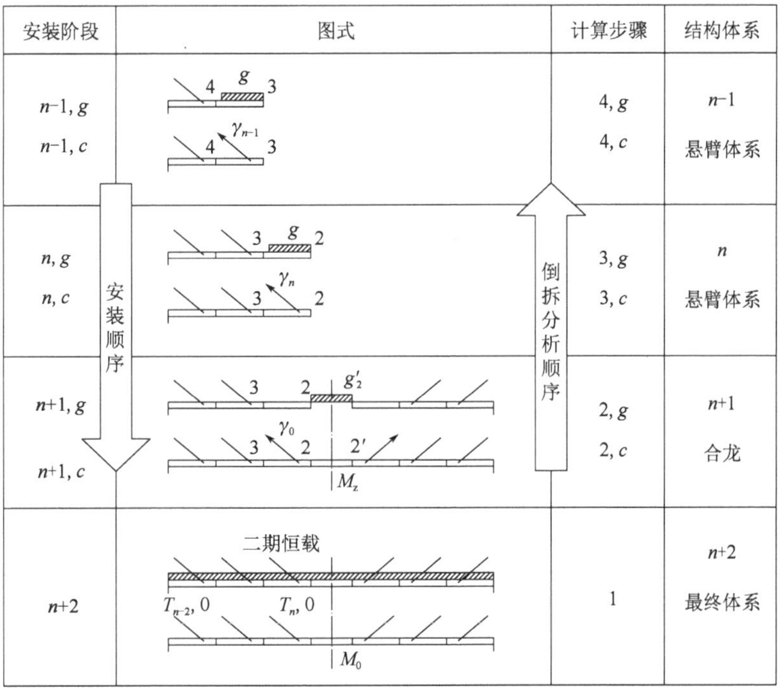

安装阶段
图式
计算步骤
结构体系
n-1, g
n-1, c
4, g
4, c
n-1
悬臂体系
n, g
n, c
3, g
3, c
n
悬臂体系
n+1, g
n+1, c
2, g
2, c
n+1
合龙
n+2
二期恒载
1
n+2
最终体系
安装顺序
倒拆分析顺序

图 5-1-7 正装-倒拆顺序示意图

倒拆计算的第一步是二期恒载 g_5 的卸载,计算索力和跨中弯矩。在第一步计算后,索力和跨中弯矩变为:

$$(T_{1,1},T_{2,1},\cdots,M_{n+1,1}) = (T_{1,0}+\Delta T_{1,1},T_{2,0}+\Delta T_{2,1},\cdots,M_{n+1,0}+\Delta M_{n+1,1}) \quad (5\text{-}1\text{-}3)$$

第二步是合龙段的拆除,在计算 $2,c$ 步时,由半桥组成的结构体系在悬臂端施加弯矩 $-(M_{n+1,0} + \Delta M_{n-1,1})$。在计算 $2,g$ 步时,悬臂端施加合龙段自重荷载(反方向)。此时的索力变化为:

$$(T_{1,2}, T_{2,2}, \cdots, T_{n,2}) = (T_{1,1} + \Delta T_{1,2}, T_{2,1} + \Delta T_{2,2}, \cdots, T_{n,1} + \Delta T_{n,2}) \quad (5\text{-}1\text{-}4)$$

这些是在正装第 n,c 步以后所找到的索力。在初始张拉时,第 n 索中的索力在计算 $2,g$ 步后,就找到所需的索力:$Y_n = T_{n,1} + \Delta T_{n,2}$。

第三步是各悬臂梁段的拆除,在计算 $3,c$ 步时,悬臂体系和第 n 号索在其锚点受到力 $-Y_n = T_{n,1} + \Delta T_{n,2}$ 的作用。在 $3,c$ 以及 $3,g$ 阶段后,索力变化为:

$$(T_{1,3}, T_{2,3}, \cdots, T_{n,3}) = (T_{1,2} + \Delta T_{1,3}, T_{2,2} + \Delta T_{2,3}, \cdots, T_{n,2} + \Delta T_{n,3}) \quad (5\text{-}1\text{-}5)$$

此时在 $n-1$ 号索的索力 T_{n-1},就等于该索的初张力 T_{n-1}。

重复第三步直到整个结构被"化整为零"。总的原理是:在拉索拆除之前每一计算步骤完成后,可确定当前拉索的初始张拉力。于是结构变为拆卸当前拉索并承受相反索力作用的剩余结构。

由于斜拉索的非线性和混凝土收缩徐变的影响,倒拆和正装计算中,两者不闭合,即按照倒拆的数据正装,结构偏离预定的成桥状态的线形和内力状态。

倒拆法与正装法闭合的关键是混凝土收缩和徐变的处理,混凝土的徐变与结构的形成历程有密切的关系,原则上倒拆法无法进行徐变计算。为了解决倒拆法和正装法计算徐变迭代问题,第一轮倒拆计算,不计混凝土的收缩和徐变,然后用上次倒拆法的结果进行正装计算,逐阶段考虑混凝土收缩和徐变的影响,并将各施工阶段的收缩徐变值存盘后,再次进行倒拆计算时,采用上一轮正装阶段的混凝土收缩和徐变值,如此反复,直到正装和倒拆收敛到允许的精度。

(4)无应力状态控制法

无应力状态法分析的基本思路是:不计斜拉索的非线性和混凝土收缩徐变的影响,采用完全线性理论对斜拉桥解体,只要保证单元长度和曲率不变,则无论按照任何程序恢复,还原后的结构内力和线形将与原结构一致。应用这一原理,建立斜拉桥施工阶段和成桥状态的联系。实际结构是非线性的,实施起来需要做迭代,可按照以下步骤进行:

①计算成桥状态各斜拉索无应力状态的长度 S_0 和主梁无应力状态下的预拱度 y_0。用成桥状态的桥面变位 y 扣除自重、斜拉索初张力、预应力索效应和混凝土的收缩徐变等产生的变位,即可求得 y_0,第一轮计算不包括混凝土收缩徐变的影响。

②以 S_0 作为安装过程控制量进行正装计算。根据结构受力的需要,斜拉索可以进行一次或多次张拉。最后一次张拉时,将索由当前的长度,通过张拉调整到预定的无应力长度 S_0,主梁各节点的初始高程按预拱度 S_0 设置。

③为了保证合龙时桥面弹性曲线连续,需要调索。

④由于施工阶段混凝土的收缩徐变和结构非线性行为的影响,由上述安装计算得到的成桥状态和预定的成桥状态之间有差异,主要是梁的线形发生了变化。根据成桥状态的索力和线形,重新调整主梁的预拱度和无应力索长,进行下一轮迭代。

(5)内力平衡法

内力平衡法不仅是结构重力内力计算问题,也是一种选择斜拉索初张力的方法。其基本原则是设计合适的斜拉索初张力,使控制截面在结构重力和活载共同作用下,上翼缘的最大应力和材料允许应力之比等于下翼缘的最大应力和材料允许应力之比。也就是说,使控制截面能承担的内力与结构重力、活载、徐变、温度变化及其他影响所产生的内力相平衡。

内力平衡法假设斜拉索的初张力为未知数,各截面特性以及初张力以外的结构重力内力和活载内力为已知数。

控制截面上缘的抗弯截面模量为 W_b,下缘抗弯截面模量为 W_t,M_a 和 M_b 分别为最大和最小活载弯矩,$[\sigma_b]$ 为上缘材料的允许应力,$[\sigma_t]$ 可为下缘材料的允许应力,内力平衡时要达到的结构重力弯矩为 M_t,对应的上缘应力 σ_b 和下缘应力 σ_t 为:

$$\begin{cases} \sigma_b = \dfrac{M_b + M_e}{W_b} \\ \sigma_t = \dfrac{M_a + M_e}{W_t} \end{cases} \tag{5-1-6}$$

根据平衡原理:

$$\frac{S_t}{R_t} = \frac{S_b}{R_b} \tag{5-1-7}$$

将式(5-1-6)代入式(5-1-7),可得:

$$\frac{(M_a + M_e)R_t}{W_t} = -\frac{(M_b + M_e)R_b}{W_b} \tag{5-1-8}$$

得到结构重力弯矩 M_e 为:

$$M_e = -\frac{K \times M_b + M_e}{1 + K} \tag{5-1-9}$$

$$K = -\frac{W_t \times R_t}{W_b \times R_b} = \frac{Y_b}{Y_t} \times \frac{R_t}{R_b} \tag{5-1-10}$$

式中:Y_b——截面中性轴到上缘的距离;

Y_t——截面中性轴到下缘的距离。

结构重力弯矩 M_e 为目标向量。它由两部分组成,一部分是结构重力产生的向量 M_g,另一部分是仅由斜拉索初张力引起的弯矩向量 M_e。

结构重力弯矩表示如下:

$$M_e = AT + M_g \tag{5-1-11}$$

式中:T——斜拉索的初始张力向量;

A——影响矩阵。

由上式可知:

$$T = A^{-1}M_e - M_g \tag{5-1-12}$$

其中斜拉索初张力向量 T 即由内力平衡法推导出的最佳或最合理的斜拉索初张力。内力平衡法确定斜拉索初张力的步骤为:

①计算预期的结构重力弯矩 M_e;

②计算斜拉索的初张力向量 T;

③进行控制断面的应力验算,直到满足要求为止。

假如截面为同一类型的材料且上下对称时,则有:

$$Y_t = Y_b R_t = R_b K = 1 \qquad M_e = (M_a + M_b)/2 \tag{5-1-13}$$

式(5-1-13)表明,当截面为同一种材料且上下对称时,预期的目标弯矩等于活载弯矩最大值和最小值代数和的一半。将活载弯矩包络图中上下两条包络线的中心线反号作为预期的结构重力弯矩(目标弯矩),这样结构重力包络图和活载弯矩包络图之和即组合弯矩包络图,其平均值基本为零。

如果只考虑斜拉索弹性模量的修正,弯矩包络图的带宽(正、负弯矩包络图的差)和斜拉索的初张力无关,仅与结构布局和活载形式、大小有关。

斜拉桥"调索"的本质是通过外加荷载改变内力包络图中心线的位置,使包络图中心线处于接近于零的位置,从而得到平坦的内力包络图,使结构处于良好的受力状态。五跨斜拉桥主梁和桥塔的目标弯矩包络图分别如图5-1-8和图5-1-9所示(由于结构对称,此处只给出了一半)。

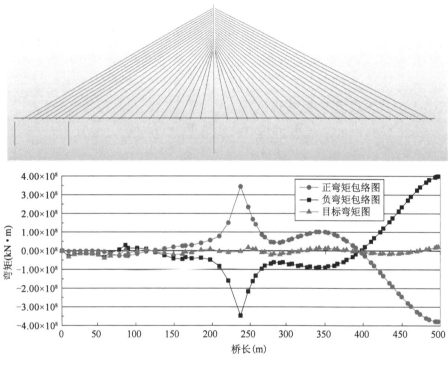

图 5-1-8 主梁目标弯矩包络图

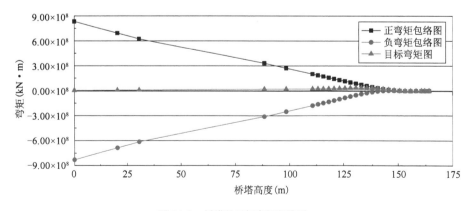

图 5-1-9 桥塔的目标弯矩包络图

(6)影响矩阵法

①基本概念。

调值向量:截面的 n 个指定调整值的独立元素所组成的列向量,记为:

$$\boldsymbol{D} = \{d_1, d_2, \cdots, d_i, \cdots, d_n\}^T \tag{5-1-14}$$

式中,d_i($i=1,2,\cdots,n$)可以是关心截面的内力值或位移值。

被调向量:可以用于调整截面内力、位移的 n 个独立向量所组成的列向量,记为:

$$\boldsymbol{x} = \{x_1, x_2, \cdots, x_i, \cdots, x_n\}^T \tag{5-1-15}$$

式中,x_i($i=1,2,3\cdots,n$)可设为截面的内力值或位移值。

用已知的调值向量来求未知的被调向量。

影响向量:被调向量中第 j 个元素发生单位增量,引起调值向量 $\boldsymbol{D}$ 的变化向量,记为:

$$\boldsymbol{A}_j = \{a_{1j}, a_{2j}, \cdots, a_{jj}, \cdots, a_{nj}\}^T \tag{5-1-16}$$

影响矩阵:n 个被调向量依次发生单位增量时,引起的 n 个影响向量依次排列所形成的矩阵,记为:

$$\boldsymbol{A} = [\boldsymbol{A}_1, \boldsymbol{A}_2, \cdots, \boldsymbol{A}_i, \cdots, \boldsymbol{A}_n] = \begin{bmatrix} a_{11} & a_{12} & \cdots & a_{1n} \\ a_{21} & a_{22} & \cdots & a_{2n} \\ \vdots & \vdots & & \vdots \\ a_{n1} & a_{n2} & \cdots & a_{nn} \end{bmatrix} \tag{5-1-17}$$

若在调整阶段结构满足线性叠加原理,根据影响矩阵的定义可知:

$$\boldsymbol{AX} = \boldsymbol{D} \tag{5-1-18}$$

式中:$\boldsymbol{A}$——影响矩阵;

$\boldsymbol{X}$——被调向量;

$\boldsymbol{D}$——调值向量。

②成桥状态的索力优化。

此处的索力优化是多目标函数的成桥状态索力优化的统一形式,仍以弯曲能量最小为目标函数进行推导。

结构的弯曲应变能可写成:

$$U = \int_s \frac{M^2(s)}{2EI} ds \tag{5-1-19}$$

对于离散的杆系结构可写成:

$$U = \sum_{i=1}^{m} \frac{l_i}{4E_i I_i}(ML_i^2 + MR_i^2) \tag{5-1-20}$$

式中: m——结构单元总数;

l_i,E_i,I_i—— i 号单元的杆件长度、材料弹性模量和截面惯性矩;

ML_i,MR_i——单元左、右端弯矩。

将上式改写成:

$$U = \boldsymbol{ML}^T \boldsymbol{BML} + \boldsymbol{MR}^T \boldsymbol{BMR} \tag{5-1-21}$$

式中:$\boldsymbol{ML}$,$\boldsymbol{MR}$——左、右端弯矩向量;

$\boldsymbol{B}$——系数矩阵。

$$\boldsymbol{B} = \begin{bmatrix} b_{11} & 0 & \cdots & 0 \\ 0 & b_{22} & \cdots & 0 \\ \vdots & \vdots & \vdots & \vdots \\ 0 & 0 & \cdots & b_{mm} \end{bmatrix} \tag{5-1-22}$$

$$b_{ii} = \frac{l_i}{4E_i I_i} \quad (i = 1, 2, \cdots, m) \tag{5-1-23}$$

令调索前左、右端弯矩向量分别为 $\boldsymbol{ML}_0$ 和 $\boldsymbol{MR}_0$，设调索力向量为 $\boldsymbol{T}$，则调索后弯矩向量为：

$$\begin{aligned} \boldsymbol{ML} &= \boldsymbol{ML}_0 + \boldsymbol{C}_\mathrm{L} \boldsymbol{T} \\ \boldsymbol{MR} &= \boldsymbol{MR}_0 + \boldsymbol{C}_\mathrm{R} \boldsymbol{T} \end{aligned} \tag{5-1-24}$$

式中：$\boldsymbol{C}_\mathrm{L}, \boldsymbol{C}_\mathrm{R}$——索力对左、右端弯矩的影响矩阵。

则：

$$\begin{aligned} U = &\, C_0 + \boldsymbol{ML}_\mathrm{n}^\mathrm{T} \boldsymbol{B} \boldsymbol{C}_\mathrm{L} \boldsymbol{T} + \boldsymbol{T}^\mathrm{T} \boldsymbol{C}_\mathrm{L}^\mathrm{T} \boldsymbol{B} \boldsymbol{ML}_0 + \\ &\, \boldsymbol{T}^\mathrm{T} \boldsymbol{C}_\mathrm{L}^\mathrm{T} \boldsymbol{B} \boldsymbol{C}_\mathrm{L} \boldsymbol{T} + \boldsymbol{MR}_\mathrm{n}^\mathrm{T} \boldsymbol{B} \boldsymbol{C}_\mathrm{R} \boldsymbol{T} + \\ &\, \boldsymbol{T}^\mathrm{T} \boldsymbol{C}_\mathrm{R}^\mathrm{T} \boldsymbol{B} \boldsymbol{MR}_0 + \boldsymbol{T}^\mathrm{T} \boldsymbol{C}_\mathrm{R}^\mathrm{T} \boldsymbol{B} \boldsymbol{C}_\mathrm{R} \boldsymbol{T} \end{aligned}$$

式中：C_0——与 $\boldsymbol{T}$ 无关的常数。

要使索力调整后结构应变能最小，令：

$$\frac{\partial U}{\partial T_i} = 0 \quad (i = 1, 2, 3, 4, \cdots) \tag{5-1-25}$$

可写成矩阵形式：

$$(\boldsymbol{C}_\mathrm{L}^\mathrm{T} \boldsymbol{B} \boldsymbol{C}_\mathrm{L} + \boldsymbol{C}_\mathrm{R}^\mathrm{T} \boldsymbol{B} \boldsymbol{C}_\mathrm{R}) \boldsymbol{T} = -\boldsymbol{C}_\mathrm{R}^\mathrm{T} \boldsymbol{B} \boldsymbol{MR}_0 - \boldsymbol{C}_\mathrm{L}^\mathrm{T} \boldsymbol{B} \boldsymbol{ML}_\mathrm{n} \tag{5-1-26}$$

至此，索力优化问题就转化为 m 阶线性代数方程求解问题。上式给出了使整个结构弯曲能量最小时最优索力与弯矩影响矩阵的关系。

③施工阶段的索力优化。

施工期间，由于构件重力、刚度、施工精度、索力误差和温度变化等方面的原因，可能使施工阶段的结构实际状态偏离理想状态，对索力的优化是施工阶段纠正偏差的重要原因。

设截面 n 个控制变量的误差向量为 $\boldsymbol{X}_0$，通过单根索的索力施调向量 $\boldsymbol{T}$ 的作用，使误差向量变为 $\boldsymbol{X}$，则：

$$\boldsymbol{X} = \boldsymbol{X}_0 + \boldsymbol{C} \boldsymbol{T} \tag{5-1-27}$$

式中：$\boldsymbol{C}$——索力的控制变量；

$\boldsymbol{X}$——影响矩阵。

控制变量可能是截面的内力、位移、支反力等混合控制变量组成的向量。这些变量的量纲各异，如果直接选用误差向量模的平方作为目标函数，可能导致优化失败。引入相应的权矩阵来体现各控制变量的量纲和其自身的重要性，设权矩阵为 $\boldsymbol{B} = \mathrm{Diag}(b_{11}, b_{22}, \cdots, b_{nn})$，取目标函数为：

$$U = \boldsymbol{x}^{\mathrm{T}} \boldsymbol{B} \boldsymbol{x} \tag{5-1-28}$$

则索力优化方程为：

$$(\boldsymbol{C}^{\mathrm{T}} \boldsymbol{B} \boldsymbol{C}) \boldsymbol{T} = -\boldsymbol{C}^{\mathrm{T}} \boldsymbol{B} \boldsymbol{x}_0 \tag{5-1-29}$$

以上简单介绍了斜拉桥索力调整的几种方法，实际施工中的索力调整是比较复杂的。对于支座或附近部位的斜拉索，应取桥塔上的位移或弯矩作为控制值。对于辅助墩附近的斜拉索可先假定索力进行试算，以得到理想的结构内力和线形。

2) 活载内力计算

斜拉桥可变作用(汽车、人群等)的效应可按力法进行计算。为了简化典型方程的柔度矩阵，可取主梁与拉索连接点处的弯矩为未知量，如图5-1-10所示。

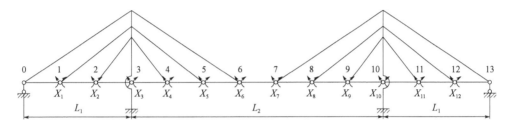

图 5-1-10　斜拉桥的基本结构

其典型方程用矩阵表示为：

$$\boldsymbol{K}\boldsymbol{X} + \boldsymbol{\Delta} = \boldsymbol{0} \tag{5-1-30}$$

式中：$\boldsymbol{K}$——柔度矩阵；

$\boldsymbol{X}$——赘余力列阵；

$\boldsymbol{\Delta}$——在外荷载作用下的赘余力方向上的位移。

对于指定荷载(在基本结构上)，由荷载引起的内力为 M_p、N_p，则：

$$\Delta_{\mathrm{is}} = \sum \int_s \frac{\overline{M_i M_\mathrm{p}} \mathrm{d}s}{EI} + \sum \int_s \frac{\overline{N_i N_\mathrm{p}} \mathrm{d}s}{EA} \tag{5-1-31}$$

对于地基变形：

$$\Delta_\mathrm{k} = -\sum \overline{R}_i \Delta_i \tag{5-1-32}$$

式中：$\overline{R}_i$——由单位赘余力 $x_i = 1$ 在沉降 Δc 的支承方向上的反力。

也可以用直接刚度法计算各因素下的内力与变形。直接刚度法计算流程如图5-1-11所示。

$$\boldsymbol{K}\boldsymbol{\delta} + \boldsymbol{P} = \boldsymbol{0} \tag{5-1-33}$$

式中：$\boldsymbol{K}$——结构刚度矩阵；

$\boldsymbol{\delta}$——结构节点位移未知量；

$\boldsymbol{P}$——作用及移置到节点上的荷载。

在进行活载内力和变形计算时，常采用影响线加载的方法。影响线一般用强迫位移法得到。求出内力和变形影响线后，进行加载，解出构件在活载作用下的最不利效应。

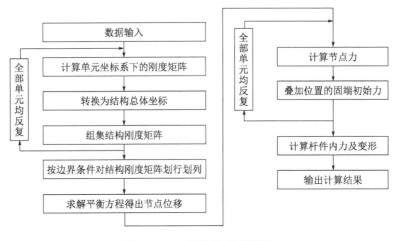

图 5-1-11 直接刚度法计算框图

3）温度应力计算

斜拉桥结构体系是一个高次超静定结构，因此必须计算温度内力。一般情况下，温度变化产生的内力，可归纳为下列两种情况。

（1）杆件两边缘发生的均匀温度变化

认为主梁上、下缘及索塔左、右侧的温度变化均相等，只与斜拉索温度变化不相等，这主要是考虑到斜拉索的结构尺寸比主梁及桥塔结构尺寸小得多，同时斜拉索材料导热性能比主梁及桥塔的大得多，因而斜拉索的温度变化幅度要比主梁及桥塔温度变化幅度大得多。这样，它们之间就产生了温度差异。所以，该项计算主要是为了考虑整个环境温度的变化对由两种不同材质的构件组成的斜拉桥的影响。

（2）杆件两边缘发生不均匀温度变化

这种计算主要是考虑日照所造成的主梁上下缘之间、桥塔左右两侧之间温度变化不同的影响。

按第一种情况计算时，只需求出两个温度变化值，即主梁和桥塔的温度变化值及斜拉索的温度变化值。按第二种情况计算时，需求出 5 个温度变化值，即主梁上缘和下缘的温度变化值、桥塔左侧和右侧温度变化值及拉索温变化值。为此，需向当地气象站了解历年最高气温 t_2 和历年最低气温 t_1，选定桥梁合龙气温 t_0，则体系温差等于 $t_2 - t_0$ 或 $t_1 + t_0$，如没有杆件两边缘不均匀温差资料，可设温度梯度为常数，取梁上、下缘的温差为 15℃，桥塔左右两侧日照温差为 ±5℃，拉索与主梁桥塔间的温度差为 ±10 ~ ±15℃。例如济南黄河大桥温度变化按 4 组考虑，即体系温差 ±20%，梁上、下温差 ±5℃，塔的日照温差 ±5℃，索梁温差 ±10℃。

根据温度影响分析，其原理与影响线做法的原理是相同的。将杆件固定，计算在温度影响下单元的节点力，然后以节点力乘以负号作为荷载，作用于结构，确定了平衡方程的荷载项 P，解出变形未知量，即温度影响所引起的变形。将结构变形以单元坐标系表示，并回代单元刚度矩阵与位移列阵的乘积方程，再加上单元固定条件下由温度引起的初始力，得到由温度影响引起的杆件内力。

4）徐变内力计算

在预应力混凝土斜拉桥中，考虑徐变影响的结构重力内力重分布计算，可近似地忽略主梁及塔内的钢筋影响来进行。由于斜拉索是钢构件,它没有徐变特性,因此,斜拉桥的徐变内力重分布不同于一般的钢筋混凝土结构。另外,斜拉桥的塔和主梁不可能一次浇筑形成。因此,在考虑混凝土徐变影响时,应计入混凝土各节段加载龄期差异的影响。

按《公路钢筋混凝土及预应力混凝土桥涵设计规范》(JTG 3362—2018),其徐变系数 $\varphi(t,t_0)$ 可计算如下:

$$\varphi(t,t_0) = \varphi_0 \cdot \beta_c(t - t_0)$$

$$\varphi_0 = \varphi_{RH} \cdot \beta(f_{cm}) \cdot \beta(t_0)$$

$$\varphi_{RH} = 1 + \frac{1 - RH/RH_0}{0.46 (h/h_0)^{1/3}}$$

$$\beta(f_{cm}) = \frac{5.3}{(f_{cm}/f_{cm0})^{0.5}}$$

$$\beta(t_0) = \frac{1}{0.1 + (t_0/t_1)^{0.2}}$$

$$\beta_c(t - t_0) = \left[\frac{(t - t_0)/t_1}{\beta_H + (t - t_0)/t_1}\right]^{0.3}$$

$$\beta_H = 150\left[1 + \left(1.2\frac{RH}{RH_0}\right)^{18}\right]\frac{h}{h_0} + 250 \leq 1500$$

(5-1-34)

式中:t_0——加载时的混凝土龄期(d);

t——计算考虑时刻的混凝土龄期(d);

$\varphi(t,t_0)$——加载龄期为 t_0,计算考虑龄期为 t 时的混凝土徐变系数;

φ_0——名义徐变系数;

β_c——加载后徐变随时间发展的系数;

f_{cm}——强度等级 C20~C50 混凝土在 28d 龄期时的平均立方体抗压强度(MPa);

f_{cm0}——取 $0.8f_{cu,k} + 8$MPa,$f_{cm0} = 10$MPa;

RH——环境年平均相对湿度(%),$RH_0 = 100\%$;

h——构件理论厚度(mm),$h = 2A/u$;

A——构件截面面积;

u——构件与大气接触的周围长度;

$h_0 = 100$mm,$t_1 = 1$d。

5.1.4 斜拉桥的非线性问题

1)大变形效应

在荷载作用下,斜拉桥上部结构的几何位置变化显著。从有限元法的角度来说,节点坐标随荷载的增量变化较大,各单元的长度、倾角等几何特性也相应产生较大的改变,结构的刚度矩阵成为几何变形的函数,因此,平衡方程不再是线性关系,小变形假设中的叠加原理也不再适用。解决上述矛盾的方法是在计算应力及反力时计入结构位移的影响,也就是位移理论。平衡条件是根据变形后的几何位置给出的,荷载与位移并不再保持线性关系,内力与外荷载之间的正比关系也不再存在。由于结构大变位的存在,产生了与荷载增量不成正比的附加应力。

附加应力的计算可以采用逐步逼近的方法。根据结构初始几何状态,采用线性分析的方法求出结构内力和位移,使用带动坐标的混合法对几何位置加以修正,这时各单元的刚度矩阵也相应有所变化,利用变形后的刚度矩阵和节点位移求出杆端力。由于变形前后刚度不同,产生了节点不平衡荷载,将此不平衡荷载作为节点外荷载作用于节点上再次计算结构位移,如此迭代直至不平衡荷载小于允许范围为止。

迭代过程中的初始荷载和每次迭代时的不平衡荷载都是以增量的形式加载的。在每个荷载增量加载期间假设刚度矩阵为一常数,即增量区间的左端点处对应的刚度矩阵。求解平衡方程,得出该荷载增量下的位移增量,由此可以在该荷载增量区间末对结构的几何位置进行修正,用于下一个荷载增量计算。这样,每次荷载增量下的结构刚度矩阵和杆端力计算都与当时的几何位置相对应,虽然在各荷载增量加载过程中作了线性假设,但只要荷载分得足够细,迭代次数足够多,就可以用这种分段线性来代替大变形引起的非线性。

除了大变形外,斜拉索垂度变化和弯矩轴向力相互作用引起的非线性效应都和结构的几何变形有关。此处把以上效应均归入几何非线性的范畴,所以把几何非线性直接称为大变形非线性是不够全面的。

2)垂度效应

索两端的相对运动受到索本身三个因素的影响:

(1)索受力后发生的弹性应变受索材料的弹性模量控制。

(2)索的垂度变化与材料应力无关,完全是几何变化的结果,受索内张力、索的长度和重力控制。抗拉刚度随轴力的变化而变化,索的拉力若为零或受压,则抗拉刚度变为零。垂度变化与索的拉力不是线性关系。

(3)在荷载作用下,索中各股钢丝做相对运动、重新排列的结果使横截面更为紧密。这种变形引起的伸长叫构造伸长,大部分是永久持续的,它发生在一定的张力之下,所以,可在缆索的制作过程中,采用预张拉的办法予以消除。而非永久性的伸长可以通过折减的有效弹性模量 E_{eff} 来考虑, E_{eff} 是独立于索内张力的量。

考虑斜拉索非线性变化的简便方法是把它视为与它的弦长等长度的桁架直杆,如图 5-1-12 所示。其等效弹性模量包括材料变形、构造伸长及垂度变化三个因素的影响,其表达式称为 Ernst 公式。即

$$E_{eq} = \frac{E_{eff}}{1 + \frac{(WL)^2 AE_{eff}}{12F^3}} \quad (5\text{-}1\text{-}35)$$

式中:E_{eff}——包括钢束压密影响在内的有效弹性模量;

W——单位长度斜拉索的重力;

L——索的水平投影长度;

A——索的横截面面积;

F——索内的张力。

经过这样处理后,斜拉索的单元刚度矩阵和平面杆件系统的单元刚度矩阵基本一致,斜拉索单元采用的是等效弹性模量 E_{eq},长度则取为 L_c。

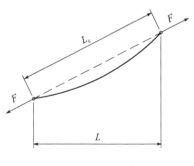

图 5-1-12 斜拉索

3) 弯矩与轴向力的组合效应

斜拉桥的斜拉索拉力使其他构件处于弯矩和轴向力组合作用下,这些构件即使在材料满足胡克定律的情况下也会呈现非线性特性。构件在轴向力作用下的横向挠度会引起附加弯矩,而弯矩又影响轴向刚度的大小,此时叠加原理不再适用。但如果构件承受着一系列的横向荷载和位移的作用,而轴向力假定保持不变,那么这些横向荷载和位移还是可以叠加的。因此,轴向力可以被看作影响横向刚度的一个参数,一旦该参数对横向刚度的影响确定下来,就可以采用线性分析的方法进行近似计算。

对弯矩和轴向力的组合效应的处理方法是引进稳定性函数的概念,用此函数对刚度矩阵加以修正后再实施线性计算。

如图 5-1-13a)所示,一个同时承受轴向力和横向荷载的构件 AB,杆端约束为任意的,其 y 方向的挠度微分方程为:

$$\frac{d^4 y}{dx^4} + \frac{P}{EI}\frac{d^2 y}{dx^2} = q \tag{5-1-36}$$

式中:q——横向荷载集度。

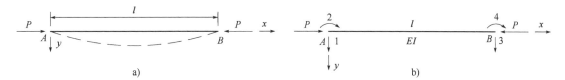

图 5-1-13 轴向受拉构件

当 $q=0$ 时,上式的通解为:

$$y = A_1 \sin u \frac{x}{l} + A_2 \cos u \frac{x}{l} + A_3 x + A_4 \tag{5-1-37}$$

式中,$u = l\sqrt{\dfrac{P}{EI}}$;$A_1$,$A_2$,$A_3$ 和 A_4 为积分常数,可引入边界条件求出。

则可以推导出轴向受压构件相对于如图 5-1-13b)所示的四个坐标方向上的刚度矩阵,这四个方向的位移分别为:

$$D_1 = (y)_{x=0} \quad D_2 = \left(\frac{dy}{dx}\right)_{x=0} \quad D_3 = (y)_{x=l} \quad D_4 = \left(\frac{dy}{dx}\right)_{x=l} \tag{5-1-38}$$

引入以上边界条件,可得位移 D_i 与积分常数 A_i 的关系式为:

$$\begin{Bmatrix} D_1 \\ D_2 \\ D_3 \\ D_4 \end{Bmatrix} = \begin{bmatrix} 0 & 1 & 0 & 1 \\ \dfrac{u}{l} & 0 & 1 & 0 \\ s & c & l & 1 \\ \dfrac{u}{l}c & -\dfrac{u}{l}s & 1 & 0 \end{bmatrix} \begin{Bmatrix} A_1 \\ A_2 \\ A_3 \\ A_4 \end{Bmatrix} \tag{5-1-39}$$

式中,$s = \sin u$;$c = \cos u$。

式(5-1-39)可以简写为:

$$\boldsymbol{D} = \boldsymbol{B}\boldsymbol{A} \tag{5-1-40}$$

其中,$\boldsymbol{B}$——4 阶方阵。

设 F 为相对于四个方向上的杆端力向量，即

$$\begin{Bmatrix} F_1 \\ F_2 \\ F_3 \\ F_4 \end{Bmatrix} = \begin{Bmatrix} (-V)_{x=0} \\ (M)_{x=0} \\ (V)_{x=l} \\ (-M)_{x=l} \end{Bmatrix} = EI \begin{Bmatrix} \left(\dfrac{\mathrm{d}^3 y}{\mathrm{d}x^3} + \dfrac{u^2}{l^2}\dfrac{\mathrm{d}y}{\mathrm{d}x}\right)_{x=0} \\ \left(-\dfrac{\mathrm{d}^2 y}{\mathrm{d}x^2}\right)_{x=0} \\ \left(-\dfrac{\mathrm{d}^3 y}{\mathrm{d}x^3} - \dfrac{u^2}{l^2}\dfrac{\mathrm{d}y}{\mathrm{d}x}\right)_{x=l} \\ \left(\dfrac{\mathrm{d}^2 y}{\mathrm{d}x^2}\right)_{x=l} \end{Bmatrix}$$ (5-1-41)

对上式求导并代入上式可得：

$$\begin{Bmatrix} F_1 \\ F_2 \\ F_3 \\ F_4 \end{Bmatrix} = EI \begin{bmatrix} 0 & 0 & \dfrac{u^2}{l^2} & 0 \\ 0 & \dfrac{u^2}{l^2} & 0 & 0 \\ 0 & 0 & -\dfrac{u^2}{l^2} & 0 \\ -\dfrac{su^2}{l^2} & -\dfrac{cu^2}{l^2} & 0 & 0 \end{bmatrix} \begin{Bmatrix} A_1 \\ A_2 \\ A_3 \\ A_4 \end{Bmatrix}$$ (5-1-42)

上式可以记为：

$$F = CA \tag{5-1-43}$$

从式(5-1-40)中解出 A 并代入得：

$$F = CB^{-1}D \tag{5-1-44}$$

又令：

$$T = CB^{-1} \tag{5-1-45}$$

代入上式得：

$$F = TD \tag{5-1-46}$$

式中：T——要求的刚度矩阵，B 的逆矩阵为：

$$B^{-1} = \frac{1}{2-2c-us} \begin{bmatrix} -s & \dfrac{1}{u}(1-c-us) & s & -\dfrac{1}{u}(1-c) \\ (1-c) & \dfrac{1}{u}(s-uc) & -(1-c) & \dfrac{1}{u}(u-s) \\ \dfrac{u}{l}s & (1-c) & -\dfrac{u}{l}s & (1-c) \\ 1-c-us & -\dfrac{1}{u}(s-uc) & (1-c) & -\dfrac{1}{u}(u-s) \end{bmatrix}$$

(5-1-47)

将 B^{-1} 代入式(5-1-45)得：

$$T = \frac{EI}{2-2c-us}\begin{bmatrix} \frac{u^3 s}{l^3} & & & \\ \frac{u^2(1-c)}{l^2} & \frac{u(s-uc)}{l} & & \\ -\frac{u^3 s}{l^3} & -\frac{u^2(1-c)}{l^2} & \frac{u^2 s}{l^3} & \\ \frac{u^2(1-c)}{l^2} & \frac{u(u-s)}{l} & -\frac{u^2(1-c)}{l^2} & \frac{u(s-uc)}{l} \end{bmatrix} \quad (5\text{-}1\text{-}48)$$

若轴向压力 $P=0$，则 $u \to 0$，此时矩阵 $\boldsymbol{T}$ 应与线性分析中的刚度矩阵 $\boldsymbol{K}$ 相等，即

$$\lim_{u \to 0} \boldsymbol{T} = \boldsymbol{K} = \begin{bmatrix} \frac{12EI}{l^3} & & & \\ \frac{6EI}{l^2} & \frac{4EI}{l} & & \\ -\frac{12EI}{l^3} & \frac{6EI}{l^2} & \frac{12EI}{l^3} & \\ \frac{6EI}{l^2} & \frac{2EI}{l} & -\frac{6EI}{l^2} & \frac{4EI}{l} \end{bmatrix} \quad (5\text{-}1\text{-}49)$$

定义稳定性函数为 S_1、S_2、S_3 和 S_4，用它们来修正线性分析中的刚度矩阵 $\boldsymbol{K}$，使之与 $\boldsymbol{T}$ 相等。则：

$$\begin{aligned} \frac{12EI}{l^3}S_1 &= \frac{u^3 s}{l^3(2-2c-us)}EI \\ \frac{6EI}{l^2}S_2 &= \frac{u^2(1-c)}{l^2(2-2c-us)}EI \\ \frac{4EI}{l}S_3 &= \frac{u(s-uc)}{l(2-2c-us)}EI \\ \frac{2EI}{l}S_4 &= \frac{u(u-s)}{l(2-2c-us)}EI \end{aligned} \quad (5\text{-}1\text{-}50)$$

由此可知：

$$\begin{aligned} S_1 &= \frac{u^3 s}{12(2-2c-us)} = \frac{u^3 \sin u}{12 R_c} \\ S_2 &= \frac{u^2(1-c)}{6(2-2c-us)} = \frac{u^2(1-\cos u)}{6 R_c} \\ S_3 &= \frac{u(s-uc)}{4(2-2c-us)} = \frac{u(\sin u - u\cos u)}{4 R_c} \\ S_4 &= \frac{u(u-s)}{2(2-2c-us)} = \frac{u(u-\sin u)}{2 R_c} \end{aligned} \quad (5\text{-}1\text{-}51)$$

式中:

$$s = \sin u$$
$$c = \cos u$$
$$R_c = 2 - 2\cos u - u\sin u \quad (5\text{-}1\text{-}52)$$
$$u = l\sqrt{\frac{P}{EI}}$$

式中：P——构件轴向压力；

E——弹性模量；

I——构件截面抗弯惯性矩；

l——构件长度。

上述 S_1、S_2、S_3 和 S_4 为受压构件剪力、弯矩的稳定性修正函数的推导结果。对于受拉构件的剪力、弯矩稳定性修正函数 $S_1 \sim S_4$ 以及受拉和受压构件的轴向力稳定性修正函数 S_5，同样可以推导出它们的结果。现将稳定性函数修正刚度矩阵的表达式归纳如下。

修正后刚度矩阵的局部坐标系如图 5-1-14 所示。

$$\boldsymbol{K}_m = \begin{bmatrix} K_{11}S_5 & 0 & 0 & K_{14}S_5 & 0 & 0 \\ 0 & K_{22}S_1 & K_{23}S_2 & 0 & K_{25}S_1 & K_{26}S_2 \\ 0 & K_{32}S_2 & K_{33}S_3 & 0 & K_{35}S_2 & K_{36}S_4 \\ K_{41}S_5 & 0 & 0 & K_{44}S_5 & 0 & 0 \\ 0 & K_{52}S_1 & K_{53}S_2 & 0 & K_{55}S_1 & K_{56}S_2 \\ 0 & K_{62}S_2 & K_{63}S_4 & 0 & K_{65}S_2 & K_{66}S_3 \end{bmatrix} \quad (5\text{-}1\text{-}53)$$

式中，K_{ij}——线性分析中平面杆件刚度矩阵元素，即

$$K_{11} = K_{44} = -K_{14} = -K_{41} = \frac{EA}{l}$$

$$K_{22} = K_{55} = -K_{25} = -K_{52} = \frac{12EI}{l^3}$$

$$K_{23} = K_{32} = K_{26} = K_{62} = -K_{35} = -K_{53} = -K_{56} = -K_{65} = \frac{6EI}{l^2} \quad (5\text{-}1\text{-}54)$$

$$K_{33} = K_{66} = \frac{4EI}{l}$$

$$K_{36} = K_{63} = \frac{2EI}{l}$$

稳定性函数 $S_1 \sim S_5$ 可以表达为轴向力和杆端弯矩 M_{ab} 及 M_{ba} 的函数。各力的正方向示于图 5-1-15 中。

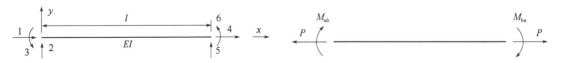

图 5-1-14　杆件的局部坐标系　　　　　图 5-1-15　各力的正方向图

对于轴向受压构件：

$$S_1 = \frac{u^3}{12R_c}\sin u$$

$$S_2 = \frac{u^2}{6R_c}(1-\cos u)$$

$$S_3 = \frac{u}{4R_c}(\sin u - u\cos u) \quad (5\text{-}1\text{-}55)$$

$$S_4 = \frac{u}{2R_c}(u-\sin u)$$

$$S_5 = \frac{1}{1+\dfrac{EAR_{cm}}{4P^3l^2}}$$

式中：$R_c = 2 - 2\cos u - u\sin u$

$R_{cm} = u(M_{ab}^2 + M_{ba}^2)(\cot u + u\csc^2 u) - 2(M_{ab}+M_{ba})^2 + (M_{ab}+M_{ba})(1+u\cot u) \times (2u\csc u)$

对于轴向受拉构件：

$$S_1 = \frac{u^3}{12R_t}\sinh u$$

$$S_2 = \frac{u^2}{6R_t}(\cosh u - 1)$$

$$S_3 = \frac{u}{4R_t}(u\cosh u - \sin u) \quad (5\text{-}1\text{-}56)$$

$$S_4 = \frac{u}{2R_c}(\sinh u - u)$$

$$S_5 = \frac{1}{1+\dfrac{EAR_{tm}}{4P^3l^2}}$$

式中：$R_t = 2 - 2\cosh u - u\sinh u$

$R_{tm} = u(M_{ab}^2 + M_{ba}^2)(\coth u + u\operatorname{csch}^2 u) - 2(M_{ab}+M_{ba})^2 + (M_{ab}+M_{ba})(1+u\coth u) \times (2u\operatorname{csch} u)$

4) 非线性分析的基本方法

(1) 材料非线性和几何非线性

所谓材料非线性指的是它的本构关系是非线性的，常用的分析法有切线刚度法、初应力法和初应变法。本节只着重分析几何非线性对斜拉桥的影响。几何非线性指的是大位移问题。在大多数的大位移问题中，结构内部的应变是微小的。事实上，只有在材料出现塑性变形时或在结构上应用较少的类似于橡胶那样的材料时才会遇到大的应变。对于像斜拉索这样的钢材，在设计荷载作用下不会出现很大的应变。因此，斜拉桥的几何非线性问题属于大位移小应变问题，而材料的应力-应变关系是线性的。

当荷载作用在斜拉桥结构的某个节点上，该节点将发生位移，荷载也随之移动。这种位移不仅改变了荷载相对于与该节点相连接的杆件的作用方向，而且改变了荷载对结构上其他节点产生的弯矩。如果位移量大，就会严重地影响荷载对结构产生的效应，即考虑几何非线性的影响对于斜拉桥结构分析是十分必要的。

(2) 几何非线性分析的近似方法

对于斜拉桥结构要求获得非线性方程的直接代数解是十分困难甚至是不可能的。目前用数值解的方法如增量法、迭代法和混合法求取近似解。

①增量法。

增量法是指荷载以增量的形式逐级加上去,对每个荷载增量作用过程中假定结构的刚度是不变的,在任一荷载增量区间内节点位移和杆端力都是由区间起点处的结构刚度算出,然后利用求得的节点位移和杆端力求出相对于增量区间终点变形后的位置上的结构刚度,作为下一个荷载增量的起点刚度。在任一荷载增量 i 级作用下的平衡方程为:

$$\boldsymbol{K}_i \Delta \boldsymbol{D}_i = \Delta \boldsymbol{W}_i \tag{5-1-57}$$

式中:$\boldsymbol{K}_i$——荷载增量区间起点处的结构整体刚度矩阵;

$\Delta \boldsymbol{D}_i$——该荷载增量引起的节点变化量;

$\Delta \boldsymbol{W}_i$——节点荷载增量的大小。

荷载增量区间终点处的节点位移为起点处位移与位移增量 $\Delta \boldsymbol{D}_i$ 之和。可见结构的几何状态在每个荷载增量后要进行调整。

增量法的求解过程如图 5-1-16 所示。从图中可以看出,荷载与位移之间的曲线关系被一个一个足够小的直线段所代替。如果荷载增量取得足够小,误差虽然是累计的,仍可收敛到工程允许范围内。

②迭代法。

迭代法是将整个外荷载一次性加到结构上,节点位移用结构变形前的切线刚度求得,然后根据变形后的结构计算结构刚度,求得杆端力。由于变形前后的结构刚度不同,产生节点不平衡荷载,为了满足节点平衡,将这些不平衡荷载作为节点荷载作用于各节点上,计算出相对于变形后的节点位移量,反复这一迭代过程,直至不平衡荷载小于允许值为止,迭代法求解图式如图 5-1-17 所示。

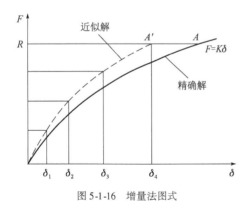

图 5-1-16 增量法图式

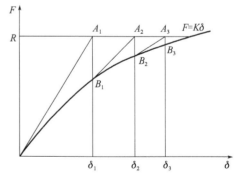

图 5-1-17 迭代法图式

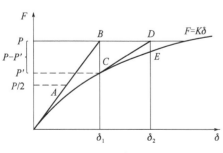

图 5-1-18 混合法图式

③混合法。

采用增量法和迭代法综合运用的混合法可以加快收敛速度,对于斜拉桥这种迭代次数要求较高的结构是很适宜的。混合法中初始荷载和每次循环后的不平衡荷载都是以增量的形式施加,在每个荷载增量后对刚度作一次调整,混合法计算图式如图 5-1-18 所示。

图 5-1-18 中只表示了二次迭代,目的是为了把

混合法以图的形式表达清楚，图中第一次迭代的作用荷载为 P，荷载增量为 $P/2$，第一次迭代后的不平衡荷载为 $P-P'$，而第二次迭代的荷载增量为 $(P-P')/2$。

图 5-1-19a) 显示了在整体坐标系 XOY 内未变形的梁单元。此时根据节点 i 和 j 的坐标值可以确定图中 X_0，Y_0 和 θ_0 的大小。当梁单元发生变形时，节点 i 和 j 的位移在整体坐标系中分别用 U_i，V_i，θ_i 和 U_j，V_j，θ_j 表示。梁单元变形后移动到图 5-1-19b) 所示位置，建立变形后节点 i 和 j 的局部坐标系 xoy，由整体坐标系的变形值可以确定如下关系：

$$X_1 = X_0 + U_j - U_i$$
$$Y_1 = Y_0 + V_j - V_i \tag{5-1-58}$$
$$\theta = \arctan\left(\frac{Y_1}{X_1}\right)$$

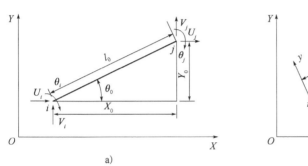 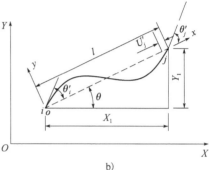

图 5-1-19　运动坐标系

对于梁单元而言，节点位移可以表示为：

$$U_i' = V_i' = V_j' = 0$$
$$U_j' = l - l_0 = \sqrt{X_1^2 + Y_1^2} - l_0 \tag{5-1-59}$$
$$\theta_i' = \theta_i - (\theta - \theta_0)$$
$$\theta_j' = \theta_j - (\theta - \theta_0)$$

用节点位移列阵表示为：

$$(\boldsymbol{\delta}')^e = [0 \quad 0 \quad \theta_i' \quad U_j' \quad 0 \quad \theta_j']^T \tag{5-1-60}$$

变形后的单元刚度矩阵用 $\boldsymbol{K}'$ 表示，则变形后的单元节点力 $\boldsymbol{F}'^e$ 可以用节点位移 $\boldsymbol{\delta}^e$ 表达，即

$$(\boldsymbol{F}')^e = \boldsymbol{K}'(\boldsymbol{\delta}')^e \tag{5-1-61}$$

式中，$(\boldsymbol{F}')^e$，$\boldsymbol{K}'$，$\boldsymbol{\delta}^e$ 都对应于局部坐标系 xy，通过坐标变换转为整体坐标系 XOY 后，上式变为：

$$(\boldsymbol{F}')^e = \boldsymbol{K}^e \boldsymbol{\delta}^e \tag{5-1-62}$$

由于单元刚度矩阵 $\boldsymbol{K}^e$ 是由局部坐标系转换到整体坐标系而得到的，转换矩阵 $\boldsymbol{T}$ 的方向余弦为位移的函数，即

$$\boldsymbol{K}^e = \boldsymbol{K}\boldsymbol{\delta}^e \tag{5-1-63}$$

上式表明单元刚度矩阵是单元节点位移列阵的函数。若首先把结构以线性理论计算得到的弹性位移作为第一次近似值，然后算出各变形单元作用在节点上的力为：

$$R_r = -\sum_{e=1}^{n_e} F^e \tag{5-1-64}$$

则在各节点上产生的不平衡力为：

$$\Delta R = R + R_r = R - \sum_{e=1}^{n_e} F^e \tag{5-1-65}$$

将不平衡力作用到结构的各节点上去，算出位移的第二次近似值。重复上述过程，多次迭代，直至 $R = 0$ 为止。

综上所述，假设结构在荷载作用下，应用线性理论的方法求出位移的近似值，一个典型的迭代循环的步骤为：

a. 利用整体坐标系的节点位移可建立各单元的局部坐标。

b. 计算在局部坐标系下各单元的位移列阵 δ^e，并建立各单元刚度矩阵 K'，计算出节点力 $(F')^e$。

c. 将 K' 和 $(F')^e$ 经过坐标变换转换到整体坐标系下的 K^e 和 F^e。

d. 集合各单元刚度矩阵，形成结构的整体刚度矩阵，即当时变形位置的结构刚度矩阵，也即

$$K = \sum_{e=1}^{k_e} K^e \tag{5-1-66}$$

e. 计算各单元作用于节点上的力 R_r，并算出不平衡力 ΔR。

$$\begin{aligned} R_r &= \sum_{e=1}^{n} F^e \\ \Delta R &= R + R_r \end{aligned} \tag{5-1-67}$$

f. 求解结构平衡方程式 $K \cdot \Delta \delta = \Delta R$，得到位移增量 $\Delta \delta$，将它加到前次迭代中累加起来的节点位移 δ 中去，即节点位移新的近似值。

g. 检验收敛性，如果不满足，返回步骤 a，直到 ΔR 趋近于零为止。

上述迭代步骤用公式表达如下：

$$\begin{aligned} K_n (\Delta \delta)_{n+1} &= R + (R_r)_n \\ \delta_{n+1} &= \delta_n + (\Delta \delta)_{n+1} \end{aligned} \tag{5-1-68}$$

式中，K_n 和 R_n 是以位移 δ_n 为基础的，要在每次迭代中加以调整。关于结构所承受的荷载 R 以及不平衡力 ΔR，均以增量的形式逐级加载。对每一级荷载作上述步骤的运算，直至不平衡荷载小于允许值为止。

(3) 带动坐标混合法的应用

在带动坐标的混合法中设置了二重主要的循环计算，即迭代循环和荷载增量循环。荷载增量循环嵌套于迭代循环中，目的是加快收敛速度，提高计算精度。

① 迭代循环

在迭代循环开始前，整个结构位移为零，杆端力除斜拉索单元外均为零。斜拉索轴向抗力为初始拉力，结构各单元稳定性函数值为 1.0。斜拉索的弹性模量为初始拉力下的等效弹性模量、结构重力及外荷载被分配到各节点上，得到等效节点力。

迭代循环的计算步骤如下：

a. 将结构重力、外荷载的等效节点力以及斜拉索的初始张力施加到斜拉桥结构上，施加过

程实际上是逐级进行的,尤其是表现在荷载增量循环中,计算出结构杆端力及节点位移。

b.根据上一步计算出来的节点位移重新调整结构的几何位置,并计算当前状态下的稳定性函数值 S_i 和斜拉索的等效弹性模量,用于下次迭代计算,这一步骤同样表现在荷载增量循环中。

c.不平衡荷载的计算是将第一步算出的杆端力反号后与荷载的等效节点力相加,得到第一次迭代后的不平衡荷载。

d.检验不平衡荷载的大小是否小于限制值,如果不满足要求,将不平衡荷载视为作用荷载,重复以上三步的计算,直至不平衡荷载小于限制值为止。

②荷载增量循环

对斜拉桥几何非线性各因素的处理手段主要体现在荷载增量循环过程中,荷载增量循环完全嵌套于迭代循环中,每次迭代运算中增量循环的次数取决于荷载增量的个数。为加快收敛速度,在第一次迭代和其后的各次迭代中采用了不同的荷载分级方法。第一次迭代的荷载增量区间分得较细,其后的各次迭代则相对分得粗一些。在以下描述中将第一次迭代的作用荷载包括结构重力、外荷载和斜拉索初始拉力以及每次迭代后的不平衡荷载统称为增量循环计算的初始荷载。结合斜拉桥几何非线性分析的特点,荷载增量循环的计算步骤如下:

a.对初始荷载的分级可采取等步长分级,进入第一个荷载增量循环;

b.计算结构整体刚度矩阵即当前荷载增量区间左端点处的刚度矩阵;

c.引入约束条件;

d.求解平衡方程,得出位移增量,再将位移增量加到上一个荷载水平下的节点位移上去,得到当前荷载水平下的节点位移;

e.根据上一步得到的位移增量计算当前荷载增量区间末端结构的几何位置,包括节点坐标的移动和杆件长度、倾角的变化等;

f.计算当前荷载增量区间末端新的几何位置上的杆端力;

g.斜拉索等效弹性模量的修正,即当前荷载状态的等效弹性模量;

h.修正稳定性函数 S_i;

i.检验是否完成了最后一级荷载,若未完成,重复进行第 b~h 步的计算,直至加荷完成为止。

从上述步骤可知,每个荷载增量区间计算过程中,第 e 步修正了结构的几何位置,使第 f 步的杆端力计算与当前的几何位置能对号入座,这就是对大变位效应的处理手段。第 g 步和第 h 步分别对斜拉索的等效弹性模量和非斜拉索单元的稳定性函数作了修正,这样返回到第 b 步计算出的下一个荷载增量区间左端点处的刚度矩阵较为符合实际情况,做到了斜拉索垂度变化和刚度矩阵的对应。同时,通过稳定性函数 S_i 对刚度矩阵的修正,达到了考虑轴向力组合效应的目的。

5.1.5 斜拉桥稳定性分析

在外荷载作用下,斜拉桥的梁和塔都承受很大的压力,当压力达到一定值时,斜拉桥就可能产生平面内失稳或超出平面的空间失稳。这类稳定可以进行近似的手算分析,但是现代大跨度斜拉桥必须借助计算机进行空间稳定性分析。稳定性分析分为弹性稳定分析和弹塑性稳定分析,前者认为材料在达到临界力时仍处于弹性阶段,而后者认为材料在达到屈服极限时退出工作,产生内力重分布,结构在新的内力平衡基础上继续负荷,直至所有构件达到屈服而使结构丧失承载能力,因此,弹塑性稳定分析被称为极限承载力分析。弹性稳定分析相对较简单,但有时不能反映实际情况;而弹塑性稳定分析计算复杂。下面介绍几种稳定计算的实用方法。

1) 斜拉桥平面屈曲临界荷载的近似方法

当斜拉桥塔的刚度远远大于拉索的刚度时,它的屈曲形式如图 5-1-20a)所示,塔基本上不变形;反之,则出现如图 5-1-20 所示的屈曲形式。无论是哪种形式,根据理论分析,主梁的屈曲可近似简化为一根两端铰支的弹性支承连续梁,如图 5-1-21a)所示。这样它的临界轴力从 N_{cr} 就可按敞开式桁架桥上弦杆的临界轴力计算公式计算。

现在的问题是如何确定拉索的弹簧刚度 $k(x)$。$k(x)$ 是沿主梁纵向变化的[图 5-1-21b)],但考虑到主梁的轴力也以相同的方式变化[图 5-1-21c)],可近似地假设主梁轴力沿跨长不变,且支承在刚度沿跨长不变的弹簧支承上。实际计算表明,取 $x = L/4$ 处拉索的弹簧刚度 k,计算主梁的名义临界轴力 N_{cr}[图 5-1-21d)],并以这个名义临界轴力 N_{cr} 与该点实际轴力值 $N_{1/4}$ 的比值 $N_{cr}/N_{1/4}$ 作为整个桥的屈曲安全度 ν,有很好的精度。为了安全起见,也可沿梁长多算几个界面,取最小的 γ_{min} 值作为整个桥的屈曲安全度。

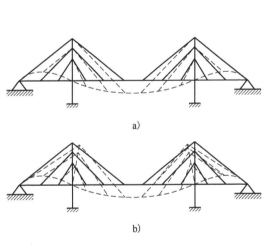

图 5-1-20 斜拉桥的屈曲

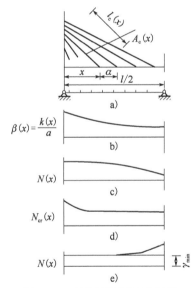

图 5-1-21 斜拉桥屈曲的近似计算

$$N_{cr} = \sqrt{\frac{EIk}{a}} \tag{5-1-69}$$

式中:I——主梁惯性矩;
a——斜拉索间距;
k——弹簧刚度。

拉索的弹簧刚度 k 可参见图 5-1-22,按下式计算:

$$k = \frac{1}{\delta_1 + \delta_2} = \lambda \frac{E_c A_c a \sin^2\alpha}{l_c} \tag{5-1-70}$$

式中:δ_1, δ_2——当点 A 作用一铅垂单位荷载 $F = 1$ 时,由拉索伸长和塔弯曲时所引起的 A 点竖

向挠曲位移,它们可分别根据索的伸长 δ_c 和塔 B 点的水平位移 f 求出;

α ——拉索与梁的夹角;

λ ——按下式计算,

$$\lambda = \frac{1}{1 + \frac{\cos^2\alpha \gamma h}{3l_c}} \tag{5-1-71}$$

$$\gamma = \frac{E_c A_c h^2}{E_t I_t}$$

式中:l_c ——拉索长度;

A_c, E_c ——拉索的面积和弹性模量;

γ ——索塔刚度比;

$E_t I_t$ ——索塔的弯曲刚度。

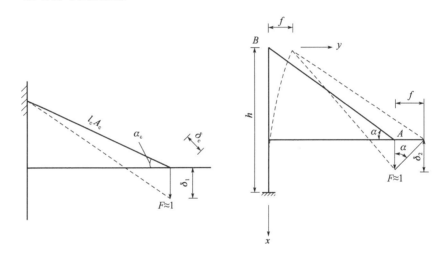

图 5-1-22　拉索的弹簧刚度

分析表明,当 $\gamma \leq 1$ 时,可忽略塔的变形对 k 的影响;当 $\gamma \geq 59$ 时,只要用欧拉公式验算塔的稳定性即可。

2) 塔、墩的稳定性计算

当塔、墩单独做分析时,应研究以下两种情况:沿桥梁全跨加载时在塔、墩引起最大的竖向荷载及相应的水平位移;仅在中跨加载时在塔、墩引起最大的水平位移及相应的竖向力。一般桥塔、墩的设计由第二种情况控制。为了计算方便,可将变截面塔柱等效地变换为等截面柱,然后与墩组成阶梯形单悬臂柱,计算具有初位移的悬臂柱的临界荷载。

3) 塔柱及箱梁在横向荷载作用下的压弯稳定计算

塔柱及箱梁在风荷载作用下为压弯构件,属于第二类稳定问题,实质上是构件的强度问题。按《公路钢筋混凝土及预应力混凝土桥涵设计规范》(JTG 3362—2018),计算偏心受压构件时,当 $l_0/i > 17.5$ (i 为弯矩作用平面内截面的回转半径),应考虑构件在弯矩作用平面内的挠度对轴力偏心距的影响。此时,应将纵向力对截面重心轴的偏心距 e_0 乘以偏心距增大系数 η:

$$\eta = 1 + \frac{1}{1\,400 e_0/h_0}\left(\frac{l_0}{h}\right)^2 \zeta_1 \zeta_2$$

$$\zeta_1 = 0.2 + 2.7\frac{e_0}{h_0} \leq 1.0 \qquad (5\text{-}1\text{-}72)$$

$$\zeta_2 = 1.15 - 0.01\frac{l_0}{h} \leq 1.0$$

式中：l_0——构件的计算长度；

e_0——轴向力对截面重心轴的偏心距；

h_0——截面有效高度，对于圆形截面取 $h_0 = r + r_s$；

h——截面高度，对于圆形截面，取 $h = 2r$，r 为圆形截面半径；

ζ_1——荷载偏心率对截面曲率的影响系数；

ζ_2——构件长细比对截面曲率的影响系数。

4）主梁及塔柱、索锚固区的局部应力

混凝土斜拉桥拉索在主梁及塔柱锚固区有很大的局部应力，如处理不当，很容易产生裂缝。为此，在锚固区应采取构造措施，把预应力作为外力进行局部应力验算。目前采用的计算方法是有限元法，可假设不计钢筋影响，把预应力作为外力进行局部应力验算。计算中一般不计材料的非线性，作为弹性体来考虑，因此所得计算结果在某些部位可以达到较高的数值。实际上，由于材料塑性影响，局部应力将有调整，一般低于按弹性材料计算的结果。计算图式视锚固体的构造而定。由于在锚固处截面上的变形与应力不按平截面规律分布，故可以取锚固点前后各一个梁高或半个梁宽的节段作为锚固体按平面力单元、薄壳单元或空间六面体单元划分该块件。

5.1.6 斜拉桥设计与计算实例

1）设计要点

（1）总体设计

小榄水道特大桥主桥为双塔双索面预应力混凝土斜拉桥，跨径组合为 115m + 250m + 115m，全长 480m。

（2）主桥上部结构及主塔设计概况

①结构布置

主桥为 115m + 250m + 115m 三跨双塔双索面预应力混凝土梁斜拉桥，全长 480m。边中跨比为 0.46。斜拉索布置在主梁两侧，为平行索面。

桥梁横断面布置为：(0.2m 风嘴) + (1.3m 布索区) + (0.5m 边防撞墙) + (3m 硬路肩) + (11.25m 车行道) + (1.2m 路缘带) + (0.6m 中央防撞墙) + (1.2m 路缘带) + (11.25m 车行道) + (3m 硬路肩) + (0.5m 边防撞墙) + (1.3m 布索区) + (0.2m 风嘴) = 全桥总宽 35.5m。

②约束体系

a. 竖向约束体系：采用连续支承体系，塔、梁间及边墩设置纵向滑动支座提供竖向约束。

b.纵向约束体系:采用半漂浮体系,即在每个主塔横梁支座附近设置纵向限位挡块,以抑制主梁的瞬间变形,保证行车的舒适性。

c.横向约束体系:塔、梁之间设置两个限位支座。

③预应力混凝土主梁设计

主梁采用预应力混凝土双箱断面结构(边跨压重段为单箱三室断面),主梁纵向按全预应力结构设计,横梁按部分预应力混凝土 A 类构件设计,桥面板按普通钢筋混凝土构件设计(控制裂缝宽度)。

双边箱主梁中心高度3m,全宽35.5m。箱宽7.5m,顶板厚30cm,直腹板厚40cm,斜腹板厚30cm,底板厚40cm。拉索锚梁宽2.3m(不含风嘴)。

边跨压重段主梁为单箱三室断面,中心高度3m,全宽35.5m。边箱宽7.5m,顶板厚30cm,直腹板厚50cm,斜腹板厚45cm,底板厚50cm。拉索锚梁宽2.3m(不含风嘴)。

主梁在腹板与顶、底板交界梗腋区及拉索锚梁区纵向布置10根通长的19 ϕ^s15.2mm 预应力钢束;在顶板布置若干3 ϕ^s15.2mm 二次张拉预应力钢束。中跨合龙顶板束采用52 根 3 ϕ^s15.2mm 预应力钢束,与顶板二次张拉预应力钢束交错布置;中跨合龙底板束采用24 根 21 ϕ^s15.2mm 预应力钢束。边跨合龙顶板束采用52 根 3 ϕ^s15.2mm 预应力钢束;边跨跨合龙底板束采用52 根 12 ϕ^s15.2mm 预应力钢束和24 根 21 ϕ^s15.2mm 预应力钢束。

④斜拉索设计

斜拉索采用双索面扇形布置,为平面索。主塔两侧各分布20对,全桥共80对160根。斜拉索采用250高强度环氧涂层钢绞线索,标准强度 f_{pk} = 1 860MPa,采用拉索群锚锚固体系。

斜拉索为双索面,布置在主梁两侧。塔根附近无索区长度为17m,跨中无索区长度为6m,梁上索距6m,塔上索距 M1~M10 和 S1~S10 为1.5m、M11~M20 和 S11~S20 为1.6m,斜拉索两端锚管内设置减振器。

斜拉索在塔上采用混凝土锚垫块锚固方式,斜拉索在主梁上锚固方式采用混凝土锚垫块锚固方式。

⑤主塔设计

索塔采用 H 形塔,承台顶高程2.5m,塔顶高程97.268m,塔高94.768m,自桥面以上高度约为70m。整个主塔由下塔柱、下横梁、上塔柱、上塔柱横梁及塔尖等部分组成。上塔柱上横梁以上部分采用箱型截面,纵向宽6m,壁厚1.1m,横向宽4.0m,壁厚0.9m;斜拉索锚固在主塔锚固区塔柱内壁的锯齿块上,为了克服斜拉索的水平分力在锚固区塔柱截面内产生的拉力,在每根拉索锚固区截面四周布置了2~3层"井字形"二次张拉预应力钢绞线。上塔柱上横梁以下部及下塔柱采用箱形截面,纵向宽6~8m,壁厚1~2m,横向宽4.0~6.5m,壁厚0.9~1.5m。上塔柱横梁为箱形截面,高4.5m,宽度为6m,顶底板厚均为0.9m,腹板厚为1.1m。下塔柱横梁为箱形截面,高5m,顶宽度为7.26m,底宽度为7.426m,顶底板厚均为1.0m,腹板厚为1.685m,塔柱横梁内配置了15 ϕ^s15.2mm、21 ϕ^s15.2mm 预应力钢绞线,主塔横梁按A类预应力构件设计。

(3)主桥下部结构设计

主塔基础采用 ϕ2.8m 钻孔桩,每个塔柱基础设9根,每个桥塔共18根,按嵌岩桩设计。承台厚6m,两个承台之间采用两根宽2.5m(局部加宽至3.5m)、高6m 的系梁连接。

过渡墩桥墩采用双柱墩,每个墩柱下设 3.0m 厚承台,承台平面尺寸 11.5m×7.3m,承台下设 6 根 φ1.8m 钻孔灌注桩。

(4)主要材料

①混凝土

C15:承台基础垫层;

C25:主塔墩承台基础封底混凝土;

C30:过渡墩承台、防撞栏、过渡墩桩基;

C35:主墩桩基;

C40:主塔承台、过渡墩墩身、过渡墩支座垫石;

C50:主墩支座垫石、过渡墩盖梁、临时固接;

C55:主塔、主塔横梁;

C60:主梁、主梁调平楔块及挡块。

②钢材

普通钢筋必须符合《钢筋混凝土用钢 第 1 部分 热轧光圆钢筋》(GB 1499—1998)和《钢筋混凝土用钢 第 2 部分 热轧带肋钢筋》(GB 13013—1991)标准的各项规定。主桥设计采用钢筋为 R235、HRB335、HRB400 三种。R235 钢筋的抗拉、抗压强度设计值为 195MPa,其质量应符合 GB 13013—1991;HRB335 钢筋($d=6\sim50$mm)抗拉强度标准值为 335MPa,抗拉(抗压)强度设计值为 280MPa,其质量应符合 GB 1499—1998;HRB400 钢筋($d=32$mm)抗拉强度标准值为 400MPa,抗拉(抗压)强度设计值为 330MPa,其质量应符合 GB 1499—1998。

预应力钢绞线均采用 ϕ^s15.2mm 高强度低松弛预应力钢绞线,$f_{pk}=1\,860$MPa、$E_p=1.95\times10^5$MPa。

斜拉索采用 ϕ^s15.2 环氧喷涂钢绞线无黏结预应力斜拉索,标准强度为 1 860MPa。斜拉索采用钢绞线拉索群锚体系。

③波纹管及锚具

主梁纵向预应力钢绞线、主梁横向预应力及主塔横梁预应力钢绞线,均采用塑料波纹管制孔,采用真空压浆技术。

④支座

主墩:QZ12500SX(±200mm);

边墩:GPZ(KZ)10DX(±300mm)、GPZ(KZ)10SX(±300mm)。

⑤伸缩缝

伸缩缝:采用伸缩量为最大伸缩量 480mm 的单元式多向变位疏板型伸缩缝。

2)计算依据

(1)设计规范及专项报告

①《公路工程技术标准》(JTG B01—2014);

②《公路桥涵设计通用规范》(JTG D60—2015);

③《公路钢筋混凝土及预应力混凝土桥涵设计规范》(JTG 3362—2018);

④《公路桥涵地基与基础设计规范》(JTG 3363—2019);
⑤《公路斜拉桥设计规范》(JTG/T 3365-01—2020);
⑥《公路桥梁抗风设计规范》(JTG/T 3360-01—2018);
⑦《公路桥梁抗震设计规范》(JTG/T 2231-01—2020);
⑧《公路桥梁盆式橡胶支座》(JT/T 391—2019);
⑨《内河通航标准》(GB 50139—2014)。

(2)技术标准
①公路等级:双向六车道一级公路。
②设计荷载:公路—Ⅰ级。
③桥涵设计洪水频率:1/300。
④设计基准期:100年。
⑤设计安全等级:一级。
⑥环境类别:Ⅰ类。
⑦主桥竖曲线:$R=8\,000\text{m}$,纵坡:左侧3.1%,右侧3.1%。
⑧桥梁宽度:主桥全宽35.5m,单幅行车道净宽11.25m。
⑨桥面铺装:10cm沥青混凝土铺装。
⑩地震:地震动峰值加速度系数为0.10g。
⑪设计基本风速:$V_{10}=33.7\text{m/s}$。
⑫航道等级:国家内河Ⅰ级航道。
⑬通航标准:设计最高通航水位为20年一遇洪水位5.104m(1985年国家高程系统);通航净高为18m。
⑭坐标系:中山独立坐标系。
⑮高程系统:1985年国家高程系统。

3)计算要点

(1)主要计算参数

①混凝土材料力学特性见表5-1-1。

混凝土材料力学特性   表5-1-1

位置		混凝土强度等级	弹性模量(MPa)	抗压强度标准值f_{ck}(MPa)	抗拉强度标准值f_{tk}(MPa)
上部结构	箱梁	C60	3.60×10^4	38.50	2.93
	主塔	C55	3.55×10^4	35.50	2.74
主塔墩下部	承台、承台系梁	C40	3.25×10^4	26.80	2.40
	桩基	C35	3.00×10^4	23.40	2.20
过渡墩	墩身	C40	3.25×10^4	26.80	2.40
	承台、桩基	C30	3.00×10^4	20.10	2.01

②钢材力学特性见表5-1-2。

钢 材 力 学 特 性 表5-1-2

材　　料	规　　格	弹性模量 （MPa）	抗拉强度标准值 （MPa）	拉压强度设计值 （MPa）
斜拉索	$250n\phi^s15.2$	1.95×10^5	1 860	—
预应力钢绞线	$n\phi^s15.2$	1.95×10^5	1 860	—
普通钢筋	R235	2.10×10^5	—	195
	HRB335	2.00×10^5	—	280（偶然作用330）
	HRB400	2.00×10^5	—	330（偶然作用400）

(2)荷载及作用参数

计算采用设计参数按照《公路桥涵设计通用规范》(JTG D60—2015)的有关规定取值。

①永久作用。

a. 一期恒载：由程序自动计入和以集中力或均布力计算(重度：主梁、塔、墩、承台按26.0kN/m³，横隔或横隔板以集中力计入，齿板以均布力计入)。

b. 二期恒载：见表5-1-3。

二 期 恒 载 表5-1-3

项　　目	数　　值	单　　位
防撞栏	29.9	kN/m
10cm厚沥青铺装	74.2	kN/m
管线或其他	5.0	kN/m
合计	109.1	kN/m
取110kN/m		

c. 基础变位：主塔墩2cm，过渡墩1cm；考虑不同沉降自由组合，最大沉降差为3cm。

②可变作用。

a. 汽车荷载。

(a)设计荷载为公路—Ⅰ级，双向六车道，按双向八车道影响线加载，纵向折减系数按《公路桥涵设计通用规范》(JTG D60—2015)表4.3.1-5 取。

(b)冲击系数：按自振频率选取。

(c)制动力：按4车道同时制动。

b. 温度作用。

(a)系统温差：整体升、降温20℃。

(b)非线性温差：按《公路桥涵设计通用规范》(JTG D60—2015)第4.3.10 条取。

(c)斜拉索与其他结构温差±10℃；主塔左右侧日晒温差±5℃。

c. 风载。

按《公路桥梁抗风设计规范》(JTG/T 3360-01—2018)，采用阵风荷载作为标准值，当风荷载参与汽车荷载组合时，桥面高度处风速V_z可取为25m/s。基本风速取33.7m/s，场地类别按

A类考虑。

③收缩徐变:按《公路钢筋混凝土及预应力混凝土桥涵设计规范》(JTG 3362—2018)附录F,计算到成桥后10年。

④预应力的摩阻和偏差系数:钢绞线 $\mu = 0.17$,$k = 0.0015$。

(3)效应组合类型

组合一:承载能力极限状态基本组合;

组合二:正常使用极限状态短期效应组合;

组合三:正常使用极限状态长期效应组合(标准组合)。

(4)计算建模

①施工顺序见表5-1-4。

施工顺序 表5-1-4

序号	备注
1	常规方法施工桩基,围堰施工主墩承台,挖基施工过渡墩承台; 爬模或翻模施工主塔墩、过渡墩,支架或旁托模架施工过渡墩盖梁; 搭设临时支架,施工主梁0号,塔梁临时固结,张拉相应钢束; 支架施工1号梁段,张拉相应钢束; 爬模或翻模施工主塔
2	张拉S1、M1斜拉索; 安装挂篮,施工主梁2号块,张拉相应钢束,张拉S2、M2斜拉索
3	移动挂篮,施工主梁3号~12号块,张拉相应钢束、斜拉索
4	支架现浇边跨现浇段; 拆除边跨挂篮,合龙边跨,张拉边跨合龙段钢束; 完成平衡压重施工
5	移动挂篮,施工主梁主跨13号~20号块,张拉相应钢束、斜拉索
6	拆除挂篮,安装合龙吊架,合龙中跨,张拉中跨合龙段钢束
7	拆除合龙吊架,解除塔梁临时固结
8	桥面及附属施工
9	全桥索力调整
10	全面检测索力,局部调整索力,使之达到设计要求

②计算模型。

计算模型主梁、主塔墩、过渡墩、承台、桩基采用梁单元模拟,斜拉索采用桁架单元模拟,挂篮及横隔采用节点荷载模拟。

边界条件:主塔采用塔墩固结;主梁支承与主塔下横梁上,主梁竖向约束;边跨主梁支座位置竖向约束;主墩墩底承台处采用六向弹簧约束。坐标系如图5-1-23所示。主桥基础刚度如表5-1-5所示。斜拉桥有限元模型如图5-1-24所示。

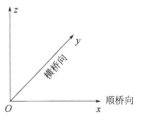

图5-1-23 坐标系

主桥基础刚度(单位:kN,m,rad)　　　　　　　　　　　　　　　　　　表 5-1-5

轴号		DX	DY	DZ	RX	RY	RZ	参考钻孔
主塔墩	19号 L	2.96×10^6	2.96×10^6	3.89×10^7	9.46×10^8	9.46×10^8	2.32×10^8	XLZK7、XLQZK10~12
	19号 R	2.73×10^6	2.73×10^6	3.87×10^7	9.38×10^8	9.38×10^8	2.13×10^8	XLZK8、XLQZK12~15
	20号 L	2.93×10^6	2.93×10^6	4.15×10^7	1.00×10^9	1.00×10^9	2.24×10^8	XLZK9、XLQZK19~21
	20号 R	2.77×10^6	2.77×10^6	4.21×10^7	1.01×10^9	1.01×10^9	2.18×10^8	XLZK10、XLQZK16~18
过渡墩	18号 L	5.53×10^5	7.59×10^5	1.03×10^7	1.12×10^8	5.54×10^7	1.86×10^7	XLQZK9
	18号 R	6.09×10^5	8.41×10^5	1.03×10^7	1.13×10^8	5.58×10^7	2.07×10^7	XLZK6
	21号 L	5.50×10^5	7.65×10^5	8.98×10^6	9.98×10^7	4.99×10^7	1.92×10^7	XLZK11
	21号 R	6.06×10^5	8.51×10^5	8.99×10^6	1.00×10^8	5.04×10^7	2.17×10^7	XLQZK22

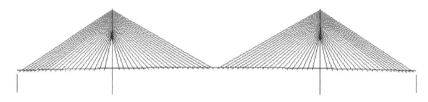

图 5-1-24　115m+250m+115m 斜拉桥有限元计算模型

4)总体静力计算

(1)反力及结构变位

主桥反力及结构变位见表 5-1-6、表 5-1-7。

主桥反力表(单位:kN)　　　　　　　　　　　　　　　　　　表 5-1-6

位　置			恒载	汽车活载		标准组合(组合③)	
				最大	最小	最大	最小
主塔墩	19号	下横梁支座	6 661.4	2 978.0	-556.4	11 715.2	6 505.6
		基础承台底	249 163.5	8 558.2	-391.9	260 069.4	243 583.3
	20号	下横梁支座	6 661.9	2 978.0	-556.4	11 713.8	6 506.4
		基础承台底	249 180.6	8 557.6	-391.3	260 057.2	243 635.3
过渡墩	18号	盖梁顶支座	3 734.2	2 755.6	-2 090.3	8 690.7	2 478.8
		基础承台底	17 772.3	3 040.2	-2 264.6	23 064.9	16 332.1
	21号	盖梁顶支座	3 722.4	2 755.8	-2 090.4	8 686.1	2 468.5
		基础承台底	17 758.6	3 042.4	-2 267.4	23 068.1	16 300.6

(2)主梁

①主梁施工阶段应力计算结果

如图 5-1-25 所示,在整个施工过程中,主梁最大拉应力为 0.24MPa,最大压应力为 15.9MPa,施工期间,主梁应力满足《公路钢筋混凝土及预应力混凝土桥涵设计规范》(JTG 3362—2018) 第 7.2.8 条要求。

主桥结构变位表 表 5-1-7

荷载	部位	位移方向	位移值 δ （cm）	δ/L 或 H/L （计算值）	δ/L 或 H/L （规范限值）
汽车荷载	主跨主梁	竖向	16.53	1/1 512	1/500
	主梁梁端	水平	6.60	1/3 788	
	塔顶	水平	7.26	1/1 305	

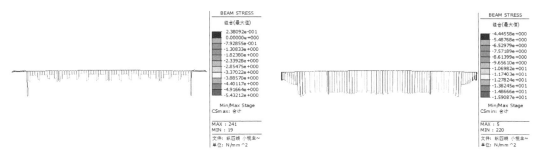

a) 施工阶段主梁最大应力包络图 b) 施工阶段主梁最小应力包络图

图 5-1-25　施工阶段主梁应力包络图（单位：MPa）

压应力　　　$\sigma_{cc}^t = 15.9\text{MPa} < 0.70 f_{ck}' = 0.7 \times 38.5 \times 0.9 = 24.3(\text{MPa})$

拉应力　　　$\sigma_{ct}^t = 0.24\text{MPa} < 0.70 f_{tk}' = 0.7 \times 2.85 \times 0.9 = 1.80(\text{MPa})$

在整个施工过程中，主塔均处于受压状态，最大压应力为 14MPa，如图 5-1-26 所示。

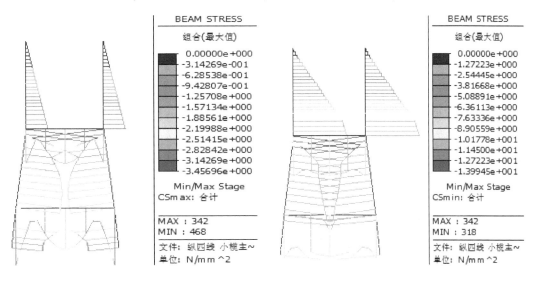

a) 施工阶段主塔最大应力包络图　　　　b) 施工阶段主塔最小应力包络图

图 5-1-26　施工阶段主塔应力包络图（单位：MPa）

②主梁运营阶段计算结果

a. 短期效应作用主梁正应力

主梁应力输出点示意如图 5-1-27 所示。

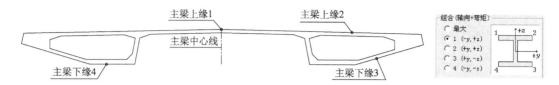

图 5-1-27 主梁应力输出点示意图

如图 5-1-28、图 5-1-29 所示,主梁在短期效应组合下,上、下缘均未出现拉应力,满足规范《公路钢筋混凝土及预应力混凝土桥涵设计规范》(JTG 3362—2018)第 6.3.1 条要求:$\sigma_{st} - 0.80\sigma_{pc} \leq 0$。

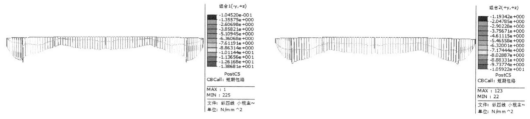

a) 短期效应作用——主梁上缘1应力   b) 短期效应作用——主梁上缘2应力

图 5-1-28 短期效应作用——主梁上缘应力(MPa)

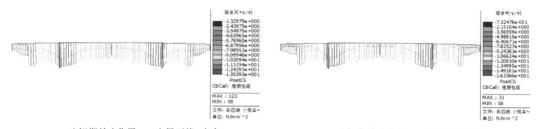

a) 短期效应作用——主梁下缘1应力   b) 短期效应作用——主梁下缘2应力

图 5-1-29 短期效应作用——主梁下缘应力(MPa)

b. 短期效应作用主梁主拉应力

如图 5-1-30 所示,主梁在短期效应组合下,最大主拉应力为 0.47MPa,满足规范《公路钢筋混凝土及预应力混凝土桥涵设计规范》(JTG 3362—2018)第 6.3.1 条要求:

$$\sigma_{tp} \leq 0.4 f_{tk} = 0.4 \times 2.85 = 1.14 (\text{MPa})$$

c. 使用阶段混凝土最大正应力

如图 5-1-31 所示,主梁在使用阶段,混凝土最大正应力为 18MPa,满足规范《公路钢筋混凝土及预应力混凝土桥涵设计规范》(JTG 3362—2018)第 7.1.5 条要求:

$$\sigma_{kc} + \sigma_{pt} \leq 0.5 f_{ck} = 0.5 \times 38.5 = 19.3 (\text{MPa})$$

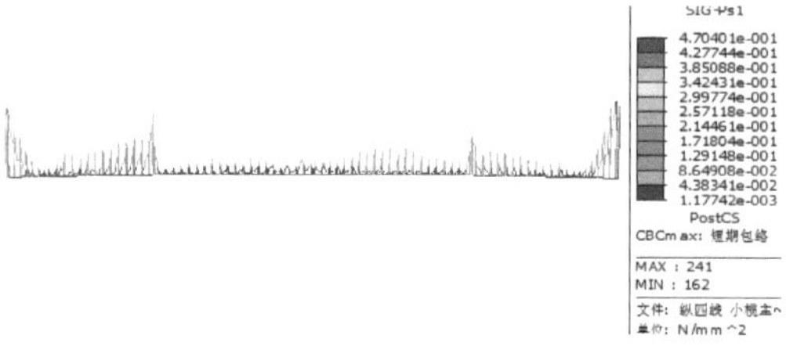

图 5-1-30 短期效应作用——主梁主拉应力(MPa)    图 5-1-31 标准组合——主梁最大正应力(MPa)

d. 使用阶段受拉区预应力钢束的最大拉应力

受拉区预应力钢束最大拉应力需满足规范《公路钢筋混凝土及预应力混凝土桥涵设计规范》(JTG 3362—2018)第7.1.5条要求：

$$\sigma_{pe} + \sigma_p \leq 0.65 f_{pk} = 1\ 209(\text{MPa})$$

e. 使用阶段主梁承载力验算

主梁承载力满足规范要求，如图5-1-32所示。

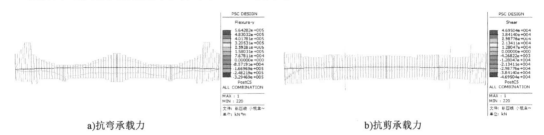

a) 抗弯承载力　　　　　　　　　　b) 抗剪承载力

图5-1-32　主梁承载力

f. 使用阶段主梁刚度验算

主梁在车道荷载(不计冲击力)作用下的竖向位移(cm)如图5-1-33所示。

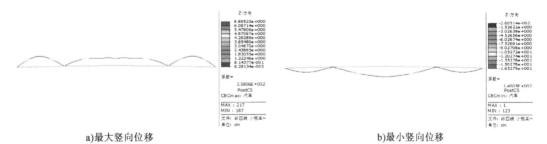

a) 最大竖向位移　　　　　　　　　　b) 最小竖向位移

图5-1-33　竖向位移(单位:cm)

主梁在车道荷载作用下最大竖向挠度为6.69cm，最小竖向挠度为16.53cm，满足规范《公路斜拉桥设计规范》(JTG/T 3365-01—2020)第4.4.1条要求：

$$16.53\text{cm} < [\delta] = L/500 = 250/500 = 0.5(\text{m})$$

主梁预拱度：仅需在中跨设置预拱度，主梁预拱度计算如下(表5-1-8)：

$$S_{跨中} = S_{收缩徐变} + S_{1/2汽车荷载}；S_{1/4跨} = S_{收缩徐变} + S_{1/2汽车荷载}$$

主桥主梁变位及预拱度　　　　　　　　　　表5-1-8

位移及预拱度(cm)		位　　置	
		主跨跨中(L/2)	主跨四分之一(L/4)
位移	成桥	8.07	2.43
	收缩徐变完成	8.54	2.81
	汽车荷载	16.53	11.60
	预拱度	8.74	6.18

(3)斜拉索

①成桥阶段拉索内力及应力如图5-1-34所示。

②使用阶段拉索内力及应力如图5-1-35所示。

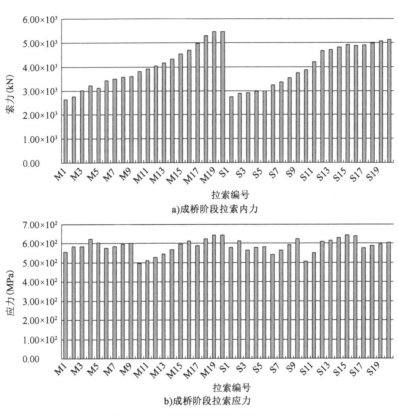

图 5-1-34 成桥阶段拉索内力及应力

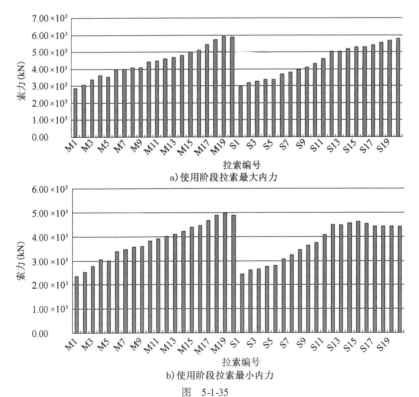

图 5-1-35

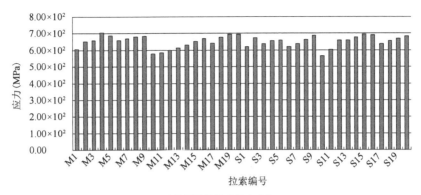

c) 使用阶段拉索最大应力

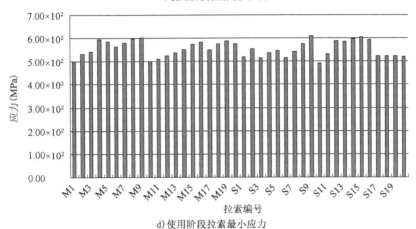

d) 使用阶段拉索最小应力

图 5-1-35 使用阶段拉索内力及应力

成桥阶段:最大拉索索力为 5 465.8kN(M19 号索);最大拉索应力为 648.9MPa(M19 号索)。满足规范《公路斜拉桥设计规范》(JTG/T 3365-01—2020)第 3.4 条要求:

$$[\sigma] \leqslant 0.5f_{pk} = 0.5 \times 1\ 860 = 930(\text{MPa})$$

使用阶段:最大索力为 5 919.1kN(M19 号索);最小索力为 2 428.9kN(M1 号索);索力幅度变化最大为 1 380.2kN(5 796.8~4 416.6kN,S20 号索)。

使用阶段:拉索最大应力为 698.1MPa,发生在中跨 M19 号索;满足规范《公路斜拉桥设计规范》(JTG/T 3365-01—2020)第 3.4 条要求:

$$[\sigma] \leqslant 0.4f_{pk} = 0.4 \times 1\ 860 = 744(\text{MPa})$$

拉索最大应力变化幅度为 162.8MPa(683.7~520.9MPa),最小应力变化幅度为 69.9MPa(693.6~623.7MPa),均小于 250MPa。

(4)主塔

①主塔变形如图 5-1-36 所示。

②主塔内力。

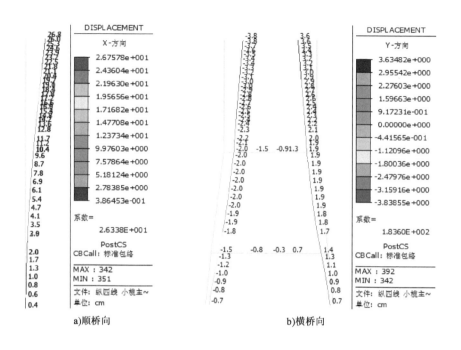

图 5-1-36 运营阶段标准组合主塔顺桥向、横桥向位移

主塔横向为"H"形,根据对称性,计算结果取单个塔柱控制截面内力。主塔控制截面如图 5-1-37 所示。运营阶段主塔塔柱控制截面组合内力见表 5-1-9。

运营阶段:主塔塔柱控制截面组合内力 [单位:$N(\mathrm{kN})$、$M(\mathrm{kN \cdot m})$]　　　表 5-1-9

截面位置	节点号	基本组合			短期组合		
		N_j	M_{jy}	M_{jz}	N_s	M_{sy}	M_{sz}
下塔柱(底)(A-A)	301	2.38×10^5	1.36×10^5	3.87×10^5	1.93×10^5	1.19×10^5	3.03×10^5
下塔柱(顶)(B-B)	306	2.21×10^5	7.74×10^4	3.04×10^5	1.79×10^5	5.49×10^4	2.39×10^5
中塔柱(底)(C-C)	308	1.90×10^5	1.06×10^5	2.76×10^5	1.55×10^5	8.58×10^4	2.17×10^5
中塔柱(顶)(D-D)	318	1.69×10^5	4.27×10^4	1.39×10^5	1.37×10^5	3.24×10^4	1.07×10^5
上塔柱塔根(E-E)	320	1.55×10^5	1.22×10^4	1.25×10^5	1.25×10^5	1.05×10^4	9.42×10^4

注:表中内力弯矩为最大弯矩,轴力则为最大弯矩对应的轴力;角标:y 表示横桥向,z 表示顺桥向。

5) 稳定分析

如图 5-1-38~图 5-1-40 所示,从结构的失稳模态来看,运营阶段考虑了三种活载布载模式(全桥满布、边跨满布、中跨满布),稳定安全系数依次为 11.94、12.35、11.97;失稳模态的屈曲系数为均大于 4,满足规范要求。

第5章 缆索承重桥梁设计计算

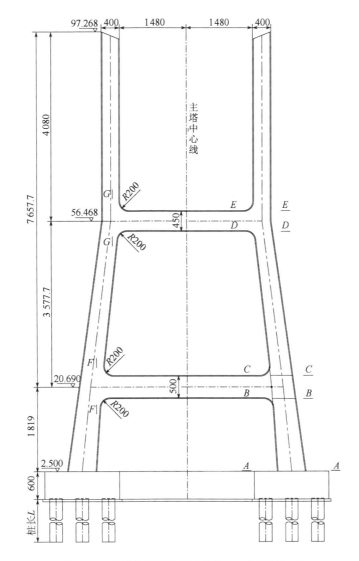

图 5-1-37　主塔控制截面(尺寸单位:cm;高程单位:m)

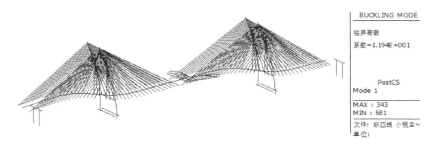

图 5-1-38　运营阶段-全桥汽车满载-失稳模态(稳定安全系数 11.94)

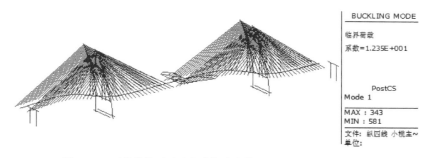

图 5-1-39　运营阶段-边跨汽车满载-失稳模态（稳定安全系数 12.35）

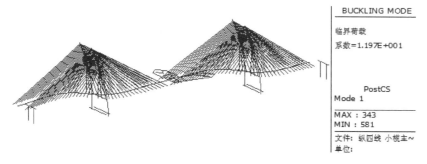

图 5-1-40　运营阶段-中跨汽车满载-失稳模态（稳定安全系数 11.97）

5.2　悬　索　桥

5.2.1　概述

悬索桥计算理论的发展与悬索桥自身的发展有着密切联系。早期，由于桥跨小，索自重较轻，结构刚度主要由加劲梁提供，结构分析采用线弹性理论。随着跨度的增加，梁的刚度相对降低，结构非线性效应突出，Ritter（1877），Melen（1888）等人提出了考虑位移影响的"挠度理论"，奠定了近代悬索桥分析的理论基础。Godard 忽略成桥后竖向荷载引起的主索水平力改变对悬索桥静力响应的影响，提出了线性挠度理论。在此基础上，李国豪教授提出了等代梁法，使影响线加载原理得到有效利用。这些方法在悬索桥计算中取得了良好的效果，同时也促进了悬索桥跨径的长大化。

现代悬索桥跨度不断增大的同时，加劲梁相对刚度不断减小，线性挠度理论引起的误差已不容忽略。因此，基于矩阵位移理论的有限元方法应运而生。Brotton 把悬索桥视为平面构架，建立起刚度方程并用松弛法求解；Saafan 的构架大位移理论，Texan 的大位移矩阵构架分析法，考虑挠度的二次影响，并建立起增量平衡刚度方程求非线性方程组的解；后藤茂夫首先提出钢索、吊索为仅受轴力构件，导出节点位移与节点力之间的有限位移关系式。对存在轴向力的梁柱效应，Fleming 应用稳定函数法来修正梁元的刚度阵，并用移动坐标（即 U.L 列式）迭代求解；Schrefler 等把梁作为二维平面问题建立刚度方程以解决索、梁组合体系的受力分析等。总之，应用有限位移理论的矩阵位移法，可综合考虑体系节点位移影响、轴力效应，把悬索桥结构非线性分析方法归结为一般非线性有限元法,是目前普遍采用的方法。

悬索桥成桥状态的确定与其结构分析有着同样重要的意义。对于小跨径悬索桥,由于主缆自重轻,成桥状态整个主缆近似呈抛物线形,确定成桥状态采用抛物线法。随着跨度的增加和主缆自重的增加,主缆线形呈多段悬链线组成的索多边形。计算主缆线形主要有非线性循环迭代法和基于成桥状态的反算法。

1) 悬索桥主要构造

悬索桥上部结构的主要构件为桥塔、主缆和加劲梁、锚固体(地锚式悬索桥),其次还有吊索、鞍座、索夹等,如图5-2-1所示。

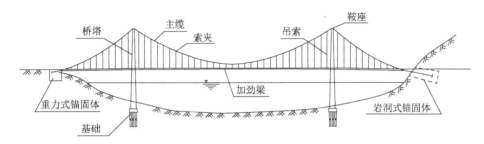

图5-2-1 悬索桥的构造

桥塔也称主塔,它是支承主缆的重要构件。悬索桥的活载和恒载(包括桥面、加劲梁、吊索、主缆及其附属构件如塔顶鞍座和索夹等重量)通过主塔传递到下部的塔墩和基础。

主缆是通过塔顶鞍座悬挂在主塔上并锚固于两端锚固体中的柔性承重构件,主缆本身又通过索夹和吊索承受活载和加劲梁(包括桥面)的恒载。

加劲梁的主要功能是提供桥面支撑和防止桥面发生过大的挠曲变形和扭曲变形。加劲梁是悬索桥承受风荷载和其他横向水平力的主要构件。

锚固体是将主缆中的拉力传递给地基的构件,通常有重力式锚固体和岩洞式锚固体。重力式依靠锚固体的巨大自重来抵抗主缆的竖向分力,水平分力则由锚固体与地基之间的摩阻力(包括侧壁的)或嵌固阻力来抵抗。岩洞式则由锚固体将主缆中的拉力直接传递给岩洞周壁。

吊索是将活载和加劲梁(包括桥面)的恒载通过索夹传递到主缆的构件。鞍座是塔顶上支撑主缆的重要构件,通过它可使主缆中的拉力以竖向力和不平衡水平力的方式均匀地传给塔顶。索夹位于每根吊索和主缆的连接点上,实际上它是主缆和吊索的连接件,也是固定主缆外形的主要措施。

2) 悬索桥主要类型

按照悬索桥主缆锚固的位置,通常可分为地锚式悬索桥和自锚式悬索桥。

(1) 地锚式悬索桥

绝大部分的悬索桥,特别是大跨度的悬索桥,都是地锚式悬索桥。地锚式悬索桥的形式如图5-2-2所示,即主缆的拉力由桥梁端部的重力式锚固体或岩洞式锚固体(岩锚)传递给地基,因此在锚固体处一般要求地基具有较大的承载力,最好是有良好的岩层作持力地基。如无特别说明,地锚式悬索桥简称为悬索桥。根据加劲梁的跨数,悬索桥又分为单跨、双跨、三跨、四跨等(图5-2-2)。

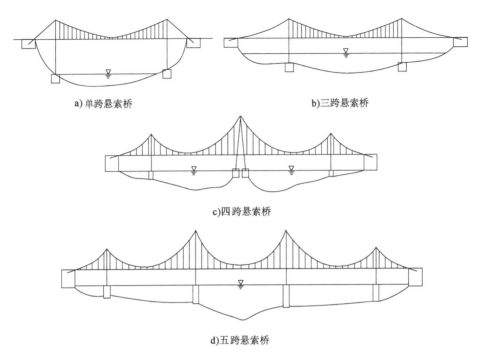

a) 单跨悬索桥 b) 三跨悬索桥

c) 四跨悬索桥

d) 五跨悬索桥

图 5-2-2　地锚式悬索桥

单跨悬索桥常常是由地形条件或线路平面条件来决定的。它适合于边跨地面较高时,采用桥墩来支承边跨的梁体结构比较经济,或者是由于道路的平面线形不得不有曲线进入边跨时采用。单跨悬索桥由于边跨主缆的垂度较小(基本上是主缆在边跨内的自重垂度),对荷载引起的变形稍微有利。但在架设时主塔顶部鞍座的预偏量(偏向边跨侧)要增大一些。迄今为止,大跨度悬索桥中采用单跨悬索桥形式的最大跨度为我国江阴长江大桥的 1 385m,其余依次为土耳其的博斯普鲁斯海峡二桥的 1 090m,博斯普鲁斯海峡一桥的 1 074m,日本来岛海峡三桥的 1 030m。

当只有一岸的边跨地面较高或线路有平面曲线进入时,可以采用两跨悬索桥的形式(即一个边跨与主跨的加劲梁是悬吊的,另一边跨的梁体是由桥墩支承的形式,在图 5-2-2 中未绘示)。大跨度悬索桥中采用这种形式的最大跨度为香港青马大桥的 1 377m,其次是日本来岛海峡二桥的 1 020m。

根据悬索桥的加劲梁边界条件不同,计算分析简化的结构体系也有所不同。图 5-2-3 给出了悬索桥结构体系示意图。图 5-2-4 给出了悬索桥索形力学模型简化图。

(2) 自锚式悬索桥

自锚式悬索桥(图 5-2-5)的主缆拉力是直接传递给它的加劲梁来承受。主缆拉力的竖直分力(一般较小)可以起到边跨端支点的部分反力作用而使加劲梁底下的端支点反力得以减小,但水平分力则以轴向压力的方式传递到加劲梁中。因此自锚式悬索桥的跨度不宜过大,否则,为了抵抗巨大的主缆水平分力,加劲梁的断面将非常庞大,且很不合理与经济。1929 年修建的德国 Kein-Mulheim 莱茵河老桥为自锚式悬索桥,其跨度为 91m + 315m + 91m,耗钢 12 800t。1951 年改建为地锚式悬索桥,跨度为 85m + 315m + 85m,与老桥基本相同,但耗钢仅 5 800t,与老桥相比大为减少。

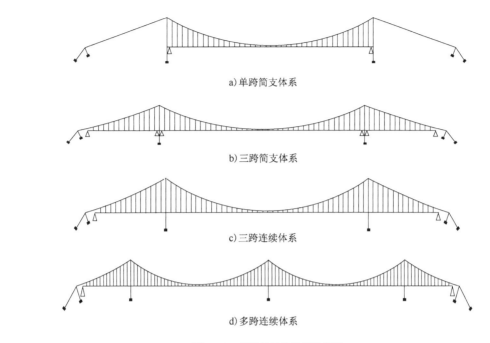

图 5-2-3 悬索桥结构体系示意图

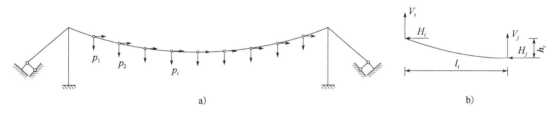

图 5-2-4 悬索桥索形力学模型简化图

图 5-2-5 自锚式悬索桥

自锚式悬索桥的另一缺点是施工比较困难,一般必须先架设加劲梁,然后再架设主缆,如日本大阪北港的此花大桥(原名北港大桥)。

自锚式悬索桥的优点是适宜用于两岸地基承载力较差,特别是软土的桥位。另外,对市区跨河桥梁可以避免影响景观或无法布置的庞大的主缆锚碇建筑物。

3) 设计计算概要

悬索桥尤其是现代悬索桥其跨径越来越大(从几百米到数千米),加劲梁越来越细柔(高跨比从 1/40 降到 1/300),主缆等主要构件承重构件安全系数越来越小(从 4.0 下降到 2.0)。这就要求在设计悬索桥时,主要计算以下内容:

(1)精确合理地确定悬索桥成桥内力状态与构形;
(2)确定悬索桥施工阶段的受力状态与构形,以期在成桥时满足设计要求;
(3)精确分析悬索桥运营阶段在活载及其他附加荷载作用下的静力响应。

静力计算需注意以下几方面:

(1)静力计算应采用有限位移理论,宜采用空间结构分析模型。采用简化平面结构图式进行静力分析时,应计算荷载横向分布对结构的影响。

(2)采用有限位移理论计算各种可变作用效应时,应采用永久作用的重力刚度进行计算。

(3)计算竖向挠度、水平变位、梁端转角(面内、面外)及纵向位移时,应采用不计冲击力的汽车车道荷载频遇值,频遇值系数应为1.0。

(4)应根据设计成桥线形和结构重力、内力等,计算索股无应力长度、空缆线形、鞍座预偏量、索股初始张力、索夹位置及吊索无应力长度。

(5)应根据施工阶段索塔内力及变形确定鞍座顶推量,明确相应的主缆线形、加劲梁空间位置等。

与斜拉桥一样,悬索桥的设计计算也要根据不同的结构形式、不同的设计阶段、不同的计算内容和要求来选用不同的力学模式和计算理论。

在悬索桥的设计计算中,除应进行静力计算外,尚应开展抗风、抗震等专题研究。这些问题无法通过静力计算得以解决。

悬索桥加劲梁的主要功能,是直接承受竖向活荷载;就这方面而言,它是桥面系的补充。与此同时,它必须能够安全地抵抗横向静风压,还要能够在脉动风作用下不丧失稳定,并且考虑其对地震的响应。

5.2.2 悬索桥设计计算流程

悬索桥的设计计算顺序一般可以分为两部分考虑,先考虑主缆及加劲梁的设计和计算,然后根据已决定的主缆及加劲梁体系来考虑桥塔的设计和计算。

1)主缆及加劲梁的设计和计算流程

图5-2-6为主缆及加劲梁的基本设计流程。从图5-2-6的流程看,首先要拟定悬索桥的形式,即采用单跨悬吊、双跨悬吊还是三跨悬吊。另外,对加劲梁除了要决定梁体形式(桁梁或箱梁)之外,还要拟定是多跨连续还是各跨双铰支承。至于一些比例关系及参数的决定,主要是指根据桥位处的地形及地质条件,在可能的范围内选择边孔与主孔的跨度比 L_1/L 以及初步确定主缆的垂跨比 f/L。

加劲梁的恒载及刚度可参照已有类似跨度与规模的实桥数据来进行假定,必要时也可根据所设计桥梁的具体要求拟定初步的尺寸与截面来计算而定。至于风力的大小,可根据桥位处的风力或风速观测资料来推算主缆及加劲梁高度处的设计风力。

主缆截面的假定也可参考既有类似跨度、规模、形式与垂跨比的悬索桥来初步假定主缆的钢丝索股数与每股的钢丝根数。

上述的恒载、截面及刚度等假定之后即可选择适宜的计算理论进行各种初步的计算,但对地震反应分析一般宜放在最终的设计阶段进行验算。

经过初步计算之后,即可根据计算结果决定主缆与加劲梁的必要截面,并由此算出恒载与刚度。将计算所得的截面、刚度及恒载等数据与原先假设的数据进行比较。如果原先的假设有较大的富余或不足,则应重新进行假设并再次进行计算,直到假设与计算结果比较吻合为止。

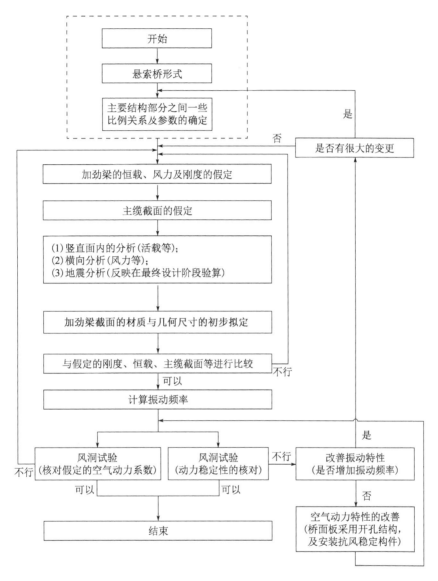

图 5-2-6　主缆及加劲梁的设计计算流程

在以上的计算要求得到满足之后,接着应进行振动计算与风洞试验。如果悬索桥的振动存在问题或风洞试验不能通过,必须研究采用怎样的措施来改善。此时有两种可能:一是对悬索桥各部分之间的比例关系及参数作较大的变更,在这种情况下就必须重新进行一系列的假设与计算。二是针对气动特性在加劲梁的截面上采取一些措施,如桥面采用开孔(open grating)结构或安装有助于抗风稳定的构件,如导风板(flap)、导风角(fairing)、导风器(deflector)、分流板(split plate)、裙板(skirt)等,在这种情况下,只需重新进行风洞试验并取得通过。

2）桥塔的设计和计算流程

桥塔的设计和计算流程如图 5-2-7 所示。

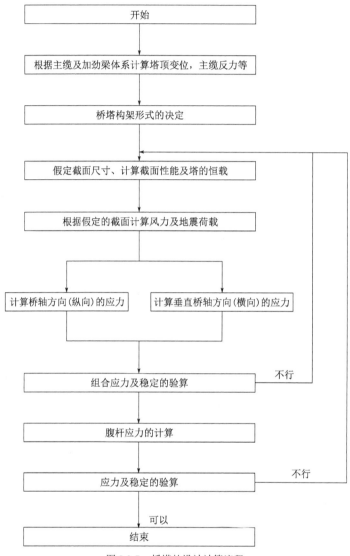

图 5-2-7　桥塔的设计计算流程

桥塔的设计计算应根据主缆与加劲梁的结构体系来进行。桥塔的构架形式一般有门架式、具有多层横梁的刚架式以及具有一组或若干组交差斜杆的桁架式。当然也可兼用刚架与桁架的混合形式，即在桥面以下部分为桁架式，以上部分为刚架式。总之，除了两根塔柱有直柱及略带倾斜的斜柱的区别之外，桥塔的构架形式主要由布置在两根塔柱之间的腹杆（水平横杆或交差斜杆）的形式来决定。

桥墩各部分的截面尺寸可以参考已有类似的悬索桥来作初步的假定。

图 5-2-7 中的组合应力是指在同一荷载条件下的纵向应力与横向应力的组合。桥塔的稳定应考虑板壁的局部压屈稳定与桥塔构架面内与面外的整体压屈稳定。

悬索桥的整体设计和计算流程可归结为图 5-2-8。

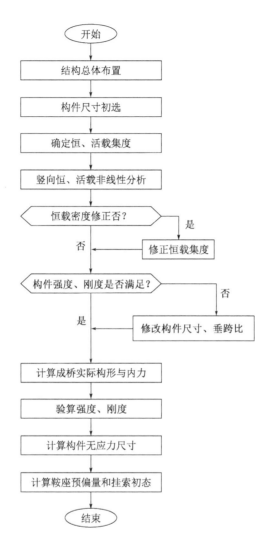

图 5-2-8 悬索桥设计和计算流程图

5.2.3 悬索桥设计计算理论

19世纪末至20世纪初的悬索桥早期的计算是采用弹性理论来进行的。弹性理论分析方法不考虑结构体系变形对内力的影响,可按普通结构力学方法计算。从20世纪初到20世纪80年代前后,悬索桥的计算改用挠度理论。挠度理论主要计算分析缆索的非线性变形,是二次内力影响问题,不能采用普通结构力学方法求解而产生的。此后,随着悬索桥跨度的增加,荷载与恒载之比变小,由活载所产生的缆索水平拉力的增量所分担的荷载降低值也相对变小,可以省略挠度理论中的基本微分方程的二次项,提出了简单的线性挠度理论。

从80年代前后开始,由于电子计算机得到高速的发展和广泛的应用,为了能更快速和更精确地来分析结构的受力行为,开始出现了适合于有限元法电算的非线性有限位移理论。另外还有近似计算的图表法、代换梁法、重力刚度法等。

1)弹性理论

(1)基本假定

用弹性理论对悬索桥进行结构分析计算时,应符合以下假定条件:

①假定主缆为完全柔性,吊索沿跨密布;

②假定主缆曲线形状和纵坐标在加载后保持不变;

③加劲梁沿跨径悬挂在主缆上,其截面的惯性矩沿跨径不变;

④一般加劲梁是在悬索和吊索安装完毕后才分段吊装就位,最后连接成整体,所以加劲梁等恒载已由悬索承担,加劲梁仅承担车辆活载、风力和温度变化等可变荷载产生的内力。

(2)基本公式

图5-2-9是单跨吊桥,由于加劲梁参与受力,为一次超静定体系,取悬索的水平拉力 H 为多余未知力:

$$H = -\frac{\delta_{PH}}{\delta_{HH}} \quad (5\text{-}2\text{-}1)$$

式中:δ_{PH}——由悬索切口处作用 $H=1$ 经吊索传递给加劲梁所引起梁的挠度曲线;

δ_{HH}——在悬索切口处作用 $H=1$ 时引起该截面的水平位移,其值应为加劲梁、悬索、吊索和锚索的变形影响的总和,即

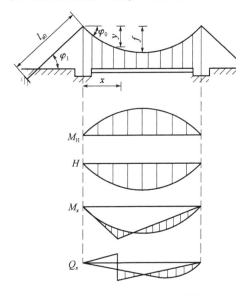

图5-2-9 悬索桥内力影响线

$$\delta_{HH} = \int_0^l \frac{\overline{M}_H^2}{EI} dx + \sum \frac{\overline{T}_H^2 S}{E_1 A} \quad (5\text{-}2\text{-}2)$$

式中:M_H——由力 $H=1$ 所引起的加劲梁中的弯矩;

T_H——由力 $H=1$ 所引起在悬索、吊索和锚索等构件中的内力;

E,I——加劲梁的弹性模量和惯性矩;

E_1,S,A——悬索、锚索和吊索等构件的弹性模量、长度和横截面面积。

变位 δ_{PH} 和 δ_{HH} 的计算:当 $H=1$ 时,吊索传给加劲梁向上的均布荷载为:

$$q = \frac{8f}{l^2} \quad (5\text{-}2\text{-}3)$$

在加劲梁任意 x 截面,由向上的均布荷载 q 所引起的挠度方程为:

$$\delta_{PH} = \frac{8f}{l^2} \cdot \frac{l^3 x}{24EI} \left[1 - 2\left(\frac{x}{l}\right)^2 + \left(\frac{x}{l}\right)^3\right] \quad (5\text{-}2\text{-}4)$$

δ_{HH} 中各变位项的计算如下:

$$\int_0^l \frac{\overline{M}_H^2}{EI} dx = \frac{1}{EI} \int_0^l (Hy)^2 dx = \frac{1}{EI} \int_0^l y^2 dx$$

$$= \frac{1}{EI} \times \int_0^l \left[\frac{4f}{l^2} x(l-x)\right]^2 dx = \frac{8}{15} \frac{f^2 l}{EI} \quad (5\text{-}2\text{-}5)$$

悬索和锚索的变形(吊索变形很小时可不予考虑)为:

$$\sum \frac{\overline{T}_H^2 S}{E_1 A} = \frac{1}{E_1 A} \int_0^l \frac{\mathrm{d}l_s}{\cos^2\varphi_1} + \frac{2l_{s0}}{E_1 A \cos^2\varphi_1} = \frac{1}{E_1 A} \int_0^s \frac{\mathrm{d}x}{\cos^3\varphi_1} + \frac{2l_{s0}}{E_1 A \cos^2\varphi_1}$$

$$= \frac{1}{E_1 A}\left(1 + 8\frac{f^2}{l^2} + 25.6\frac{f^4}{l^4}\right) + \frac{2l_{s0}}{E_1 A \cos^2\varphi_1} \tag{5-2-6}$$

式中：l_{s0}, φ_1——锚索长度和锚索的倾角；

φ——悬索任一截面的倾斜角。

将 δ_{PH} 和 δ_{HH} 代入 H 式，并略去 $25.6\dfrac{f^4}{l^4}$ 项，可得：

$$H = \frac{x[1 - 2(x/l)^2 + (x/l)^3]}{1.6f + \dfrac{3EI}{fE_1 A}\left[1 + 8(f/l)^2 + \dfrac{2l_{s0}}{\cos^2\varphi_1}\right]} \tag{5-2-7}$$

利用这个式子，按叠加原理可得出其内力影响线，如图 5-2-9 所示。

可求出悬索内力为：

$$T = \frac{H}{\cos\varphi} \tag{5-2-8}$$

加劲梁 x 处弯矩影响线方程为：

$$M_x = M_0 - M_H = M_0 - M_y \tag{5-2-9}$$

加劲梁 x 处剪力影响线方程为：

$$Q_x = Q_0 - H\tan\varphi \tag{5-2-10}$$

上两式中：M_0, Q_0——加劲梁 x 截面处简支梁的弯矩和剪力；

φ——加劲梁 x 截面处悬索对水平线的倾斜角。

(3) 适用范围

弹性理论计算方程的上述推导过程，未考虑结构体系变形对内力影响，而实际上悬索桥结构的变形对内力是有影响的。按弹性理论所计算出的悬索内力和加劲梁弯矩，将随跨径的增大而减小。因此，在跨度小于 200m 的悬索桥设计中，当加劲梁高度取为跨径的 1/40 左右时，采用弹性理论方法计算是合适的。

对于大跨径悬索桥的计算，弹性理论则有两个非常明显的缺点：其一是未考虑到恒载对悬索桥刚度的有利影响（即重力刚度效应）；其二是未考虑悬索结构非线性大位移影响，使按弹性理论做的设计太保守，偏于安全，浪费材料。因此，当设计 200m 以上大跨径悬索桥时，应采用挠度理论或有限位移理论，以计入体系变形对内力影响的。

2) 挠度理论

(1) 基本假定

用挠度理论对悬索桥结构分析计算时，应基于以下的假定：

① 假定恒载为沿跨度均布，在无活载状态下，主缆为抛物线形，加劲梁内无应力；

② 吊索为竖直，且沿桥跨密布，不考虑在活载作用下的拉伸和倾斜，当作仅在竖向有抗力的薄膜；

③ 在每一跨内加劲梁为等直截面梁，即截面惯性矩在一跨内为常量；

④ 主缆及加劲梁都只有竖向位移，不考虑其在纵向的位移。

(2) 基本公式

以往悬索桥的加劲梁或加劲桁架在架设时，首先通过吊索悬挂在主缆上，加劲梁段的上翼缘或上弦杆只用铰连接,下翼缘或下弦杆处在互不关联的状态。沿整个跨度悬吊结构都架设完毕后,加劲梁的恒载已全部作用于主缆时,再连接下翼缘或下弦杆,即进行全跨度的悬吊结构的完全连接。采用上述的架设方法时,悬吊结构刚架设完毕,加劲梁中不发生应力。在这样的状态下,主缆的恒载(均布荷载)发生作用,具有重力刚度主缆的下垂曲线为抛物线。也就是说,作用于主缆的微小单元 dx 的荷载 gdx 与主缆拉力的竖直方向的平衡条件为:

$$-H_g \frac{d^2 y}{dx^2} = g = 常数 \qquad (5\text{-}2\text{-}11)$$

若主缆在跨中的垂度为 f,则主缆的下垂曲线可用下式表示:

$$y = \frac{4f}{l^2} x(l - x) \qquad (5\text{-}2\text{-}12)$$

将式(5-2-11)代入式(5-2-12),恒载的水平拉力 H_g 为:

$$H_g = \frac{gl^2}{8f} \qquad (5\text{-}2\text{-}13)$$

在图 5-2-10a)所示的活载 $p(x)$ 作用下,加劲梁及主缆发生挠度 $v(x)$,主缆的水平力 H 为 $H_g + H_p$。同时在吊索中产生附加拉力 $s(x)$。

如图 5-2-10b)所示作用于加劲梁本身上的竖直荷载 $q(x)$ 为:

$$q(x) = g + p(x) - s(x) \qquad (5\text{-}2\text{-}14)$$

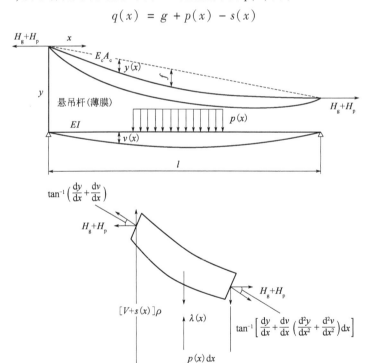

图 5-2-10 悬索桥挠度理论计算的力学模型图

因此,加劲梁的弹性方程为:

$$EI\frac{\mathrm{d}^4v}{\mathrm{d}x^4} = g + p(x) - s(x) \tag{5-2-15}$$

同时作用有活载时,主缆的平衡方程为:

$$-H\left(\frac{\mathrm{d}^2y}{\mathrm{d}x^2} + \frac{\mathrm{d}^2v}{\mathrm{d}x^2}\right) = s(x) \tag{5-2-16}$$

从式(5-2-11)、式(5-2-14)和式(5-2-15)得到悬索桥的下列微分方程:

$$EI\frac{\mathrm{d}^4v}{\mathrm{d}x^4} - H\frac{\mathrm{d}^2v}{\mathrm{d}x^2} = p(x) + H_\mathrm{p}\frac{\mathrm{d}^2y}{\mathrm{d}x^2} \tag{5-2-17}$$

这就是挠度理论基本微分方程。在方程(5-2-16)中,主缆水平拉力 H、H_p 及挠度 v 均为未知量,所以还需要一个方程。

在图 5-2-10 中设 L 为主缆锚固点之间的水平距离,如果锚块体不移动,加荷后 L 的值也不变。但是如图 5-2-11 所示,主缆的微小单元 AB 在位移后发生延伸、旋转及平行位移。因此主缆微小单元的延伸 $\Delta\mathrm{d}s$ 为:

$$\Delta\mathrm{d}s = \left(\frac{H_\mathrm{p}}{E_\mathrm{c}A_\mathrm{c}\cos\varphi} + \alpha t\right)\mathrm{d}s = \left(\frac{H_\mathrm{p}}{E_\mathrm{c}A_\mathrm{c}\cos\varphi} + \alpha t\right)\frac{\mathrm{d}x}{\cos\varphi} \tag{5-2-18}$$

式中:$E_\mathrm{c}, A_\mathrm{c}, \alpha$——主缆的弹性模量、截面积、线膨胀系数;

t——温度变化。

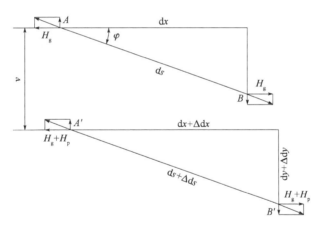

图 5-2-11 主缆微小单元的位移图

从主缆的位移前及位移后的几何形状,可得:

$$\begin{aligned}(\mathrm{d}s)^2 &= (\mathrm{d}x)^2 + (\mathrm{d}y)^2 \\ (\mathrm{d}s + \Delta\mathrm{d}s)^2 &= (\mathrm{d}x + \Delta\mathrm{d}x)^2 + (\mathrm{d}y + \Delta\mathrm{d}y)^2\end{aligned} \tag{5-2-19}$$

所以

$$\Delta\mathrm{d}x = \frac{\mathrm{d}s}{\mathrm{d}x}\Delta\mathrm{d}s - \frac{\mathrm{d}y}{\mathrm{d}x}\Delta\mathrm{d}y = \frac{\Delta\mathrm{d}s}{\cos\varphi} - \frac{\mathrm{d}y}{\mathrm{d}x}\mathrm{d}v \tag{5-2-20}$$

如果将式(5-2-18)代入式(5-2-20),则:

$$\Delta\mathrm{d}x = \left[\left(\frac{H_\mathrm{p}}{E_\mathrm{c}A_\mathrm{c}\cos\varphi} + \alpha t\right)\frac{1}{\cos^2\varphi} - \frac{\mathrm{d}y}{\mathrm{d}x}\frac{\mathrm{d}v}{\mathrm{d}x}\right]\mathrm{d}x \tag{5-2-21}$$

因为主缆锚固点没有移动,因此,由活载产生的主缆微小单元的长度变化对水平线的投影

Δdx 在全长上的总和为零,即

$$\int_0^L \Delta dx = 0 \tag{5-2-22}$$

如将式(5-2-21)代入式(5-2-22),则有:

$$\frac{H_p}{E_c A_c} \int_0^L \frac{dx}{\cos^3 \varphi} + \alpha t \int_0^L \frac{dx}{\cos^2 \varphi} - \int_0^L \frac{dy}{dx} \frac{dv}{dx} dx = 0 \tag{5-2-23}$$

对第三项进行分部积分。因边界条件为:当 $x=0$、$x=L$ 时,$v=0$,所以:

$$\int_0^L \frac{dy}{dx} \frac{dv}{dx} dx = \left[v \frac{dy}{dx} \right]_0^L - \int_0^L \frac{d^2 y}{dx^2} v dx$$

$$= \frac{g}{H} \int_0^L v dx = \frac{8f}{l^2} \int_0^L v dx \tag{5-2-24}$$

结果,作为主缆的相容条件得到下式:

$$H_p = \frac{A_c E_c}{L_p} \left(\frac{8f}{l^2} \int_0^L v dx - \alpha t L_t \right) \tag{5-2-25}$$

其中

$$L_p = \int_0^L \frac{dx}{\cos^3 \varphi}$$

$$L_t = \int_0^L \frac{dx}{\cos^2 \varphi}$$

(3)适用范围

基于古典膜理论的挠度理论,因为设立了几个假定,所以严格地说就有一些近似性。关于这方面 Timoshenko 和 Gavarini 进行过有意义的讨论。当悬索桥跨径小于 500m,可用挠度理论计算。

3)有限位移理论

(1)基本假定

①全部应力在比例极限以下;

②各杆件为等截面;

③材料性能服从胡克定律;

④防止了结构面外的屈曲,认为结构无面外屈曲;

⑤主缆及吊索完全为柔性的;

⑥荷载集中于节点。

在这个解法中,可计入吊索及塔的伸缩对主缆以及加劲梁的影响,特别地,对于带有斜吊索的悬索桥中也可适用,例如英国的塞文(Severn)桥。

(2)基本公式

如图 5-2-12 所示,假设杆件单元 ij 位移后移动至 $i'j'$。于是在位移后的杆端弯矩 M_i 和 M_j、剪力 S、轴向力 N 及节点旋转角 θ_i 和 θ_j,构件旋转角 φ 以及延伸 $\Delta l = l - l_0$ 之间存在以下关系式:

$$\left.\begin{aligned} M_j &= sk(\theta_i + \varphi) + sck(\theta_j + \varphi) \\ N_i &= sk(\theta_j + \varphi) + sck(\theta_i + \varphi) \\ Sl &= -s(1+c)k(\theta_i + \theta_j + 2\varphi) \\ N &= \frac{FA}{l_0}\Delta l \end{aligned}\right\} \qquad (5\text{-}2\text{-}26)$$

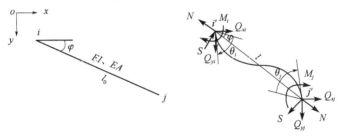

图 5-2-12 悬索桥有限位移理论计算简图

其中，$k = EI/l$ 为构件刚度，s 和 c 为根据 N 为正或负按下式给出的系数。

对于 $N > 0$（拉力）的情况：

$$s = \frac{\beta(1 - 2\beta\coth 2\beta)}{\tanh\beta - \beta}, c = \frac{2\beta - \sinh 2\beta}{\sinh 2\beta - 2\beta\cosh 2\beta} \qquad (5\text{-}2\text{-}27)$$

其中，$\beta = \frac{l}{2}\sqrt{\frac{N}{EI}}$。

对于 $N < 0$（压力）的情况：

$$s = \frac{\alpha(1 - 2\alpha\cot 2\alpha)}{\tan\alpha - \alpha}, c = \frac{2\alpha - \sin 2\alpha}{\sin 2\alpha - 2\alpha\cos 2\alpha} \qquad (5\text{-}2\text{-}28)$$

其中，$\alpha = \frac{l}{2}\sqrt{\frac{-N}{EI}}$。

因此，沿结构体系的总体坐标系 x 轴和 y 轴方向的节点力 Q_{xi} 和 Q_{yi} 为：

$$Q_{xi} = -N\cos\Psi + S\sin\Psi, Q_{yi} = -N\sin\Psi - S\cos\Psi \qquad (5\text{-}2\text{-}29)$$

式中：Ψ——杆件 $i'j'$ 的构件旋转角。

现在假设荷载从 P 变化为 $P + \mathrm{d}P$ 时，x 轴和 y 轴方向的节点位移从 u_i、u_j、v_i 和 v_j 变化为 $u_i + \mathrm{d}u_i$、$u_j + \mathrm{d}u_j$、$v_i + \mathrm{d}v_i$ 和 $v_j + \mathrm{d}v_j$，节点旋转角从 θ_i 和 θ_j 变为 $\theta_i + \mathrm{d}\theta_i$ 和 $\theta_j + \mathrm{d}\theta_j$，构件旋转角 φ 变为 $\varphi + \mathrm{d}\varphi$。与此同时，如果截面力 M_i、M_j、Q_{xi}、Q_{xi}、Q_{yi}、N 和 S 分别变为 $M_i + \mathrm{d}M_i$、$M_j + \mathrm{d}M_j$、$Q_{xi} + \mathrm{d}Q_{xi}$、$Q_{xi} + \mathrm{d}Q_{xi}$、$Q_{yi} + \mathrm{d}Q_{yi}$、$N + \mathrm{d}N$ 和 $S + \mathrm{d}S$，则在节点位置增量与节点力增量之间成立下式：

$$\left.\begin{aligned} \mathrm{d}\boldsymbol{F}_i &= \boldsymbol{A}\mathrm{d}\boldsymbol{\Delta}_i - \boldsymbol{B}\mathrm{d}\boldsymbol{\Delta}_j \\ \mathrm{d}\boldsymbol{F}_j &= -\boldsymbol{B}^{\mathrm{T}}\mathrm{d}\boldsymbol{\Delta}_i + \boldsymbol{C}\mathrm{d}\boldsymbol{\Delta}_j \end{aligned}\right\} \qquad (5\text{-}2\text{-}30)$$

式中：
$$\mathrm{d}\boldsymbol{F}_i = \{\mathrm{d}Q_{xi}; \mathrm{d}Q_{yi}; \mathrm{d}M_i\}, \mathrm{d}\boldsymbol{F}_j = \{\mathrm{d}Q_{xj}; \mathrm{d}Q_{yj}; \mathrm{d}M_j\}$$

$$\mathrm{d}\boldsymbol{\Delta}_i = \{\mathrm{d}u_i; \mathrm{d}v_i; \mathrm{d}\theta_i\}, \mathrm{d}\boldsymbol{\Delta}_j = \{\mathrm{d}u_j; \mathrm{d}v_j; \mathrm{d}\theta_j\}$$

$$\boldsymbol{A} = \begin{bmatrix} k_1 & k_3 & k_5 \\ k_3 & k_2 & k_4 \\ k_5 & k_4 & k_6 \end{bmatrix}, \boldsymbol{B} = \begin{bmatrix} k_1 & k_3 & -k_5 \\ k_3 & k_2 & -k_4 \\ k_5 & k_4 & -k_6 \end{bmatrix}, \boldsymbol{C} = \begin{bmatrix} k_1 & k_3 & -k_5 \\ k_3 & k_2 & -k_4 \\ -k_5 & -k_4 & k_6 \end{bmatrix} \qquad (5\text{-}2\text{-}31)$$

式中：

$$k_1 = \frac{EA}{l_0}\left(\cos^2\varphi + \frac{\Delta l}{l}\sin^2\varphi\right) + s(l+c)\frac{k}{l^2}[2\sin^2\varphi + (\theta_i + \theta_j + 2\varphi)\sin 2\varphi]$$

$$k_2 = \frac{EA}{l_0}\left(\sin^2\varphi + \frac{\Delta l}{l}\cos^2\varphi\right) + s(l+c)\frac{k}{l^2}[2\cos^2\varphi - (\theta_i + \theta_j + 2\varphi)\sin 2\varphi]$$

$$k_3 = \frac{EA}{l_0}\left(1 - \frac{\Delta l}{l}\right)\sin\varphi\cos\varphi - s(l+c)\frac{k}{l^2}[\sin 2\varphi + (\theta_i + \theta_j + 2\varphi)\cos 2\varphi]$$

$$k_4 = s + (1+c)\frac{k}{l}\cos\varphi, k_5 = -s + (1+c)\frac{k}{l}\sin\varphi, k_6 = sk, k_7 = sck$$

(5-2-32)

对整个结构体系集成方程(5-2-30)，于是得到整个结构体系在某一荷载阶段的切线刚度矩阵 $\boldsymbol{K}$。对整个结构体系成立以下方程：

$$d\boldsymbol{F} = \boldsymbol{K}d\boldsymbol{\Delta} \tag{5-2-33}$$

式中：$d\boldsymbol{F}$——荷载增量矩阵；

$\boldsymbol{K}$——切线刚度矩阵($3m \times 3m$)；

m——节点数；

$d\boldsymbol{\Delta}$——位移增量矩阵。

在计算阶段 n 的截面力 F_n 及位移 Δ_n 为初始值 F_0 及 Δ_0 加上各阶段的增量：

$$\left.\begin{array}{l}F_n = F_0 + dF_1 + dF_2 + \cdots + dF_n \\ \Delta_n = \Delta_0 + d\Delta_1 + d\Delta_2 + \cdots + d\Delta_n\end{array}\right\} \tag{5-2-34}$$

这个解法也可用于求解架设中的问题。

5.2.4 主要构件的计算

1）主缆的计算

(1) 主缆受力特性

主缆是结构体系中的主要承重构件，是几何可变体，主要承受张力作用。主缆不仅可以通过自身弹性变形，而且可以通过其几何形状的改变来影响体系平衡，表现出大位移非线性的力学特征，这是悬索桥区别于其他桥梁结构的重要特征之一。主缆在恒载作用下具有很大的初始张拉力，对后续结构形状提供强大的"重力刚度"，这是悬索桥跨径得以不断增大、加劲梁高跨比得以减小的根本原因。

(2) 主缆线性与张力计算

①中跨主缆索形与张力计算

如图 5-2-13 所示，中跨主缆微小单元 dx 竖向分力的平衡条件为：

$$d(T_q\sin\varphi) + qdx = 0 \tag{5-2-35}$$

而

$$T_q\sin\varphi = \frac{H_q}{\cos\varphi}\sin\varphi = H_q\tan\varphi = H_q\frac{dy}{dx} \tag{5-2-36}$$

由式(5-2-35)和式(5-2-36)有：

$$H_q \frac{d^2 y}{dx^2} = -q \quad (5\text{-}2\text{-}37)$$

式(5-2-37)的解为：

$$y = \frac{4f}{l^2} x(l-x) \quad (5\text{-}2\text{-}38)$$

式中：f——索端连线在跨中到主缆的竖向距离，即矢高；
l——跨径；
H_q——主缆水平力。

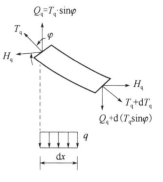

图 5-2-13 中跨主缆微小单元

式(5-2-38)是抛物线方程，上述计算主缆的方法也称为抛物线法。

将式(5-2-37)代入式(5-2-36)，得：

$$H_q = \frac{ql^2}{8f} \quad (5\text{-}2\text{-}39)$$

② 中跨主缆成桥状态和自由悬挂状态的中心索长计算

根据中跨索形方程积分，可得成桥状态主缆中心线有应力索长为：

$$S = \frac{1}{2}(1 + 16n^2) + \frac{l}{8n} \ln[4n + (1 + 16n^2)^{\frac{1}{2}}] \quad (5\text{-}2\text{-}40)$$

将其展开为级数形式，则：

$$S = l \left(1 + \frac{8}{3}n^2 - \frac{32}{5}n^4 + \cdots \right) \quad (5\text{-}2\text{-}41)$$

式中：n——矢跨比，$n = f/l$；
S——索长。

在加劲梁的自重作用下，主缆产生的弹性伸长量为：

$$\Delta S_1 = \frac{H}{E_c A_c} \int_0^l (1 + y'^2) dx = \frac{Hl}{E_c A_c} \left(1 + \frac{16}{3}n^2\right) \quad (5\text{-}2\text{-}42)$$

式中：H——一期和二期恒载引起的主缆近似水平拉力，$H = ql^2/8f$；
E_c——主缆弹性模量；
A_c——主缆面积。

成桥状态缆长扣除加劲梁自重引起的主缆弹性伸长量，可得自由悬挂状态的缆长为：

$$S_1 = S - \Delta S_1 \quad (5\text{-}2\text{-}43)$$

(3) 主缆与吊索的无应力索长计算

主缆自由悬挂状态下，索形为悬链线。取中跨曲线最低点为坐标原点，则对称悬链线方程为：

$$y = c \left(\cosh \frac{x}{c} - 1\right) \quad (5\text{-}2\text{-}44)$$

$$c = H/q$$

式中：H——索力水平投影；
q——主索每延米自重。

主缆自重引起的弹性伸长为：

$$\Delta S_2 = \frac{2H}{E_c A_c} \int_0^{\frac{l}{2}} \frac{1}{\cos\alpha} ds = \frac{2H}{E_c A_c} \int_0^{\frac{l}{2}} (1 + y'^2) dx = \frac{2H}{E_c A_c}\left(l + \cosh\frac{l}{c}\right) \quad (5\text{-}2\text{-}45)$$

则主缆无应力长度为：

$$S_0 = S - \Delta S_1 - \Delta S_2 \quad (5\text{-}2\text{-}46)$$

根据成桥状态主缆的几何线形、桥面线形，求得各吊索的有应力长度，扣除弹性伸长量，即得无应力长度。

(4) 鞍座预偏量的概念

为了保证成桥状态主塔不受弯，必须保证成桥状态下主缆中、边跨水平分力 H_q 是自平衡的。如果在挂索初期就强迫将主索就位于成桥状态，塔顶两边索的不平衡水平力必将在塔内产生强大的弯矩，导致主塔失效或主塔发生很大的弯曲内力与变形。为了使主塔在施工过程中始终处于低弯矩状态，从挂索开始就必须使鞍座有一个预偏量，并在施工过程中对它进行不断调整。确定鞍座预偏量的原则是挂索初态索自重在塔两边引起的水平力相等。

2) 加劲梁计算

(1) 加劲梁的受力特性

加劲梁是悬索桥保证车辆行驶、提供结构刚度的二次结构，主要承受弯曲内力。由悬索桥施工方法可知，加劲梁的弯曲内力主要来自结构二期恒载和活载。大跨度悬索桥加劲梁的挠度是从属于主缆的，随着跨度的增大，加劲梁的功能退化为将活载传至主缆。其自身抗弯刚度对结构刚度的影响也逐渐减小。

(2) 加劲梁在竖向荷载作用下计算

根据悬索桥加劲梁先铰接后固结的施工特点，加劲梁在一期恒载作用下一般没有整体弯矩，因此，加劲梁承受的竖向荷载主要指二期恒载和活载等。如图 5-2-14 所示的悬索桥，忽略梁体剪切变形、吊索的伸缩和倾斜变形对结构受力的影响，将离散的吊索简化为一连续膜。微小索段的平衡方程为：

$$H_q \frac{d^2 y}{dx^2} = -q_c \quad (5\text{-}2\text{-}47)$$

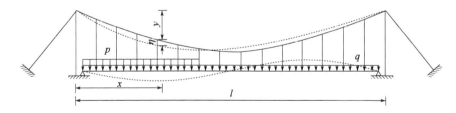

图 5-2-14 悬索桥计算模型

成桥后，在竖向荷载 $p(x)$ 作用下，荷载集度由 p 变为 q_p，外力作用下主缆和加劲梁产生挠度 η，主缆挠度由 y 变为 $(y + \eta)$。主缆水平拉力 H_q 变为 $(H_p + H_q)$，根据式(5-2-47)有：

$$(H_p + H_q) \frac{d^2(y + \eta)}{dx^2} = -q_p \quad (5\text{-}2\text{-}48)$$

或

$$H_p \frac{d^2 y}{dx^2} + (H_p + H_q) \frac{d^2 \eta}{dx^2} = -q_p - H_q \frac{d^2 y}{dx^2} \quad (5\text{-}2\text{-}49)$$

将式(5-2-48)、式(5-2-49)两式相减得：

$$H_{\mathrm{p}}\frac{\mathrm{d}^2 y}{\mathrm{d}x^2} + (H_{\mathrm{p}} + H_{\mathrm{q}})\frac{\mathrm{d}^2 \eta}{\mathrm{d}x^2} = -(q_{\mathrm{p}} - q_{\mathrm{c}}) \tag{5-2-50}$$

再以加劲梁为研究对象,在 $p(x)$ 作用下加劲梁上的竖向荷载为:

$$q(x) = p(x) + q_{\mathrm{c}} - q_{\mathrm{p}} \tag{5-2-51}$$

加劲梁的弹性方程为:

$$\frac{\mathrm{d}^2}{\mathrm{d}x^2}\left(EI\frac{\mathrm{d}^2 \eta}{\mathrm{d}x^2}\right) = q(x) = p(x) + q_{\mathrm{c}} - q_{\mathrm{p}} \tag{5-2-52}$$

设 EI 为常数,将式(5-2-52)代入式(5-2-50),整理得:

$$EI\frac{\mathrm{d}^4 \eta}{\mathrm{d}x^4} - (H_{\mathrm{q}} + H_{\mathrm{p}})\frac{\mathrm{d}^2 \eta}{\mathrm{d}x^2} = p(x) + H_{\mathrm{p}}\frac{\mathrm{d}^2 y}{\mathrm{d}x^2} \tag{5-2-53}$$

式(5-2-53)就是挠度理论的基本微分方程。由于 H_{p} 是 $p(x)$ 的函数,因此这一微分方程是非线性的。此外,方程中 H_{q}、H_{p} 和 η 均为未知,求解时还需要一个补充方程。

利用全桥主缆长度变化的水平投影为零这一边界条件:

$$\int_0^L \Delta \mathrm{d}x = 0 \tag{5-2-54}$$

或

$$\frac{H_{\mathrm{p}}}{E_{\mathrm{c}}A_{\mathrm{c}}}\int_0^L \frac{\mathrm{d}x}{\cos^3 \varphi} + \alpha t \int_0^L \frac{\mathrm{d}x}{\cos^2 \varphi} - \int_0^L \frac{\mathrm{d}y}{\mathrm{d}x}\frac{\mathrm{d}\eta}{\mathrm{d}x}\mathrm{d}x = 0 \tag{5-2-55}$$

式中:L ——两锚碇间的水平位移。

对式(5-2-55)中的第三项进行分部积分,并利用 $x = 0$ 和 $x = L$ 时 $\eta = 0$ 的边界条件,有:

$$\int_0^L \frac{\mathrm{d}y}{\mathrm{d}x}\frac{\mathrm{d}\eta}{\mathrm{d}x}\mathrm{d}x = \frac{\mathrm{d}y}{\mathrm{d}x}\bigg|_0^L - \int_0^L \frac{\mathrm{d}^2 y}{\mathrm{d}x^2}\eta \mathrm{d}x = \frac{8f}{l^2}\int_0^L \eta \mathrm{d}x \tag{5-2-56}$$

将式(5-2-56)代入式(5-2-55),整理后得:

$$H_{\mathrm{p}} = \frac{E_{\mathrm{c}}A_{\mathrm{c}}}{L_{\mathrm{p}}}\left(\frac{1}{\gamma}\int_0^L \eta \mathrm{d}x - \alpha t L_{\mathrm{t}}\right) \tag{5-2-57}$$

$$\left. \begin{aligned} \frac{1}{\gamma} &= -\frac{\mathrm{d}^2 y}{\mathrm{d}x^2} = \frac{8f}{l^2} \\ L_{\mathrm{p}} &= \int_0^L \sec^3 \varphi \mathrm{d}x \\ L_{\mathrm{t}} &= \int_0^L \sec^2 \varphi \mathrm{d}x \end{aligned} \right\} \tag{5-2-58}$$

式中:α ——线膨胀系数;

t ——温度变化;

$E_{\mathrm{c}}A_{\mathrm{c}}$ ——主缆轴向刚度。

3) 主塔的计算

(1) 主塔受力特性

主塔是悬索桥抵抗竖向荷载的主要承重构件,在恒载作用下,以轴向受压为主;在活载作用下,以压弯为主,呈梁柱构件特征。由于主塔水平抗推刚度相对较小,塔顶水平位移主要由中、边跨主缆平衡条件决定。因而,塔内弯矩大小取决于塔的弯曲刚度。

(2)主塔受力分析

悬索桥主塔不仅承受直接作用于塔身的自重、风荷载、地震荷载、温变荷载及由此产生的各种组合荷载,而且还承受主缆传来的荷载作用。后者一方面改变加劲梁和主缆传至塔上的竖向荷载,另一方面,将使塔顶产生顺桥向和横桥向的水平位移,当两根主缆受力不一致时,主塔还会受扭。鉴于主塔在悬索桥结构中受力的复杂性,对主塔提出合理的计算方法就显得尤为重要。

工程中主塔的设计流程如图 5-2-15 所示,下面结合设计流程逐一介绍主塔在纵向和横向荷载作用下的静力计算和稳定计算。

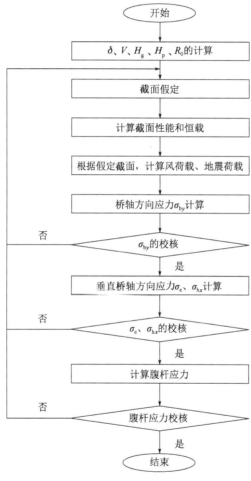

图 5-2-15　主塔的设计计算流程图

① 纵向荷载下主塔实用算法

纵向荷载是指顺桥向的风荷载、地震荷载、加劲梁和主缆传到主塔的活载等。在活载作用下,桥塔将发生水平位移,由于主塔纵向抗推刚度相对较小,塔顶水平位移的大小,主要是由主缆重力刚度的水平分量决定,而与塔的抗弯刚度关系不大。因此,活载计算中常忽略塔的弯曲刚度,先求出主塔水平位移,再将它作为已知条件计算主塔内力。在计算中,必须考虑两种加载状态:

a. 最大竖向荷载与相应塔顶位移状态;

b. 最大塔顶位移与相应竖向荷载状态。

一般来说,后一种状态可能更为不利。

图 5-2-16 为纵向荷载作用下桥塔的分析模式。主缆竖向分力 p 作用于塔顶,活载或其他荷载引起的塔顶水平位移 δ,加劲梁传来的集中力 R_s,此外还考虑塔自重、顺桥向风荷载或其他广义纵向荷载,用带有几何非线性的平面杆系程序,可以直接对塔进行分析。

为了定性分析,下面我们将塔自重集中于塔顶,讨论等截面塔在活载作用下的受力情况。

x 处的弯矩为:

$$M(x) = Fx - P[\delta - v(x)] \tag{5-2-59}$$

式中:F——使塔顶位移达到 δ 的水平力。

由塔的弯曲平衡微分方程

$$EIv''(x) + M(x) = 0 \tag{5-2-60}$$

得:

$$EIv''(x) + Pv(x) = P\delta - Fx \tag{5-2-61}$$

令

$$\alpha^2 = \frac{P}{EI} \tag{5-2-62}$$

式(5-2-61)的通解:

$$v(x) = c_1\cos\alpha x + c_2\sin\alpha x + \delta - \frac{F}{P}x \tag{5-2-63}$$

利用三个边界条件:

$$v|_{x=0} = \delta, v|_{x=h} = 0, v'|_{x=h} = 0 \tag{5-2-64}$$

得:

$$\left. \begin{aligned} v(x) &= \delta \frac{\sin\alpha h - \sin\alpha x - (h-x)\alpha\cos\alpha h}{\sin\alpha h - \alpha h\cos\alpha h} \\ M(x) &= -P\delta \frac{\sin\alpha x}{\sin\alpha h - \alpha h\cos\alpha h} \end{aligned} \right\} \tag{5-2-65}$$

由 $\dfrac{\mathrm{d}M(x)}{\mathrm{d}x} = 0$,可得 $x = \dfrac{\pi}{2\alpha}$ 且小于 h 时,弯矩最大:

$$M_{\max} = -\frac{\delta P}{\sin\alpha h - \alpha h\cos\alpha h} \tag{5-2-66}$$

式中:h——主塔高度。

对于给定的悬索桥,通过缆梁体系分析可以求得 p 和 δ,这里假定为一已知常量,由式(5-2-65)可知,塔内弯矩主要与分母有关,当 EI 增大时,αh 减小,弯矩就急剧增大,为了经济地设计塔与塔基,αh 一定要大于 $\pi/2$,才能将塔内弯矩控制在较小的范围内。当然,确定 αh 时也应考虑塔的纵向稳定性。

对于变截面的主塔在各种荷载作用下的计算,也可按图 5-2-16 所示力学模型,用几何非线性有限元方法进行计算。

②横向荷载下主塔受力分析

横桥向的荷载主要有横向风荷载和横向地震荷载等。在横桥向荷载作用下,桥塔的分析模式如图 5-2-17 所示,塔顶受到主缆的竖向分力 P 和横向水平力 H_c 的作用,下横梁上作用着加劲梁传来的竖向力 R_s 和横向水平力 H_s,塔柱还承受横向风荷载 W、地震荷载等广义荷载 $w(y)$ 和主塔自重等。其中风引起的主缆、加劲梁横向水平力可根据上述介绍的方法算得。

由于主塔受到主缆传来的巨大竖向分力 P,因此分析时仍需用带有几何非线性的杆系程序进行计算,图 5-2-17 的分析模式中忽略了主缆对塔的水平约束作用,因此,其结果是偏安全的。

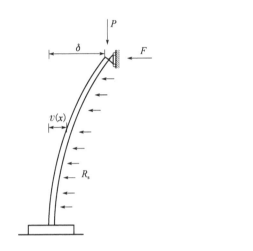

图 5-2-16 纵向荷载作用下桥塔的分析模式

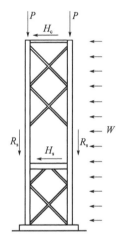

图 5-2-17 横向荷载作用下桥塔的分析模式

③主塔的稳定分析

主塔在挂索前和成桥后作用纵向荷载时都有失稳的可能,必须对这两种状态进行稳定验算。在挂索前主塔可看成是一单端固定受自重作用的变截面柱。可将变截面柱问题等效成等截面柱问题来计算。令等效荷载集度为 q,等效刚度为 EI,根据欧拉稳定理论,易得:

$$(qh)_{cr} = \frac{7.837EI}{h^2} \quad (5\text{-}2\text{-}67)$$

式中: h ——主塔高度。

在成桥状态下,必须考虑主缆对塔顺桥向失稳的约束作用。在计算中偏安全地将塔自重荷载移到塔顶作为集中荷载,在主缆竖向分力共同作用下,令其合力为 P,根据前文推导,当主塔失稳时 $v(x) \to \infty$,因此有:

$$\sin\alpha h - \alpha h \cos\alpha h = 0 \quad (5\text{-}2\text{-}68)$$

$$P_{cr} = \frac{\pi^2 EI}{(0.699h)^2} \quad (5\text{-}2\text{-}69)$$

此式与一端简支,另一端固定的压杆临界荷载相一致。

对塔稳定问题更精确的计算,可按有限元方法考虑混凝土徐变、收缩及塔施工初始缺陷的不利因素影响进行求解,否则应在安全系数取值时加以考虑。

4)吊索计算

(1)吊索受力特点

吊索是将加劲梁自重、外荷载传递到主缆的传力构件,是联系加劲梁和主缆的纽带,承受轴向拉力。吊索内恒载轴力的大小,既决定了主缆在成桥状态的真实索形,也决定了加劲梁的恒载弯矩,是研究悬索桥成桥状态的关键。

(2) 吊索轴力计算

吊索是联系加劲梁与主缆的纽带,吊索力可以决定加劲梁的内力分配,反过来,加劲梁的受力状态也可确定吊索内力。给定加劲梁恒载受力状态,就可求出吊索轴力。吊索轴力确定后,主缆的受力图式可以简化为主缆自重和吊索处作用的集中荷载。

在成桥状态,主缆的线形只有几个控制点的位置已知,因此,不能通过一般的结构计算来获得吊索力。吊索力的确定一般需要结合具体的施工过程来确定。大部分悬索桥的加劲梁是按先铰接后固结的方法施工的,其吊索的恒载轴力可分为吊装时块件自重引起的轴力和桥面固结后二期恒载作用下根据刚度分配到各吊索上的轴力两部分。因此,一般认为一期恒载全部由吊索传递给主缆来承担,而二期恒载则由主缆和加劲梁共同承担。前者是确定的,只要计算二期恒载引起的那部分吊索轴力即可。

就同样垂跨比的悬索桥而言,均布荷载作用下索形误差对结构竖向刚度的影响较小,大量数值计算也证明了这一点,因此,可假定主缆为二次抛物线。以一期恒载内力为初内力,对结构进行二期恒载的非线性分析,就能计算出二期恒载作用下的吊索力。也可用类似的方法确定用其他方法施工的悬索桥的吊索内力。

将悬索桥简化成如图 5-2-18 所示的力学模型。为了寻找主缆变形后在吊索力作用下的平衡索形,将铰支座设置在主、转索鞍的理论交点处,主缆被分割成独立的五部分。它们靠支座的左、右边竖向力和水平力的平衡条件取得联系。弯曲刚度忽略不计,吊索力、索夹自重力都以等效集中力 P_i 方式作用在其相应位置,并注意到计算的是主缆有应力平衡位置,其变形已经完成,因此主缆在计算过程中不伸长。

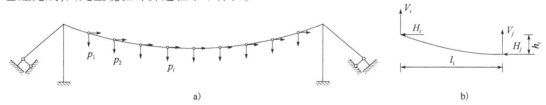

图 5-2-18 悬索桥索形力学模型简化图

取主缆吊索间任一段无伸长自由悬索,其竖坐标为 y,向下为正,单位缆长重为 q,任一点处的 Lagrange 坐标为 s,相应的坐标为 (x,y),则任意索自由索段端点力与坐标之间的函数关系为:

$$x(s) = \frac{H}{q}\left(\sinh^{-1}\frac{V}{H} - \sinh^{-1}\frac{V-qs}{H}\right) \qquad (5\text{-}2\text{-}70)$$

$$y(s) = \frac{H}{q}\left[\sqrt{1+\left(\frac{V}{H}\right)^2} - \sqrt{1+\left(\frac{V-qs}{H}\right)^2}\right] \qquad (5\text{-}2\text{-}71)$$

吊索间任一索段都必须满足式(5-2-70)和式(5-2-71),令 $V_i = V, H_i = H$,于是:

$$l_i = \frac{H_i}{q}\left(\sinh^{-1}\frac{V_i}{H_i} - \sinh^{-1}\frac{V_i-qs_i}{H_i}\right) \qquad (5\text{-}2\text{-}72)$$

$$h_i = \frac{H_i}{q}\left[\sqrt{1+\left(\frac{V_i}{H_i}\right)^2} - \sqrt{1+\left(\frac{V_i-qs_i}{H_i}\right)^2}\right] \qquad (5\text{-}2\text{-}73)$$

式中:l_i——i 号梁段吊索间距;

h_i——i 号梁段主缆吊点高差。

对仅有竖直吊索的情况,

$$H_i = H, V_i = V_{i-1} - (P_{i-1} + qs_{i-1}) \qquad (5\text{-}2\text{-}74)$$

计算中,主缆恒载集度 q,中跨吊索间距 l_i 和矢高 f,鞍座上 IP 点坐标均已知,索形计算时先根据抛物线假定预估一个 IP 点处的 H 和 V,通过式(5-2-72),由 l_i 计算出 s_i,通过式(5-2-73),由 s_i 计算 h_i。最后,h_i 应满足如下几何边界条件:

$$\sum_{i=1}^{m} h_i = f, \sum_{i=1}^{n} h_i = \Delta y \qquad (5\text{-}2\text{-}75)$$

式中:m, n——左鞍座到跨中的吊索数和吊索总数;

Δy——两个主鞍座 IP 点的 y 坐标之差。

如果预估的 H、V 不能使式(5-2-75)成立,设误差向量为:

$$e_f = \sum_{i=1}^{m} h_i - f, e_f = \sum_{i=1}^{m+1} h_i - \Delta y \qquad (5\text{-}2\text{-}76)$$

实际的 V、H 可通过影响矩阵法按如下步骤迭代求解:

①索端力产生单位增量,将 $V = V + 1$ 和 $H = H + 1$ 分别代入式(5-2-75),计算出相应的 f 和 Δy 的增量,从而得到影响矩阵:

$$C = \begin{bmatrix} c_{11} & c_{12} \\ c_{21} & c_{22} \end{bmatrix} \qquad (5\text{-}2\text{-}77)$$

矩阵式中第一列为 V 引起的 f 和 Δy 改变量,第二列为 H 引起的 f 和 Δy 改变量。

②求出 V, H 的修正向量 $\{\Delta V \quad \Delta H\}^T$:

$$\begin{bmatrix} c_{11} & c_{12} \\ c_{21} & c_{22} \end{bmatrix} \begin{Bmatrix} \Delta V \\ \Delta H \end{Bmatrix} = \begin{Bmatrix} e_f \\ e_y \end{Bmatrix} \qquad (5\text{-}2\text{-}78)$$

③修正索端力 $V = V - \Delta V, H = H - \Delta H$,重新计算 h_i、e_f、e_y。

由于方程是非线性的,整个计算可以按①~③步进行迭代。当式(5-2-76)的误差值处于收敛范围时,迭代计算结束。这样,不仅得到了 IP 点处真实的 H 和 V,而且也得到了每段索的有应力长度 s_i 和吊索作用点的竖坐标 y_i:

$$y_i = y_0 + \sum_{k=i}^{i-1} h_i \qquad (5\text{-}2\text{-}79)$$

根据 IP 点处实际的 H 和 V,可计算边跨主缆的成桥索形;根据主索鞍、转索鞍的设计半径,可计算主缆与鞍座的切点坐标;根据吊索在主缆和桥面上的应力状态,可计算吊索在成桥状态的长度。至此,整个悬吊部分的受力与几何形态都被唯一确定。

5.2.5 主要验算内容

悬索桥设计完成之后,应根据桥梁的设计技术标准,进行最不利荷载组合下主要受力构件和关键构造的验算,以确保桥梁具有足够的强度、刚度和稳定性。悬索桥验算参考的规范标准包括:《公路桥涵设计通用规范》(JTG D60—2015)、《公路钢结构桥梁设计规范》(JTG D64—2015)、《公路钢筋混凝土及预应力混凝土设计规范》(JTG 3362—2018)、《公路桥涵地基与基础设计规范》(JTG 3363—2019)、《公路工程抗震规范》(JTG B02—2013)、《公路桥梁抗震设计细则》(JTG/T B02-01—2008)、《公路桥梁抗风设计规范》(JTG/T 3360-01—2018)、《公路悬索桥设计规范》(JTG/T D65-05—2015)、《公路悬索桥吊索》(JT/T 449—2001)等。下面分别介绍主要的验算内容。

1) 缆索应力验算

主缆是悬索桥主要承重构件,需要满足规范规定的防锈、除湿、防腐和锚固构造等要求,《公路悬索桥设计规范》(JTG/T D65-05—2015)第9.4.3条规定,主缆的线形及长度计算应满足如下要求:

(1) 主缆线形和长度宜采用本章介绍的分段悬链线方程计算,中小跨径悬索桥也可采用抛物线方程近似计算。

(2) 主缆预制索股制作长度应按主缆实测索股弹性模量值进行计算,并计入索鞍处的曲线修正、锚跨段索股空间角度修正及地球曲率修正。

(3) 主缆预制索股制作长度应计入由制作误差、架设误差、计算误差及地球曲率影响等引起的长度预留量。

为了保证主缆钢丝具有足够的抗拉强度,《公路悬索桥设计规范》(JTG/T D65-05—2015)第9.4.2条规定,在永久作用、汽车荷载、人群荷载、温度作用效应组合下,主缆钢丝的应力设计值应符合:

$$\gamma_0 \sigma_d \leq f_d \tag{5-2-80}$$

式中:γ_0——结构重要性系数,按照《公路桥涵设计通用规范》(JTG D60—2015)第4.1.5条取值;

σ_d——主缆钢丝应力设计值(MPa);

f_d——主缆钢丝的抗拉强度设计值(MPa),$f_d = \dfrac{f_k}{\gamma_R}$;

f_k——主缆钢丝的抗拉强度标准值(MPa),按有关规定取值;

γ_R——材料强度分项系数,按《公路悬索桥设计规范》(JTG/T D65-05—2015)表3.2.6取值。

缆索的抗疲劳性能应符合《公路钢结构桥梁设计规范》(JTG D64—2015)第13.2.2条的规定,疲劳抗力根据缆索的疲劳强度曲线和疲劳细节构造分类,分别从图5-2-19和表5-2-1中查取。

缆索构件的疲劳细节 表5-2-1

受拉构件类型	疲劳细节 $\Delta \sigma_C$ (MPa)	受拉构件类型	疲劳细节 $\Delta \sigma_C$ (MPa)
钢丝绳	150	平行钢丝束	160
平行钢绞线束	160		

注:采用疲劳荷载模型时,$\Delta \sigma_D = \left(\dfrac{2}{5}\right)^{1/6} \Delta \sigma_C = 0.858 \Delta \sigma_C$。

为了保证主缆钢丝锚固的可靠性,锚头处强度验算应根据《公路悬索桥设计规范》(JTG/T D65-05—2015)第9.4.4条和《公路钢结构桥梁设计规范》(JTG D64—2015)第13.2.3条进行。

2) 加劲梁验算

悬索桥加劲梁可采用钢箱梁、钢桁梁、钢板梁、钢-混凝土组合梁、预应力混凝土梁等,《公路悬索桥设计规范》(JTG/T D65-05—2015)第13.4.1条规定加劲梁应满足施

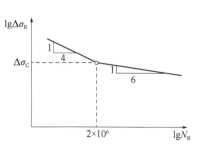

图5-2-19 缆索构件的疲劳强度曲线

工和运营状态下结构强度、刚度、疲劳和稳定性等要求。

考虑施工和运营状态的最不利荷载组合时,加劲梁构件应根据《公路钢结构桥梁设计规范》(JTG D64—2015)和《公路悬索桥设计规范》(JTG/T D65-05—2015)按照承载能力极限状态的验算强度和稳定性。

为了保证桥上行车的平顺舒适和安全感,需要对加劲梁的竖向挠度及横向位移限值进行验算:根据《公路钢结构桥梁设计规范》(JTG D64—2015)第4.2.3条,加劲梁在活载作用下的竖向挠度应不超过其计算跨径的1/250,根据《公路悬索桥设计规范》(JTG/T D65-05—2015)第5.2.12条,加劲梁在横风荷载作用下,最大横向位移不宜大于跨径的1/150。

对于加劲梁的锚固结构、正交异性桥面结构、节点板等疲劳薄弱环节还应根据《公路钢结构桥梁设计规范》(JTG D64—2015)和《公路悬索桥设计规范》(JTG/T D65-05—2015)相关规定进行疲劳验算。

最后,根据加劲梁在各种活载(车辆、行人、风和温度变化等)组合作用下的梁端水平最大位移和转角、竖向和横向最大支座反力,参照《公路钢结构桥梁设计规范》(JTG D64—2015)第16节验算伸缩缝和支座的选型是否满足要求。

3)吊索及索夹应力验算

吊索是悬索桥重要的传力构件,将加劲梁上的荷载传递至主缆,并保证加劲梁和主缆协调变形。悬索桥吊索的材料性能和连接构造应符合《公路钢结构桥梁设计规范》(JTG D64—2015)第3节和《公路悬索桥设计规范》(JTG/T D65-05—2015)第10.1节至10.3节的规定,同时应根据《公路悬索桥设计规范》(JTG/T D65-05—2015)第10.4.2条进行抗拉强度验算。

高强度钢丝吊索承载力计算应满足式(5-2-82)的要求,钢丝绳吊索承载力计算应满足式(5-2-83)的要求:

$$\frac{\gamma_0 N_d}{A} \leq f_{dd} = \frac{f_k}{\gamma_R} \tag{5-2-81}$$

$$\gamma_0 N_d \leq f'_{dd} = \frac{f'_k}{\gamma_R} \tag{5-2-82}$$

式中:γ_0——结构重要性系数,按照《公路桥涵设计通用规范》(JTG D60—2015)第4.1.5条取值;

N_d——轴向拉力设计值(N);

A——高强度钢丝吊索的截面面积(mm^2);

f_{dd}——高强度钢丝抗拉强度设计值(MPa);

f_k——高强度钢丝抗拉强度标准值(MPa);

f'_k——钢丝绳最小破断力(N),按照现行《粗直径钢丝绳》(GB 20067)钢芯钢丝绳取值;

f'_{dd}——钢丝绳最小破断力设计值(N);

γ_R——吊索材料强度分项系数,骑跨式吊索[图5-2-20a)]取2.95,销接式吊索[图5-2-20b)]取2.2。

此外,还需要根据《公路悬索桥设计规范》(JTG/T D65-05—2015)和《公路钢结构桥梁设计规范》(JTG D64—2015)对吊索进行:大修状况(更换吊索)和施工过程中吊索抗拉承载力的验算,吊索的锚头、叉形耳板、销轴等进行局部受力状态的验算。

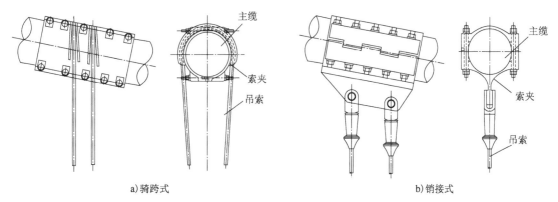

图 5-2-20　主缆与吊索的连接形式

吊索钢丝的疲劳验算:根据《公路悬索桥吊索》(JT/T 449—2001)第6.1.5条的规定:悬索桥吊索用脉动荷载加载时,上限荷载为 $0.35P_b$(公称破断荷载),应力幅为150MPa,活载引起的应力幅度应小于该应力幅限值。

索夹用于紧固主缆钢丝,并将吊索拉力传递至主缆,悬索桥在主缆和吊索连接处设置索夹,在边跨无吊索段设置紧固索夹,靠近索鞍段设置锥形封闭索夹。紧固索夹每隔 10～20m 设置一个,有吊索处的索夹长度、螺杆数量应根据吊索索力、吊索处主缆的倾角进行分类设计。索夹分为骑跨式[图5-2-20a)]或销接式[图5-2-20b)]两种,索夹的选型、构造要求及紧固件设置应满足《公路悬索桥设计规范》(JTG/T D65-05—2015)第11节的规定,并按照下列要求进行索夹紧固验算和强度验算。

《公路悬索桥设计规范》(JTG/T D65-05—2015)第11.4.2条规定,索夹紧固验算应满足下列要求:

a. 吊索索夹的抗滑系数计算应满足式(5-2-83)的要求。

$$K_{fc} = \frac{F_{fc}}{N_c} \geqslant 3 \tag{5-2-83}$$

式中:K_{fc}——索夹抗滑系数;

N_c——主缆上索夹的下滑力(N),$N_c = N_h \sin\varphi$;

N_h——吊索拉力(N),按作用标准值计算;

φ——索夹在主缆上的安装倾角,按同类索夹中的最大值计算;

F_{fc}——索夹抗滑摩阻力(N),$F_{fc} = k\mu P_{tot}$;

k——紧固压力分布不均匀系数,取2.8;

μ——摩擦系数,取0.15;

P_{tot}——索夹上螺杆总的设计夹紧力(N),$P_{tot} = n_{cb}P_b^c$;

n_{cb}——索夹上安装的螺杆总根数;

P_b^c——索夹上单根螺杆的设计夹紧力(N)。

b. 吊索索夹在首次安装时,索夹上单根螺杆安装夹紧力 P_b 应按照式(5-2-84)计算确定:

$$P_b = \frac{P_b^c}{0.7} \tag{5-2-84}$$

c. 螺杆的有效面积 A_{cb} 应按照式(5-2-85)计算:

$$A_{cb} \geqslant \frac{2P_b^c}{\sigma_{ycd}} \qquad (5\text{-}2\text{-}85)$$

式中：σ_{ycd}——螺杆材料的屈服强度（MPa）。

d. 应验算螺纹的抗弯、抗剪强度。

e. 紧固索夹上的单根螺杆设计夹紧力宜采用吊索索夹上的单根螺杆设计夹紧力 P_b^c。

《公路悬索桥设计规范》（JTG/T D65-05—2015）第 11.4.3 条规定，索夹强度应按下式验算：

$$\sigma \leqslant f_d' \qquad (5\text{-}2\text{-}86)$$

式中：σ——索夹材料计算应力，$\sigma = \dfrac{P_{tot}}{2t_c l_c}$；

l_c——索夹长度（mm）；

f_d'——索夹材料强度设计值，其中铸钢强度设计值在《公路悬索桥设计规范》（JTG/T D65-05—2015）表 3.3.9 设计值的基础上乘以折减系数 0.45，锻钢在表 3.3.9 设计值的基础上乘以折减系数 0.41。

4) 索塔验算

悬索桥索塔根据不同的需要，可采用钢筋混凝土索塔、钢索塔或钢-混凝土组合索塔等形式，其结构形式、断面外形、基础形式等构造特征应满足《公路悬索桥设计规范》（JTG/T D65-05—2015）第 7.1 节至第 7.3 节的规定。

悬索桥的主缆在索塔塔顶的主鞍座处发生转角，造成主缆在塔顶作用一个竖向压力。边跨的主缆在活载及温度变化而发生的轴力变化，也会迫使主鞍座和塔顶发生纵向位移，造成悬索桥的索塔成为一个纵向偏心受压的杆件。在成桥状态，其受力图式为一个下端固结、上端铰接的偏心压杆，如图 5-2-16 所示，索塔进行整体计算分析可采用二维计算模型，分别按照顺桥向和横桥向进行，其中顺桥向宜计入结构非线性效应的影响，横桥向计算模型为由塔柱和横梁组成的平面框架，可采用线性分析法（图 5-2-17）。根据《公路悬索桥设计规范》（JTG/T D65-05—2015）第 7.4 节的规定，悬索桥索塔验算的要点如下：

(1) 索塔应满足施工及运营阶段结构强度、刚度、稳定性和耐久性的要求。

(2) 混凝土塔柱及混凝土横梁的截面验算，应按照现行《公路钢筋混凝土及预应力混凝土桥涵设计规范》（JTG 3362）进行控制截面的承载能力极限状态验算和正常使用极限状态验算（抗裂验算或裂缝宽度验算），验算时应考虑横桥向和顺桥向荷载的组合效应。

(3) 钢索塔宜采用空间结构模型进行整体分析验算，钢塔柱及钢横梁的截面验算应符合现行《公路钢结构桥梁设计规范》（JTG D64）的规定，验算时应考虑横桥向和顺桥向荷载的组合效应。

(4) 索塔应验算施工和成桥阶段结构的整体稳定性，弹性屈曲稳定安全系数不应小于 4。钢塔设计应进行整体稳定性和局部稳定性计算，并应保证局部失稳不先于整体失稳发生。

5) 锚碇验算

锚碇是将主缆拉力传传递给地基的关键构件，锚碇可分为重力式锚碇、隧道式锚碇及岩锚锚碇等形式（图 5-2-21），锚碇及其基础形式的选择应考虑桥位处的地质、地形、水文、主缆力、施工条件及经济性等因素。锚碇几何尺寸、锚固系统、基础形式等构造特征应满足现行《公路悬索桥设计规范》（JTG/T D65-05）、《公路桥涵地基与基础设计规范》（JTG 3363）、《公路钢筋混凝土及预应力混凝土桥涵设计规范》(JTG 3362)的有关规定。锚碇的验算内容主要包括：

(1)稳定性验算：由于重力式锚碇需要承受较大的水平力和上拔力,对其抗倾覆和抗滑移稳定性要求较高,根据《公路悬索桥设计规范》(JTG/T D65-05—2015)第8.4.1条的规定,锚碇的稳定性应满足表5-2-2的要求。

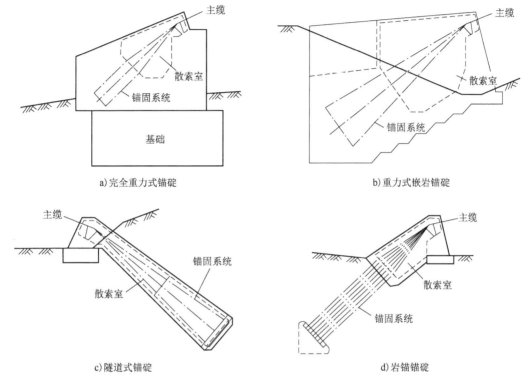

a)完全重力式锚碇　　　　　　　　　b)重力式嵌岩锚碇

c)隧道式锚碇　　　　　　　　　　　d)岩锚锚碇

图 5-2-21　悬索桥锚碇形式

锚碇抗倾覆和抗滑动稳定性系数　　　　　　　　　　　　　　表 5-2-2

作用组合		验算项目	稳定性系数
使用阶段	永久作用、汽车、人群和温度的标准值效应组合	抗倾覆 K_0	2.0
		抗滑动 K_a	2.0
	永久作用、地震作用的标准值效应组合	抗倾覆 K_0	1.2
施工阶段各种作用的标准值效应组合		抗滑动 K_a	1.6

注：地下水浮力参与作用组合时,其效应值按实际情况考虑。

(2)基础应力验算：锚碇前、后端基底在施工、运营阶段应不出现拉应力,最大应力值 P_{max} 应符合下式的要求：

$$P_{max} \leqslant \gamma'_R [f_a] \tag{5-2-87}$$

式中：γ'_R——抗力系数；

$[f_a]$——地基承载力容许值。

P_{max},γ'_R 和 $[f_a]$ 按现行《公路桥涵地基与基础设计规范》(JTG 3363)取值。

(3)锚碇位移验算：在非岩石地基条件下,锚碇在承受主缆拉力时不可避免地要发生水平位移和沉降变位,从而对全桥受力产生影响。运营阶段锚碇允许水平变位不宜大于 0.000 1 倍的主跨跨径,竖向变位不宜大于 0.000 2 倍的主跨跨径。

(4)重力式锚碇应验算锚块最不利截面的剪切强度,对锚碇实体部位宜采用三维有限元建模。散索鞍支墩、锚固系统前后锚固面承受较大的压力,应力集中现象突出,应采用三维有限元法验算其承载能力。

此外,对于隧道式锚碇、岩锚及预应力锚固系统应按照《公路悬索桥设计规范》(JTG/T D65-05—2015)第8.4节的相关规定进行验算。

6)其他验算内容

悬索桥除了进行静力验算之外,尚需要进行动力特性分析,并进行抗风、抗震、抗/防船撞的验算。

悬索桥作为大跨度柔性体系,对风的作用敏感,而且大跨度桥梁往往位于风荷载较大的大江/河口,抗风问题突出,需要在设计阶段验算抗风稳定性。悬索桥的抗风验算应满足《公路悬索桥设计规范》(JTG/T D65-05—2015)第6.3节和《公路桥梁抗风设计规范》(JTG D64—2015)的相关规定,抗风验算应结合风洞试验和数值模拟进行,主要包括如下方面:

(1)在施工阶段,检验钢索塔在自立状态的涡激共振性能和驰振性能、猫道的静风失稳和驰振性能,加劲梁在施工阶段不同架设率时的静风稳定性、颤振和涡激共振性能。

(2)在成桥运营阶段,检验加劲梁的静风稳定性、颤振性能和涡激共振性能,检验钢索塔的涡激共振和驰振性能、吊索的自激振动响应等。

悬索桥的抗震验算应根据《公路悬索桥设计规范》(JTG/T D65-05—2015)第6.4节和《公路工程抗震规范》(JTG B02—2013)的相关规定,计算模型合理考虑悬索桥振型的多自由度耦合特性、结构几何非线性效应影响、桩-土-结构相互作用、支座的力学特性和桥塔的弹塑性行为等因素,验算索塔、桥墩、基础、支座等强度、承载力和变形能力。

桥梁防/抗船撞性能的验算可参考《公路桥梁防船撞护舷技术指南》。

5.2.6 悬索桥算例

1)桥梁概况

某主跨1 250m的三跨连续钢桁架加劲梁悬索桥(图5-2-22),主梁纵向漂浮体系,在索塔处设置横向抗风支座,无竖向支座。主缆计算跨径450m + 1 250m + 350m,垂跨比1:9.5。加劲梁桁高7.5m,宽度29.5m,标准节间长15.2m,两片主桁架左右弦杆中心间距为27.0m。西岸索塔高度283.3m,东岸索塔高度314.3m。塔柱断面为8边形空心截面,西岸塔底为11.5m(顺)×11.5m(横),线性变化至塔顶9m(顺)×7m(横)。东岸左幅塔底为11.391m(顺)×11.312m(横),右幅塔底为11.565m(顺)×11.613m(横),均线性变化至塔顶9m(顺)×7m(横)。两岸索塔塔柱底部3m范围均设置实心段,顶部均设置6m的实心段。塔柱壁厚自上而下分别为1.0m、1.2m,与横梁交接范围设置横隔板并局部加厚。索塔共设上、下二道横梁,下横梁梁高9.0m,宽8.0m,壁厚1.0m;上横梁梁高8m,宽6.0m,壁厚1m。主梁标准横断面图如图5-2-23所示。

第5章 缆索承重桥梁设计计算

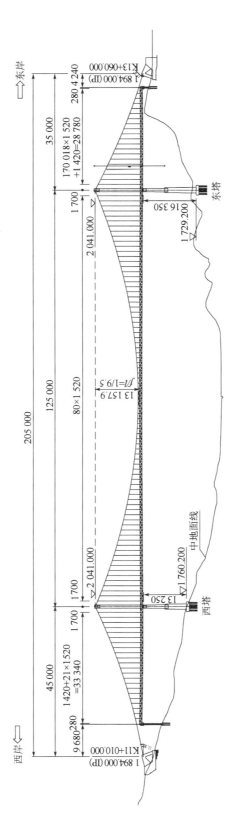

图5-2-22 总体布置图(尺寸单位：cm；高程单位：m)

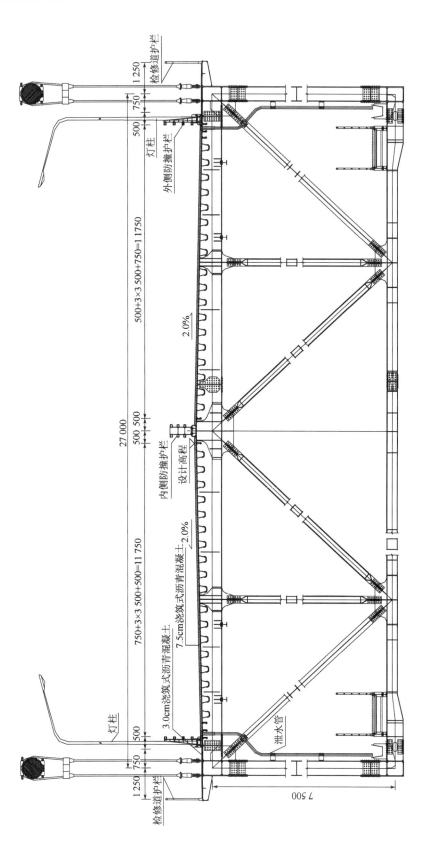

图5-2-23　主梁标准横断面图(尺寸单位：mm)

2)设计技术标准

(1)设计基准期:100年;设计安全等级:一级。
(2)桥梁等级:双向六车道一级公路特大桥。
(3)设计速度:60km/h。
(4)桥梁宽度:29.5m。
(5)主桥最大纵坡:3%;桥面横坡:2.0%。
(6)汽车荷载等级:公路—Ⅰ级。
(7)设计基准风速:桥面高度处100年设计基准风速$V=42.82\text{m/s}$。
(8)地震设防烈度:Ⅵ度,场地地震动峰值加速度为$0.05g$,主桥按P1概率100年10%和P2概率100年3%标准设防。

3)主要设计参数

主要设计参数见表5-2-3~表5-2-5。

主缆参数 表5-2-3

项目		单位	数量	备注
缆跨长	中跨长	m	1 250	
	西侧边跨长	m	450	
	东侧边跨长	m	350	
	边中跨比		0.36/0.28	
中跨垂度		m	131.579	成桥垂跨比1/9.5
缆根数/间距/架设方法			2/27.0m/PPWS	
主缆平行钢丝直径/强度		mm/MPa	$\phi 5.25/\geqslant 1\,770$	
单主缆	股数		187	西边跨
			179	中跨/东边跨
	截面积	m²	0.368 4	西边跨
			0.352 6	中跨/东边跨
	弹性模量	MPa	2.0×10^5	计算值
	换算重度	kN/m³	80.07	(含主缆钢丝、缠丝、检修道等)
吊索	截面积	m²	0.006 831	截面积
	弹性模量	MPa	2.0×10^5	计算值
	换算重度	kN/m³	94.167	含吊索钢丝、防腐

钢桁加劲梁标准段参数 表5-2-4

项目	单位	数值	备注
弹性模量	MPa	2.06×10^5	计算值
剪切模量	MPa	0.81×10^5	计算值
上弦杆截面积	m²	0.062 688	□800×600×24/22
下弦杆截面积	m²	0.080 128	□700×616×32/32

续上表

项 目	单 位	数 值	备 注
竖杆截面积	m²	0.024 312	H588×430×16/18
斜腹杆截面积	m²	0.037 056	□592×540×14/20
主桁架下平联杆截面积	m²	0.022 656	□440×360×12/18
横桁上横梁截面积	m²		H500×(792~1 044)×20/16
横桁下横梁截面积	m²	0.023 632	□440×432×14/14
横桁腹杆截面积	m²	0.015 648	H440×300×12/18
		0.020 496	□440×300×12/18

索 塔 参 数　　　　　　　　　　　表 5-2-5

形式	钢筋混凝土门式塔	材料重度	26.0kN/m³
塔底高程(m)	西侧塔:907 东侧塔:917/901	材料强度等级	C50
塔顶高程(m)	西侧塔:1 137 东侧塔:1 137	混凝土弹性模量	3.45×10^4 MPa
断面形式	矩形薄壁断面	横梁数	2

4)计算模型

采用 Midas Civil 建立了恒载作用下的三维有限元计算模型:

(1)主缆和吊索采用杆单元模拟,塔和加劲梁承台桥墩采用梁单元模拟,桥面板采用板单元模拟,如图 5-2-24、图 5-2-25 所示。

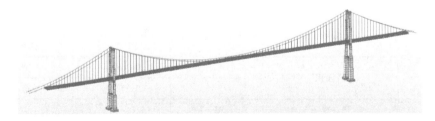

图 5-2-24　全桥三维 Midas 计算模型

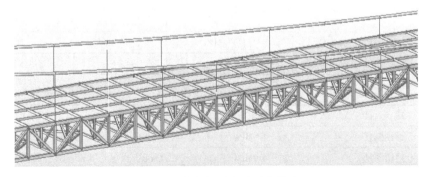

图 5-2-25　钢桁加劲梁局部计算模型

(2)结构边界条件:主缆锚固处和塔底为固结,散索点处倾斜支撑;加劲梁采用三跨连续体系,其端部设有竖向和横桥向水平约束,索塔处设有横向水平约束。

5)总体静力计算

在进行有限元加载计算之前,首先采用本章介绍的分段悬链线法进行数值迭代,求得成桥状态主缆、吊索的节点坐标及轴力,然后采用 Midas Civil 应用有限位移理论,计算运营状况结构受力性能。全桥共计 3 854 个节点,6 794 个单元。

(1)主要计算荷载及荷载组合

根据桥梁的技术标准,考虑如下 5 种荷载:

①恒载(D):永久作用包括结构自重、二期恒载。加劲梁一期恒载为 156kN/m(钢桁架、钢桥面板等);钢桁加劲梁二期恒载为 70kN/m(桥面铺装、栏杆等)。索夹按节点荷载施加在主缆上。

②汽车+人群活载(L):汽车荷载为公路—Ⅰ级,检修道人群活载按 1.5kN/m² 计算,检修道宽 2×0.85m。

③温度变化(T):施工合龙温度在 20℃±5℃ 范围内,升温 21.6℃/降温 26.7℃ 考虑。

④风荷载(W):百年一遇桥面高度处设计基准风速为 42.82m/s;桥面行车时的最大风速为 25m/s。

⑤其他:主塔基础沉降按 1cm 考虑。

在运营状态主要考虑以下 10 种荷载组合。

组合Ⅰ:恒载(D)+汽车+人群(L);

组合Ⅱ:恒载(D)+汽车+人群(L)+升温(T);

组合Ⅲ:恒载(D)+汽车+人群(L)+降温(T);

组合Ⅳ:恒载(D)+汽车+人群(L)+升温(T)+顺桥向运营风载(W);

组合Ⅴ:恒载(D)+汽车+人群(L)+降温(T)+顺桥向运营风载(W);

组合Ⅵ:恒载(D)+汽车+人群(L)+升温(T)+横桥向运营风载(W);

组合Ⅶ:恒载(D)+汽车+人群(L)+降温(T)+横桥向运营风载(W);

组合Ⅷ:恒载(D)+顺桥向百年风载(W);

组合Ⅸ:恒载(D)+横桥向百年风载(W);

组合Ⅹ:恒载(D)+地震作用(E)。

(2)主缆计算结果

主缆最不利工况组合Ⅶ作用下,边跨最大缆力为 260 660kN(西侧边跨),中跨最大缆力为 244 836kN(西侧塔中跨),满足《公路悬索桥设计规范》(JTG/T D65-05—2015)第 9.4.2 条的规定(结构重要性系数 γ_0 =1.1)。主缆轴力计算结果见表 5-2-6。

主缆轴力计算结果(单侧)　　　　　表 5-2-6

荷载工况	位　　置					
	西岸锚碇处	西塔顶		东塔顶		东侧锚碇处
		边跨侧	中跨侧	中跨侧	边跨侧	
成桥状态恒载(kN)	217 591	221 763	208 731	208 674	211 346	207 067
汽车+人群(kN)	30 993	30 991	30 432	30 459	29 200	29 202

续上表

荷载工况		位置					
		西岸锚碇处	西塔顶		东塔顶		东侧锚碇处
			边跨侧	中跨侧	中跨侧	边跨侧	
最不利组合(kN)	Max	256 490	260 660	244 836	244 794	248 144	243 867
	Min	214 925	219 097	208 417	208 355	208 690	204 410
主缆极限缆力(kN)		256 490	260 660	244 836	244 794	248 144	243 867
主缆应力设计值 σ_d (MPa)		696.226	707.546	694.373	694.254	703.755	691.625
强度设计值 $f_d = f_k/\gamma_R$ (MPa)		956.756					

(3)吊索计算结果

吊索最大拉力为 2 141kN(跨中处),抗拉强度为 1 770MPa,骑跨式吊索强度分项系数 γ_R 取 2.95,满足《公路悬索桥设计规范》(JTG/T D65-05—2015)第 10.4.2 条的规定;中跨 $L/2$ 处应力差值最大,最大应力幅为 55.3MPa < 150MPa,满足《公路悬索桥吊索》(JT/T 449—2001)要求。吊索拉力见表 5-2-7。

吊索拉力(单侧) 表 5-2-7

荷载		中跨位置					
		西塔侧	$L/8$ 处	$L/4$ 处	$3L/8$ 处	$L/2$ 处	东塔侧
成桥状态(kN)		1 661	1 654	1 629	1 616	1 681	1 667
汽车+人群(kN)		168	391	390	393	367	173
最不利组合(kN)	Max	1 878	2 089	2 060	2 048	2 141	1 890
	Min	1 628	1 645	1 624	1 616	1 386	1 634
吊索极限索力(kN)		1 878	2 089	2 060	2 048	2 141	1 890
应力设计值 σ_d (MPa)		274.923	305.812	301.566	299.810	313.424	276.680
强度限值 $f_d = f_k/\gamma_R$ (MPa)		600					

(4)加劲梁计算结果

加劲梁各类杆件基本组合轴力最大值见表 5-2-8,包络图见图 5-2-26 ~ 图 5-2-28。

主桁杆件基本组合下最大轴力(kN) 表 5-2-8

荷载	位置									
	上弦杆(标准)	上弦杆(加厚)	下弦杆(标准)	下弦杆(加厚)	竖腹杆(标准)	竖腹杆(加厚)	斜腹杆(标准)	斜腹杆(加厚)	下平联(标准)	下平联(加厚)
恒载+活载	1 391	3 854	12 644	14 694	1 293	4 994	2 596	3 447	1 916	2 848
	-1 431	-3 023	-9 734	-20 953	-273	-2 397	-3 810	-4 998	-1 802	-3 067
最不利组合	6 878	14 128	14 143	18 195	1 364	5 464	3 176	4 196	2 249	3 391
	-6 878	-14 128	-10 729	-24 573	-1 001	-2 855	-4 404	-5 819	-2 175	-3 629

图 5-2-26 钢桁加劲梁上弦杆轴力包络图（单位：kN）

图 5-2-27 钢桁加劲梁下弦杆轴力包络图（单位：kN）

图 5-2-28 钢桁加劲梁斜腹杆轴力包络图（单位：kN）

加劲梁的上下弦杆、腹杆在最不利荷载组合下的应力值及强度设计值见表5-2-9。加劲梁下平联的主要控制工况杆件应力及容许值见表5-2-10。计算结果表明,杆件的受力均满足规范要求。

主桁架杆件应力（拉为正,单位：MPa） 表 5-2-9

杆件			荷载			
			最不利组合		设计值	
			强度	刚度	强度	刚度
上弦杆	标准段	max	163.7		270	
		min	−204.0	−218.9	−270	−270
	加厚段	max	202.5		305	
		min	−208.2	−227.2	−305	−305
下弦杆	标准段	max	226.9		270	
		min	−166.3	−180.3	270	270
	加厚段	max	190.4		305	
		min	−243.9	−268.0	−305	−305
直腹杆	标准段	max	83.0		270	
		min	−61.2	−83.2	−270	−270
	加厚段	max	158.8		270	
		min	−124.8	−138.4	−270	−270
斜腹杆	标准段	max	108.6		270	
		min	−184.1	−223.1	−270	−270
	加厚段	max	107.7		270	
		min	−183.7	−224.9	−270	−270

下平联杆应力(拉为正,单位:MPa)　　　　　　　　　　　表 5-2-10

杆　件			荷　载			
			最不利组合		设计值	
			强度	刚度	强度	刚度
平联杆	标准段	max	120.4		270	
		min	-140.2	-221.9	-270	-270
	加厚段	max	143.0		270	
		min	-154.6	-238.4	-270	-270

(5)加劲梁刚度

钢桁加劲梁竖向、横向位移见表 5-2-11、表 5-2-12。

钢桁加劲梁竖向位移(m)　　　　　　　　　　　　　　　表 5-2-11

工　况	跨径位置					
	左边跨 $L/2$	左边索塔	中跨 $L/4$	中跨 $L/2$	右边索塔	右边跨 $L/2$
活载	0.824	0.235	1.351	0.638	0.223	0.596
	-0.990	-0.350	-2.490	-2.215	-0.335	-0.713
温度上升	-0.017	-0.025	-0.575	-0.810	-0.017	0.007
温度下降	0.021	0.031	0.710	0.999	0.020	-0.009
Z_{max}(活+温)	0.845	0.266	2.061	1.637	0.243	0.603
Z_{min}(活+温)	-1.007	-0.375	-3.065	-3.025	-0.352	-0.722

钢桁加劲梁横向位移(m)　　　　　　　　　　　　　　　表 5-2-12

工　况	跨径位置					
	左边跨 $L/2$	中跨 $L/8$	中跨 $L/4$	中跨 $3L/8$	中跨 $L/2$	右边跨 $L/2$
运营横向风-行车	-0.105	0.551	1.216	1.683	1.857	-0.084
运营横向风-百年	-0.252	1.348	2.906	3.936	4.300	-0.205
Y_{max}(横向风)	-0.252	1.348	2.906	3.936	4.300	-0.205
Y_{max}/L	1/4 960	1/927	1/430	1/317	1/291	1/6 097

有限元计算结果表明,活载作用下加劲梁最大竖向挠度为 3.065m,挠跨比为 1/408,小于《公路钢结构桥梁设计规范》(JTG D64—2015)第 4.2.3 节规定的 1/250,结构竖向刚度满足要求;在百年一遇风荷载作用下,横桥向最大位移为 4.300m,与跨径之比为 1/291,小于《公路悬索桥设计规范》(JTG/T D65-05—2015)第 5.2.12 节规定的 1/150,结构横向刚度满足要求。在活载作用下,主桁架位移包络图见图 5-2-29。

(6)梁端水平位移、竖向及横向支座反力

表 5-2-13 列出了最不利组合下加劲梁梁端最大的水平位移的最大值,可用于后期伸缩缝的选型,表 5-2-14~表 5-2-16 列出了竖向和横向支座反力的最大值,可用于竖向和横向支座的选型。

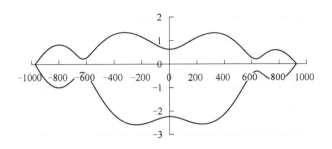

图 5-2-29 加劲梁活载位移包络图(单位:m)

梁端及索塔处水平位移(m)　　　　表 5-2-13

位　置	工　况					
	活载	温度	纵向风载		梁端最大位移(标准组合)	
			百年风	活载风	恒载+百年风	恒载+活载+温度+组合风
西侧梁端	0.443	0.327	0.284	0.137	0.284	0.917
	-0.439	-0.265	-0.284	-0.137	-0.284	-0.841
西侧索塔	0.449	0.204	0.284	0.137	0.284	0.790
	-0.443	-0.165	-0.284	-0.137	-0.284	-0.745
东侧索塔	0.455	0.191	0.284	0.137	0.284	0.783
	-0.437	-0.236	-0.284	-0.137	-0.284	-0.810
东侧梁端	0.456	0.278	0.284	0.137	0.284	0.871
	-0.435	-0.343	-0.284	-0.137	-0.284	-0.915

加劲梁梁端竖向支座反力(压为正,单位:kN)　　　　表 5-2-14

工　况	成桥状态	活　载	最不利组合
最大值	1 118	2 320	4 083
最小值		-1 198	-486

加劲梁梁端横向抗风支座反力(kN)　　　　表 5-2-15

工　况	运营风	百年风	最不利组合
最大值	839	2 650	2 650

加劲梁索塔处横向抗风支座反力(kN)　　　　表 5-2-16

工　况	运营风	百年风	最不利组合
上最大值	6 380	15 697	15 697
下最大值	1 157	3 710	8 754

6)桥塔计算荷载及荷载组合

(1)计算荷载

①恒载:按材料密度考虑。

②活载:公路—Ⅰ级;人群荷载集度为 2.5kN/m²。

③风荷载:桥面高度处100年设计基准风速42.82m/s。与汽车荷载组合的风力按桥面阵风风速25m/s计算。

④温度:桥位处最高温度31.6℃,最低温度-11.7℃,年平均气温12℃,合龙温度取值为10~15℃。体系升温21.6℃,降温为-26.7℃。

⑤基础不均匀沉降按1.5cm考虑。

(2)荷载组合

根据《公路桥涵设计通用规范》(JTG D60—2015)的规定,主要荷载组合如下:

组合Ⅰ:恒载+沉降+公路Ⅰ级+人群荷载;

组合Ⅱ:恒载+沉降+公路Ⅰ级+人群荷载+温度荷载;

组合Ⅲ:恒载+沉降+公路Ⅰ级+人群荷载+温度荷载+活载纵风;

组合Ⅳ:恒载+沉降+公路Ⅰ级+人群荷载+温度荷载+活载横风;

组合Ⅴ:恒载+沉降+百年纵风;

组合Ⅵ:恒载+沉降+百年横风;

组合Ⅶ:恒载+沉降+纵向地震。

(3)塔身截面承载力验算

索塔为偏心受压构件,需要对索塔截面的承载力和索塔构件的抗压承载力进行验算。按照承载能力极限状态法,计算各工况下塔柱控制截面,截面承载力满足要求。控制工况下的塔柱控制截面承载力计算结果如表5-2-17所示。

塔柱控制截面承载力计算 表5-2-17

墩号	控制截面位置	控制工况	索塔内力			抗压承载力(kN)	抗力/荷载效应
			轴力(kN)	顺桥向弯矩(kN·m)	横桥向弯矩(kN·m)		
西侧塔	下塔柱底	组合Ⅵ	660 976	-117 633	-509 590	846 875	1.28
	下塔柱顶	组合Ⅵ	534 468	-90 850	393 223	785 000	1.47
	上塔柱底	组合Ⅵ	415 261	-83 098	480 220	532 052	1.28
	上塔柱顶	组合Ⅳ	347 391	-12 409	139 510	553 654	1.59
东侧塔	下塔柱底	组合Ⅵ	572 593	417 804.5	52 899	733 635	1.28
	下塔柱顶	组合Ⅵ	497 902	99 876	427 676	762 412	1.53
	上塔柱底	组合Ⅵ	377 507	91 880	459 427	519 072	1.38
	上塔柱顶	组合Ⅳ	311 361	-5 497	132 586	554 612	1.78

(4)裂缝宽度验算

按荷载短期效应组合并考虑长期效应影响,各工况下塔身全截面受压,满足要求。

(5)索塔稳定分析

索塔的稳定性验算考虑塔身自重影响,成桥状态考虑主缆对塔身顺桥向的约束作用,采用空间梁单元进行结构特征值屈曲分析。裸塔及成桥状态一阶失稳均为纵向挠曲失稳,如图5-2-30所示。西侧塔裸塔屈曲稳定系数为12.6,成桥状态为17.5,东侧塔裸塔屈曲稳定系数为12.7,成桥状态为19.5,均满足《公路悬索桥设计规范》(JTG/T D65-05—2015)第7.4.6条关于整体稳定性的要求。

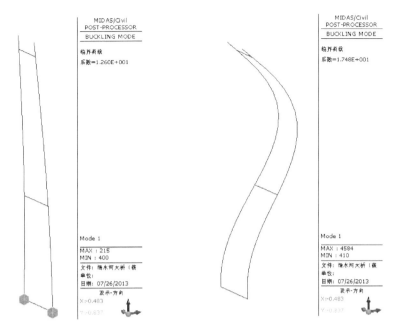

a) 裸塔状态（一阶纵向挠曲）　　　　b) 成桥状态（一阶纵向挠曲）

图 5-2-30　西侧索塔塔身屈曲变形图

7）基础计算

（1）单桩承载力验算

两岸索塔基础均采用18根直径3.5m的桩基础，行列式布置，嵌岩桩设计。

桩基础均按嵌岩桩设计，采用 m 法计算。索塔桩基轴力与单桩承载力比较见表5-2-18。

单桩承载力验算表　　　　　　　表 5-2-18

塔墩位置	桩长（m）	桩径	控制组合	单桩最大轴力（kN）	单桩容许承载力（kN）	抗力/荷载效应
9号索塔	40/50/72	φ3.5m	组合Ⅰ	77 851	101 022	1.28
			组合Ⅱ~Ⅵ	105 940	126 277	1.19
			组合Ⅶ~Ⅷ	111 902	151 532	1.35
10号索塔	18		组合Ⅰ	85 651	101 022	1.18
			组合Ⅱ~Ⅵ	98 102	126 277	1.29
			组合Ⅶ~Ⅷ	109 153	151 532	1.39

（2）桩身截面承载力验算

按照承载能力极限状态法，计算各工况下桩身控制截面，桩身截面承载力满足要求。控制工况下的桩身控制截面承载力计算结果见表5-2-19。

（3）桩身裂缝宽度验算

按荷载短期效应组合并考虑长期效应影响，验算各工况下的桩身全截面均受压，均满足规范要求。

桩身控制截面承载力计算 表 5-2-19

塔墩位置	控制工况	桩身内力		抗压承载力（kN）	抗力/荷载效应
		轴力（kN）	弯矩（kN·m）		
9 号索塔	组合Ⅵ	126 226	30 796	141 005	1.12
10 号索塔		124 418	32 570	139 971	1.12

（4）承台验算

索塔承台平面尺寸为 20m×20m，厚度 8.0m。承台验算结果见表 5-2-20、表 5-2-21。从验算结果可以看出，基础承台撑杆、系杆和斜截面抗剪计算结果均满足受力要求。

承台撑杆-系杆计算结果 表 5-2-20

墩 号		撑杆抗压		系杆抗拉	
		$\gamma_0 D_{id}$（kN）	抗力（kN）	$\gamma_0 T_{id}$（kN）	抗力（kN）
9 号索塔	顺桥向	340 647	857 111	102 838	277 524
	横桥向	340 454	844 078	102 197	277 524
10 号索塔	顺桥向	326 801	857 111	98 658	277 524
	横桥向	326 615	844 078	98 043	277 524

注：γ_0-桥梁结构重要性系数；$\gamma_0 D_{id}$-撑杆压力荷载效应；$\gamma_0 T_{id}$-系杆拉力荷载效应。

承台斜截面抗剪计算结果 表 5-2-21

墩 号		斜截面抗剪	
		$\gamma_0 Q_{id}$（kN）	抗力（kN）
9 号索塔	顺桥向	324 753	335 811
	横桥向	324 753	339 360
10 号索塔	顺桥向	311 553	335 811
	横桥向	311 553	339 360

注：γ_0-桥梁结构重要性系数；$\gamma_0 Q_{id}$-斜截面剪力荷载效应。

（5）锚碇稳定验算

整体稳定验算包括整体抗滑验算、抗倾覆验算，结果表明抗滑、抗倾覆安全系数均大于 2.0，整体稳定验算均满足规范要求。表 5-2-22 为西锚碇计算结果。

西锚碇计算结果表 表 5-2-22

位置	工 况	抗滑安全系数	抗倾覆安全系数
西锚碇	恒载+活载	3.38	14.4
	恒载+活载+温度+风荷载	3.31	14.1
东锚碇	恒载+活载	3.37	14.6
	恒载+活载+温度+风荷载	3.30	14.2

本章参考文献

[1] 中华人民共和国行业标准.大跨度斜拉桥平行钢丝斜拉索:JT/T 775—2010[S].北京:人民交通出版社,2010.
[2] 中华人民共和国行业标准.公路钢结构桥梁设计规范:JTG D64—2015[S].北京:人民交通出版社股份有限公司,2015.
[3] 中华人民共和国行业标准.公路斜拉桥设计细则:JTC D65-01—2007[S].北京:人民交通出版社,2007.
[4] 张建民.大跨度斜拉桥施工过程中的索力优化与线形控制[D].上海:同济大学,2004.
[5] 戴杰.钢箱梁斜拉桥合理成桥状态与合理施工状态优化方法研究[D].西安:长安大学,2016.
[6] 中华人民共和国行业标准.公路斜拉桥设计规范:JTJ 027—1996[S].北京:人民交通出版社,1996.
[7] 何智.混凝土斜拉桥索力优化研究[D].成都:西南交通大学,2011.
[8] 高剑.斜拉桥理想成桥状态与合理施工状态研究[D].西安:长安大学,2003.
[9] 梁鹏,肖汝诚,张雪松.斜拉桥索力优化实用方法[J].同济大学学报(自然科学版),2003,31(11):1270-1274.
[10] 项海帆.高等桥梁结构理论[M].2版.北京:人民交通出版社,2013.
[11] 陈德伟,郑信光,项海帆.混凝土斜拉桥的施工控制[J].土木工程学报,1993(01):1-11.
[12] 林元培.斜拉桥[M].北京:人民交通出版社,2004.
[13] 钟万勰,刘元芳,纪峥.斜拉桥施工中的张拉控制和索力调整[J].土木工程学报,1992(03):9-15.
[14] 周孟波.斜拉桥手册[M].北京:人民交通出版社,2004.
[15] 徐恭义.悬索桥设计与施工[Z].湖北:中铁大桥勘测设计院.
[16] 杜善朋.大跨度悬索桥主缆线形影响参数分析研究[D].西安:长安大学,2014.
[17] 杨坤.大跨径悬索桥主缆线形分析[D].西安:长安大学,2016.
[18] 陈仁福.大跨悬索桥理论[M].成都:西南交通大学出版社,1994.
[19] 中华人民共和国行业标准.公路悬索桥设计规范:JTG/T D65-05—2015[S].北京:人民交通出版社股份有限公司,2015.
[20] 钱冬生,陈仁福.大跨悬索桥的设计与施工[M].成都:西南交通大学出版社,1992.
[21] 雷俊卿.悬索桥设计[M].北京:人民交通出版社,2002.
[22] 严国敏.现代悬索桥[M].北京:人民交通出版社,2002.
[23] HOURIET B, KLEIN J F, ISLER W, et al. Cable-Stayed Bridges[M]. 2nd Ed. London : Thomas Telford Publishing, 1999.

第 6 章
薄壁箱梁分析

箱形截面是梁桥当中应用最为广泛的一种截面形式,由于其良好的结构性能,在现代桥梁中被广泛采用。目前,在大跨径预应力混凝土桥梁中,薄壁箱梁采用较多,其主要优点有:

(1)薄壁箱梁整体性好、刚度大、抗扭性能优良,在偏心荷载作用下,薄壁箱梁整体受力性能较 T 梁(或 I 梁)更优,能够有效节省建筑材料。

(2)薄壁箱梁顶板和底板都具有较大的混凝土面积,能有效抵抗正负弯矩,并满足配筋要求,非常适合正负弯矩交替变化的桥梁结构,如连续梁、拱桥、刚架桥、斜拉桥等,也适应于主要承受负弯矩的悬臂梁、T 形刚构等桥型结构。

(3)薄壁箱梁桥可适应现代化施工方法的要求,如悬臂施工法、顶推法等,这些施工方法要求截面必须具备足够的顶、底板面积。

(4)对于采用薄壁箱梁的宽桥和曲线桥,由于截面抗扭刚度大,跨中可少设或无须设置横隔板就能获得满意的荷载横向分布性能,具有较好的适应性。

(5)薄壁箱梁截面外形简洁、美观,可适应各种桥梁结构体系,是大跨度预应力混凝土桥梁常用的截面形式。

薄壁箱梁结构在荷载作用下的受力性能与开口构件明显不同,其计算理论和方法亦有较大差别。本章主要介绍薄壁箱梁的受力特征、弯曲、扭转、畸变的特征和计算特点,重点介绍箱梁分析中的剪力滞效应及其计算方法。

6.1 薄壁箱梁截面受力特征

作用在薄壁箱梁上的主要荷载是恒载与活载。恒载通常是对称作用的,而活载可以是对称作用,也可以是非对称偏心作用,必须分别考虑。偏心荷载作用下,由于薄壁箱梁壁厚较薄,使箱梁既产生对称弯曲,又产生扭转和扭转变形(畸变)。因此,作用于箱梁的外力可综合表达为偏心荷载来进行结构分析。

薄壁箱梁在偏心荷载作用下的变形与位移,可分为四种基本状态:纵向弯曲、刚性扭转、扭转变形(即畸变)和横向弯曲,其变形状态如图 6-1-1 所示。

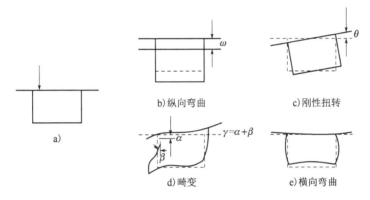

图 6-1-1　薄壁箱梁在偏心荷载作用下的变形状态

薄壁箱梁在偏心荷载作用下,因弯扭作用在横截面上将产生纵向正应力和剪应力,因横向弯曲和扭转变形将在箱梁各板中产生横向弯曲应力与剪应力。偏心荷载下的薄壁箱梁截面应力分布示意如图 6-1-2 所示。

纵向弯曲产生竖向变位 ω,因而在横截面上引起纵向正应力 σ_M 及剪应力 τ_M,如图 6-1-2a)所示。图中虚线所示应力分布是按初等梁理论计算所得的应力,这对于肋距不大的箱梁是正确的。但对于肋距较大的箱梁,由于翼板中剪力滞后的影响,其应力分布将是不均匀的,即近肋处翼板产生应力高峰,而远肋处则产生应力低谷,形成如图 6-1-2a)中实线所示应力图,这种现象称为"剪力滞效应"。对于肋距较大的宽箱梁,这种应力高峰可达到相当大的比例,必须引起重视。

薄壁箱形梁扭转时可分为自由扭转与约束扭转,其主要特征是扭转角 θ[图 6-1-1c)]。如果箱梁受扭时,截面各纤维的纵向变形是自由的,杆件端面虽出现凹凸,但纵向纤维无伸长缩短,端部可自由翘曲,这种扭转称为自由扭转。由于纵向变形是自由的,因此截面不产生纵向正应力,只产生自由扭转剪应力 τ_k[图 6-1-2b)]。当箱梁受扭时纵向纤维变形受到约束,不能自由伸长或缩短,这种扭转则称为约束扭转。约束扭转除了在截面上产生约束扭转剪应力 τ_w 外,还将产生约束扭转翘曲正应力 σ_w[图 6-1-2c)]。产生约束扭转的原因有:支承条件的约束,如固端支承约束纵向纤维变形;受扭时截面形状及其沿梁纵向的变化,使截面各点纤维变形不协调也将产生约束扭转,如等厚壁的矩形箱梁、变截面梁等,即使不受支承约束,也将产生约束扭转。薄壁箱梁受扭时,由于壁厚较薄,使得扭转过程中截面周边产生横向弯曲变形,进而在板内产生横向弯曲应力,这种现象称为扭转变形(畸变)。畸变的主要变形特征是畸变角 γ[图6-1-1d)],畸变除产生翘曲正应力 σ_{dw} 和畸变剪应力 τ_{dw} 外,还引起箱形截面各板横向弯曲,从而在板内产生横向弯矩 M_{dt},进而产生横向弯曲应力 σ_{dt}[图6-1-2d)]。

承受偏心荷载作用下的薄壁箱梁,除了可按弯扭杆件进行整体分析外,还应考虑局部荷载的影响。当车辆荷载作用于顶板时,除直接承受荷载的顶板产生横向弯曲外,由于整个截面的超静定特性,使得各板面产生横向弯曲变形,从而产生横向弯矩 M_c,进而产生横向弯曲应力 σ_c,如图6-1-2e)所示。箱梁的横向弯曲效应计算,可作为超静定框架解析各板内的横向弯曲应力,其计算图式和弯矩图如图6-1-3所示。

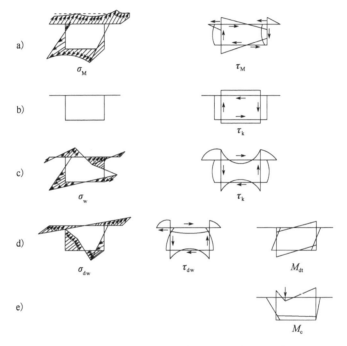

图6-1-2 偏心荷载下的薄壁箱梁截面应力分布示意

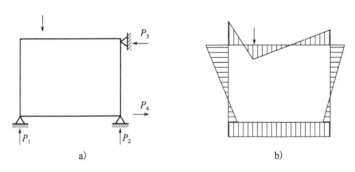

图6-1-3 箱形梁横向弯曲计算图式及弯矩图示意

因此,薄壁箱梁在偏心荷载作用下有四种基本变形与位移状态,从而在箱梁横截面上产生以下应力:

纵向正应力

$$\sigma_{(z)} = \sigma_M + \sigma_w + \sigma_{dw} \tag{6-1-1}$$

剪应力

$$\tau = \tau_M + \tau_k + \tau_w + \tau_{dw} \tag{6-1-2}$$

式中：σ_M——纵向正应力；

σ_w——约束扭转翘曲正应力；

σ_{dw}——翘曲正应力；

τ_M——剪应力；

τ_k——自由扭转剪应力；

τ_w——约束扭转剪应力；

τ_{dw}——畸变剪应力。

对于畸变和横向弯曲，箱梁各板内沿纵截面产生如下横向弯曲应力：

$$\sigma_{(S)} = \sigma_c + \sigma_{dt} \tag{6-1-3}$$

式中：σ_c——畸变产生的横向弯曲应力；

σ_{dt}——局部荷载产生的横向弯曲应力。

在预应力混凝土桥梁中，随着跨径的增大，恒载效应占总荷载效应的比值也在不断增大。当跨径超过100m，其恒载效应占总荷载效应的比重可达90%以上。由于恒载一般是对称荷载，因此箱梁内对称挠曲的纵向弯曲应力是主要的，而偏心荷载引起的扭转应力是次要的。如果箱壁较厚并沿箱梁纵向布置一定数量横隔板而限制箱梁的扭转变形，则畸变应力不大。横向弯曲应力状态下，特别在箱壁厚度较薄的情况下，需要注意验算箱梁顶板与腹板、底板的构造配筋数量。以下将分别按各种变形状态分析薄壁箱梁截面的应力状态，并扼要介绍其计算方法。

6.2 薄壁箱梁对称挠曲时的弯曲应力

6.2.1 弯曲正应力

薄壁箱梁在对称挠曲时，仍认为其服从简单梁理论的平截面假定，即弯曲正应力沿梁的方向按线性分布，其在箱梁截面任一高度的应力与距中性轴距离成正比。因此，薄壁箱梁的弯曲正应力计算方法和材料力学中一般梁计算方法一样，即

$$\sigma_M = \frac{M_x \cdot y}{I_x} \tag{6-2-1}$$

式中：M_x——弯矩效应；

I_x——截面惯性矩；

y——计算点到中性轴的距离。

必须注意，如同T梁和I梁一样，箱梁顶、底翼缘板中的弯曲应力是通过顶、底板与腹板相接处的受剪面传递的，导致了翼板变形和应力分布的不均匀性，这一现象是由剪力滞效应引起的，将在后续章节讨论。

6.2.2 弯曲剪应力

1) 实腹梁的弯曲剪应力

依据材料力学中的一般梁理论,弯曲剪应力的计算公式为:

$$\tau_M = \frac{Q_y}{b \cdot I_x} \int_0^s y \mathrm{d}A = \frac{Q_y \cdot S_x}{b \cdot I_x} \tag{6-2-2}$$

式中:$S_x = \int_0^s y \mathrm{d}A$ ——由截面的自由表面(剪应力处为零)积分至所求剪应力处的面积矩(静矩);

b——计算剪应力处的梁宽。

对于薄壁箱梁,截面上形成了闭合剪力流,无法预先确定剪应力零点,因此不能直接应用上式直接计算箱梁弯曲剪应力。这是一个内部超静定问题,必须补充变形协调条件才能求解。在工程应用上,有时仍用上式计算箱梁的弯曲应力,这实质上是将箱梁看作宽翼缘板的工字梁,按桥规方法计算有效宽度内的工字梁截面的剪应力,以近似代替箱梁的剪应力。按此式计算的剪应力仅对腹板有效,不可应用于顶、底板的剪应力求解。

2) 薄壁构件单元体中的剪力流方程

如图 6-2-1 所示取出某薄壁箱梁单元体,由平衡条件有:

$$\frac{\partial q}{\partial s} + \frac{\partial \sigma_z}{\partial z} \cdot t = 0 \tag{6-2-3}$$

求解式(6-2-3)得:

$$q(s,z) = \bar{q}(z) - \int_0^s \frac{\partial \sigma_z}{\partial z} t \mathrm{d}s \tag{6-2-4}$$

式中:$\bar{q}(z)$——积分常数,表示坐标 S 起始点的剪力流。

对于图 6-2-2 所示的开口薄壁构件,起点可选在薄壁构件的边缘。在该点无外力作用时,由剪应力互等定理可知,此处 $\bar{q}(z) = 0$,只有弯矩 M_x、M_y 是 z 的函数,并且注意到:

$$\frac{\partial M_x}{\partial z} = Q_y, \frac{\partial M_y}{\partial z} = Q_x \tag{6-2-5}$$

可以得出开口薄壁构件的剪力流方程为:

$$q = -\frac{Q_y}{I_x} \cdot S_x - \frac{Q_x}{I_y} \cdot S_y \tag{6-2-6}$$

式中,$S_x = \int_0^s y t \mathrm{d}s$;$S_y = \int_0^s x t \mathrm{d}s$。

当构件中只有 Q_y 作用时,式(6-2-6)可简化为:

$$q = -\frac{Q_y}{I_x} \cdot S_x \tag{6-2-7}$$

以上公式与实腹梁的剪应力计算公式在形式上是完全一致的。

3) 薄壁箱形截面剪力流

对于闭口的薄壁箱梁,截面上形成了闭合的剪力流,任意起始点的剪力流 $\bar{q}(z)$ 是未知的,因此不能直接应用上式直接计算箱梁弯曲剪应力,必须补充变形协调条件才能求解。

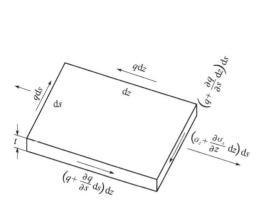

图 6-2-1　薄壁单元体的剪力流

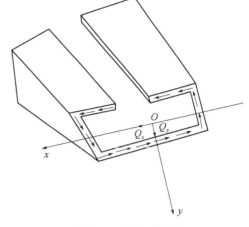

图 6-2-2　单室箱形截面

考虑单箱单室薄壁箱梁,为求解剪力流,可在箱梁截面的任一点切开形成开口箱形截面,如图 6-2-3 所示。在切口处作用一附加剪力流 q_1,其沿断面壁厚中心线方向为均匀分布。对已切开的箱梁截面在剪力作用下(假定作用在箱梁上的剪力通过截面上的剪切中心,梁在弯曲时不产生扭转)的剪力流 q_0 可按式(6-2-7)计算,即 $q_0 = \dfrac{Q_y \cdot S_{x0}}{I_x}$,单箱单室箱形截面上总的剪力流 q 为:

$$q = q_0 + q_1 \tag{6-2-8}$$

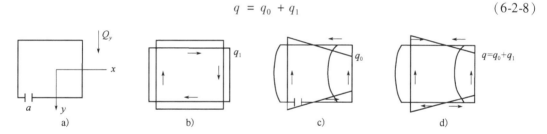

图 6-2-3　单箱单室截面上弯曲剪应力分析

依据变形协调条件,由于截面虚设的切口处相对剪切变形为零,有:

$$\oint_s \gamma \mathrm{d}s = 0 \tag{6-2-9}$$

式中:$\oint_s$ ——沿周边积分一圈;

$\mathrm{d}s$ ——沿周边量取的微分长度;

γ ——剪应变。

其值为:

$$\gamma = \frac{\tau_\mathrm{M}}{G} = \frac{q}{tG} \tag{6-2-10}$$

将式(6-2-8)代入式(6-2-10),再将所得结果代入式(6-2-9),有:

$$\oint_s \frac{q_0 + q_1}{tG} \mathrm{d}s = 0 \tag{6-2-11}$$

将 $q_0 = \dfrac{Q_y \cdot S_{x_0}}{I_x}$ 代入上式,得:

$$\oint_s \frac{Q_y S_{x_0}}{Gt I_x} \mathrm{d}s + \oint_s q_1 \frac{\mathrm{d}s}{tG} = 0 \tag{6-2-12}$$

$$q_1 = \frac{\dfrac{Q_y}{I_x}\oint S_{x_0}\dfrac{\mathrm{d}s}{t}}{\oint \dfrac{\mathrm{d}s}{t}} \tag{6-2-13}$$

则箱梁的弯曲剪应力为:

$$\tau_M = \frac{q}{t} = \frac{1}{t}(q_0 + q_1) = \frac{Q_y}{tI_x}S_{xb} \tag{6-2-14}$$

式中,$S_{xb} = S_{x_0} - \bar{q}_1$,$\bar{q}_1 = S_{x_0} - \oint \dfrac{S_{x_0}}{t}\mathrm{d}s \Big/ \oint \dfrac{\mathrm{d}s}{t}$(即 $\dfrac{Q_y}{I_x} = 1$ 时的超静定剪力流),可见,单箱梁弯曲剪应力计算公式在形式上与一般梁中的弯曲剪应力计算公式相似,只是静矩计算方法不同。实际上,S_{xb} 静矩计算式包含着确定剪应力零点位置的计算,其物理意义与 S_{x_0} 相同。

对于单箱多室箱形截面,其求法与单箱单室截面一样,首先将各个闭合室切开(图6-2-4),转化为开口截面,然后对每个切口建立变形协调方程,联立解出各室的超静定赘余剪力流 q_i,其一般公式为:

$$\oint_i \frac{q_{0i}}{t}\mathrm{d}s + q_i\oint_i \frac{1}{t}\mathrm{d}s - \left(q_{i-1}\int_{i-1,i}\frac{1}{t}\mathrm{d}s + q_{i+1}\int_{i,i+1}\frac{1}{t}\mathrm{d}s\right) = 0 \quad (i = 1,2,\cdots,n) \tag{6-2-15}$$

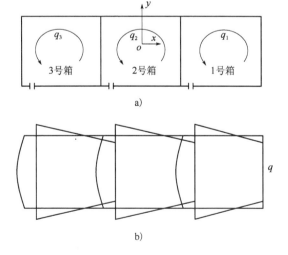

图 6-2-4 单箱多室截面的剪力流

对于图 6-2-4 所示的单箱三室截面,可写出如下方程:

$$\begin{cases} \oint_1 \dfrac{q_{01}}{t} ds + q_1 \oint_1 \dfrac{1}{t} ds - q_2 \int_{1,2} \dfrac{1}{t} ds = 0 \\ \oint_2 \dfrac{q_{02}}{t} ds + q_2 \oint_2 \dfrac{1}{t} ds - \left(q_1 \int_{1,2} \dfrac{1}{t} ds - q_3 \int_{2,3} \dfrac{1}{t} ds \right) = 0 \\ \oint_3 \dfrac{q_{03}}{t} ds + q_3 \oint_3 \dfrac{1}{t} ds - q_2 \int_{2,3} \dfrac{1}{t} ds = 0 \end{cases} \quad (6\text{-}2\text{-}16)$$

联立方程组可得赘余剪力流 q_i,与开口截面的剪力流 q_{0i} 叠加,得到箱室任一位置的剪力流 $q = q_{0i} + q_i$,再按式(6-2-14)计算箱壁上的剪应力。

需要指出的是,上述弯曲应力的计算公式是针对纯弯而言的,即箱梁的横向外力作用线通过剪切中心,此时箱梁只发生弯曲,没有扭转。当外力作用线不通过剪切中心时,构件在其产生弯曲变形的同时,还产生扭转。扭转问题将在后续章节进行介绍。

6.3 薄壁箱梁的剪力滞效应

6.3.1 剪力滞效应的概念

为了说明剪力滞效应的基本概念,取一薄壁箱形截面悬臂梁为例,在悬臂端部的梁肋处施加一对集中力 p,如图 6-3-1 所示。

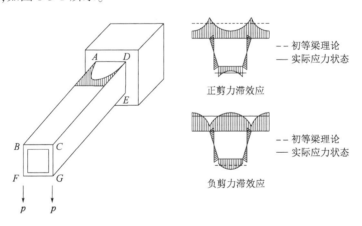

图 6-3-1 考虑剪力滞效应时弯曲应力的非均匀分布示意

在靠近 AD 截面一定范围内,应用初等梁的弯曲理论,顶板上将得到均匀分布的弯曲拉应力。离固端处越近,拉应力的强度也越高。但是实际上,腹板传递的剪力流在腹板与翼板交界处要大,而向板内传递的过程中,由于翼缘板(上下翼板)存在剪切变形,故剪力流要逐渐变小。以顶板为例,其拉应力在顶板宽范围之内分布是不均匀的,呈现板的中间小而两边大的分布状态。很明显,肋处的剪力流向板中传递的过程有滞后现象,所以工程中称之为"剪力滞效应"。定义剪力滞系数 λ,其表达式为:

$$\lambda = \frac{\sigma}{\sigma_0} \quad (6\text{-}3\text{-}1)$$

式中：σ——截面上的最大或最小应力；
σ_0——初等梁理论计算得到的平均应力。

当 $\lambda > 1$ 时，称为正剪力滞；当 $\lambda < 1$，则称为负剪力滞。

6.3.2 剪力滞效应的研究意义

剪力滞效应对工程的影响发现于20世纪60年代末，从1969年11月到1971年11月期间，在奥地利、英国、澳大利亚等国相继发生了四起钢梁失稳或破坏事故。事故发生后，许多桥梁专家对四座桥的设计及计算方法进行了研究与分析，揭示出这四座桥计算方法存在严重缺陷，其中一项就是设计中未充分考虑"剪力滞效应"，因此导致应力过分集中，造成结构的失稳与局部破坏。

早在1924年，弗·卡曼(T. V. Karman)在讨论T梁翼板有效分布宽度问题时，就涉及了剪力滞效应的研究。他利用最小势能原理，推导出跨径为 $2l$ 且承受余弦荷载的连续梁有效分布宽度，称之为"卡曼原理"。1946年，E. Reissner针对带悬臂板的单箱单室箱形截面梁，应用变分法的最小势能原理，分析了箱梁的剪力滞效应，并给出了近似解。

实际上，当悬臂箱梁受对称荷载而弯曲时，不仅在固端附近截面发生剪力滞效应，使得肋与翼缘交界处的应力要比用初等梁的理论所求得的值大得多，剪力滞沿跨长的变化也很复杂。在离固端一定距离(约 $l/4$)后会出现负剪力滞效应。也就是说，近肋与翼板交界处的纵向位移滞后于远离板中心的纵向位移，翼板中心的法向应力反而要大于肋与翼板交界处的应力。

目前，国内外均建造了大量的薄壁箱形截面梁桥、T构、刚构、斜拉桥等。当跨宽比较大时，梁高影响也较突出，其剪力滞效应较为严重。如果忽略其影响，势必导致结构的安全性不足，因此剪力滞效应对桥梁来说极其重要。另外，连续梁桥、连续刚构桥在施工阶段多为悬臂体系，高层建筑的框筒或筒中筒结构在风荷载或其他水平荷载作用下也属于悬臂箱形截面体系，其剪力滞效应较为突出。因此，研究剪力滞效应有其重要的意义和工程价值。

6.3.3 剪力滞效应计算方法

近20年来，国内外许多学者对剪力滞问题提出了许多新设想和新理论，并辅以试验研究的数据和成果，可以部分地解决桥梁结构中的实际问题，综合起来有以下几种方法：

(1)卡曼理论(T. V. Karman's theory)。弗·卡曼的卡曼理论是用"有限分布宽度"的概念表达无限宽板的正应力在横向分布不均匀的情况，将翼缘板的应力折算到有效分布宽度范围内，从而可以很好地解决应力在截面上分布不均匀的问题。

(2)弹性理论解法。该解法是在传统弹性力学理论基础上建立起来的解析解法，其结合弹性力学理论知识，通过数学推导求出截面弯曲正应力的解析解，此解法经过了许多学者的研究和发展，包括正交异性板法、弹性折板理论及板壳理论等方法。

(3)比拟杆法。该方法是将箱形截面转化为比拟杆和系板组合结构来进行求解，将复杂的箱梁截面简化为杆件和系板结构，可解决箱梁截面的剪力滞效应。

(4)能量变分法。其从能量的角度出发结合数学中的变分法求解，将箱梁的纵向位移函数与翼板的剪切变形联系起来并建立微分方程组，通过变分原理解微分方程组使问题得到解决。

(5)数值法。该法是针对解析法而言的,当实际工程中复杂结构的剪力滞效应不能通过解析法解决时,可通过数值法求解,一般包括有限元法、有限条法、有限段法。

(6)规范解法。《公路钢筋混凝土及预应力混凝土桥涵设计规范》(JTG 3362—2018)采用了翼缘有效宽度法来求解剪力滞效应。

以上解法中的变分法不仅能推导出所需求解的微分方程,同时也能得到待满足的边界条件,且不需要使用计算机就能得到满意的答案,它还适用于求解各种支承条件下的箱形薄壁梁,包括用有限元法也难以求解的箱形结构。另外,为了满足工程的需要,同时简化计算,规范采用了翼板有效宽度法对剪力滞效应进行计算,接下来将对其分别进行介绍。

1)基于能量变分法的薄壁箱梁剪力滞效应实用计算方法

对称带悬臂的单箱单室箱形截面是预应力混凝土箱梁桥的常用截面,其截面及典型剪力滞效应特征如图6-3-2所示。

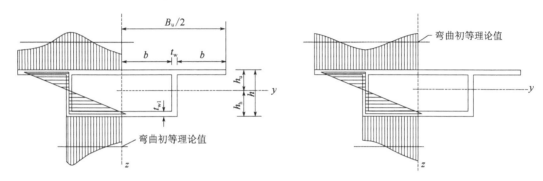

a) 对称带悬臂板的单箱单室箱形截面的弯曲应力分布(考虑剪力滞效应)

b) 受负剪力滞影响的典型弯曲应力分布

图6-3-2 对称带悬臂的单箱单室箱形截面典型剪力滞效应特征示意

宽箱梁在对称挠曲时,由于翼板的剪切变形使得其不能符合简单梁平面假定,因此应用一个广义位移$\omega(x)$,即用梁的挠度来描述箱梁的挠曲变形是不够的。在应用最小势能原理分析箱梁挠曲时应引入两个广义位移,即梁的竖向挠度$\omega(x)$与纵向位移$u(x,y)$,且假定翼板内的纵向位移沿横向按三次抛物线分布,这种假设符合实测结果,有:

$$\begin{cases} \omega = \omega(x) \\ u(x,y) = h_i \left[\dfrac{d\omega}{dx} + \left(1 - \dfrac{y^3}{b^3}\right) u(x) \right] \end{cases} \quad (6\text{-}3\text{-}2)$$

式中:$u(x)$——翼板最大纵向位移差函数;

b——1/2翼板净跨径;

h_i——竖向z坐标(板厚或梁高)。

根据最小势能原理,有:

$$\delta \Pi = \delta(\overline{V} - \overline{W}) = 0 \quad (6\text{-}3\text{-}3)$$

式中:$\overline{V}$——体系的应变能;

$\overline{W}$——体外势能。

箱梁受弯时的外力势能$\overline{W} = -\int M(x) \dfrac{d^2\omega}{dx^2} dx$,箱梁的应变能为腹板部分与上、下翼板部分的应变能之和。腹板部分仍采用简单梁理论计算其弯曲应变能,对上、下翼板按板的受力状态计算应变能,并认为板的竖向纤维无挤压($\varepsilon_z = 0$),板平面外剪切变形 γ_{xz} 与 γ_{yz} 及横向应变 ε_y 均可略去不计。

则箱梁腹板部分应变能为:

$$\overline{V}_\mathrm{w} = \frac{1}{2}\int EI_\mathrm{w}\left(\frac{\mathrm{d}^2\omega}{\mathrm{d}x^2}\right)^2\mathrm{d}x \tag{6-3-4}$$

箱梁上、下翼板应变能为:

$$\begin{cases} \overline{V}_\mathrm{su} = \dfrac{1}{2}\iint t_\mathrm{u}(E\varepsilon_{x\mathrm{u}}^2 + G\gamma_\mathrm{u}^2)\mathrm{d}x\mathrm{d}y \\[4pt] \overline{V}_\mathrm{sb} = \dfrac{1}{2}\iint t_\mathrm{b}(E\varepsilon_{x\mathrm{b}}^2 + G\gamma_\mathrm{b}^2)\mathrm{d}x\mathrm{d}y \\[4pt] \varepsilon_{x\mathrm{u}} = \dfrac{\partial u_\mathrm{u}(x,y)}{\partial x} = -h_\mathrm{u}\left[\omega'' + \left(1 - \dfrac{y^3}{b^3}\right)u'\right] \\[4pt] \gamma_\mathrm{u} = \dfrac{\partial u_\mathrm{u}(x,y)}{\partial y} = \dfrac{3y^2}{b^3}h_\mathrm{u}\cdot u \\[4pt] \varepsilon_{x\mathrm{b}} = \dfrac{\partial u_\mathrm{b}(x,y)}{\partial x} = h_\mathrm{b}\left[\omega'' + \left(1 - \dfrac{y^3}{b^3}\right)u'\right] \\[4pt] \gamma_\mathrm{b} = \dfrac{\partial u_\mathrm{b}(x,y)}{\partial y} = \dfrac{3y^2}{b^3}h_\mathrm{b}\cdot u \end{cases} \tag{6-3-5}$$

式中:E——弹性模量;

G——剪切模量;

$t_\mathrm{u},t_\mathrm{b}$——上、下翼板的厚度。

由变分法可得剪力滞效应求解的基本微分方程(包括变分所要求的边界条件),即

$$\begin{cases} u'' - k^2u = \dfrac{7nQ(x)}{6EI} \\[4pt] \left[\dfrac{4M_\mathrm{f}}{3EI_\mathrm{s}} - \dfrac{5nM(x)}{4EI}\right]_{x_1}^{x_2} = 0 \end{cases} \tag{6-3-6}$$

式中:$n = \dfrac{1}{1 - \dfrac{7}{8}\dfrac{I_\mathrm{s}}{I}}$,$k = \dfrac{1}{b}\sqrt{\dfrac{14Gn}{5E}}$,$M_\mathrm{f} = \dfrac{3}{4}EI_\mathrm{s}u'$;

I——箱梁惯性矩,$I = I_\mathrm{w} + I_\mathrm{s}$;

I_w——梁腹板惯性矩;

I_s——梁翼板惯性矩,$I_\mathrm{s} = I_\mathrm{su} + I_\mathrm{sb}$;

M_f——附加弯矩,它是由于剪力滞效应产生的,是纵向最大位移差值 $u(x)$ 的一阶导数的函数,且与翼板的弯曲刚度成正比关系。

因此,箱梁考虑剪力滞效应的挠曲微分方程变为:

$$\overline{\omega}'' = -\frac{1}{EI}[M(x) + M_\mathrm{f}] \tag{6-3-7}$$

考虑剪力滞效应的翼板中应力为:

$$\sigma_x = Eh_i\left[\frac{M(x)}{EI} - \left(1 - \frac{y^3}{b^3} - \frac{3I_s}{4I}\right)u'\right] \tag{6-3-8}$$

根据求解剪力滞效应的基本微分方程和箱梁结构体系的不同边界条件,可以求得薄壁箱形截面简支梁、悬臂梁、连续梁的剪力滞效应。

如表 6-3-1 所示为矩形截面箱梁(简支、悬臂)在集中荷载或均布荷载下剪力滞效应的解析结果。

集中荷载或均布荷载下矩形截面箱梁剪力滞效应 表 6-3-1

荷载与体系	峰值应力 σ_x 与剪力滞系数 λ
简支梁,集中荷载 P 在 C 点,AC=a,CB=b,l=a+b	AC 段:$\sigma_x = \frac{h_i}{I}\left\{M(x) - \frac{7nP}{6k}\left(1 - \frac{y^3}{b^3} - \frac{3I_s}{4I}\right)\left[\frac{\mathrm{sh}k(l-a)}{\mathrm{sh}kl}\mathrm{sh}kx\right]\right\}$ CB 段:$\sigma_x = \frac{h_i}{I}\left[M(x) - \frac{7nP}{6k}\left(1 - \frac{y^3}{b^3} - \frac{3I_s}{4I}\right)\mathrm{sh}ka\cdot\mathrm{ch}kx - \mathrm{sh}ka\cdot\mathrm{cth}kl\cdot\mathrm{sh}kx\right]$ 若 $a=b$,跨中截面,$\lambda = 1 - \frac{7n}{3kl}\left(1 - \frac{y^3}{b^3} - \frac{3I_s}{4I}\right)\mathrm{th}\frac{kl}{2}$
简支梁,均布荷载 q	$\sigma_x = \frac{h_i}{I}\left[M(x) - \frac{7nq}{6k^2}\left(1 - \frac{y^3}{b^3} - \frac{3I_s}{4I}\right)\left(1 - \mathrm{ch}kx + \frac{\mathrm{ch}kl - 1}{\mathrm{sh}kl}\right)\mathrm{sh}kx\right]$ 跨中截面,$\lambda = 1 - \frac{28n}{3(kl)^2}\left(1 - \frac{y^3}{b^3} - \frac{3I_s}{4I}\right)\left(1 - \mathrm{ch}k\frac{l}{2} + \frac{\mathrm{ch}kl - 1}{2\mathrm{ch}\frac{kl}{2}}\right)$
悬臂梁,端部集中荷载 P	$\sigma_x = \mp\frac{h_i}{I}\left[M(x) + \frac{7nP}{6k}\left(1 - \frac{y^3}{b^3} - \frac{3I_s}{4I}\right)\frac{\mathrm{sh}kx}{\mathrm{ch}kl}\right]$ 固端截面,$\lambda = 1 - \left(1 - \frac{y^3}{b^3} - \frac{3I_s}{4I}\right)\frac{7n\mathrm{th}kl}{6kl}$
悬臂梁,均布荷载 q	$\sigma_x = \frac{h_i}{I_n}\left\{M(x) - \frac{7nq}{6k^2}\left(1 - \frac{y^3}{b^3} - \frac{3I_s}{4I}\right)\left[1 - \frac{\mathrm{ch}k(l-x) + kl\mathrm{sh}kx}{\mathrm{ch}kl}\right]\right\}$ 固端截面,$\lambda = 1 + \frac{7n}{3(kl)^2}\left(1 - \frac{y^3}{b^3} - \frac{3I_s}{4I}\right)\left(1 - \frac{1}{\mathrm{ch}kl} - kl\mathrm{th}kl\right)$ 固端截面翼板与腹板交角处剪力滞系数: $\lambda = 1 - \frac{7I_s n}{4I(kl)^2}\left(1 - \frac{1 + kl\mathrm{sh}kl}{\mathrm{ch}kl}\right)$

对于超静定结构,除了采用能量变分法直接求解外,还可采用叠加原理或肢解法求解,下面简要介绍其求解方法。

(1)叠加原理

采用叠加原理求解连续梁剪力滞效应时,首先将如图 6-3-3 所示的原体系图分解为图 6-3-4 中 a)、b)及 c)所示的三种简支梁受力图式。由于多跨常截面连续梁超静定次数较高,直接用微分方程求解工作量大且有诸多不便。K. R. Moffatt、P. J. Dowling 以及中井博、近藤和夫等建议在对连续梁桥和斜拉桥的分析中,取弯矩等于零的邻近点区间分别当作解体的简支梁与悬臂梁来处理。这样肢解成简支体系分析连续梁或超静定复杂结构的剪力滞效应将带来简化与方便。实际上,对于弹性阶段的超静定结构剪力滞效应问题,应用叠加原理求解比较方便。因为用变分法求解时,只对纵向位移的横向分布规律做了某种假定,而在梁的纵向仍然要求满足结构本身的边界条件。因此,用叠加原理来分析剪力滞,要用到变分法推导的"λ"公式,两者的结合是完全必要的。

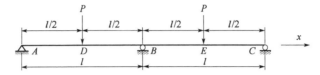

图 6-3-3　承受对称集中荷载的两等跨常截面连续梁示意

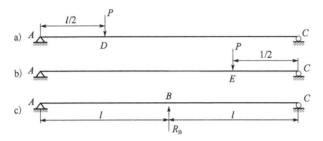

图 6-3-4　单一荷载与赘余力分别作用于基本体系示意

分析剪力滞效应的叠加原理可描述为:超静定结构在多种荷载作用下,考虑其剪力滞效应的结果,等于其基本静定体系在各个单一荷载与赘余力共同作用下,内力与剪力滞系数的乘积,然后除以该需求截面的超静定力,即

$$\lambda \frac{M}{W} = \sum_{i=1}^{n} \lambda_i \frac{M_i}{W}$$

即

$$\lambda = \frac{1}{M} \sum_{i=1}^{n} \lambda_i M_i \tag{6-3-9}$$

式中:M——超静定结构在计算截面的弯矩,计算图如图 6-3-3 所示;

M_i——基本体系在单一荷载作用下,在计算截面上的弯矩,计算图如图 6-3-4 所示;

W——计算截面的截面模量;

λ——欲求的超静定结构在计算截面的剪力滞系数;

λ_i——基本体系下,单一荷载作用下计算截面的剪力滞系数。

现采用上述方法求解图 6-3-3 所示等跨常截面连续梁承受对称集中荷载,跨中 B 点上顶板肋处的 λ^e 值,跨径 $l = 80\text{m}$。

由于 $\frac{I_s}{I} = 0.767, l/2b = 5.56, n = 3.044, k = 0.751$,简支梁在 $l/2$ 处作用一集中荷载,求得上板肋处 λ^e。

① $\lambda^e = 1.1623, M_1 = 30P$;

② $\lambda^e = 1.0, M_2 = 10P$;

③ $\lambda^e = 1.0, M_3 = -1.376 \times 20P = -27.52P$。

超静定弯矩为:

$$M = 0.312 \times 40P$$

则跨中 B 点上顶板肋处的 λ^e 值为:

$$\lambda^e = \frac{1}{0.312 \times 40P} \times (1.1623 \times 30P + 1.0 \times 10P - 1.0 \times 27.52P) = 1.390$$

(2) 肢解法

对于恒载作用下超静定结构某处的剪力滞效应,观察沿跨径方向的弯矩图中的一系列反弯点,在反弯点处因为弯矩为零而剪力不为零,有效分布宽度不需要考虑。这样就把超静定箱梁肢解成许多变高度的简支梁,如此分解有利于求解变高度箱梁的剪力滞效应,如图 6-3-5 所示。对于图 6-3-6 所示两等跨连续梁承受均布荷载,现用肢解法求内支点 B 顶板剪力滞系数。

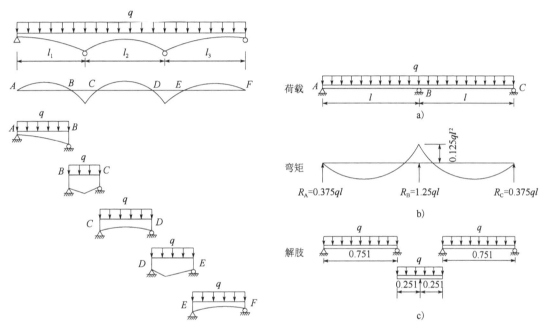

图 6-3-5 三跨变截面连续梁肢解示意

图 6-3-6 两等跨等截面连续梁肢解示意

根据简支梁承受均布荷载进一步推导得到,当 $x = b$ 时(在肋处),跨间任意距离边支点 z 处的挠曲应力。

顶板肋处:
$$\sigma^e = -\frac{h_u}{I}\left[M(x) - \frac{7nq}{6k^2}\left(-\frac{3I_s}{4I}\right)\right]\left[1 - \mathrm{ch}kz + \frac{\mathrm{ch}(kl-1)}{\mathrm{sh}kl}\mathrm{sh}kz\right]$$

则
$$\lambda^e = \frac{\sigma^e}{\sigma^0} = 1 + \frac{7nI_s}{4k^2I}\frac{1}{z(l-z)}\left[1 - \mathrm{ch}kz + \frac{\mathrm{ch}(kl-1)}{\mathrm{sh}kl}\mathrm{sh}kz\right]$$

在上板中央,$x = 0, z = l/2$,得:

$$\sigma^c = -\frac{h_u}{I}\left\{\frac{ql^2}{8} + \frac{7nqI_s}{8k^2I}\left[1 - \mathrm{ch}\frac{kl}{2} + \frac{\mathrm{ch}(kl-1)}{2\mathrm{ch}(kl/2)}\right]\right\}$$

$$\lambda^c = 1 + \frac{7nI_s}{k^2l^2I}\left[1 - \mathrm{ch}\frac{kl}{2} + \frac{\mathrm{ch}(kl-1)}{2\mathrm{ch}(kl/2)}\right]$$

2) 基于规范法的剪力滞效应计算

在工程设计中,直接按照精确的剪力滞计算公式或空间有限元分析来分析薄壁箱形结构

的截面应力是很不方便的。因此,工程上往往采用偏安全的实用计算方法——翼缘有效宽度法,其基本步骤如下:

①按平面杆系结构理论计算薄壁箱梁各截面的内力(弯矩)。

②对不同位置的箱形截面,用不同的有效宽度折减系数对其翼缘宽度进行折减。

③按照折减后的截面尺寸进行配筋设计。

我国《公路钢筋混凝土及预应力混凝土桥涵设计规范》(JTG 3362—2018)对于箱梁在腹板两侧上、下翼缘的有效宽度 b_{mi}(图6-3-7)的计算方法做出了如下规定:

①简支箱梁和连续箱梁各跨中位置梁段、悬臂箱梁中间跨的中部梁段翼板有效宽度为:

$$b_{mi} = \rho_f b_i \tag{6-3-10}$$

②简支箱梁支点、连续箱梁边支点及中间支点、悬臂箱梁悬臂段翼板有效宽度为:

$$b_{mi} = \rho_s b_i \tag{6-3-11}$$

式中:b_{mi}——腹板上、下各翼缘的有效宽度($i = 1,2,3,\cdots$),如图6-3-7所示;

b_i——腹板上、下各翼缘的实际宽度($i = 1,2,3,\cdots$),如图6-3-7所示;

ρ_f——有关简支箱梁、连续箱梁各跨中位置梁段和悬臂箱梁中间跨的跨中梁段翼缘有效宽度的计算系数,可按图6-3-8和表6-3-2确定;

ρ_s——有关简支箱梁支点、连续箱梁边支点和中间支点、悬臂箱梁悬臂段翼缘有效宽度的计算系数,可按图6-3-8和表6-3-2确定。

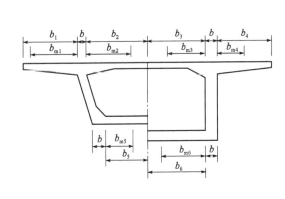

图6-3-7 箱形截面梁翼缘有效宽度

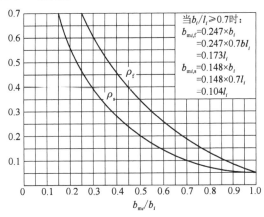

图6-3-8 ρ_f、ρ_s 计算系数曲线

ρ_f、ρ_s 的应用位置和理论跨径 l_i 表6-3-2

结构体系		理论跨径 l_i
简支梁	![简支梁示意图]	$l_i = l$

续上表

结构体系			理论跨径 l_i
连续梁	边跨	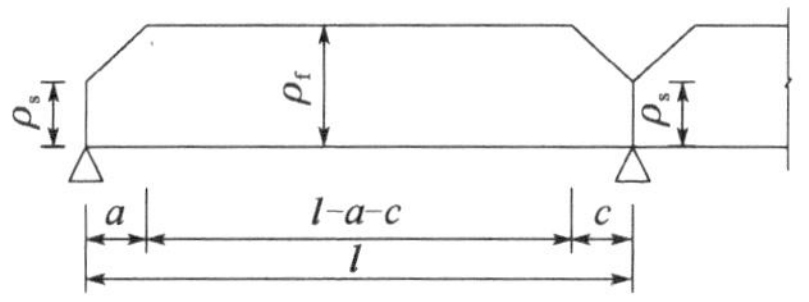	边支点或跨中部分梁段 $l_i = 0.8l$
	中间跨	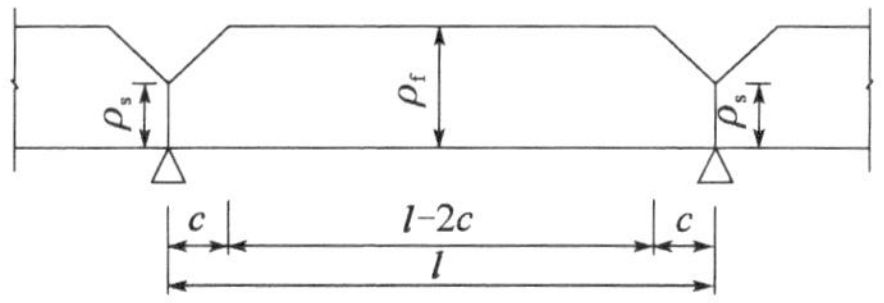	跨中部分梁段 $l_i = 0.6l$，中间支点 l_i 取 0.2 倍两相邻跨径之和
悬臂梁			$l_i = 1.5l$

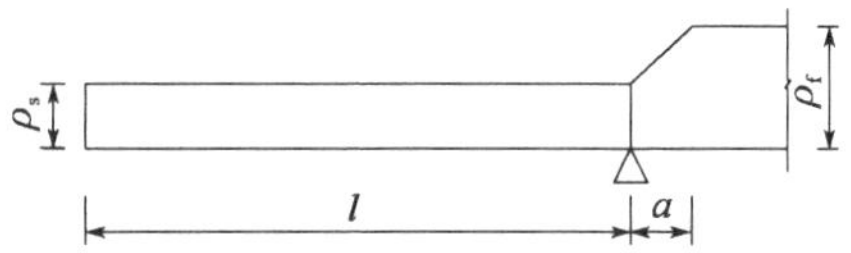

注：1. a 取与所求计算宽度 b_{mi}（图 6-3-7）相应的翼缘宽度 b_i（如求 b_{mi} 时，a 取 b_i），但 a 不大于 $0.25l$（l 为梁的计算跨径）。

2. $c = 0.1l$。

3. 在长度 a 或 c 的梁段内，系数可用直线插入法在 ρ_s 与 ρ_f 之间求取。

③当梁高 $h \geq b_i/0.3$ 时，翼缘的有效宽度采用翼缘全宽。

④预应力混凝土箱梁在计算预加力引起的混凝土应力时，由轴向力产生的应力可按翼缘全宽计算，由偏心弯矩产生的应力可按翼缘有效宽度计算。

⑤对超静定结构进行内力分析时，箱梁的翼缘宽度可取全宽。

6.3.4 剪力滞效应影响分析

影响薄壁箱梁剪力滞效应的因素较多，主要有结构体系不同、荷载形式差异以及箱梁截面几何特性的变化。为了便于大家初步掌握剪力滞效应对不同结构箱梁影响和受力特征，以下从结构体系、荷载作用形式和作用位置、截面几何特性变化几方面讨论剪力滞效应的影响。

1) 横向效应

简支箱梁、连续箱梁受集中荷载或均布荷载作用时的剪力滞系数 λ 沿箱梁截面上、下翼板上的分布情况如图 6-3-9 所示，它显示出剪力滞的影响。

由图 6-3-9 可见，从箱梁顶底板剪力滞系数的变化趋势来看，变分法与有限条法所得结果较为接近，且与实测结果基本符合，证明了此两种方法的合理性；从剪力滞系数的大小来看，其在腹板附近最大，向两侧递减，而连续梁内支点截面底板剪力滞系数为零。工程设计者从这一现象中可对箱形梁的弯曲应力分布有一个较清楚的认识，以便在设计中考虑这一因素，使预应力筋布置得更合理，可在腹板附近适当增加配筋而向两侧减少配筋。

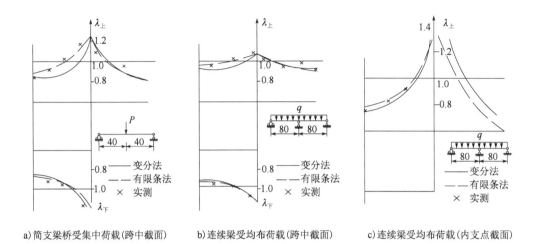

a) 简支梁桥受集中荷载(跨中截面)　　b) 连续梁受均布荷载(跨中截面)　　c) 连续梁受均布荷载(内支点截面)

图 6-3-9　不同结构形式及荷载对箱梁特定截面剪力滞效应影响示意

2) 纵向效应

为了讨论薄壁箱梁剪力滞效应在纵桥向的影响,以集中力作用下的简支箱梁为例,讨论简支箱梁在不同纵向位置承受集中力作用时的剪力滞效应,如图 6-3-10 所示。可见集中力作用下剪力滞纵向影响区很窄,而且变化剧烈,衰减较快。当集中荷载作用点趋近支点时,剪力滞效应的影响逐步变大。

当简支箱梁受均布荷载时,λ^e 在纵桥向的变化如图 6-3-11 所示。此时,均布荷载效应可看成是无限个集中力作用效应的叠加,越靠近支点的截面 λ^e 越大。对于连续箱梁受均布荷载的情形,λ^e 在纵向正弯矩区里的变化,如同简支箱梁的情况,但其值要比相应同跨径的简支梁大;在负弯矩区则变化剧烈,并出现负剪力滞效应的现象,这与悬臂梁情况相似。连续箱梁承受均布荷载作用下的剪力滞效应沿纵桥向分布,如图 6-3-12 所示。

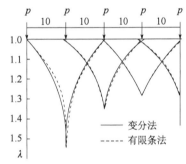

图 6-3-10　简支箱梁承受集中力时 λ^e 沿纵桥向的变化

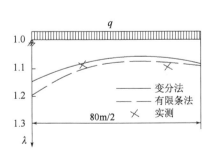

图 6-3-11　简支箱梁承受均布荷载时 λ^e 在纵向的变化(尺寸单位:m)

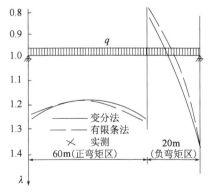

图 6-3-12　连续箱梁受均布荷载时 λ^e 在纵桥向的变化示意(尺寸单位:m)

3) 参数影响

从剪力滞效应的基本微分方程(6-3-6)可知,当结构约束条件与荷载形式确定后,剪力滞效应随 n、k 变化。参数 n 是箱梁翼板总惯性矩与箱梁总惯性矩的比值(I_s/I),参数 k 是箱梁的跨宽比($L/2b$)的函数(当 n 为一定值时)。

图 6-3-13a) ~ d) 表示了不同结构体系、不同荷载形式下惯性矩比 I_s/I 与跨宽比 $L/2b$ 变化对 λ^e 的影响。由图 6-3-13 可见,箱梁跨宽比 $L/2b$ 越小或惯性矩比 I_s/I 比值越大,剪力滞影响越严重。实际上,在桥梁结构中 I_s/I 的变化幅度不是很大(混凝土箱梁一般为 0.7 ~ 0.8),而跨宽比 $L/2b$ 的变化幅度较大。所以,在桥梁设计时尤其应注意小跨径宽箱梁的剪力滞效应。随着城市桥梁的交通枢纽网的建设,城市桥梁的宽度越来越大,因此在城市宽箱梁的设计时,必须考虑剪力滞效应。

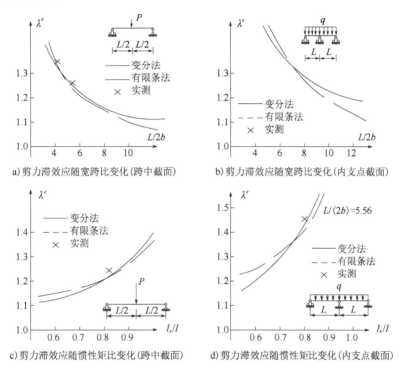

a) 剪力滞效应随宽跨比变化(跨中截面)　　b) 剪力滞效应随宽跨比变化(内支点截面)

c) 剪力滞效应随惯性矩比变化(跨中截面)　　d) 剪力滞效应随惯性矩比变化(内支点截面)

图 6-3-13　I_s/I 与 $L/2b$ 对特定截面剪力滞系数 λ^e 的影响

6.4　薄壁箱梁的扭转与畸变简介

6.4.1　薄壁箱梁扭转效应

承受偏心荷载的薄壁箱梁将产生扭转,此扭转可分为刚性扭转和畸变,刚性扭转又分为自由扭转和约束扭转。在扭矩作用下,杆件不受外界约束,可以自由翘曲,横截面上各点有纵向位移、在杆件端面出现凹凸现象,但杆件各纵向纤维没有伸长或缩短,因此截面上只有剪应力而不产生正应力,这种情况称为自由扭转或圣·维南(St. Venant)扭转。如果杆件受外界约束而不能自由翘曲、杆件端面没有自由凹凸或凹凸受到抑制,导致杆件各纵向纤维伸长或缩短受到约束,此时截面上不仅产生扭转剪应力,而且伴随扭转正应力,这种情况称为约束扭转或翘曲扭转。下面分别对自由扭转和约束扭转两种情况进行分析。

1) 箱梁的自由扭转

箱梁自由扭转时,截面上不产生纵向正应力而只有扭转剪应力 τ_k,梁在纵向有位移而没有变形。对单箱梁而言,在外扭矩 M_k 作用下,剪应力沿截面周边形成闭合的剪力流 $q = \tau_k \delta$,此剪力流在周边各处都是相等的,如图 6-4-1 所示。建立内外扭矩的平衡方程,得:

$$M_k = \oint_s q\rho ds = q\oint_s \rho ds = q\Omega \tag{6-4-1}$$

或

$$\tau_k = \frac{M_k}{\Omega\delta} \tag{6-4-2}$$

式中: M_k ——外扭矩;

ρ ——截面扭转中心至箱壁任一点切线的垂直距离;

Ω ——扇形面积, $\Omega = \oint_s \rho ds$,它是箱壁中线所围面积 A_0 的 2 倍,即 $\Omega = 2A_0$。

自由扭转时,杆件纵向不受约束,纵向纤维可以自由变形,杆件端面将产生如图 6-4-2 所示的箱梁上任意点 A 的翘曲。若假设 z 为梁轴方向,u 为纵向位移,v 为箱周边切线方向位移,则可得到剪切变形计算式:

$$\gamma = \frac{\tau_k}{G} = \frac{\partial u}{\partial s} + \frac{\partial v}{\partial z}, v = \rho\theta(z) \tag{6-4-3}$$

式中: $\theta(z)$ ——截面扭转角。

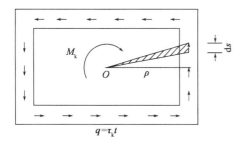

图 6-4-1 单箱梁自由扭转示意

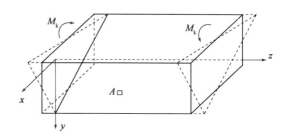

图 6-4-2 杆端截面翘曲变形

对式(6-4-3)积分,即可得纵向位移计算式:

$$u(z) = u_0(z) + \int_0^s \frac{\tau_k}{G}ds - \theta'(z)\int_0^s \rho ds \tag{6-4-4}$$

式中: $u_0(z)$ ——积分常数,即初始位移值。

引用封闭条件,对上式积分一周,注意到起点纵向位移与终点纵向位移为同一点的纵向位移,则

$$\oint_s \frac{\tau_k}{G}ds = \theta'(z)\oint_s \rho ds = \theta'(z)\Omega \tag{6-4-5}$$

式(6-4-5)表示箱壁剪切变形与扭率 $\theta'(z)$ 的关系。

将式(6-4-2)代入式(6-4-5),可得:

$$\theta'(z) = \frac{M_k}{GI_d} \tag{6-4-6}$$

$GI_d = G\Omega^2 / \oint \frac{ds}{\delta}$ 为单箱单室截面自由扭转时的抗扭刚度,其大小与箱梁剪切模量、箱壁中线所围的面积以及壁厚有关。

将式(6-4-2)和式(6-4-6)代入式(6-4-4),纵向位移式可化为:

$$u(z) = u_0(z) - \theta'(z)\overline{w} \tag{6-4-7}$$

式中: $\overline{w} = \int_0^s \rho ds - \Omega \int_0^s \frac{ds}{\delta} / \oint \frac{ds}{\delta}$ ——广义扇形坐标。

式(6-4-7)表明箱梁截面纵向位移和积分起点位移 u_0、扭率 $\theta'(z)$ 以及广义扇形坐标 $\overline{\omega}$ 有关。广义扇形坐标 $\overline{\omega}$ 是反映箱梁截面的一个几何特征物理量,其单位是 m^2。它是计算截面纵向位移的关键,其大小与截面扭转中心位置、积分起点选择等有关,具体计算方法可参阅有关薄壁杆件结构力学书籍。

对于如图 6-4-3 所示的单项箱多室箱形截面,由于每个箱室有未知剪力流 q_i,截面周边的剪力流就不能像单箱单室箱形截面那样直接从式(6-4-2)得到。多箱室自由扭转剪应力求解属于超静定问题,需要找到各室剪应力和扭矩之间的关系,联立方程进行求解。根据刚性周边假定,多室箱梁自

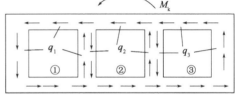

图 6-4-3 单箱多室箱形截面的剪力流

由扭转时,各室具有相同的扭率 θ',各室承担的扭矩和截面扭率满足式(6-4-5),即对每个室,均有:

$$\oint_s \frac{\tau_k}{G} ds = \theta'(z)\Omega \tag{6-4-8}$$

因此,单项多室箱梁就可列出多个方程。需要注意,单箱多室箱形截面,箱室的共同箱壁中存在不同的剪力流(如 1 号箱室的 q_1、q_2),则对每个室写出各自的方程:

$$\left.\begin{array}{l} q_1 \oint_1 \frac{ds}{\delta} - q_2 \int_{1,2} \frac{ds}{\delta} = G\theta'\Omega_1 \\ q_i \oint_i \frac{ds}{\delta} - \left[q_{i-1} \int_{i-1,i} \frac{ds}{\delta} + q_{i+1} \int_{i,i+1} \frac{ds}{\delta} \right] = G\theta'\Omega_i \quad (i = 2,3,4,\cdots) \end{array}\right\} \tag{6-4-9}$$

式中: $\oint_i$ ——绕 i 室积分一周;

$\int_{i-1,i}$ ——第 $i-1$ 室和第 i 室共用腹板范围内积分。

由于每个箱室均有一个未知量,n 室共具有 n 个未知量。此外,还有一个扭率 θ' 未知,因此需要再增加一个方程才能求解。这个方程可由各个箱室的剪力流所形成的扭矩之和与外扭矩平衡获得:

$$M_k = \sum \Omega_i q_i \tag{6-4-10}$$

联立方程式(6-4-9)和式(6-4-10),可以求出各箱室剪力流 q_i 和扭率 $\theta'(z)$,进而求得各箱壁处的自由扭转剪应力 τ_i。在所求得 $\theta'(z)$ 的关系式中,令 $\theta'(z) = 1$ 时所得的 M_k 值,即该箱梁的抗扭刚度。

2) 箱梁约束扭转应力

当箱梁端部有强大横隔板,扭转时截面自由凹凸受到约束,而使纵向纤维受到拉伸或压缩,从而产生约束扭转正应力和约束扭转剪应力。在箱梁截面比较扁平或狭长时,或在变截面箱梁中,都有这种应力状态存在。以下只简要介绍箱梁截面约束扭转的实用理论,其基本假定如下:

①箱梁扭转时,周边假设不变形,切线方向位移为:$v = \rho\theta(z)$,$\partial v/\partial z = \rho\theta'(z)$;

②箱壁上的剪应力与正应力均沿壁厚方向均匀分布;

③约束扭转时沿梁纵轴方向的纵向位移(即截面的凹凸)假设同自由扭转时纵向位移的关系式存在相似的变化规律,即

$$u(z) = u_0(z) - \beta'(z)\overline{\omega} \tag{6-4-11}$$

式中:$u_0(z)$——初始纵向位移,为一积分常数;

$\beta'(z)$——截面约束扭转时截面凹凸程度的某个函数,其与自由扭转时的 $\theta'(z)$ 意义不同,但也是关于 z 的一个待求函数;

$\overline{\omega}$——扭转函数。

(1)约束扭转正应力

对式(6-4-11)求导,引入截面翘曲产生的轴向内力及弯矩的平衡条件,并考虑到薄壁杆件扭转极点为截面扭转中心时的几何特征,可得约束扭转截面各点轴向应变与翘曲正应力为:

$$\left.\begin{array}{l}\varepsilon_\omega(z) = -\beta''(z)\overline{\omega} \\ \sigma_\omega(z) = -E\beta''(z)\overline{\omega}\end{array}\right\} \tag{6-4-12}$$

由此可见,截面上的约束扭转正应力分布和广义扇性坐标 $\overline{\omega}$ 成正比。

如令 $I_{\overline{\omega}}$ 为主扇性惯性矩,$B_\omega(z)$ 为约束扭转双力矩,即

$$\left.\begin{array}{l}I_{\overline{\omega}} = \oint_F \overline{\omega}^2 \mathrm{d}F \\ B_\omega(z) = \int_F \sigma_\omega \overline{\omega} \mathrm{d}F = -EI_{\overline{\omega}}\beta''(z)\end{array}\right\} \tag{6-4-13}$$

则式(6-4-12)的正应力计算式可表示为:

$$\sigma_\omega(z) = \frac{B_\omega(z)\overline{\omega}}{I_{\overline{\omega}}} \tag{6-4-14}$$

这一形式与一般梁理论的弯曲正应力计算式 $\sigma = \dfrac{My}{I}$ 相似。

(2)约束扭转剪应力

参见图6-4-2,取箱壁上 A 点的微分单元 $\mathrm{d}s\mathrm{d}z$,根据微单元上的应力关系(图6-4-4),可建立平衡方程式:

$$\frac{\partial \sigma_\omega}{\partial z} + \frac{\partial \tau_\omega}{\partial s} = 0 \tag{6-4-15}$$

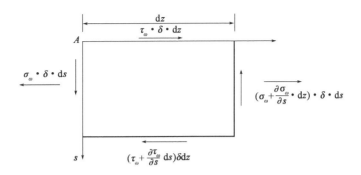

图 6-4-4 微单元上的应力关系

将式(6-4-12)代入上式,并积分得:

$$\tau_\omega = \tau_0 + \int_0^s E\bar{\omega}\beta''''(z)\,\mathrm{d}s \tag{6-4-16}$$

根据内外力平衡条件 $M_k = \oint \tau_\omega \delta \rho \mathrm{d}s$,可确定初始剪应力值 τ_0(积分常数)为:

$$\tau_0 = \frac{M_k}{\Omega\delta} - \frac{E\beta''''(z)}{\Omega\delta}\int S_{\bar{\omega}}\rho \mathrm{d}s \tag{6-4-17}$$

式中:$S_{\bar{\omega}}$——扇性静矩,$S_{\bar{\omega}} = \int_0^s \bar{\omega}\delta \mathrm{d}s$;

将式(6-4-17)代入式(6-4-16)即可得约束扭转时的剪应力:

$$\tau_\omega = \frac{M_k}{\Omega\delta} + E\beta''''(z)\frac{\overline{S_{\bar{\omega}}}}{\delta} \tag{6-4-18}$$

式中:$\overline{S_{\bar{\omega}}} = S_{\bar{\omega}} - \dfrac{\oint S_{\bar{\omega}}\rho \mathrm{d}s}{\Omega}$。

从式(6-4-18)可见,约束扭转时截面上的剪应力为两项剪应力之和。第一项是自由扭转剪应力 $\tau_n = \dfrac{M_k}{\Omega\delta}$;第二项是由于约束扭转正应力沿纵向的变化而引起的剪应力,其计算式为:

$$\tau_{\bar{\omega}} = E\beta''''(z)\frac{\overline{S_{\bar{\omega}}}}{\delta} \tag{6-4-19}$$

或可表示为:

$$\tau_{\bar{\omega}} = -\frac{B'_\omega(z)\overline{S_{\bar{\omega}}}}{I_{\bar{\omega}}\delta} \tag{6-4-20}$$

此式在形式上与一般梁理论中的平面弯曲剪应力公式 $\tau = \dfrac{QS}{Ib}$ 相似。

(3) 箱梁约束扭转微分方程

显而易见,为确定约束扭转正应力及剪应力,都必须确定扭转函数 $\beta(z)$。为此,根据剪应变公式(6-4-3)、内外扭矩平衡方程、广义扇形坐标表达式以及闭口截面约束扭转轴向位移表达式,可得到如下微分方程组:

$$\left.\begin{array}{l}\dfrac{M_k}{GI_\rho} = \theta'(z) - \beta'(z)\mu \\ EI_{\bar{\omega}}\beta''''(z) - GI_d\theta''(z) = -m\end{array}\right\} \tag{6-4-21}$$

式中：I_ρ——截面极惯性矩，$I_\rho = \int \rho^2 \delta \mathrm{d}s$；

μ——截面约束系数（或称翘曲系数），$\mu = 1 - \dfrac{I_\mathrm{d}}{I_\rho}$，$I_\mathrm{d}$ 为自由扭转惯性矩；

$m = \dfrac{\mathrm{d}M_k}{\mathrm{d}z}$。

截面约束系数 μ 反映了截面受约束的程度。对圆形截面，有 $I_\rho = I_\mathrm{d}$，因此 $\mu = 0$，式(6-4-21)中第一式为自由扭转方程，即圆形截面只作自由扭转。事实上，任何正多边形等厚度闭口截面对扭转时也不发生翘曲。对箱形截面，箱梁的高度比较大时，I_d 与 I_ρ 差别也较大，μ 值就越大，截面上的约束扭转应力也相应要大一些。

求解方程组(6-4-21)，可得到关于 $\beta(z)$ 与 $\theta(z)$ 的一元方程：

$$\left.\begin{aligned} \theta''''(z) - k^2 \theta''(z) &= -\dfrac{\mu m}{EI_{\bar\omega}} \\ \beta''''(z) - k^2 \beta''(z) &= \dfrac{\mu m}{EI_{\bar\omega}} \end{aligned}\right\} \qquad (6\text{-}4\text{-}22)$$

式中：k^2——约束扭转的弯扭特性系数，$k^2 = \mu \dfrac{GI_\mathrm{d}}{EI_{\bar\omega}}$。

对于式(6-4-22)中第一式，此四阶微分方程的全解是：

$$\theta(z) = C_1 + C_2 z + C_3 \mathrm{ch}kz + C_4 \mathrm{sh}kz - \dfrac{\mu m}{2k^2 EI_{\bar\omega}} z^2 \qquad (6\text{-}4\text{-}23)$$

函数 $\theta(z)$ 的各阶导数也可求出。积分常数 C_1、C_2、C_3、C_4 的值，可根据箱梁的边界条件确定，如：

固端：$\theta = 0$（无扭转）；$\beta' = 0$（截面无翘曲）；

铰端：$\theta = 0$（无扭转）；$B_i = 0$（可自由翘曲）；

自由端：$B_i = 0$（可自由翘曲）；$\beta''' = 0$（无约束剪切）。

显然，$\beta(z)$ 也可随之而解，约束扭转正应力与剪应力都可解出。

应该指出，约束扭转主要是由活载偏载布置引起，分析表明，大多采用薄壁箱形截面的预应力混凝土桥梁中，由偏载引起的约束扭转正应力占活载弯曲正应力的15%左右。对于跨径超过100m的大跨预应力混凝土箱梁，恒载引起的弯曲正应力占总应力的90%以上，活载引起的比重不足10%。因此约束扭转在一般的设计中可不予考虑。但是，如果采用不对称的箱形截面，如单边挑出较长悬臂板的箱梁，此项应力所占比值就可能增大，在设计时应予以重视。

6.4.2 薄壁箱梁畸变效应

前述箱梁自由扭转和约束扭转过程中，假定了箱梁扭转时截面周边保持不变形。在箱壁较厚或横隔板较密时，这个假定接近实际情况，在设计中不必考虑扭转变形（即畸变）所引起的应力状态。但在箱壁较薄、横隔板较稀时，截面就不能满足周边不变形的假设。在反对称荷载作用下，薄壁箱梁截面不但发生扭转，而且要发生畸变，从而产生畸变翘曲正应力 σ_dw 和剪应力 τ_dw，箱壁上也将引起横向弯曲应力 σ_dt（图6-4-5）。资料显示，当跨径为30m，箱壁厚度与梁高之比为0.1时，由刚性扭转和截面畸变产生的纵向翘曲应力可达到活载和恒载共同作用的纵向弯曲应力的24%～26%，而由截面畸变产生的横向弯曲应力可达到与纵向弯曲应力同一数量级水平。随着跨径的增大，恒载所占比重增加，恒活载正应力比值逐渐下降。可见畸变应力分析是非常重要的，必须引起足够的重视。

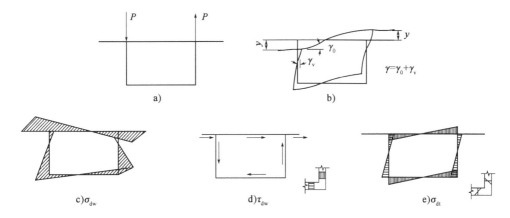

图 6-4-5 箱梁畸变翘曲正应力、剪应力、横向弯曲应力分布示意

畸变应力分析有多种方法,解析法有广义坐标法、弹性地基梁比拟杆法;数值解法包括有限元法、有限条法。本节简要介绍弹性地基梁比拟杆法(BEF 相似法)的基本原理和方法,详细介绍见相关参考资料。

1)弹性地基梁比拟杆法(BEF 相似法)基本原理

根据变分法的最小势能原理,可推导出箱梁截面畸变的微分方程,如不考虑剪切变形的应变能,体系的总势能为:

$$\Pi = U_1 + U_2 + V \tag{6-4-24}$$

式中:U_1——箱梁横截面框架畸变应变能;

U_2——箱梁畸变翘曲应变能;

V——反对称荷载的荷载势能。

根据最小势能原理,在外力作用下结构处于平衡状态时,体系的总势能的变分为零,即 $\delta \Pi = \delta(U+V) = 0$。如选择箱梁畸变角 γ [图 6-4-5b)]为参数,U_1、U_2、V 都可以用 γ 表示。经推导,可得等截面箱梁畸变微分方程:

$$EI_D \gamma'''' + EI_R \gamma = V_d b \tag{6-4-25}$$

式中:EI_R——箱梁抗畸变框架刚度;

EI_D——抗畸变翘曲刚度;

V_d——畸变荷载。

需要注意,作用在箱梁上的反对称荷载并不就是畸变荷载(图 6-4-6),畸变荷载的确定详见参考文献[3]。

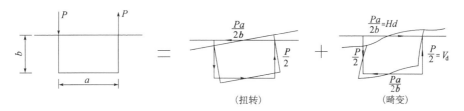

图 6-4-6 反对称荷载作用下箱梁扭转与畸变示意

等截面箱梁畸变微分方程(6-4-25)与受横向荷载的弹性地基梁挠曲微分方程具有完全相似的表达式。因此,求解弹性地基梁的挠度 y 就等于求解箱梁的畸变角 γ。弹性地基梁的弹性微分方程为:

$$EIy'''' + ky = q \tag{6-4-26}$$

式中:EI ——弹性地基梁抗弯刚度;
k ——弹性地基梁的地基弹性系数;
q ——弹性地基梁的分布荷载集度。

受横向荷载作用的弹性地基梁与受畸变荷载的箱梁之间,在微分方程中,各物理量的相似关系之间见表6-4-1。

弹性地基梁弯曲和箱形梁畸变的相似关系   表6-4-1

弹性地基梁弯曲	箱形梁畸变
微分方程	
$EIy'''' + ky = q$	$EI_D \gamma'''' + EI_R \gamma = V_d b$
相似的物理量	
I —弹性地基梁抗弯惯性矩(m^4)	I_D —箱形梁抗畸变翘曲惯性矩(m^6)
EI —弹性地基梁抗弯刚度(kN/m^2)	EI_D —箱梁抗畸变翘曲刚度(kN/m^4)
k —弹性地基梁地基弹性系数(kN/m^2)	EI_R —箱梁抗畸变框架刚度(kN/m^4)
q —弹性地基梁的分布荷载(kN/m)	$V_d b$ —箱形梁上分布的畸变垂直分力的力偶($kN \cdot m/m$)
y —弹性地基梁的挠度(m)	γ —箱形梁的畸变角(rad)
M —弹性地基梁的弯矩,$M = -EIy''$($kN \cdot m$)	B_D —箱形梁的畸变双力矩,$B_D = -EI_D \gamma''$($kN \cdot m^2$)

要注意,截面畸变角微分方程的边界条件系指对截面畸变及翘曲的约束,而不是指对整个截面的支撑。箱梁的横隔板(或对角撑)相应于弹性地基梁的中间支座。一个剪力刚性但可以自由翘曲的横隔板,相应于一个弹性支座;一个既是剪力刚性又是翘曲刚性的横隔板,相应于一个固端支座(图6-4-7)。

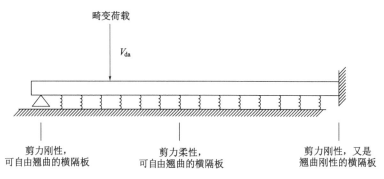

图6-4-7 边界条件的相似比较

上述微分方程可采用弹性地基梁相同的方法,如初参数法。$\lambda = \sqrt[4]{\dfrac{EI_R}{4EI_D}}$,若 $\lambda l \geq 4$ 时,则箱梁跨中区域相似于两边为无限长的弹性地基梁作用,两端部区域则相似于一边为无限长的弹性地基梁作用;$\lambda l < 4$,则按有限长的弹性地基梁解。求得截面畸变角后,计算畸变应力。

在此引入畸变双力矩的概念,即 $B_{dw} = -EI_D \gamma''$,则畸变产生的翘曲正应力为:

$$\sigma_{\mathrm{dw}} = \frac{B_{\mathrm{dw}}}{I_{\mathrm{dw}}}\omega \tag{6-4-27}$$

式中：B_{dw}——畸变双力矩作用($\mathrm{kN \cdot m^2}$)，与畸变角及畸变刚度有关；

I_{dw}——箱梁畸变翘曲惯性矩($\mathrm{m^6}$)；

ω——与箱梁截面尺寸以及 θ 角相关的参数。

相应剪应力为：

$$\tau_{\mathrm{dw}} = -\frac{B'_{\mathrm{dw}}}{\delta I_{\mathrm{dw}}}\overline{S}_{\mathrm{dw}} \tag{6-4-28}$$

式中：$\overline{S}_{\mathrm{dw}}$——广义畸变翘曲净截面惯性矩，$\overline{S}_{\mathrm{dw}} = S_{\mathrm{dw}} - \frac{1}{\Omega}\oint S_{\mathrm{dw}} h \mathrm{d}s$；

S_{dw}——畸变翘曲净截面惯性矩。

2）应用影响线计算畸变值

对于无限梁长（$\lambda l \geqslant 4$），跨中截面作用一畸变荷载，该截面处的畸变双力矩和畸变角相应于无限长弹性地基梁在响应荷载作用下的弯矩和挠度，其曲线如图 6-4-8 所示。可直接布载（注意是畸变荷载）计算，因为图中曲线即可看作荷载作用点截面的 B_{dw} 与 γ 的影响线。

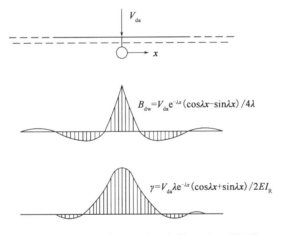

图 6-4-8 无限长弹性地基梁比拟的 B_{dw} 与 γ 影响线

对于有限长梁（$\lambda l < 4$），根据不同的边界条件，由初参数法解微分方程确定计算截面畸变双力矩和畸变角的影响线（已有制定好的图表供查用），然后确定梁跨各截面的畸变荷载。利用影响线和畸变荷载求出截面畸变角。

6.5 计 算 实 例

6.5.1 剪力滞效应计算

已知某预应力混凝土简支箱梁，计算跨径为 $l = 40\mathrm{m}$，沿梁长等截面。截面尺寸如图 6-5-1 所示。采用 C40 混凝土，剪切模量 $G = 1.445 \times 10^4 \mathrm{MPa}$，弹性模量 $E = 3.4 \times 10^4 \mathrm{MPa}$，泊松比 $\mu = 0.176$，试求均布荷载 $q = 20\mathrm{kN/m}$ 对称地作用于腹板顶面情况下跨中截面正应力沿上翼板的分布。桥梁立面布置如图 6-5-2 所示。

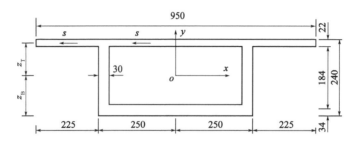

图 6-5-1　桥梁横截面尺寸(尺寸单位:cm)

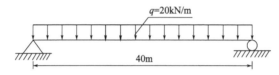

图 6-5-2　桥梁立面布置

剪力滞计算步骤如下:

1)计算截面形心

对顶板中心线求面积矩:$S = 4.736\text{m}^3$;
箱梁截面面积:$A = 4.96\text{m}^2$;
截面形心距顶板中心线的距离:$z_T = 0.955\text{m}$;
截面形心距底板中心线的距离:$z_B = 1.165\text{m}$。

2)计算截面惯性矩

$$I_{fu1} = 2 \times 0.22 \times 2.2 \times 0.955^2 + \frac{2 \times 2.2 \times 0.22^3}{12} = 0.886\,7(\text{m}^4)$$

$$I_{fu2} = 2 \times 0.22 \times 2.25 \times 0.955^2 + \frac{2 \times 2.25 \times 0.22^3}{12} = 0.949\,4(\text{m}^4)$$

$$I_{fb} = 2 \times 0.34 \times 2.2 \times 1.165^2 + \frac{2 \times 2.2 \times 0.34^3}{12} = 2.044\,8(\text{m}^4)$$

$$I_s = I_{fu1} + I_{fu2} + I_{fb} = 0.886\,7 + 0.949\,4 + 2.044\,8 = 3.880\,9(\text{m}^4)$$

$$I_w = \frac{0.6 \times 2.4^3}{12} + 0.6 \times 2.4 \times \left(\frac{2.4}{2} - 0.955 - 0.11\right)^2 = 0.717\,4(\text{m}^4)$$

$$I = I_s + I_w = 3.880\,9 + 0.717\,4 = 4.598\,3(\text{m}^4)$$

3)计算参数 n、k

$$n = \frac{1}{1 - \frac{7}{8} \times \frac{I_s}{I}} = \frac{1}{1 - \frac{7}{8} \times \frac{3.880\,9}{4.598\,3}} = 3.823\,9$$

$$k = \frac{1}{b}\sqrt{\frac{14Gn}{5E}} = \frac{1}{2.2} \times \sqrt{\frac{14 \times 1.445 \times 3.823\,9}{5 \times 3.4}} = 0.969\,6$$

4) 计算剪力滞系数

由表 6-3-1 可知,位于腹板处上翼板的剪力滞系数理论公式为:

$$\sigma_x = -\frac{h_i}{I}\left[M(x) - \frac{7nq}{6k^2}\left(1 - \frac{y^3}{b^3} - \frac{3I_s}{4I}\right)\left(1 - \mathrm{ch}kx + \frac{\mathrm{ch}kl - 1}{\mathrm{sh}kl} \cdot \mathrm{sh}kx\right)\right]$$

$$= -\frac{z_T}{I}\left[\frac{q}{2}(l-x)x - \frac{7nq}{6k^2}\left(1 - \frac{y^3}{b^3} - \frac{3I_s}{4I}\right)\left(1 - \mathrm{ch}kx + \frac{\mathrm{ch}kl - 1}{\mathrm{sh}kl} \cdot \mathrm{sh}kx\right)\right]$$

则跨中截面梁肋处上翼板的应力为:

$$\sigma_x = \frac{-0.955}{4.5983} \times \left[\frac{20 \times 10^3}{2} \times (40 - 20) \times 20 - \frac{7 \times 3.8239 \times 20 \times 10^3}{6 \times 0.9696^2} \times \left(1 - \frac{y^3}{2.2^3} - \frac{3 \times 3.8809}{4 \times 4.5983}\right) \times \right.$$

$$\left. \left(1 - \mathrm{ch}19.392 + \frac{\mathrm{ch}38.784 - 1}{\mathrm{sh}38.784} \times \mathrm{sh}19.392\right)\right]$$

当 $y = 2.2\mathrm{m}$(位于腹板边缘)时,得:

① 截面正应力

$\sigma_x = 843\,218.5203\mathrm{N/m}^2 = 0.8432\mathrm{MPa}$

② 跨中截面剪力滞系数

$$\lambda = 1 - \frac{28n}{3(kl)^2}\left(1 - \frac{y^3}{b^3} - \frac{3I_s}{4I}\right)\left(1 - \mathrm{ch}k\frac{l}{2} + \frac{\mathrm{ch}kl - 1}{2\mathrm{ch}\frac{kl}{2}}\right)$$

$$= 1 - \frac{28 \times 3.8239}{3 \times (0.9696 \times 40)^2} \times \left(1 - \frac{2.2^3}{2.2^3} - \frac{3 \times 3.8809}{4 \times 4.5983}\right) \times \left(1 - \mathrm{ch}19.392 + \frac{\mathrm{ch}38.784 - 1}{2 \times \mathrm{ch}19.392}\right)$$

$$= 1.02$$

6.5.2 扭转计算

采用与 6.5.1 节相同的桥梁结构,不同之处在于荷载为跨中作用一偏心荷载 $P = 451.0\mathrm{kN}$,偏心距 $e = 2.35\mathrm{m}$(计算约束扭转时,可简化为集中力矩 $M_k = 1\,060.0\mathrm{kN \cdot m}$),求解翘曲正应力和扭转剪应力。

1) 计算截面几何特性

为了方便计算,对箱形截面进行区间与节点划分,如图 6-5-3 所示。

(1) 惯性矩

对截面的 x、y 取二次矩,得:$I_x = 4.5983\mathrm{m}^4$,$I_y = 25.365\mathrm{m}^4$。

(2) 广义扇性坐标

记以形心 c 为极点的扇性坐标为 $\bar{\omega}_c$,以扭转中心为极点为主扇性坐标为 $\bar{\omega}_A$。扇性坐标原点(极点)取在形心 c 处($e_x = 0\mathrm{m}, e_y = 0.955\mathrm{m}$),则广义扇性坐标:

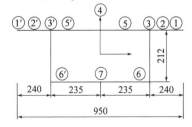

图 6-5-3 截面划分及尺寸(尺寸单位:cm)

$$\overline{\omega}_c(s) = \omega_c - \rho\bar{s} = \int_0^s h\,\mathrm{d}s - \left(\Omega\Big/\int\frac{\mathrm{d}s}{t}\right)\int_0^s\frac{\mathrm{d}s}{t}$$

计算 ρ 得: $\rho = \Omega\Big/\int\frac{\mathrm{d}s}{t} = 0.4041$,则广义扇性坐标 $\overline{\omega}_c(s)$ 计算分别如下。

①箱梁顶板、底板和腹板环绕的闭口矩形部分:

$$\overline{\omega}_c(s) = \int_0^s h\,\mathrm{d}s - 0.40405\int_0^s\frac{\mathrm{d}s}{t}$$

②顶板悬臂部分有:

$$\overline{\omega}_c(s) = \overline{\omega}_{c,3'} + \int_{2.35}^s h\,\mathrm{d}s$$

广义扇性坐标 $\overline{\omega}_c(s)$ 计算结果如表 6-5-1 所示。

广义扇性坐标 $\overline{\omega}_c(s)$ 计算 表 6-5-1

点号	区间	$h(\mathrm{m})$	$t(\mathrm{m})$	积分1	积分2	$\overline{\omega}_c(s)$
④'						0
	④'~③'	0.955	0.22	2.2443	10.6818	
③'						-2.0717
	③'~⑥'	2.350	0.30	4.9820	7.0667	
⑥'						0.0550
	⑥'~⑦'	1.165	0.34	2.7378	6.9118	
⑦'						0.0001≈0
①'	①'~③'	0.955	0.34	$\overline{\omega}_{c,3}(s) = -2.0717$		0.2203

绘制广义扇性坐标 $\overline{\omega}_c(s)$ 图,如图 6-5-4 所示。

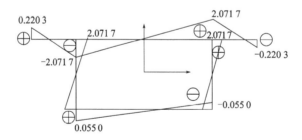

图 6-5-4 广义扇性坐标 $\overline{\omega}_c(s)$ 图(单位:m^2)

(3)扭转中心(剪心)的确定

x、y 轴为形心主轴,则扭转中心的坐标 α_x、α_y 按照下列公式确定:

$$\alpha_x = \frac{I_{\overline{\omega}_{cx}}}{I_x} = \frac{\int_A \overline{\omega}_c(s)y\,\mathrm{d}A}{I_x},\quad \alpha_y = -\frac{I_{\overline{\omega}_{cy}}}{I_y} = \frac{-\int_A \overline{\omega}_c(s)x\,\mathrm{d}A}{I_y}$$

因为 y 轴为一对称轴,则扭转中心必位于对称轴 y 上,故 $\alpha_x = 0$,仅需求解 α_y。

由于壁厚中心线 s 由直线段组成,且各个直线区间的壁厚相等,$\overline{\omega}_c(s)$ 为 s 的一次函数,由图乘法可得扇性惯性积 $I_{\overline{\omega}_{cy}}$ 为:

$$I_{\overline{\omega}_{cy}} = \int_A \overline{\omega}_c(s)x\,\mathrm{d}A = \sum\frac{\Delta S_{ij}t_{ij}}{6}[\overline{\omega}_i(2x_i + x_j) + \overline{\omega}_j(x_i + 2x_j)]$$

扇性惯性积 $I_{\bar{\omega}_{cy}}$ 的计算结果(1/2)见表 6-5-2。

扇性惯性积 $I_{\bar{\omega}_{cy}}$ 的计算   表 6-5-2

区间	ΔS_{ij}	t_{ij}	$\bar{\omega}_i$	$\bar{\omega}_j$	x_i	x_j	$I_{\bar{\omega}_{cy}}$
34	2.35	0.22	2.071 7	0	0	2.35	0.419 5
36	2.12	0.30	2.071 7	-0.55	2.35	2.35	1.137 2
67	2.35	0.34	-0.055 0	0	2.35	0	-0.034 4
31	2.40	0.22	-0.220 3	2.071 7	2.35	4.75	1.977 2
1/2 截面各个区间扇性惯性积之和							3.499 4

由此得扭心的 y 坐标值：

$$\alpha_y = \frac{-2 \times 3.499\ 4}{25.365} = -0.275\ 9(\text{m})$$

即扭转中心坐标为 $(0, -0.275\ 9)$，在形心的下方。

(4) 主扇性坐标 $\bar{\omega}_A(s)$ 计算

将扇性坐标极点从形心 c 移到剪心 s 处，按下式计算主扇性坐标：

$$\bar{\omega}_A = \bar{\omega}_c + \alpha_y x - \alpha_x y + C$$

式中：C ——积分常数，与扇性静矩 $S_{\bar{\omega}_c}$ 有关。

依截面对称性，可知：

$$C = \frac{S_{\bar{\omega}_c}}{A} = \frac{\int_0^s \bar{\omega}_c(s) t \mathrm{d}s}{A} = 0$$

所以：$\bar{\omega}_A = \bar{\omega}_c - 0.275\ 9x$，计算得到各个节点的主扇性坐标，见表 6-5-3。

主扇性坐标 $\bar{\omega}_A(s)$ 的计算   表 6-5-3

箱梁节点	ds(m)	$\bar{\omega}_c(s)$ (m)	$\bar{\omega}_A(s)$ (m)
4	0	0	0
3	2.35	2.071 7	1.423 3
1	4.75	-0.220 3	-1.530 8
6	2.45	-0.055	-0.703 4
7	0	0	0

绘制主扇性坐标 $\bar{\omega}_A(s)$ 图，如图 6-5-5 所示。

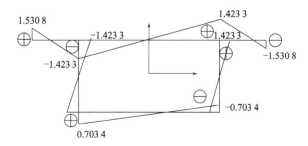

图 6-5-5　主扇性坐标 $\bar{\omega}_A(s)$ 图(单位：m²)

(5) 广义扇性静矩计算

计算约束扭转的翘曲剪力流时,定义闭口截面广义扇性静矩为:

$$\bar{S}_{\bar{\omega}} = S_{\bar{\omega}} - \oint S_{\bar{\omega}} \frac{\mathrm{d}s}{t} \bigg/ \oint \frac{\mathrm{d}s}{t}$$

计算总剪力流时,定义公式换算扇性静矩为:

$$\bar{\bar{S}}_{\bar{\omega}} = \bar{S}_{\bar{\omega}} - \frac{1}{\Omega} \oint \bar{S}_{\bar{\omega}} h \mathrm{d}s$$

广义扇性静矩 $\bar{S}_{\bar{\omega}}$ 的计算步骤如下:

① 计算主扇性坐标下的扇性静矩 $S_{\bar{\omega}}$ (按开口截面计算)且:

$$S_{\bar{\omega}} = \int_0^s \bar{\omega}_A t \mathrm{d}s$$

对于本算例,各个区段等厚度,可以按下式计算主扇性静矩:

$$S_{\bar{\omega}} = \int_0^s \bar{\omega}_A \mathrm{d}A = \frac{\Delta S_{ij}}{2}(\bar{\omega}_i - \bar{\omega}_j)$$

计算主扇性静矩,结果如图 6-5-6 所示。

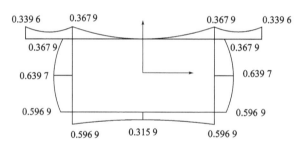

图 6-5-6 主扇性静矩(单位:m⁴)

② 分段计算积分 $\oint S_{\bar{\omega}} \frac{\mathrm{d}s}{t}$ 和 $\oint \frac{\mathrm{d}s}{t}$,本算例中分别计算得到:

$$\oint S_{\bar{\omega}} \frac{\mathrm{d}s}{t} = 17.0568, \oint \frac{\mathrm{d}s}{t} = 49.3205$$

其比值为:17.0568/49.3205=0.3458。

③ 求和,即 $\bar{S}_{\bar{\omega}} = S_{\bar{\omega}} - \oint S_{\bar{\omega}} \frac{\mathrm{d}s}{t} \bigg/ \oint \frac{\mathrm{d}s}{t} = S_{\bar{\omega}} - 0.3458$。

截面换算静矩 $\bar{\bar{S}}_{\bar{\omega}}$ 计算由下式得出:

$$\bar{\bar{S}}_{\bar{\omega}} = \bar{S}_{\bar{\omega}} - \frac{1}{\Omega} \oint \bar{S}_{\bar{\omega}} \mathrm{d}\omega = \bar{S}_{\bar{\omega}} - \frac{1}{\Omega} \oint \bar{S}_{\bar{\omega}} h \mathrm{d}s$$

其中计算得到:

$$\oint \bar{S}_{\bar{\omega}} h \mathrm{d}s = 2.6072; \Omega = \oint h(s) \mathrm{d}s = 19.928$$

所以:$\bar{\bar{S}}_{\bar{\omega}} = \bar{S}_{\bar{\omega}} - 0.1308$。

截面的广义扇性静矩 $\bar{S}_{\bar{\omega}}$ 图如图 6-5-7 所示。

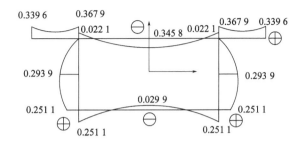

图 6-5-7 广义扇性静矩 $\bar{S_\omega}$ 图(单位:m⁴)

(6)主扇性惯矩、极惯性矩、抗扭惯性矩几何特征计算

极惯性矩：$I_\rho = \oint h^2 dA = 9.8377 \mathrm{m}^4$

抗扭惯性矩：$I_d = \Omega^2 / \oint \dfrac{ds}{t} + 2 \times \dfrac{1}{3} \times (2.4 \times 0.22^3) = 8.069(\mathrm{m}^4)$

截面约束系数：$\mu = 1 - I_d/I_\rho = 0.1798$

扭转函数：$\psi = \Omega / \oint \dfrac{ds}{t} = 0.4041$

主扇性惯性矩：$I_\omega = \oint \omega^2 t ds$。采用图乘法可得到 $I_\omega = 2.377 \mathrm{m}^6$

2)约束扭转内力及应力计算

箱梁一端两腹板下设置两个固定铰支座，另一端两腹板下设置活动铰支座。简支箱梁受力简图如图 6-5-8 所示，跨中偏心荷载简化为集中扭矩 $M_k = 1060.0 \mathrm{kN \cdot m}$。

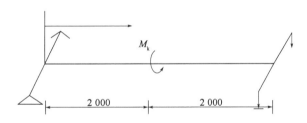

图 6-5-8 简支箱梁受力简图(尺寸单位:m)

跨中截面处：

$$\theta\left(\dfrac{l}{2}\right) = \dfrac{M_k l}{2GI_d}\left(\dfrac{1}{2} - \dfrac{\mu}{kl}\tanh\dfrac{kl}{2}\right),\ B\left(\dfrac{l}{2}\right) = \dfrac{M_k}{2}\dfrac{k}{\mu}\tanh\dfrac{kl}{2}$$

距离支点任意截面处 $(z \leqslant 0.5l)$：

$$\theta(z) = \dfrac{M_k}{2GI_d}\left[\dfrac{l}{2} - \dfrac{\mu}{k}\dfrac{\sinh(kz)}{\cosh\dfrac{kl}{2}}\right],\ B(z) = \dfrac{M_k}{2}\dfrac{\mu}{k}\dfrac{\sinh(kz)}{\cosh\dfrac{kl}{2}}$$

(1)跨中截面翘曲双力矩与扇性正应力计算

翘曲扭转角：$\theta(0.5l) = 8.9307 \times 10^{-5} \mathrm{rad}$

翘曲双力矩：$B(0.5l) = 187.108 \mathrm{kN \cdot m}$

各节点扇性正应力计算公式：$\sigma_{\bar{\omega}} = -(B_{l/2}/I_{\bar{\omega}})\bar{\omega}_A$

跨中截面的翘曲正应力，如图6-5-9所示。

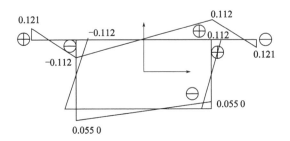

图6-5-9　跨中截面约束扭转翘曲正应力（单位：MPa）

（2）二次扭矩与扇性剪应力计算

二次扭矩计算公式为：

$$M_\omega = -\frac{dB}{dz} = -EI\theta'' = \beta'_0\mu GI_d \cosh kz - M_0\mu\cosh kz - \parallel_b \mu M_k \cosh k(z-b)$$（$z<b$时，计入$\parallel_b$项），跨中二次扭矩为：

$$M_\omega(0.5l) = -\beta'_0\mu GI_d\cosh kz + M_0\mu\cosh kz = 203.5 \text{kN}\cdot\text{m}$$

二次剪力流计算式为：

$$\bar{q} = \frac{M_{\bar{\omega}}}{I_{\bar{\omega}}}\bar{S}_{\bar{\omega}} = 85\,612.116\,\bar{S}_{\bar{\omega}}$$

计算跨中截面约束扭转剪应力、总剪应力，如图6-5-10和图6-5-11所示。

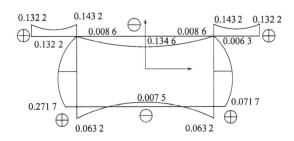

图6-5-10　跨中截面约束扭转剪应力（单位：MPa）

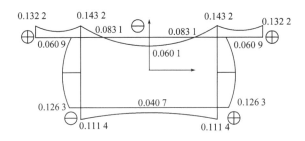

图6-5-11　跨中截面约束扭转总剪应力（单位：MPa）

本章参考文献

[1] 范立础.桥梁工程(上册)[M].3版.北京:人民交通出版社股份有限公司,2017.
[2] 姚玲森.桥梁工程[M].3版.北京:人民交通出版社股份有限公司,2021.
[3] 贺拴海.桥梁结构理论与计算方法[M].2版.北京:人民交通出版社股份有限公司,2017.
[4] 张士铎.薄壁箱梁剪力滞效应[M].北京:人民交通出版社,1998.
[5] 中华人民共和国行业标准.公路钢筋混凝土及预应力混凝土桥涵设计规范:JTG 3362—2018[S].北京:人民交通出版社股份有限公司,2018.
[6] 中华人民共和国行业标准.公路桥涵设计通用规范:JTG D60—2015[S].北京:人民交通出版社股份有限公司,2015.
[7] 张士铎.桥梁设计理论[M].北京:人民交通出版社,1984.
[8] 郭金琼,等.箱形梁设计理论[M].北京:人民交通出版社,2008.
[9] 张士铎.变高度梯形单室箱梁畸变计算[J].土木工程学报,1987(12).
[10] 杜国华.箱形梁设计理论.北京:人民交通出版社.1991.

第 7 章 斜桥

高等级公路上的中、小型桥梁为了服从线路的总体走向,往往将桥梁的中轴线与被交叉障碍物设计成斜交的,工程上将这样布置的桥梁称之为斜交桥,简称斜桥。斜桥与直桥相比,有诸多不同力学特点。本章将具体介绍斜梁桥的基本概念、受力特点及计算方法。

7.1 斜桥的基本概念及分类

7.1.1 基本概念

1)斜跨长

斜跨长为斜桥轴线的长度,即图 7-1-1 中的 l_φ。

2)宽跨比

宽跨比即 b/l,其中 b 为垂直于桥梁轴方向的桥宽,l 为垂直于支承线的跨径。

3)斜交角

斜交角有两种表示方法:一种是桥梁轴线与支承边垂线的夹角 φ(图 7-1-1),另一种是桥梁轴线和支承线的夹角。前者越大,表示斜交的程度越大,后者则相反。桥梁工程中多用前者表示。

7.1.2 斜桥分类

斜桥按其受力特点可以分为斜板桥和斜梁桥。

1) 斜板桥

同直梁桥相似,斜板桥的截面形式主要有实心板和空心板两种。按照施工工艺又可以分为整体式和预制装配式两种,整体式斜板桥一般为实心板,装配式斜板桥一般为空心板。装配式钢筋混凝土斜空心板标准跨径分为 6m、8m、10m、13m 四种;装配式预应力混凝土空心板的最大跨径可达 30m。

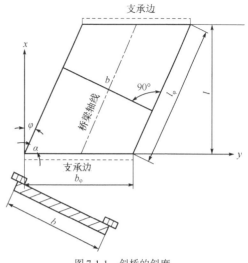

图 7-1-1 斜桥的斜度

2) 斜肋梁桥

斜肋梁桥的最大跨径可达 40m,考虑到吊装设备的起重能力,可以采用装配式结构和装配-整体式结构。图 7-1-2a)是装配式斜 T 形梁,图 7-1-2b)~e)是装配-整体式斜肋形梁,其中预制的部分截面为 I 字形、槽形和箱形,安装就位后,再在其上现浇桥面板,使之结合成整体。

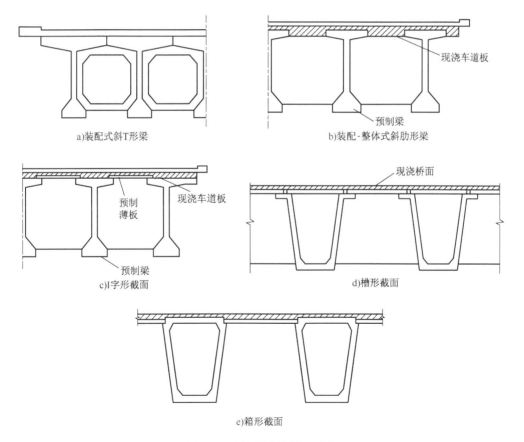

图 7-1-2 多梁式斜梁桥截面形式

3) 斜箱梁桥

箱形截面斜梁桥多用在连续体系的桥梁上,其截面的抗扭刚度较大,更适应斜梁的受力特点。按截面形式一般又分为单箱单室和单箱双室,而以后者居多。由于其支座是斜置的,故不宜采用悬臂法施工,而一般采用支架法施工。

7.2 斜板桥的受力特点与计算

7.2.1 斜板桥的受力特点

斜板桥的受力情况要比正交板桥复杂,体现在:

(1)简支斜板的纵向主弯矩比跨径为斜跨长 l_φ(图7-1-1)、宽度为 b 的矩形板要小,并随斜交角 φ 的增大而减小,图7-2-1 显示了简支斜板在均布荷载作用下的弯矩与矩形板的弯矩的比值随 φ 的变化规律。

(2)斜板的荷载一般有向支承边的最短距离传递分配的趋势。宽跨比较小的情况下,主弯矩方向朝支承边的垂直方向偏转;宽跨比较大的情况下,板中央的主弯矩几乎垂直于支承边,边缘的主弯矩平行于自由边(图7-2-2)。

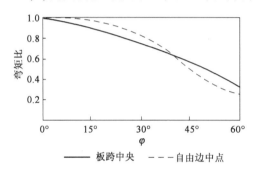

图 7-2-1 斜板与正板在均布荷载作用下弯矩比

(3)纵向最大弯矩的位置随 φ 角的增大从跨中向钝角部位移动。图7-2-3 中板面上的实线表示 $\varphi = 50°$ 时的最大弯矩位置,图中还示意出 φ 为30°和70°时弯矩的相应位置。

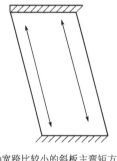
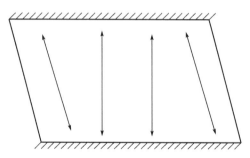

a)宽跨比较小的斜板主弯矩方向　　　　b)宽跨比较大的斜板主弯矩方向

图 7-2-2 斜板中的主弯矩方向

(4)斜板中除了斜跨径方向的主弯矩外,在钝角部位的角平分线垂直方向上,将产生接近于跨中弯矩值的相当大的负弯矩(图7-2-3),且其值随 φ 的增大而增加,但分布范围较小,并迅速削减。

(5)斜板的最大纵向弯矩虽比相应的正板小,可是横向弯矩却比正板大得多,尤其是跨中部分的横向弯矩。横向弯矩的增加量大致上可以认为等于纵向弯矩的减少量。

(6)斜板在支承边上的反力很不均匀。钝角角隅处的反力可能比正板大数倍,而锐角处的反力却有所减小,甚至出现负反力。对于正板,支座的个数越多,每个支座分得的反力就越小;但对于斜板,支座的个数越多,反力却越集中于钝角。根据理论和试验研究发现,采用弹性支承可以使斜板的支承反力分布趋于均匀,且钝角上缘的负弯矩也有所减少。

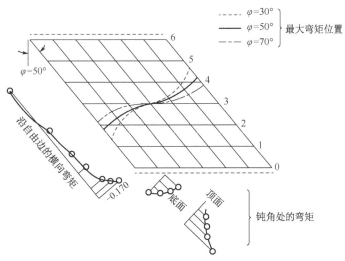

图 7-2-3 均布荷载下最大弯矩位置的变动和钝角处弯矩分布

(7)斜板的受力行为可以用图 7-2-4 所示的以 ABCD 为支点的 Z 字形连续梁来比拟;跨中点 E 处的弯矩,大致在 BC 方向上最大;在钝角点 B 和 C 处产生较大的负弯矩和支点反力;在锐角点 A 和 D 处产生相当于连续梁边支承处的较小的反力;在支承线 AB 和 CD 上增加支座,对支承边的横向弯矩有较大影响,而对跨中点 E 处的弯矩影响不大。

(8)斜板的扭矩分布很复杂,板边存在较大的扭矩,抗扭刚度对扭矩的影响与正桥有很大区别。图 7-2-5 为均布荷载作用于 $\varphi=45°$ 的斜板上时的扭矩图。

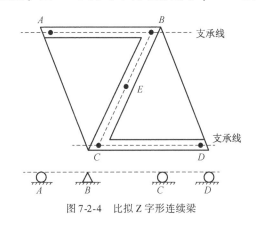

图 7-2-4 比拟 Z 字形连续梁

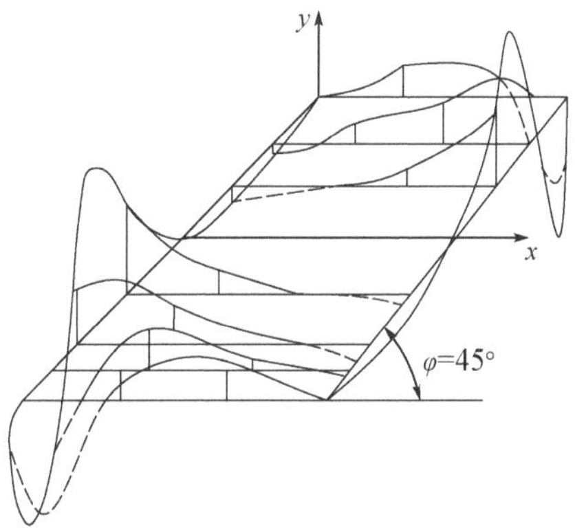

图 7-2-5 斜交角为 45°的简支斜板在满布均布荷载下的扭矩图

7.2.2 影响斜板桥受力的因素

1)斜交角 φ

斜交角大小直接关系到斜桥的受力特性,φ 越大,斜桥的受力特点越明显。我国《公路钢筋混凝土及预应力混凝土桥涵设计规范》(JTG 3362—2018)规定:当 $\varphi\leqslant 15°$ 时,可以按正交桥进行计算;当 $l_\varphi/b\leqslant 1.3$ 时,其计算跨径取两支承轴线间的垂直距离;当 $l_\varphi/b>1.3$ 时,其计算跨径取斜跨径计算。

2）宽跨比 b/l

宽跨比越大，斜板相对宽度越大，斜桥的特点越明显；宽跨比较小的斜桥，其跨中受力行为接近于正桥，只是在支承线附近断面才体现出斜桥的特性。

3）支承形式

支座个数，支承形式的变化（包括横桥向是否可以转动或移动、是否采用弹性支承）对斜板的内力分布都有明显的影响。

7.2.3 整体式斜板桥的设计计算

装配式斜板桥可以参考斜梁桥进行设计计算，将在7.3节中进行阐述。

整体式斜板的计算方法基本上是根据对各向同性斜板的分析而获得的。用于求解斜交板的挠曲微分方程的边界条件和支承条件相当复杂，方程的求解多用差分法。之前，国内外很多学者利用差分法、有限元法和模型试验对斜板进行了大量的分析，提供了多种实用计算方法和相应的数表，使工程设计计算大大简化，同时又具有一定的精度。目前，多采用有限元法计算任意形状的斜板，利用平面梁格模拟斜板，使有限元程序的计算工作量减小很多，是目前斜弯桥设计中常用的电算方法，关于梁格的划分可以参考7.3.2节内容。

本节简单介绍典型的国内外整体式斜板桥的实用计算方法。

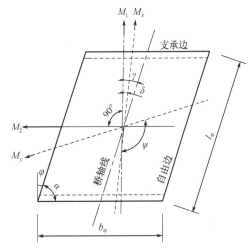

图 7-2-6 斜板的主弯矩与钢筋的方向
M_1、M_2-主弯矩方向；M_x、M_y-钢筋方向

1）恒载内力计算

这里介绍尼尔森（Nielsen）提出的计算均布荷载作用下斜板主弯矩的近似方法。对于图7-2-6所示的斜板桥，根据斜板差分法分析结果，两个正交方向上单位板宽上的主弯矩 M_1 和 M_2 可按下式计算：

$$M_1 = K_1 q l_\varphi^2 \qquad (7\text{-}2\text{-}1)$$
$$M_2 = K_2 q l_\varphi^2 \qquad (7\text{-}2\text{-}2)$$

式中：q——斜板在单位面积上的荷载集度；

l_φ——斜板的斜跨径长度；

K_1、K_2——M_1、M_2 方向的弯矩系数，由斜交角 φ 和 b_φ/l_φ 查表7-2-1计算。

主弯矩 M_1 的方向角 γ（与桥纵轴线夹角）随斜交角 φ 的变化而异，它可以从图7-2-7中查得。钝角部分的 M_1，其方向用 $\gamma = 90° - \varphi/2$ 来表示。

在钢筋混凝土板中，最好使钢筋方向与主弯矩方向一致；否则，须按下式求出钢筋方向的弯矩 M_x 和 M_y，并用此弯矩进行设计。

$$M_x = \frac{1}{\sin\psi}\{M_1\cos\delta\sin(\psi-\delta) + M_2\cos^2(\psi-\delta) + [M_1\sin\delta\cos\delta - M_2\cos\delta\cos(\psi-\delta)]\} \qquad (7\text{-}2\text{-}3)$$

$$M_y = \frac{1}{\sin\psi}\{M_1\sin^2\delta + M_2\cos\delta\sin(\psi-\delta) + [M_1\sin\delta\sin(\psi-\delta) - M_2\sin(\psi-\delta)\cos(\psi-\delta)]\}$$

$$(7\text{-}2\text{-}4)$$

M_1,M_2方向的弯矩系数值　　　　　表 7-2-1

位　置	b_φ/l_φ	弯矩系数	斜交角 φ				
			0°	15°	30°	45°	60°
板跨中央	0.5	K_1	0.125	0.118	0.096	0.068	0.040
		K_2	0	-0.003	-0.011	-0.015	-0.009
	1.0	K_1	0.125	0.118	0.095	0.067	0.039
		K_2	0	-0.002	-0.004	-0.006	-0.003
	2.0	K_1	0.125	0.117	0.094	0.065	0.036
		K_2	0	0	-0.001	-0.001	-0.001
自由边中央	0.5~2.0	K_1	0.125	0.118	0.095	0.067	0.035
		K_2	0	-0.006	-0.018	-0.024	-0.019
钝角部分	0.5	K_1	0.016	0.029	0.034	0.028	0.018
		K_2	-0.016	-0.049	-0.101	-0.159	-0.249
	1.0	K_1	0.031	0.040	0.040	0.031	0.019
		K_2	-0.031	-0.067	-0.120	-0.173	-0.250
	2.0	K_1	0.063	0.063	0.053	0.038	0.021
		K_2	-0.063	-0.105	-0.160	-0.214	-0.268

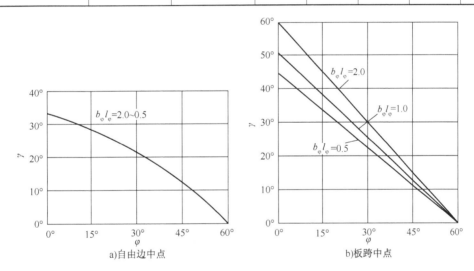

图 7-2-7　主弯矩 M_1 的方向图

当 $\psi = 90°$，即将纵横向钢筋配置成直角时：

$$M_x = M_1 \cos^2\delta + M_2 \sin^2\delta + (M_1 - M_2)\sin\delta\cos\delta \qquad (7\text{-}2\text{-}5)$$

$$M_y = M_1 \sin^2\delta + M_2 \cos^2\delta + (M_1 - M_2)\sin\delta\cos\delta \qquad (7\text{-}2\text{-}6)$$

式中：ψ——两钢筋方向弯矩 M_x 和 M_y 之间的夹角；

δ——M_1 和 M_x 之间的夹角。

上式中，方括号内项为扭矩的影响部分，式中各符号的意义见图 7-2-6。

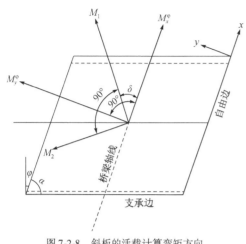

图7-2-8 斜板的活载计算弯矩方向

2）活载内力计算

活载内力计算可以采用影响面加载的方法进行，在2004年规范颁布及有限元推行之前常见的做法是通过模型试验或有限元法计算分析，寻找关键截面上斜板和正板内力差别的规律，求出有关斜交角的修正系数，然后将按正板计算的内力乘以修正系数得到斜桥的内力。下面介绍根据我国公路—Ⅰ级汽车荷载编制的简支斜板计算表格，对如图7-2-8所示的斜板桥计算步骤如下：

（1）以斜跨长作为正桥跨径进行板的内力分析，求出跨中弯矩的最大值 M_y^0。

（2）根据斜交角 φ 与活载类型从表7-2-2中查出内力折减系数 K_y、K_x 及 K_{xy}，并按下式计算斜板板跨中央和自由边中点的斜向弯矩 M_y^φ、M_x^φ、M_{xy}^φ。

$$M_y^\varphi = K_y \times M_y^0 \qquad (7\text{-}2\text{-}7)$$

$$M_x^\varphi = K_x \times M_y^0 \qquad (7\text{-}2\text{-}8)$$

$$M_{xy}^\varphi = K_{xy} \times M_y^0 \qquad (7\text{-}2\text{-}9)$$

基于公路—Ⅰ级汽车荷载的斜板桥实用计算表格　　　表7-2-2

位置	自由边中点			板跨中央		
角度	K_y	K_x	K_{xy}	K_y	K_x	K_{xy}
0°	1.014	0.027	0.065	1.000	0.430	0.025
15°	0.961	0.018	0.140	0.966	0.441	0.040
20°	0.920	0.027	0.184	0.937	0.439	0.040
30°	0.805	0.057	0.251	0.859	0.432	0.039
40°	0.652	0.097	0.280	0.756	0.422	0.032
45°	0.564	0.118	0.276	0.697	0.410	0.027
50°	0.470	0.133	0.259	0.635	0.392	0.021
60°	0.287	0.143	0.193	0.501	0.328	0.012

（3）斜板主弯矩可由斜弯矩、横向弯矩及扭矩合成而得到：

$$M_{1,2} = \frac{M_x^\varphi + M_y^\varphi}{2} \pm \sqrt{\left(\frac{M_x^\varphi - M_y^\varphi}{2}\right)^2 + (M_{xy}^\varphi)^2} \qquad (7\text{-}2\text{-}10)$$

主弯矩的方向角由下式确定：

$$\tan 2\delta = \frac{-2 M_{xy}^\varphi}{M_x^\varphi - M_y^\varphi} \qquad (7\text{-}2\text{-}11)$$

（4）求得主弯矩后可按式(7-2-3)或式(7-2-4)计算钢筋方向的弯矩，以便和恒载叠加后进行配筋设计。

7.3 斜梁桥的受力特点与计算

这里,斜梁桥是指由多根纵梁及横梁组成的斜格子梁桥,横梁与纵梁可以斜交,也可以正交(图 7-3-1)。

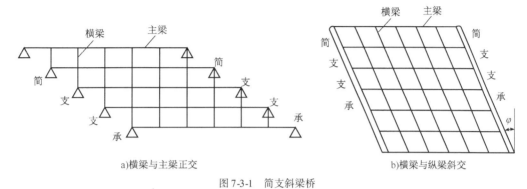

a)横梁与主梁正交　　　　　　　b)横梁与纵梁斜交

图 7-3-1　简支斜梁桥

7.3.1　斜梁桥的受力特点

对于由纵梁与横梁组成的斜梁桥,虽然形成格子形的离散结构,但是在梁距不是很大且设置一定数量的情况下,斜梁桥仍然显示出与斜板类似的受力特点,主要表现为:

(1)随着斜交角的增大,斜梁桥的纵梁弯矩减小,而横梁的弯矩则增大;弯矩减少,边梁比中梁明显,在均布荷载作用下比在集中荷载作用下明显。

(2)正交横梁斜梁桥的横向分布性能比斜交横梁斜梁桥好,并且横向刚度越大,横向分布性能越好。

(3)在对称荷载作用下,同一根主梁上的弯矩不对称,弯矩峰值向钝角方向靠拢,边梁尤为明显。

(4)横梁和桥面的刚度越大,斜交的影响就越大,斜桥的特征就越明显。

7.3.2　斜梁桥计算方法

斜梁桥的内力计算包括恒载内力计算和活载内力计算。

和斜板桥一样,斜梁桥的精确计算也是比较复杂的。到目前为止,仍没有一个可供实用计算的比较合宜的简化方法。利用电子计算机,采用梁格法或其他有限元法可以模拟计算任意形状的斜梁桥,该方法成功应用的关键是如何正确划分单元和计算梁格的截面特性,目前的主要困难是如何计算活载最不利内力。

像正交梁桥那样,采用单梁计算主梁内力,然后通过横向分布系数考虑活载的偏载作用,仍然是思路简单、清晰的方法之一。但是,必须指出的是,斜梁桥很难满足影响面纵横向各截面分别相似的要求,因此,该方法的近似比正交梁桥大。

国内学者通过有限元法对正交和斜交铰接板在活载作用下的反应进行了分析对比,提出了横向铰接斜梁(板)桥的实用计算方法,并编制了数表。传统方法上,恒载内力的计算方法有结构力学法,活载内力的计算方法有横向铰接板法插入,而现代有限元理论的梁格法则同时可以用于计算恒载内力和活载内力,下面依次对这些方法进行介绍。

1)斜梁桥的恒载内力计算方法

按杆系结构力学方法,把斜梁桥模拟成如图7-3-2所示具有斜向支承的单斜梁,计算斜桥的内力及应力,计算简单明了,也能粗略地反映斜桥的受力特性。但是,该方法较难反映斜桥横向的受力性能及支承附近截面的受力性能。

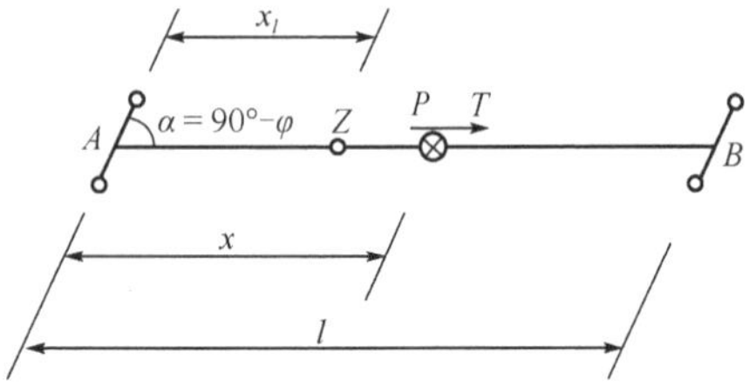

(1)简支斜梁

如图7-3-2所示的简支单斜梁,由于支承斜角的影响,具有弯扭耦合的特性,因此是超静定结构,需要通过力法或位移法来求解。在集中力 P 和集中扭矩 T 作用下,截面 x_z 的内力如下。

图7-3-2 简支单斜梁计算图式

$0 \leqslant x_z \leqslant x$ 时:

$$\left.\begin{aligned} Q_x &= P\frac{l-x}{l} - \frac{T}{l}\cot\alpha \\ T_x &= -P\frac{l-x}{l}D \cdot x \cdot \tan\alpha + T\left[1 - D\left(1 + \frac{2kx}{l}\tan^2\alpha\right)\right] \\ M_x &= P\frac{l-x}{l}(x_z - Dx) + \frac{T}{l}[l - x_z - D(l + 2kx \cdot \tan^2\alpha)]\cot\alpha \end{aligned}\right\} \quad (7\text{-}3\text{-}1)$$

$x \leqslant x_z \leqslant l$ 时:

$$\left.\begin{aligned} Q_x &= P\frac{x}{l} - \frac{T}{l}\cot\alpha \\ T_x &= -P\frac{l-x}{l}D \cdot x \cdot \tan\alpha - TD\left(1 + \frac{2kx}{l}\tan^2\alpha\right) \\ M_x &= P\frac{x}{l}[l - x_z - D(l - x)] + \frac{T}{l}[l - x_z - D(l + 2kx \cdot \tan^2\alpha)]\cot\alpha \end{aligned}\right\} \quad (7\text{-}3\text{-}2)$$

$$D = \frac{1}{2(1 + k \cdot \tan^2\alpha)}$$

式中:Q——剪力;

P,T——集中力和集中扭矩。

$$k = \frac{EI}{GJ} \quad (7\text{-}3\text{-}3)$$

式中:E,G——弹性模量和剪切弹性模量;

I,J——抗弯惯性矩和抗扭惯性矩。

在上述公式中,令集中荷载 $P=1$ 并沿梁纵向移动,即可得到斜梁的内力影响线。从剪力公式可以看出,单斜梁的剪力影响线与正交支承梁相同。图7-3-3中显示了跨径为20m的单斜梁跨中截面的弯矩和扭矩影响线。从图中可以看出:

①弯矩影响线值随斜角 α 的减小(斜交程度增大)而减小,并随 k 的减小而减小。
②扭矩影响线值随斜角 α 的减小(斜交程度增大)而增大,并随 k 的增大而减小。

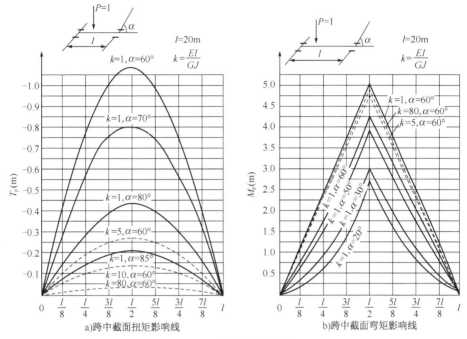

a)跨中截面扭矩影响线　　　　　b)跨中截面弯矩影响线

图 7-3-3　简支斜梁影响线

(2)连续单斜梁

常见的连续单斜梁有两种形式:全抗扭支承和中间点铰支承,见图 7-3-4a) 和 b)。

对于前者,可以将中间支点截开,取截面扭矩为赘余力,以多个简支斜梁为基本体系,采用力法来求解,见图 7-3-4c)。

对于后者,可以以中间支点的竖向反力为赘余力,用以连续梁跨径之和为跨径的简支斜梁为基本体系来求解,见图 7-3-4d)。

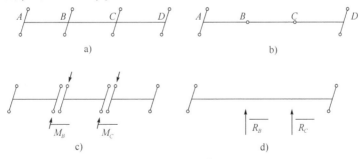

图 7-3-4　连续斜梁

经比较,两者在竖向荷载作用下剪力和弯矩相差不大,由于采用中间点铰支承时抗扭跨径大,所以抗扭比全抗扭支承大。在扭矩荷载作用下,采用中间点铰支承,各项内力均比全抗扭支承大得多。

2)斜梁桥的活载内力计算方法(横向铰接斜梁法)

梁系理论中的铰接板理论计算横向分布系数概念清晰、计算简单,在正交铰接板简支梁桥中已经被成功地应用。因为斜交铰接板不满足荷载比、挠度比及内力比均相等的条件,所以直接将铰接板法应用在斜向铰接板中有一定困难。国内学者用有限元法对不同斜交角的横向铰接斜板桥进行了计算分析后发现,铰接斜板的弯矩无论在车列荷载还是在单位集中荷载作用下,均随斜交角的增大而减小;而主梁的剪力(无论在支点截面还是在跨中截面)均随斜交角的增大而增大。

通过斜交铰接板和正交铰接板(图7-3-5)在车列最不利荷载作用下的弯矩对比,可以拟合出斜角折减系数:

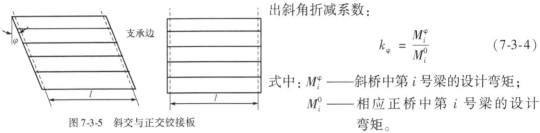

$$k_\varphi = \frac{M_i^\varphi}{M_i^0} \quad (7\text{-}3\text{-}4)$$

式中：M_i^φ——斜桥中第 i 号梁的设计弯矩;
　　　M_i^0——相应正桥中第 i 号梁的设计弯矩。

图7-3-5 斜交与正交铰接板

如果采用设计弯矩进行对比,由于车列位置的影响,较难进行折减参数 k_φ 的拟合。通过分析发现,实际车列中,除作用在计算截面的重轮外,其他位置处的车轮折减系数更小。因此,采用单个集中荷载的斜交折减系数来代替实际车列荷载的折减系数,会使计算结果偏大,但这对于设计是偏安全的。这样,k_φ 将只与斜交角 φ、主梁片数、梁位及弯扭参数 γ 有关。

$$\gamma = 5.8 \times \frac{I}{J} \times \left(\frac{b}{l_\varphi}\right)^2 \quad (7\text{-}3\text{-}5)$$

式中：l_φ——梁的斜向计算跨径;
　　　b——一片梁的宽度;
　　　I——一片梁的竖向抗弯惯性矩;
　　　J——一片梁的抗扭惯性矩。

折减系数 k_φ 已列在《横向铰接斜梁(板)桥的实用计算法》一书中。斜铰接板桥的具体计算步骤如下。

(1)弯矩计算

①先不计斜角,应用铰接梁法,计算对应正桥的设计弯矩 M_i^0。

②考虑斜角的影响,查相应梁数、相应弯扭参数 γ、相应梁号、相应斜交角的折减系数 k_φ。

③斜桥中的跨中设计弯矩 $M_i^\varphi = k_\varphi M_i^0$。

(2)支点剪力的计算——混合横向分配影响线法

①先不计斜角,按铰接梁法计算对应正桥的横向分布影响线[图7-3-6b)]。

②将上述影响线在计算梁位处的纵标值,按杠杆原理进行修正,得到支点断面混合横向分布影响线[图7-3-6c)]。

③分别对①、②步所得横向分布影响线进行加载,得到跨中和支点断面的横向分布系数 $m_中$ 和 $m_支$,按图7-3-6d)中的距离确定横向分布系数的过渡值。

④按与正桥相同的方法,在乘以横向分布系数后的剪力影响线上加载,计算支点截面的剪力。

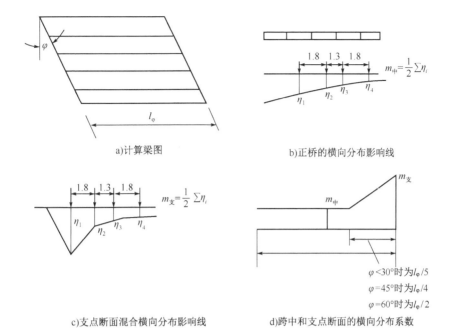

图 7-3-6 混合横向分配影响线法(尺寸单位:m)

(3) 跨中剪力计算

经计算分析随斜角增大,跨中截面剪力有所增大,但是一般并不控制设计。因此,可以近似地按正桥计算后,乘以系数:

$$\psi = 1 + \frac{\alpha}{60°} \tag{7-3-6}$$

(4) 设计计算时的其他要点

①斜梁中最大弯矩向钝角方向偏移,而配筋通常仍然是对称的,为了考虑峰值弯矩的偏离,可以偏安全地在距中梁两侧各 $l/8$ 范围内均按最大弯矩考虑。

②对于小跨径斜桥,其他截面弯矩仍可按二次抛物线内插;对于重要桥梁,还需作进一步的分析。

③剪力包络图可近似地采取支点值与跨中值的直线连接图形。

经过分析,本方法的计算结果比按斜桥实际车列荷载的精确分析结果偏大约 15%。

当然,也可以基于有限元的梁格法,按杆系空间结构有限元法分别求解桥面单位竖向荷载作用于不同梁处的结构内力及挠度从而求得各主梁荷载横向分布影响线,进而求解荷载横向分布系数(文献 6),结合单梁的移动荷载分析,最后得到斜梁桥的活载内力近似计算结果。

3) 基于有限元理论的斜梁格法(适用于恒载、活载内力计算)

(1) 梁格法的基本原理

梁格法的主要思路是将上部结构用一个等效梁格来模拟,如图 7-3-7 所示。将分散在板式或箱梁每一段内弯曲刚度和抗扭刚度集中于最邻近的等效梁格内,实际结构的纵向刚度集中于纵向梁格构件内,而横向刚度则集中于横向梁格构件内。从理论上讲,梁格必须满足以下等效原则:当原型实际结构和对应的等效梁格承受相同荷载时,两者的挠曲应是恒等的,而且在任一梁格内的弯矩、剪力和扭矩应等于该梁格所代表的实际结构的部分内力。由于实际结构和梁格体系有着不同的结构特性,上述"等效"的思想难以达到,模拟只能是近似的。

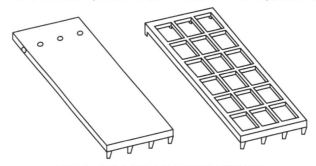

图 7-3-7 梁格分析法中的实际结构与等效梁格

(2)斜桥的梁格划分

由斜桥受力特性,斜交板桥的网格划分应尽量与力的作用方向或结构内配筋方向一致,可参考以下原则进行:

①当斜交角较小(一般斜交角小于20°),可采用斜交网格,如图 7-3-8a)所示;
②当桥面较窄且斜交角较大时,梁格划分应平行设计强度线,如图 7-3-8b)所示;
③当桥台宽度大于跨度时,梁格按图 7-3-8c)划分是比较合适的。

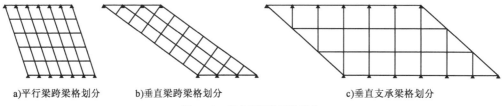

a)平行梁跨梁格划分　　b)垂直梁跨梁格划分　　　　　c)垂直支承梁格划分

图 7-3-8 斜交桥梁格网格划分

梁格间距的划分也可参考正交桥的划分原则:

①纵向梁格的数目可根据桥梁总宽确定。梁格间距可在 2~3 倍板厚至 1/4 有效跨径之间。若板较窄,可视为一根梁,即一根梁格;若板很宽,可设置若干根梁格,当梁格间距较小时,荷载局部作用对内力的影响可以不考虑。当梁格间距较大时,仅能得到板内力最大值。

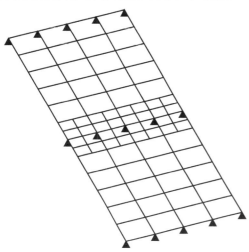

图 7-3-9 中支座处内力突变区网格加密

②纵向边梁格位置的设置原则为:实体板一般设在距板边缘 0.3 倍板厚处;空心板或肋板,应设在边肋的中心线上。这是因为板边缘处的垂直剪力流分量 Q_x 一般由边缘梁格承受,这样设置和实际结构力的分布较为一致。

③横向梁格间距应尽量与纵向梁格一致,间距约小于有效跨径的 1/4。

④在受力较大处的部位或内力突变区;如支点附近,应加密网格,如图 7-3-9 所示。

⑤对于横隔板间距较小的斜交 T 梁桥,网格应根据横隔梁的实际位置划分,将横隔板在横桥向近似看作 T 形截面梁,如图 7-3-10 所示,T 形截面翼板宽度为相邻两横隔梁的轴线距离 b,翼板

高度为主梁翼板高度 h，梁肋高度为横隔板实际高度。

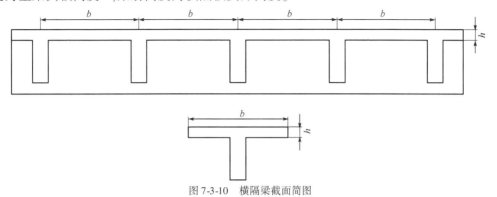

图 7-3-10　横隔梁截面简图

(3) 梁格构件的截面特性

① 纵向梁格构件截面特性

以箱形斜梁桥为例：

a. 弯曲刚度

假设把箱梁结构在顶板、底板纵向切开成许多工字梁，如图 7-3-11 所示。此时各工字梁的重心将不在同一水平线上，如图 7-3-11a) 所示。

纵向梁格构件的弯曲刚度为 EI_y。其中，I_y 为梁格构件所代表的截面对箱梁整体截面的 y 方向中性轴的惯性矩。

b. 扭转刚度

这里所谓的扭转，不考虑横截面畸变的影响。纵向梁格构件的扭转刚度为 GJ_x。其中：J_x 为梁格代表的顶板、底板翼缘对轴线 x 方向中性轴的惯性矩。

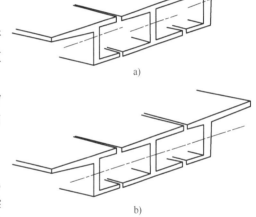

图 7-3-11　箱梁从顶板、底板切开成工字梁

箱形截面单位宽度内的扭转刚度：

$$GJ_x = 2G(h'^2 d' + h''^2 d'') = \frac{2G h^2 d' d''}{d' + d''} \tag{7-3-7}$$

式中：d', d'' ——顶板和底板的厚度；

　　　h', h'' ——板中心到顶板和底板重心处的距离；

　　　h ——顶板和底板各自中心处的距离。

各字母含义如图 7-3-12 所示。

c. 剪切刚度

腹板内的剪力流由弯曲剪力流和扭转剪力流组成，即 $Q = Q_M + Q_T$。

纵向梁格构件的剪切刚度为 GA，由于剪力流使腹板产生剪切变形，纵向梁格的剪切面积应等于腹板的横截面积 A。

② 横向梁格构件截面特性

a. 弯曲刚度

箱梁纵向弯曲变形的同时，在横向也产生弯曲变形，横向梁格弯曲刚度为 EI_x。其中，I_x 为横向梁格所代表的截面对 x 中性轴惯矩。

若横向梁格内包括横隔板,则惯性矩应计入横隔板影响。如图 7-3-12 所示,每单位宽度内抗弯刚度为:

$$EI_x = E(h'^2 d' + h''^2 d'') = \frac{E h^2 d' d''}{d' + d''} \quad (7\text{-}3\text{-}8)$$

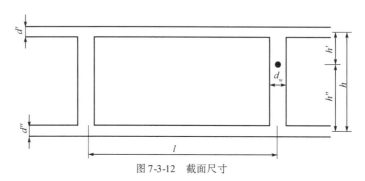

图 7-3-12 截面尺寸

b. 扭转刚度

对无中间横梁或有部分中间横梁的横向梁格,其抗扭刚度与纵向构件相似,为 GJ_y。其中,J_y 为梁格构件所代表的顶板、底板翼缘对 y 中性轴的惯性矩。

单位宽度扭转刚度:

$$GJ_y = 2G(h'^2 d' + h''^2 d'') = \frac{2 G h^2 d' d''}{d' + d''} \quad (7\text{-}3\text{-}9)$$

式中:d', d''——顶板和底板厚度;

h', h''——板中心到顶板和底板中心处的距离;

h——顶板和底板各自中心处的距离。

c. 剪切刚度

当箱梁结构仅有少数或没有横隔板时,则横贯格室的竖向力将导致顶板、底板和腹板发生局部扭转变形,即畸变。这种受力情况可以由剪切刚度较小的横向梁格来模拟,即选择横向梁格构件的剪切刚度,使箱梁承受同样的剪力时,梁格构件与实际结构产生同样的变形。

横向梁格构件等效剪切刚度:

$$GA_s = \left(\frac{d'^3 + d''^3}{l}\right) \cdot \frac{d_w^3 l}{[d_w^3 l + (d'^3 + d''^3) h] E} \quad (7\text{-}3\text{-}10)$$

式中:d', d''——箱室顶板和底板厚度;

d_w——腹板厚度;

h——箱室高度;

l——箱室宽度。

若箱梁内有横隔板,A_s 中还应该包括横隔板面积。

7.4 计 算 实 例

某高速公路上的一座斜板桥。该桥上部结构采用 5×30m 预应力混凝土连续小箱梁，C40 混凝土，设计荷载为公路—Ⅰ级。主梁梁高 1.4m，桥梁宽度为 2×0.5m+11.75m，桥梁轴线与支承边的交角为 45°，下部结构采用柱式桥墩，桩基础。

主梁截面每幅都采用 4 片小箱梁的形式，箱梁梁高为 1.6m，箱梁采用预制安装，边梁预制宽 2.85m，中梁宽为 2.4m，湿接缝宽度为 0.75m，其他尺寸详见图 7-4-1 和图 7-4-2。纵向梁格划分简图如图 7-4-3 所示。

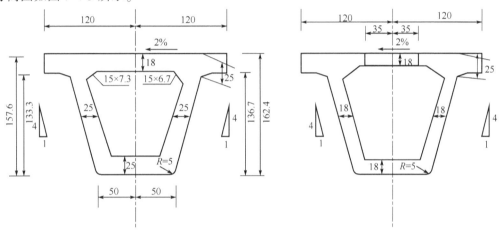

图 7-4-1　主梁支点和跨中截面图(尺寸单位:cm)

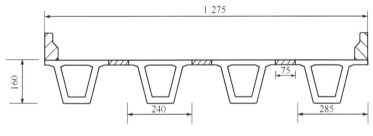

图 7-4-2　桥梁横截面布置图(尺寸单位:cm)

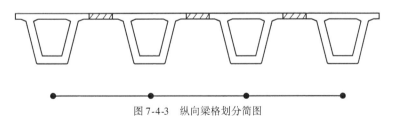

图 7-4-3　纵向梁格划分简图

1) 模型建立

利用有限元建立斜桥有限元模型，通过对斜桥的分析计算，以充分理解斜桥的力学性能。本例采用梁格法建立有限元模型，模型如图 7-4-4 所示。全桥共划分为 2 386 个单元，其中小箱梁用梁单元模拟,小箱梁之间的湿接缝采用虚拟横梁模拟。1号桥墩上方支座约束 x、y、z 方向平动以及 x、z 方向的转动,其余墩台上方支座约束 y、z 方向平动和 x、z 方向的转动。坐标轴方向如图7-4-4所示,以左钝角为坐标原点,桥跨方向为 x 轴正方向,垂直于桥跨指向左锐角方向为 y 轴正方向。为对比研究同时建立相同跨径的正桥模型,如图7-4-5所示。

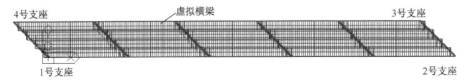

图7-4-4 斜桥有限元模型平面图

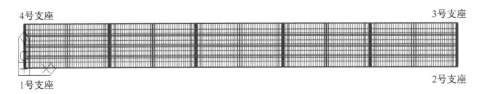

图7-4-5 正桥有限元模型平面图

2) 计算基本参数

(1) 结构自重:重度 $\gamma = 25\text{kN/m}^3$。

(2) 弹性模量:$E = 3.45 \times 10^7 \text{kN/m}^2$。

(3) 桥面铺装:10cm 沥青混凝土。

(4) 计算荷载:公路—Ⅰ级。

(5) 纵梁截面特性值。

每片箱梁纵向等效为1片板,如图7-4-3所示。虚拟横梁截面为宽1m、高0.18m的矩形截面,沿桥梁跨径方向均匀布置,间距为1m,虚拟横梁与纵梁正交。

纵梁惯性矩可根据箱梁横断面的中性轴计算求得。则:

抗弯惯性矩 $\qquad I_x = 0.3956\text{m}^4$

抗扭惯性矩 $\qquad J_x = 0.4503\text{m}^4$

虚拟横梁截面特性值:

抗弯惯性矩 $\qquad I_y = \dfrac{bh^3}{12} = \dfrac{1 \times 0.18^3}{12} = 4.86 \times 10^{-4}(\text{m}^4)$

抗扭惯性矩 $\qquad J_y = \dfrac{bh^3}{6} = \dfrac{1 \times 0.18^3}{6} = 9.72 \times 10^{-4}(\text{m}^4)$

3) 计算结果分析

(1) 结构内力

假设主梁为一次落架施工,图7-4-6为斜桥模型在自重和二期荷载作用下的内力分析结果。

通过分析,将斜桥和正桥在恒载和活载作用下的内力最大值列入表7-4-1。

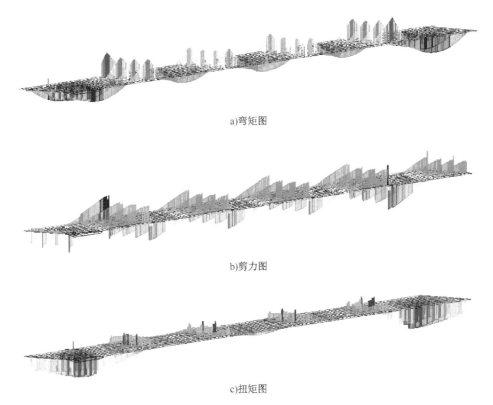

a)弯矩图

b)剪力图

c)扭矩图

图 7-4-6 恒载作用下内力图

正桥、斜桥在恒载和活载作用下内力最大值 表 7-4-1

桥型	内力	$M_y(+)$	$M_y(-)$	$Q_z(+)$	$Q_z(-)$	$M_x(+)$	$M_x(-)$
斜桥	自重	2 056.2	-3 021.6	652.9	-667.0	512.1	-267.1
	二期	1 249.2	-1 875.8	384.7	-393.3	293.6	-171.3
	汽车中载	1 679.1	-1 422.1	551.7	-553.5	398	-243.1
	汽车偏载	2 338.8	-2 030.2	667.5	-590.1	557	-319.8
正桥	自重	2 388.1	-3 207.5	622.7	-622.7	0	0
	二期	1 300.3	-1 827.6	373.4	-373.4	0	0
	汽车中载	1 908.5	-1 487.2	517.5	-517.5	223.5	-223.5
	汽车偏载	2 387.6	-1 921.6	589	-589	393.6	-393

注：M_y表示弯矩(kN·m)，Q_z表示剪力(kN)，M_x表示扭矩(kN·m)。

由恒载作用下内力图 7-4-6 可以看出弯矩最大值发生在该跨的跨中位置，剪力最大值在支点附近，这和正桥规律一样，由表 7-4-1 可以看出，正桥在恒载作用下没有扭矩，而斜桥在恒载作用下产生了较大的扭矩，斜桥的最大弯矩值较正桥小；由图 7-4-6a)看出，斜桥的弯矩值沿板宽分布不是均匀的。

(2)支点反力

将斜桥和正桥在恒载和活载作用下的支座反力列入表 7-4-2。

正桥、斜桥在恒载和活载作用下支座反力值(kN)　　　表 7-4-2

桥型	反力	1号支座(钝角)		2号支座(锐角)		3号支座(钝角)		4号支座(锐角)	
斜桥	自重	628.9		281.1		631.9		280.7	
	二期	328.5		156.8		363.8		102.2	
正桥	自重	465.2		465.2		465.2		465.2	
	二期	262.8		262.8		262.8		262.8	
桥型	反力	1号支座(钝角)		2号支座(锐角)		3号支座(钝角)		4号支座(锐角)	
		$R(+)$	$R(-)$	$R(+)$	$R(-)$	$R(+)$	$R(-)$	$R(+)$	$R(-)$
斜桥	汽车中载	249.4	-118.3	40	-66.4	248	-117.9	39.8	-66.1
	汽车偏载	58.7	-98.3	16.5	-80.1	809.2	-127.2	588.3	-30.3
正桥	汽车中载	116.8	-51	117	-51.1	117	-51.1	117	-51.1
	汽车偏载	8	-73.5	7.6	-73.2	666.1	-51	666.1	-51

由表 7-4-2 可知,斜桥在恒载作用下反力值在钝角处较大,锐角处较小,在汽车荷载作用下有相同的现象。

(3)结构挠度

如表 7-4-3 所示,主梁最大竖向位移计算结果表明在自重以及外荷载作用下,斜桥的边跨、中跨最大竖向位移相比于直桥要小。通过对比分析,不难发现,位移相比于弯矩对计算跨径更为敏感。

正桥、斜桥在恒载和活载作用下挠度最大值(mm)　　　表 7-4-3

桥　型	内　力	$\omega(+)$	$\omega(-)$
斜桥	自重	9.228	0
	二期	4.176	0
	汽车中载	0.997	-0.244
	汽车偏载	1.245	-0.254
正桥	自重	11.746	-0.540
	二期	5.313	-0.248
	汽车中载	3.366	-0.051
	汽车偏载	3.389	-0.991

注:$\omega(+)$表示向下的挠度,$\omega(-)$表示向上的挠度。

本章参考文献

[1] 范立础.桥梁工程(上册)[M].3 版.北京:人民交通出版社有限公司,2017.
[2] 李国豪,石洞.公路桥梁荷载横向分布计算[M].北京:人民交通出版社,1987.
[3] 贺拴海.桥梁结构理论与计算方法[M].2 版.北京:人民交通出版社股份有限公司,2017.
[4] 贺拴海,谢仁物.公路桥梁荷载横向分布计算方法[M].北京:人民交通出版社,1996.
[5] 邵旭东,等.桥梁工程[M].6 版.北京:人民交通出版社有限公司,2023.
[6] 宋一凡.公路桥梁荷载试验与结构评定[M].北京:人民交通出版社,2002.

第8章
弯桥

随着我国公路及城市道路建设的蓬勃发展,涉及弯桥的设计逐渐增多,弯桥的出现大致归为两个原因:一是跨越地形地物的需要,山区道路的展线一般要顺应地形,因此路线设计以曲线为主,尤其是高等级公路对线形要求较高,不可避免地要出现大量弯桥(图8-0-1);二是线路设计的需要,在高速公路或城市立交的出口或转向,将会常出现弯桥或匝道弯桥(图8-0-2)。

图8-0-1 漳龙高速公路

图8-0-2 北京四元桥

弯桥相对于直桥而言,由于主梁的平面弯曲使得下部结构墩柱的支承点不在同一条直线上,从而造成弯桥的受力状态与直桥有着很大差别,构成了其独有的弯、剪、扭共同作用的受力特点。本章将具体介绍弯桥的基本概念、受力特点及计算方法。

8.1 弯桥的基本概念及分类

8.1.1 基本概念

弯桥是相对于直桥而言的,它是指在水平面内轴线为曲线的桥梁,曲线包括圆曲线、抛物线、悬链线、缓和曲线等单曲线,还包括由两种及以上单曲线圆滑连成的复曲线。除非特别指出,本书所指弯桥均为圆曲线桥。

8.1.2 弯梁桥分类

弯梁桥可以从形状、材料和截面形式等方面进行分类。

1)按平面形状分类

按平面形状分类,可分为扇形弯梁桥[图8-1-1a)]和斜交弯梁桥[图8-1-1b)、c)]。

如果设想扇形弯梁桥为正交弯梁桥时,则可以把图8-1-1b)、c)类比成斜交弯梁桥。扇形弯梁桥是研究弯梁桥的最基本形状。

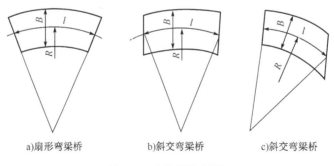

a)扇形弯梁桥　　b)斜交弯梁桥　　c)斜交弯梁桥

图8-1-1　弯梁桥平面形状

2)按材料种类分类

按材料种类分类,可以分为钢弯梁桥、钢筋混凝土弯梁桥、预应力混凝土弯梁桥、组合弯梁桥。在美国和日本等采用组合梁桥较多,我国主要采用钢筋混凝土弯梁桥和预应力混凝土弯梁桥结构。

3)按横截面形式分类

按横截面形式分类,可分为弯板、弯T梁、弯I梁和弯箱梁等横截面形式,其中,箱形截面具有较大的抗扭刚度,是目前弯桥采用较多的截面形式。

8.2 弯桥的受力特点与计算

8.2.1 弯桥的受力特点

弯桥最主要的受力特点是,当梁截面在发生竖向弯曲时,由于曲率的影响,必然产生扭转,而这种扭转作用又将导致梁的挠曲变形,这被称之为"弯-扭"耦合作用,这一作用使弯桥具有以下各项受力特点:

(1)由于弯扭耦合,弯桥的变形比同样跨径直线桥要大,外边缘的挠度大于内边缘的挠度,而且曲率半径越小、桥越宽,这一趋势越明显。

(2)弯桥即使在对称荷载作用下也会产生较大的扭转,通常会使外梁超载、内梁卸载,内外梁产生应力差别。

(3)弯桥的支点反力与直线桥相比,有曲线外侧变大、内侧变小的倾向,内侧甚至产生负反力,当曲率半径小、恒载较小时,在设计上应注意控制内侧支点的负反力,必要时应在构造上采取相应的措施,设置拉压支座,同时应防止外侧支座超载。

(4)弯桥的中横梁,除具有直线桥中的功能外,还是保持全桥稳定的重要构件,与直线桥相比,其刚度一般较大。

(5)弯桥中预应力效应对支反力的分配有较大影响,计算支座反力时必须考虑预应力效应的影响。

8.2.2 影响弯桥受力特性的主要因素

除了影响直线桥受力特性的因素(如跨长、抗弯刚度)外,与弯桥有关的主要因素如下。

1)圆心角 φ_0

主梁的弯曲程度是影响弯桥受力特性最重要的因素,但是曲率半径并不能全面地反映弯曲程度。曲率半径相同时,跨径越大,弯曲程度越大。能全面反映主弯曲程度的参数是圆心角,它是跨长与半径的比值,反映了与跨径有关的相对弯曲关系。如果桥梁跨长一定,主梁圆心角的大小就代表了梁的曲率,圆心角越大,曲率半径就越小,所显示的弯桥的受力特点就越明显。设有一根超静定简支曲线梁,如图8-2-1所示。

根据理论推导,跨中截面的挠度影响线 η_{cp}^{ω} 可表达为:

$$\eta_{cp}^{\omega} = \omega\left(\varphi_z = \frac{\varphi_0}{2}, P = 1\right) = \frac{r^3}{EI}(c_{10} + kc_{11}) \tag{8-2-1}$$

式中:c_{10},c_{11}——与圆心角 φ_0、单位力作用位置 φ_P 有关的系数,其中,c_{10} 与扭转无关,c_{11} 与扭转有关;

r——梁的曲率半径;

k——弯扭刚度比,$k = EI/GJ$。

图 8-2-2 是 c_{10}、c_{11} 与 φ_0 的关系曲线。由图中可以看出,当圆心角 φ_0 较小时($\varphi_0 \leqslant 22.5° \sim 30°$),和扭转相关的系数 c_{11} 极小,也即当 $\varphi_0 \leqslant 22.5° \sim 30°$ 时,可以忽略扭转作用对挠度的影响;换言之,此时容许把曲梁近似地当作直梁来处理。但值得注意的是,以上仅指一根单梁而

言。另据 F. 莱昂哈特指出,当 $\varphi_0 \leq 50°$ 时,截面的纵向弯矩可足够精确地取跨径为 $l = r \cdot \varphi_0$ 的直线梁进行计算。

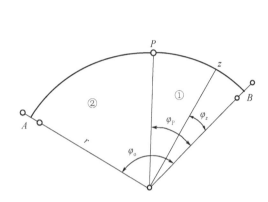

图 8-2-1 集中荷载 P 作用下的变形计算

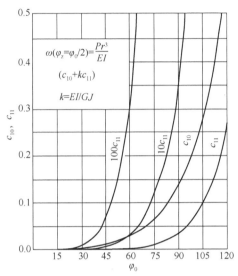

图 8-2-2 跨中截面挠度与 φ_0 的关系曲线

图 8-2-3 是三跨连续弯梁在 $P=1$ 作用下的内力影响线,从图中可以看出,在 $P=1$ 作用下,弯矩和剪力影响线的形状和直桥相似,且圆心角 φ_0 较小时数值也较接近,但是扭矩比直桥大得多;随着 φ_0 的增大,各项内力均增大,说明在相同跨径下,弯桥的内力要比直桥大。

2) 桥梁宽度与曲率半径之比

偏心布置在桥面上的汽车荷载将产生扭矩,由于弯扭耦合作用又将产生弯矩。如图 8-2-4 所示是三跨连续弯梁在 $T=1$ 作用下的内力影响线。从图中可以看出,除剪力影响线外,弯矩影响线比直桥大得多,说明偏心荷载对弯桥的内力有较大影响,因此在进行弯桥计算时,除考虑 φ_0 外,还应充分考虑桥梁宽度的因素。

当桥宽较大、曲率半径较小时,还应注意曲梁内外弧长相差较大,因此,外侧恒载比内侧大得多,即使是对称截面,恒载也会产生向曲线外侧翻转的均布力矩。

3) 弯扭刚度比 $k = EI/GJ$

弯梁桥中的弯扭刚度比对结构的受力状态和变形状态有着直接的关系。从图 8-2-2 中可以看出,当集中荷载 P 作用下的超静定简支曲线梁,在 k 为 1、10、100 时所得到的三根曲线 c_{11}、$10c_{11}$ 和 $100c_{11}$,也即 k 值愈大,则由于曲率因素而导致的扭转变形显著增大。因此,对于弯梁桥而言,在满足竖向变形(抗弯刚度 EI)的前提下,宜尽可能地减小 EI 值,增大 GJ 值。所以在曲线桥梁中,宜选用低高度梁和抗扭惯性矩较大的箱形(封闭形)截面。

4) 扇性惯性矩 EI_ω

严格地说,曲梁除圆形或正方形的截面外,变形后截面不能保持为平面,在结构分析中应考虑薄壁效应,但对于混凝土结构,薄壁效应并不明显,且一般箱形梁的形状接近于正方形,如果 $k = L\sqrt{GJ/(EI_\omega)} \geq 30$,则横截面的翘曲变形不大,可以不考虑薄壁效应。

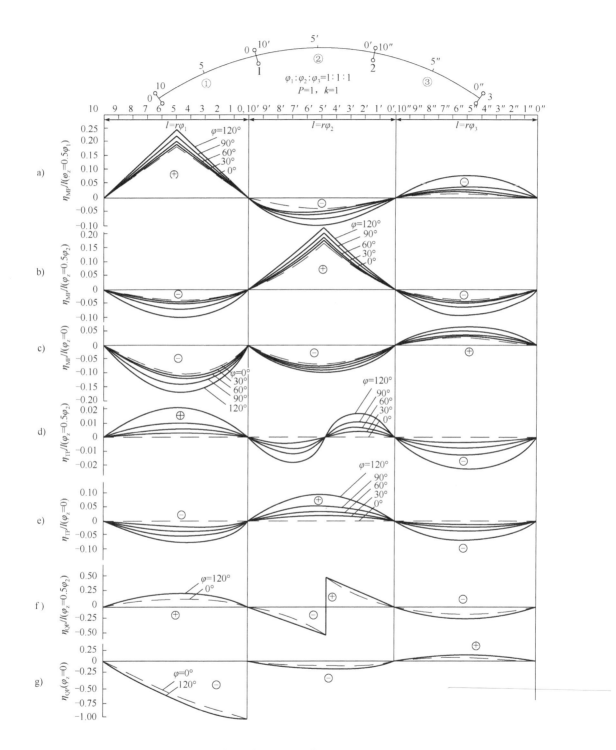

图 8-2-3 三跨连续弯梁在 $P=1$ 作用下的内力影响线

a) 截面 5 弯矩影响线; b) 截面 5′ 弯矩影响线; c) 截面 0 弯矩影响线; d) 截面 5′ 扭矩影响线; e) 截面 0 扭矩影响线; f) 截面 5′ 剪力影响线; g) 截面 0 剪力影响线

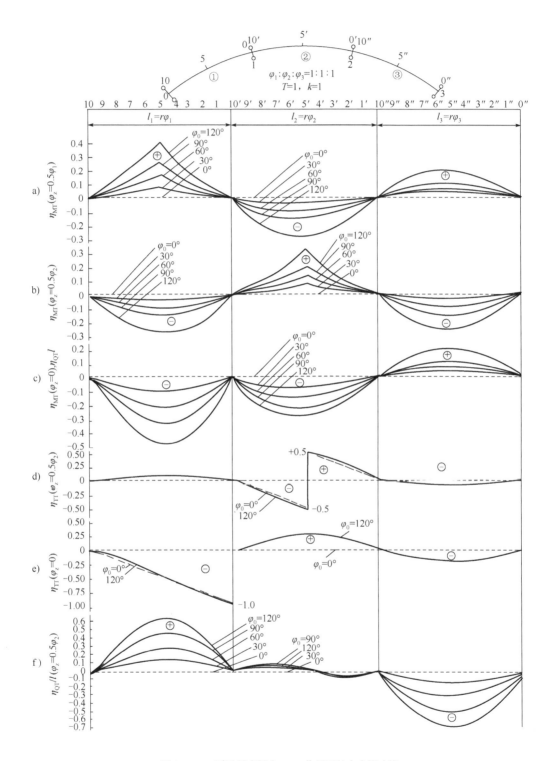

图 8-2-4 三跨连续弯梁在 $T=1$ 作用下的内力影响线

a) 截面 5 弯矩影响线；b) 截面 5′弯矩影响线；c) 截面 0 弯矩影响线；d) 截面 5′扭转影响线；e) 截面 0 扭矩影响线；f) 截面 5′剪力影响线

8.2.3 弯桥的支承布置

1) 竖向支承布置

对于单跨弯桥,可以采用多种形式,如简支静定结构、简支超静定结构(图 8-2-5),还可以采用两端均完全固结的支承形式。对于连续弯桥,从理论上讲,所有支承均可以采用点铰支承,但是在荷载作用下,梁端将产生扭转变形,从而在梁端与桥台背墙间产生上下相对变形,这将导致伸缩缝的破坏,为了保证伸缩缝正常工作,一般在两端的桥台设置能抵抗外扭矩的抗扭支座,中间支承可以采用抗扭支承或点铰支承或交替使用两种支承形式[图 8-2-5c)、d)、e)]。

图 8-2-6 显示了圆心角为 90°的单跨梁,在均布荷载 q 作用下的扭矩 $M_T(\varphi)$,其支承条件为:a)纵向弯曲无嵌固;b)纵向弯曲单侧嵌固;c)纵向弯曲双侧嵌固。从图中可以看出,约束条件 a)下的扭矩远大于 b)和 c),说明改变支承条件是调整结构内力的有效方法之一。本例中仅对弯曲进行了约束,由于弯扭耦合作用,支承断面的扭矩却减小了许多。静定形式的简支弯桥在实际中是不可取的,因为不抗扭的梁端将产生扭转变形,这给设置伸缩缝带来困难。采用何种支承形式,应根据具体设计条件而定。

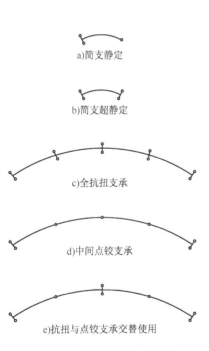

图 8-2-5 弯桥的支承布置形式

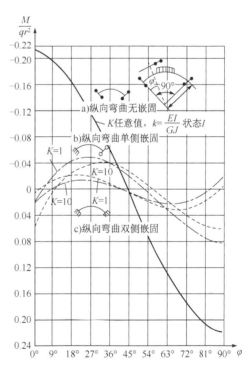

图 8-2-6 圆心角为 90°的单跨梁在均布荷载 q 作用下的扭矩 $M_T(\varphi)$

又如图 8-2-7 所示的一座双跨连续弯梁桥,每跨圆心角为 60°,设在中间支承处采用三种图式:①各向可转动的球铰支座;②横向刚接,纵向铰接;③纵横向均为弹性固结。其在均布荷载和集中荷载作用下的弯矩图和扭矩图的对比情况见图 8-2-8 和图 8-2-9。

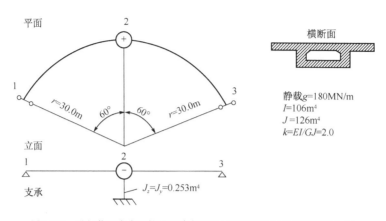

图 8-2-7 进行截面内力比较的两跨弯梁桥(中间支承采用三种不同形式)
1-各向可转；2-横向刚接,纵向铰接；3-纵横向均弹性支承

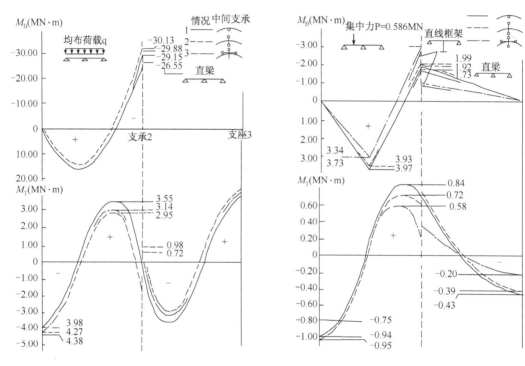

图 8-2-8 半边均布荷载下双跨梁的弯矩和扭矩   图 8-2-9 集中力作用下双跨梁的弯矩和扭矩

从图 8-2-8 和图 8-2-9 可以看出：三种支承形式对弯矩的影响很小,对扭矩的分布和峰值影响也不大,主要对支承附近断面的扭矩有一些影响。因此,对于连续弯桥,特别是在曲率半径较小的情况下,中间桥墩可以采用独柱墩,这样,在不大量增加上部结构造价的情况下节省了下部结构的造价。

由于连续弯桥中间支承采用独柱墩,不但可以节省工程造价,还可以改善桥下视野,因此在城市立交的匝道中被广泛采用。但是,在曲率半径较大时,中间采用独柱墩与采用双柱墩,虽然弯矩与剪力差别不大,但扭矩是有明显区别的。曲率半径较大时弯扭耦合作用减小,如果中间均设独柱墩,活载偏心所产生的扭矩大部分传递到相邻孔,所有中间孔的扭矩最终累积到梁端的抗扭支承上,曲率半径越小传递到端支承的扭矩越小。而匝道桥的宽度一般较小,端支座的间距不大,较大的扭矩将使某一侧的端支座产生上拔力,如没有特殊措施,将使支座脱空,同时,靠近端支承的梁体也要承受较大的扭矩。因此,在曲率半径较小时不宜设计中间独柱墩的多跨连续梁,尤其是在较宽的直桥上不应设置多跨中间独柱墩。

在独柱墩较高的情况下,可以采用墩梁固结的构造,充分利用桥墩的柔性来适应上部结构的变形要求,省去价格昂贵的支座,同时简化了墩梁连接处的施工,从而获得较好的经济效益。但是在设计墩梁固结桥梁时必须考虑上部结构对桥墩受力的影响,保证桥墩有足够的强度。

在中间独柱墩点铰支承连续弯梁中,上部结构的扭矩不能通过这些点铰支承传递到基础上去,但是如果给予中间点铰支承以横向偏心,就可以达到调整扭矩分布的目的。这可以从图 8-2-10 看出,由于中间支座的偏心,支承反力在截面上就会产生附加集中力矩 $\Delta T_i = e_{ci} X_i$,中间支点偏心的组合就可以在曲梁上作用一组扭矩,从而调整扭矩的分布。经过推导分析,在偏心距相对于曲率半径较小时($e_c/R < 0.04$),因支座偏心而产生的附加力矩 ΔT_i 与偏心距 e_{ci} 大致呈线性关系:

$$\Delta T_i \approx C_1(e_{ci}/R) \tag{8-2-2}$$

式中:C_1——与结构形状、荷载种类、第 i 个支承所在的位置有关的系数。

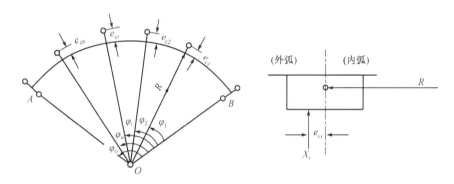

图 8-2-10 单点铰支承预偏心布置

支座偏心调整只能调整整跨扭矩图的分布,对某一跨的扭矩峰值差影响很小。因为,对于直桥,某一支座偏心引起的扭矩图是直线形的,它对相邻桥跨扭矩只起到平移作用;虽然对于弯桥,由于弯扭耦合,支座偏心引起的扭矩图是曲线形的,但每跨的圆心角不大时,每跨内由于弯扭耦合作用引起的扭矩差值并不大,因此,支座偏心调整对某一梁跨的扭矩峰值差影响很小。

2)水平约束的布置

弯桥的平面内变形可以分为两种性质:一是由温度变化和混凝土收缩所引起的变形属于弧段膨胀或缩短性质[图 8-2-11a)],变形后圆心角不变,曲率半径由 $r_0 \to r$;二是由预加力和混凝土徐变引起的属于切向变形[图 8-2-11b)],其曲率半径不变,圆心角由 φ_0 变为 φ。后者没有横桥向的变形,与通常的支座和伸缩缝布置不矛盾;但是温度变化和收缩在各活动支座处引起纵桥向和横桥向的变形,给伸缩缝的活动带来困难。

为了限制横向变形,桥墩台将承受很大的横向水平力,必然增加下部结构的造价,同时主梁也要承担一定的横向弯矩。如果所有中间桥墩均设置多向活动支座(图 8-2-12),而在活动端仅限制径向位移,允许发生切向位移和平面扭转,经计算分析,径向约束力可显著减小,同时下部结构承担的横桥向弯矩也大大降低,而活动端的平面旋转角极小。对于如图 8-2-12 所示的上海南浦大桥引桥曲梁只有 $-0.0133° \sim 0.0176°$,这对于使用橡胶型伸缩缝不会有困难。

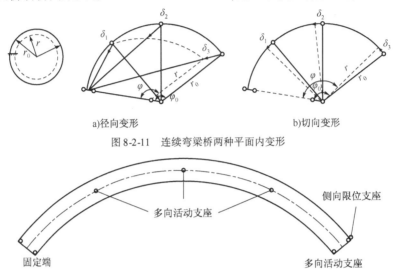

a)径向变形　　　　　　　　　　b)切向变形

图 8-2-11　连续弯梁桥两种平面内变形

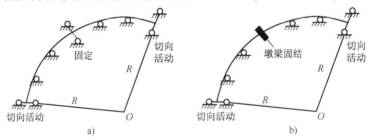

图 8-2-12　南浦大桥东引桥连续曲梁支承布置

综上所述,结合国内外的理论研究和设计经验,建议在布置连续曲梁桥的支座时,参考以下几点意见:

(1)一般宜在两端的桥台上设置能使桥面结构作切线方向位移的抗扭支座,正中桥墩上的抗扭支座应是固定的,这一方面是为了满足因温度、收缩和预应力张拉等因素产生的变位,另一方面可以保证伸缩缝免遭破坏。

(2)抗扭支座可以每间隔 3~4 跨布置一个,除了固定支座以外,所有其余抗扭支座均能作切向位移,并且还要将它们固定在具有足够横向(径向)抗弯刚度的桥墩上(双柱式墩或薄壁墩),对于其余各支点,则可以采用在独柱式墩上布置单点铰支座,如图 8-2-13a)所示。

(3)也可以将桥跨中间的一个支点设计成墩梁固结的形式。其余支点仍为单点铰支座,但此时两端桥台上的抗扭支座都应具有作切向位移的功能,如图 8-2-13b)所示。

图 8-2-13　连续弯梁桥支座布置方式

(4)为了达到人为地调整梁内扭矩分布的目的,对于中间各个单点铰支座,可以分别给予一定的预偏心,如图 8-2-10 所示。

(5)采用图 8-2-13a)的支座布置方式,虽然可以限制连续弯梁桥只能作切向位移,但当温度升高时,由于弯梁桥所固有的温度位移性质[图 8-2-11a)],势必对每个抗扭支座产生径向

压力 H_{zw} 和水平面内的弯矩 M_{zw} ,而使梁内产生水平面内的内力,如图 8-2-14 所示。因此,在这种情况下,上部结构的桥面不宜太宽,以降低横向抗弯刚度来适应平面内的弯曲。当桥面宽度较大时,宜设计成分离而并列的两座窄桥,同时还应对这些支座的水平方向受力情况做必要的验算。

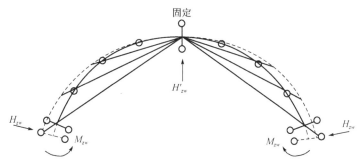

图 8-2-14 连续弯梁桥升温的变位趋势

8.2.4 弯桥的设计计算

1) 弯桥的变形微分方程

图 8-2-15 所示弧段为流动坐标系 xyz 中的曲梁微段,z 轴沿曲梁的切线方向,x 轴沿半径方向,y 轴向下。弧段上作用有任意分布力 q_x、q_y、q_z 和任意分布力矩 m_x、m_y、m_z,截面上有六个方向的内力,即轴力 N、剪力 Q_x 和 Q_y、弯矩 M_x 和 M_y、扭矩 T。利用三个力和三个力矩方向内外平衡,可以推导出曲梁的静力平衡微分方程如下:

$$\frac{\partial M_y}{\partial z} + Q_x + m_y = 0 \tag{8-2-3}$$

$$\frac{\partial Q_x}{\partial z} + \frac{N}{R} + q_x = 0 \tag{8-2-4}$$

$$\frac{\partial N}{\partial z} - \frac{Q_x}{R} + q_z = 0 \tag{8-2-5}$$

$$\frac{\partial M_x}{\partial z} + \frac{T}{R} - Q_y + m_x = 0 \tag{8-2-6}$$

$$\frac{\partial T}{\partial z} - \frac{M_x}{R} + m_z = 0 \tag{8-2-7}$$

$$\frac{\partial Q_y}{\partial z} + q_y = 0 \tag{8-2-8}$$

上述六个平衡方程消去 N、Q_x、Q_y 后可以简化为:

$$\frac{\partial^3 M_y}{\partial z^3} + \frac{1}{R^2}\frac{\partial M_y}{\partial z} = \frac{\partial q_x}{\partial z} - \frac{\partial^2 m_y}{\partial z^2} - \frac{q_z}{R} - \frac{m_y}{R^2} \tag{8-2-9}$$

$$\frac{\partial^2 M_x}{\partial z^2} + \frac{1}{R}\frac{\partial T}{\partial z} = -q_y - \frac{\partial m_x}{\partial z} \tag{8-2-10}$$

$$\frac{\partial T}{\partial z} - \frac{M_x}{R} = -m_z \tag{8-2-11}$$

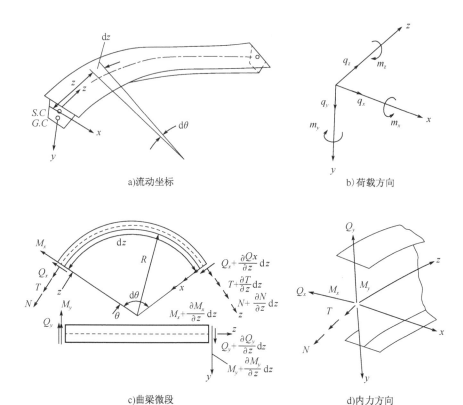

图 8-2-15 流动坐标系中的曲梁微段

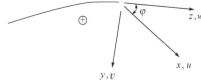

图 8-2-16 曲梁的位移和扭角

曲梁轴线上任意点在 xyz 方向的位移分别为 u、v、w，梁的扭角为 φ（图8-2-16）。曲梁的几何方程为：

$$k_y = \frac{d^2 u}{dz^2} + \frac{u}{R^2} \tag{8-2-12}$$

$$k_x = \frac{d^2 v}{dz^2} - \frac{\varphi}{R} \tag{8-2-13}$$

$$k_z = \frac{d\varphi}{dz} + \frac{1}{R}\frac{dv}{dz} \tag{8-2-14}$$

式中：k_y, k_x——绕 x、y 轴的曲率；

k_z——绕 z 轴的扭转曲率。

对于弹性材料，考虑截面内力与应变之间的关系，并将式(8-2-12)~式(8-2-14)代入得：

$$M_y = EI_y k_y = EI_y \left(\frac{d^2 u}{dz^2} + \frac{u}{R^2} \right) \tag{8-2-15}$$

$$M_x = -EI_x k_x = -EI_x \left(\frac{d^2 v}{dz^2} - \frac{\varphi}{R} \right) \tag{8-2-16}$$

$$T = -EI_\omega \frac{d^2 k_z}{dz^2} + GJ k_z$$

$$= -EI_\omega \left(\frac{d^3 \varphi}{dz^3} + \frac{1}{R}\frac{d^3 v}{dz^3} \right) + GJ \left(\frac{d\varphi}{dz} + \frac{1}{R}\frac{dv}{dz} \right) \tag{8-2-17}$$

式中：E,G——弹性模量和剪切模量；

I_x,I_y——绕 x,y 轴的抗弯惯性矩；

J——绕 z 轴的抗扭惯性矩；

I_ω——截面的扇性惯性矩。

将式(8-2-15)~式(8-2-17)代入式(8-2-9)~式(8-2-11)，即可得描述曲梁位移、扭角与外荷载关系的基本微分方程，即符拉索夫方程：

$$EI_y\left(u^V + \frac{2}{R^2}u''' + \frac{1}{R^4}u'\right) = \frac{\partial q_x}{\partial z} - \frac{\partial^2 m_y}{\partial z^2} - \frac{q_z}{R} - \frac{m_y}{R^2} \tag{8-2-18}$$

$$\frac{EI_\omega}{R}v^{IV} - \frac{EI_x + GJ}{R}v'' + EI_\omega\varphi^{IV} - GJ\varphi'' + \frac{EI_x}{R^2}\varphi = m_z \tag{8-2-19}$$

$$\left(EI_x + \frac{EI_\omega}{R^2}\right)v^{IV} - \frac{GJ}{R^2}v'' + \frac{EI_\omega}{R}\varphi^{IV} - \frac{EI_x + GJ}{R}\varphi'' = q_y + \frac{\partial m_x}{\partial z} \tag{8-2-20}$$

符拉索夫方程的意义在于它从理论上揭示了曲梁平面弯曲变形、竖向挠曲变形和扭转之间的关系。曲梁的平面弯曲变形 u 可以由式(8-2-18)独立求出，而竖向挠度 v 和转角 φ 必须由式(8-2-19)和式(8-2-20)联立求解，说明曲梁竖向弯曲和扭转是耦合的。因此，在平面内荷载作用下的曲梁可以按照拱的理论进行单独分析，而把分析重点放在出平面的荷载上。对于实际结构，上述微分方程的求解很难，符拉索夫方程直接应用于弯桥设计分析有一定的难度。

弯桥力学分析计算方法很多，但是目前常见的方法主要有两类：

一类是把弯桥模拟成一根单曲梁，采用纯扭转或约束扭转理论计算，横截面内力分析采用横向分布理论。这种方法力学概念清晰，计算简单，与直线桥的分析方法类似，但是该方法对于变截面、变半径弯桥的分析有较大困难，且弯桥横向分布理论还有很大的局限性。

另一类是数值计算方法，如有限元、有限条法等，单元形式主要有梁单元、板单元等。目前设计计算较多采用梁格法，梁格单元可以采用直梁单元或曲梁单元，该方法计算工作量较小，也能较准确地模拟实际结构，且计算结果为截面内力，比较适合于目前的截面设计理论。采用板单元或有限条等方法可以较精确地模拟结构的受力行为，但是计算工作量大，且计算结果大多为应力，比较适合于进行结构的力学研究。

弯桥的内力计算包括恒载内力计算和活载内力计算，恒载内力的计算方法有结构力学法，活载内力的计算方法有刚性横梁法、刚接梁法、比拟正交异性板法，而有限元理论的曲线梁格法则同时可以用于计算恒载内力和活载内力。

2）弯桥的恒载内力计算方法（结构力学方法）

按照杆件系统的结构力学方法是计算单根曲梁最早采用的方法。根据变形后截面是否保持平面可分为单纯扭转和约束扭转理论两种。理论计算和试验结果证实，在钢筋混凝土弯箱梁桥中，截面翘曲的影响不超过 $5\% \sim 10\%$，故一般可按单纯扭转理论来分析。

（1）简支静定曲梁的内力

简支静定曲梁的内力可以由静力平衡求得。对如图 8-2-17 所示曲梁，截面 φ_z 在均布荷载 q 和均布扭矩 t 作用下的内力为：

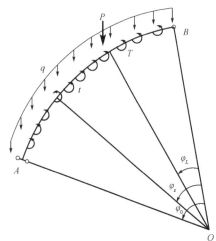

图 8-2-17 简支静定曲梁

$$M_z^0(q+t) = (qr+t)r\sin\varphi_z\left(\tan\frac{\varphi_0}{2} - \tan\frac{\varphi_z}{2}\right) \tag{8-2-21a}$$

$$T_z^0(q+t) = (qr+t)r\sin\varphi_z\left(1 + \tan\frac{\varphi_0}{2}\tan\frac{\varphi_z}{2}\right) - qr^2\varphi_z \tag{8-2-21b}$$

$$Q_z^0(q+t) = -(qr+t)\tan\frac{\varphi_0}{2} + qr\varphi_z \tag{8-2-21c}$$

截面 φ_z 在集中荷载 P 和集中扭矩 T 作用下的内力如下：

当 $0 \leqslant \varphi_z \leqslant \varphi_L$ 时：

$$M_z^0(P+T) = (Pr+T)\frac{\sin(\varphi_0 - \varphi_L)}{\sin\varphi_0}\sin\varphi_z \tag{8-2-22a}$$

$$T_z^0(P+T) = (Pr+T)\frac{\sin(\varphi_0 - \varphi_L)}{\sin\varphi_0}(1 - \cos\varphi_z) \tag{8-2-22b}$$

$$Q_z^0(P+T) = -(Pr+T)\frac{\sin(\varphi_0 - \varphi_L)}{r\sin\varphi_0} \tag{8-2-22c}$$

当 $\varphi_L \leqslant \varphi_z \leqslant \varphi_0$ 时：

$$M_z^0(P+T) = (Pr+T)\frac{\sin(\varphi_0 - \varphi_L)}{\sin\varphi_0}\sin\varphi_L \tag{8-2-22d}$$

$$T_z^0(P+T) = (Pr+T)\frac{\sin(\varphi_0 - \varphi_L) + \cos(\varphi_0 - \varphi_z)\sin\varphi_L}{\sin\varphi_0} - Pr \tag{8-2-22e}$$

$$Q_z^0(P+T) = -(Pr+T)\frac{\sin(\varphi_0 - \varphi_L)}{r\sin\varphi_0} + P \tag{8-2-22f}$$

(2) 简支超静定曲梁内力

简支超静定曲梁为一次超静定结构，以简支静定曲梁为基本结构采用力法求解。图 8-2-18 所示曲梁，截面 φ_z 在均布荷载 q 和均布扭矩 t 作用下的内力为：

$$M_z^0(q+t) = (qr+t)r\sin\varphi_z\left(\tan\frac{\varphi_0}{2} - \tan\frac{\varphi_z}{2}\right) \tag{8-2-23a}$$

$$T_z(q+t) = (qr+t)r\left(\sin\varphi_z - \tan\frac{\varphi_0}{2}\cos\varphi_z\right) - qr^2\left(\varphi_z - \frac{\varphi_0}{2}\right) \tag{8-2-23b}$$

$$Q_z(q+t) = qr\left(\varphi_z - \frac{\varphi_0}{2}\right) \tag{8-2-23c}$$

其支反力为：

$$M_A(q+t) = M_B(q+t) = 0 \tag{8-2-24a}$$

$$T_A(q+t) = -T_B(q+t) = qr^2\left(\tan\frac{\varphi_0}{2} - \frac{\varphi_0}{2}\right) + tr\cdot\tan\frac{\varphi_0}{2} \tag{8-2-24b}$$

$$Q_A(q+t) = Q_B(q+t) = qr^2 \frac{\varphi_0}{2} \tag{8-2-24c}$$

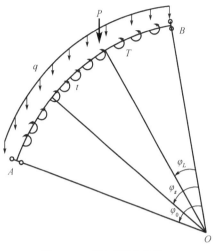

图 8-2-18 简支超静定曲梁

通过公式计算的计算分析可得:

①当 $\varphi_0 < 30°$ 时,曲梁的弯矩比相应跨长的直梁弯矩增大不到 2.8%。

②当 $\varphi_0 > 90°$ 时,曲率对弯矩有明显的影响。

③当 $\varphi_0 = 180°$ 时,弯矩和扭矩均趋向于无穷大,结构失稳。

④支座反力和剪力与直梁完全相同。

截面 φ_z 在集中荷载 P 和集中扭矩 T 作用下的内力如下:

当 $0 \leq \varphi_z \leq \varphi_L$ 时:

$$M_z(P+T) = (Pr+T) \frac{\sin(\varphi_0 - \varphi_L)}{\sin\varphi_0} \sin\varphi_z \tag{8-2-25a}$$

$$T_z(P+T) = -(Pr+T) \frac{\sin(\varphi_0 - \varphi_L)}{\sin\varphi_0} \cos\varphi_z + Pr\left(1 - \frac{\varphi_L}{\varphi_0}\right) \tag{8-2-25b}$$

$$Q_z(P+T) = -P\left(1 - \frac{\varphi_L}{\varphi_0}\right) \tag{8-2-25c}$$

当 $\varphi_L \leq \varphi_z \leq \varphi_0$ 时:

$$M_z(P+T) = (Pr+T) \frac{\sin(\varphi_0 - \varphi_L)}{\sin\varphi_0} \sin\varphi_L \tag{8-2-26a}$$

$$T_z(P+T) = (Pr+T) \frac{\cos(\varphi_0 - \varphi_z)}{\sin\varphi_0} \sin\varphi_L - Pr\frac{\varphi_L}{\varphi_0} \tag{8-2-26b}$$

$$Q_z(P+T) = P\frac{\varphi_L}{\varphi_0} \tag{8-2-26c}$$

(3) 简支超静定曲梁的变形

在均布荷载 q 作用下跨中截面的挠度为:

$$\omega = \frac{qr^4}{EI}\left[(1+2k)\left(1-\sec\frac{\varphi_0}{2}\right) + \frac{k\varphi_0^2}{8} + \frac{1+k}{4}\varphi_0\left(1+\tan^2\frac{\varphi_0}{2}\right)\sin\frac{\varphi_0}{2}\right] \tag{8-2-27}$$

集中荷载 P 作用在跨中时跨中截面的挠度为:

$$\omega = \frac{Pr^3}{2EI}\left[\frac{1+k}{4}(\varphi_0 - \sin\varphi_0)\sec^2\frac{\varphi_0}{2} - \frac{k\varphi_0}{2} + k\tan\frac{\varphi_0}{2}\right] \tag{8-2-28}$$

上述公式中,如果令 $r = \frac{l}{\varphi_0}$,$\varphi_0 \to 0$,即可求得跨径为 l 的简支直梁的跨中挠度公式。

(4) 连续曲梁的分析

连续曲梁的分析较多采用力法，一般取简支超静定曲梁作为基本结构。对于中间抗扭支承，取中间支点处弯矩 M_i 作为赘余力，而对于中间点铰支承，取支点反力 R_i 作为赘余力（图 8-2-19），利用各赘余力方向的变形协调条件求出赘余力，从而可以求得任意形状连续曲梁的内力和变形。以上所有计算都可以直接利用简支超静定曲梁内力和变形公式。如果所有中间支承均是抗扭支承，则力法方程具有类似于直桥的三弯矩方程的形式。

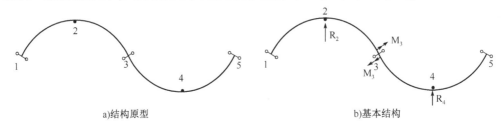

a) 结构原型　　　　　　　　　b) 基本结构

图 8-2-19　连续弯桥的分析图式

用结构力学方法分析曲梁仅适用于跨内等半径和等截面的情况，对于变曲率和变截面曲梁则很难推导出结构力学解析解。

3) 弯桥的活载内力计算方法（荷载横向分布计算）

在直线梁桥中，横向分布理论是分析桥梁荷载横向分布的有效方法。理论分析和试验结果证实，弯桥控制截面的控制内力与变形的精确影响面一般在纵、横方向均具有各自相似的变化规律，因此可以仿照直线桥的做法，采用横向分布方法进行弯桥设计计算。由于弯扭耦合作用，严格来说，弯桥的内力及位移横向分布与荷载的横向分布是不同的，但目前的计算方法仍沿用了荷载横向分布的概念。

由于弯扭耦合作用，无法采用对弯、扭分别求解而后叠加的方法，更不能忽略主梁的抗扭刚度，否则会导致太大的误差。因此在计算弯梁桥的横向分布时，不仅要考虑竖向力的横向分布，而且应考虑扭矩的横向分布。

关于弯梁桥的横向分布，国内外学者提出了许多方法，与直梁桥一样，具代表性且有较大实用价值的方法有如下三类：

① 刚性横梁法

刚性横梁法是直线梁桥中修正偏压法在弯梁桥上的推广。该法充分考虑了弯梁桥的弯扭耦合特性，将横梁视作支承在各片弯主梁上的刚度为无限大的连续刚体，这样在外荷载作用下横梁将像刚体一样一直保持直线形状。具体公式推导可参考范立础的《桥梁工程》。

② 刚接梁法

对于长宽比较大的弯梁桥采用刚性横梁法是完全可行的，但是工程上还会遇到长宽比相对较小的情况，此时弯梁桥的实际受力与刚性横梁法的假定相差较大，因此需要提出新的横向分布方法，刚接梁法即其中一种。

与直梁桥相似，刚接梁法是将弯梁桥上部结构看作主梁间相互刚接的弯梁系，解除主梁间的连接代之以赘余力，利用结构力学中分析超静定结构的力法来求解荷载横向分布。因此这一方法具有比较简易且工程技术人员较熟悉的特点，适合用于长宽比较小的许多形式（如板式、T形、I字形和分离式箱形截面等）弯梁桥跨中荷载横向分布的计算。国内很多学者发表了相关文献，具体可参考文献[2][3]。

③比拟正交异性板法

仿照直线梁桥的方法,对于多梁式或格子弯桥梁均可比拟成正交异性曲板进行分析。我国学者姚玲森等在文献[4][5]中分别对常截面和横向变截面弯梁桥的比拟正交异性曲板法作了较系统的论述。

4)基于有限元理论的曲线梁格法(适用于恒载、活载内力计算)

在空间分析方法中,梁格法是目前斜弯桥设计计算中常用的方法。它不仅适用于由主梁和横梁组成的格子梁桥,也适用于板式、肋板式及箱梁桥。其实质是用一个等效的梁格来代替梁上部结构,用矩阵位移法求解,因此不但可以进行纵桥向受力分析,也可以进行横向受力分析。

梁格法在弯桥分析中的应用已经有较多的研究及相应的计算程序,有的采用考虑翘曲作用的梁格理论,而大多数不考虑翘曲作用;有的采用曲杆梁格单元,也有的采用直梁格单元,把弯桥用折线来模拟。对于混凝土桥的工程设计,忽略翘曲影响可以满足精度要求。当梁格划分得足够细时(纵桥向每跨8个梁格以上),采用直梁单元的折线形梁格精度并不比曲杆梁格低,而直梁单元的计算工作量要小得多。

对于曲线梁格程序,一般纵向梁格采用曲杆单元,而横向梁格采用直杆单元。曲杆单元和直杆单元的单元刚度矩阵在很多文献中均有介绍,这里不再赘述。

对于箱梁结构,在我国《公路钢筋混凝土及预应力混凝土桥涵设计规范》(JTG 3362—2018)中推荐了三种精细化分析模型,即空间网格模型(图8-2-20)、折面梁格模型(图8-2-21)和7自由度梁单元模型。其中空间网格模型宜用于腹板间距不小于5m的混凝土箱梁;折面梁格模型宜用于单箱多室混凝土箱梁,7自由度梁单元模型宜用于位于曲线段的混凝土箱梁桥。在具体应用时候,空间网格模型宜满足下列要求:

(1)截面上各划分梁的宽度 b_n 不大于2m,工字形截面的翼缘宽度 b_f 不大于 $6h_f$。

(2)配有钢束的腹板截面,宜划分为一个腹板梁。当带平弯的预应力钢筋横向穿过多个划分梁时,宜将预应力效应计入预应力钢筋穿过最长距离的划分梁。

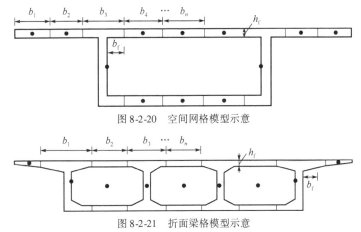

图8-2-20 空间网格模型示意

图8-2-21 折面梁格模型示意

折面梁格模型宜满足下列要求:

(1)截面上各划分梁的宽度 b_n 不大于3m,工字形截面的翼缘宽度 b_f 不大于 $6h_f$。

(2)配有钢束的腹板截面,宜仅划分为一个腹板梁。当带平弯的预应力钢筋横向穿过多个划分梁时,宜将预应力效应计入预应力钢筋穿过最长距离的划分梁。

8.3 计 算 实 例

弯桥大部分位于立交桥的匝道上,这里介绍一座位于某高速公路某互通 F 匝道桥。本桥上部结构采用 4×18m 现浇钢筋混凝土连续曲线箱梁,C50 混凝土,设计荷载为公路—Ⅰ级。中轴线处梁高为 1.3m,桥梁宽度为净 9.89m+2×0.5m,箱梁全长 72m;梁梁中轴线的曲率半径 $R=125$m。下部桥墩采用柱式墩,桥台采用肋式台,基础采用钻孔灌注桩基础。图 8-3-1 为该桥的总体布置图。

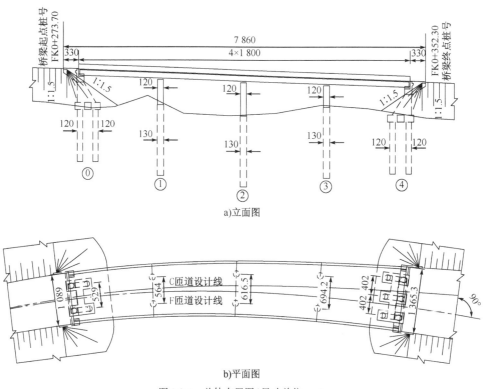

图 8-3-1 总体布置图(尺寸单位:cm)

弯梁桥在竖直荷载作用下,同时产生弯矩和扭矩,且两者相互耦合,致使在通常条件下,弯梁桥的挠曲变形要比同一跨径的直梁桥要大。因此,在选择主梁截面形式时,应具有较大的抗扭刚度。本桥采用单箱双室截面,不仅具有较大的抗扭刚度,而且具有良好的施工横向稳定性。主梁截面形式为单箱双室截面。其尺寸详见图 8-3-2。

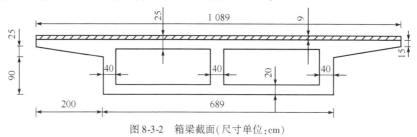

图 8-3-2 箱梁截面(尺寸单位:cm)

8.3.1 梁格的划分

1) 纵向梁格的划分

对于双格室上部结构,如图 8-3-3 所示,将箱梁切成工字梁,每一个工字梁的形心是在上部结构的主轴上,此种情况下,每一根梁计入三分之一的顶板和三分之一的底板,每根梁的惯性矩是上部结构总惯性矩的三分之一。

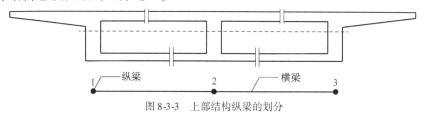

图 8-3-3 上部结构纵梁的划分

2) 横向梁格的划分

横向梁格设置应视结构的实际情况确定。本例桥梁跨径为 18m,分成 18 份,所以横格梁的宽度为 1m。在受力较大处的部位或内力突变区,如支点附近,应加密梁格网格,故将支点两侧横向梁格分成 0.5m 等宽梁格。梁格法建立的弯桥模型如图 8-3-4 所示。

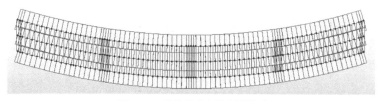

图 8-3-4 梁格法建立的弯桥模型

同时建了弯桥的实体模型与梁格法作对比,建立的实体模型如图 8-3-5 所示。

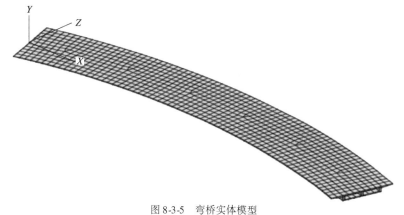

图 8-3-5 弯桥实体模型

8.3.2 截面特性计算

1) 纵梁截面特性

抗弯惯性矩:

$$I_{x1} = I_{x2} = I_{x3} = \frac{I}{3} = \frac{1.168}{3} \text{m}^4 = 0.4 \text{m}^4$$

每单位宽度的抗扭惯性矩为：

$$J_x = 2(h'^2 d' + h''^2 d'') = \frac{2h^2 d' d''}{d' + d''} \times 每单位宽度$$

$$= \frac{2 \times 107.5^2 \times 0.20 \times 0.25}{0.20 + 0.25} = 0.254 (\mathrm{m^4 \cdot m^{-1}})$$

在构件1、2、3中，格室宽度分别为1.623m、3.245m、1.623m。

$$J_{x1} = J_{x3} = 1.623 \times 0.254 = 0.412 (\mathrm{m^4})$$

$$J_{x2} = 3.245 \times 0.254 = 0.824 (\mathrm{m^4})$$

构件1、2、3的剪切面积等于腹板面积。

$$A_{S1} = A_{S2} = A_{S3} = 1.075 \times 0.4 = 0.43 (\mathrm{m^2})$$

2）横向构件截面特性

每单位宽度的抗弯惯性矩：

$$I_y = \frac{h^2 d' d''}{d' + d''} \times 每单位宽度$$

$$= \frac{107.5^2 \times 0.20 \times 0.25}{0.20 + 0.25} = 0.127 (\mathrm{m^4 \cdot m^{-1}})$$

每单位宽度的抗扭惯性矩：

$$J_x = 2(h'^2 d' + h''^2 d'') = \frac{2h^2 d' d''}{d' + d''} \times 每单位宽度$$

$$= \frac{2 \times 107.5^2 \times 0.20 \times 0.25}{0.20 + 0.25} = 0.254 (\mathrm{m^4 \cdot m^{-1}})$$

8.3.3 结果分析

（1）梁格法模型

梁格法模型的主要计算结果分析如图8-3-6和表8-3-1所示。

a) 弯矩图

b) 反力图

图 8-3-6

c)剪力图

d)位移图

图 8-3-6　内力和位移结果

梁格法弯桥在恒载作用下内力最大值　　　　　表 8-3-1

内力	$M_y(+)(kN·m)$	$M_y(-)(kN·m)$	$Q_z(+)(kN)$	$Q_z(-)(kN)$
自重	1 204.46	-1 571.69	493.764	-493.764
二期	198.369	-258.433	81.138	-81.138

注：M_y 表示弯矩，Q_z 表示剪力。

(2)实体模型

实体模型得到的内力和位移结果如图 8-3-7 所示。

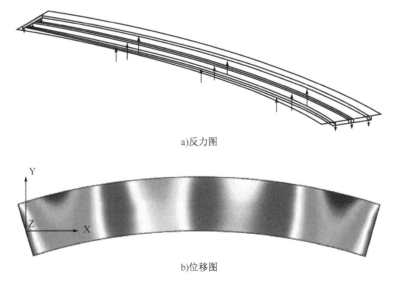

a)反力图

b)位移图

图 8-3-7　反力和位移结果

由此可见，梁格法计算结果与实体计算结果最大相差 9.4%。

(3)对比分析

两种不同模型下的位移结果对比见表 8-3-2，支座反力计算结果对比见表 8-3-3。

实体模型和梁格法模型在恒载作用下位移最值对比表(mm)　　　表 8-3-2

位　　移		$v(-)$	$v(+)$
实体模型	自重	3.35	0.015
	二期	0.582	0.004
梁格法模型	自重	3.087	0
	二期	0.508	0

注：$v(-)$ 表示向下的挠度，$v(+)$ 表示向上的挠度。

实体模型和梁格法模型的各排支座反力值对比表(kN)　　　表 8-3-3

支　　座		1	2	3	4	5
实体模型	自重	928.2	2 658.7	2 279.1	2 752.9	911.8
	二期	150.3	431.7	369.5	447	147.7
梁格法模型	自重	955.9	2 716.8	2 186.3	2 716.8	955.9
	二期	158.3	449.6	361.8	449.6	158.3

由此可见，梁格法计算结果与实体计算结果最大相差 4.91%，可用于工程实际。

本章参考文献

[1] 范立础.桥梁工程(上册)[M].3版.北京:人民交通出版社有限公司,2017.
[2] 李国豪.曲线梁桥荷载横向分布理论分析[J].土木工程学报,1990,37(1):2-11.
[3] 姚玲森.曲线梁桥的实用计算方法[J].土木工程学报,1982(03):36-51.
[4] 姚玲森,李新平.曲线梁桥的实用计算方法——比拟正交异性曲板法[J].土木工程学报,1986,33(03):43-58.
[5] 姚玲森,王解君.横向变截面曲线梁桥的计算与分析[J].土木工程学报,1987,34(03):44-56.
[6] (英)E.C.汉勃利.桥梁上部构造性能[M].郭文辉,译.北京:人民交通出版社,1982.
[7] 戴公连,李德建.桥梁结构空间分析设计方法与应用[M].北京:人民交通出版社,2001.
[8] 姚玲森.曲线梁[M].北京:人民交通出版社,1989.
[9] 贺拴海.桥梁结构理论与计算方法[M].2版.北京:人民交通出版社股份有限公司,2017.
[10] 贺拴海,谢仁物.公路桥梁荷载横向分布计算方法[M].北京:人民交通出版社,1996.
[11] 邵旭东,等.桥梁工程[M].6版.北京:人民交通出版社有限公司,2023.